21世纪旅游管理学精品图书

U0590719

TOURISM MARKETING: THEORY AND NEW PRACTICE IN CHINA

旅游市场营销：理论与中国新实践

林 巧 王元浩 主编

ZHEJIANG UNIVERSITY PRESS
浙江大学出版社

图书在版编目(CIP)数据

旅游市场营销：理论与中国新实践/ 林巧，王元浩
主编.—杭州：浙江大学出版社，2018.12
ISBN 978-7-308-18536-3

Ⅰ.①旅… Ⅱ.①林…②王… Ⅲ.①旅游市场—市场
营销学 Ⅳ.①F590.8

中国版本图书馆 CIP 数据核字（2018）第 191281 号

旅游市场营销：理论与中国新实践

林　巧　王元浩　主编

责任编辑	曾　熙	
责任校对	王安安	
封面设计	春天书装	
出版发行	浙江大学出版社	
	（杭州市天目山路 148 号　邮政编码 310007）	
	（网址：http://www.zjupress.com）	
排　　版	杭州林智广告有限公司	
印　　刷	杭州高腾印务有限公司	
开　　本	787mm×1092mm　1/16	
印　　张	20.75	
字　　数	490 千	
版 印 次	2018 年 12 月第 1 版　2018 年 12 月第 1 次印刷	
书　　号	ISBN 978-7-308-18536-3	
定　　价	55.00 元	

前　言

　　市场营销学是关于如何对消费者产生影响的学科。这一学科最根本和核心的思想是围绕消费者的需求,为消费者需求提供合适的解决方案。这一思想对于营销学的发展本身而言也同样适用。市场营销的观点、原理、技术和方案也需要根据特定的消费者、特定的产业和特殊的社会、经济、文化环境背景进行变革和创新。

　　中国的旅游业正是在此特殊文化环境背景下所形成的有独特魅力的集合体:中国的旅游者群体不仅数量庞大,而且还在中国传统文化和世界文化潮流的双重影响下,形成了独一无二的消费理念、消费文化和消费模式;中国的旅游业如此蓬勃发展,高速创新和动态变化是中国旅游业现阶段的重要特征,新的旅游业态、领先的旅游电子商务和智慧旅游技术使旅游业成为"潮流"产业;中国进入社会主义建设新时代,社会发展目标和理念、社会价值观念、经济和社会的制度创新,给行业的发展带来了新的契机和变革的动力。这样特殊的"集合"与市场营销科学的碰撞,形成了更具鲜明特色的中国旅游市场的营销实践,中国特色的旅游市场营销理论和方法也更待创新。笔者也在十几年的旅游市场营销教学和研究中,深深感觉到了本学科本土化需求的迫切性。

　　因此,本教材试图为中国的大学生和读者提供一个中国情境下的营销管理实践的框架,探讨和解析中国特色的旅游营销问题,对中国旅游企业的营销实践加以分析、提炼并进行归纳总结。本教材在遵从营销管理基本框架的基础上,引入了关于旅游市场发展新特征、旅游者行为研究、旅游目的地形象和品牌研究、旅游产品开发和创新、智慧旅游、"互联网＋"旅游等研究成果,并通过大量的本土案例将它们与中国旅游企业和旅游目的地实践相结合。

　　为了保持营销管理体系的连贯性和整体性,利于读者形成一个完整的框架,本教材在总体布局上采用了从哲学思想到战略部署再到战术制定和实践趋势的逻辑,将全书的12章分成营销启智篇、营销生态环境篇、营销战略篇、营销方案篇和创新趋势篇五个部分,转换成营销的语言就是"P-R-STP-MM-I"。P(philosophy)是最基础的营销概念和思想,也是贯穿全书各个部分的最基本的营销理念;R(research)指的是环境分析和营销调研,是对营销环境生态进行深入分析的部分;STP(segmenting-targeting-positioning)是市场细分、目标市场选择和市场定位这个战略营销的核心工作;MM(marketing mix)是营销组合计划;I(innovation)是指中国情境下旅游营销实践的一些创新成果和创新趋势。

　　本教材在每章的内容安排上,采用"理念探究＋使用手册＋实践案例"的模式,既包含了营销的基本思想和原理,又重视开展营销活动的关键步骤,更生动剖析了中国旅游企业和旅游目的地的最新营销实践,适合想要初步了解营销的学生、快速学习营销的任务执行者或者寻求实践参考和启迪的企业管理者。在写作风格上,本教材尝试摆脱教条式的枯燥的文字风格,采用更适合阅读、更容易吸引年轻读者的语言,在案例部分还融合了"微博体"等网络流行风格,使本书更加贴近"互联网+"时代的读者。

本教材由林巧和王元浩共同主编完成,在编写的过程中得到了许多人的支持和帮助,其中,鲍丽萍老师编写了第一、二章。在此,对国内外旅游营销研究的学者们表示感谢,他们的研究成果是本教材写作的基石;对提供案例的企业、旅游目的地和旅游咨询网站表示感谢,它们使得本教材的本土化成为可能;对学习旅游营销学的学生们表示感谢,他们在学习过程中对某些问题的疑问、思考和建议,也为本书的写作提供了大量的灵感和启发;还要感谢我的家人和女儿,在我写作过程中的陪伴和支持。

笔者深知,即使在本教材编写的有限时间内,中国的旅游营销环境、旅游市场需求、旅游企业和旅游目的地的旅游行为也没有停止变革和创新。因此,本教材必定有不断改进和完善的必要,这也促使笔者在旅游市场营销学的研究中持续努力,并将通过后续的配套案例等对不足的部分加以补充。

林 巧

2018 年 5 月

CONTENTS
目　录

第五篇
创新趋势篇

第一篇

营销启智篇

第一章
绪论：启蒙营销之识

引导案例及开篇思考

我们正处在一个大众创新、万众创业的时代，每一天每个时段都有无数的新理念、新产品和新服务涌现出来。富有革命精神的创新创业者们和企业家们不仅面临着创造和发明能力的挑战，更面临着在众多竞争者中吸引消费者、吸引投资者、吸引关注的挑战。那么，怎样在一开始就能站在成功的起点上呢？请看下面的案例。

"小红书"究竟靠什么"红"起来

"90后"的艾米（Amy）是跨国公司的白领职员，酷爱旅游，也热衷购物。她正在为自己即将到来的德国旅行做计划。除了吃、住、游和机票，买东西也是她的重头戏。她毫不犹豫地打开她的"小红书"（APP），点开目的地"德国"，开始惬意地浏览各种购物攻略。

其实，和Amy一样的"小红薯"（小红书的用户们），从2014年1月小红书正式版上线至今，数量已经超过1500万，几乎都是女性，其中90后超过50%。要知道，2014年全国海淘的人数规模约为1800万，其中大部分的人群都是小红书的用户。那么，小红书是怎么红起来的呢？背后有什么样的逻辑？

中国的中产阶级崛起，国外游人数增长，中国人在国外购物的能力不可小觑。同时中国的年轻一代消费能力提升，希望找到一些更能匹配自己生活方式和自己对生活认知的商品。但是国内专柜的商品品类有限，而淘宝等平台上更多的是鱼龙混杂的卖家，出国购物知识又比较匮乏。很多人在疯狂购物中，并不了解自己所购买的东西，也不了解在什么地方购买更划算，更不了解如何退税等。虽然2013年旅游APP产品千千万万，订机票、订酒店、找攻略、查路线、搜美食包罗万象，但当超过8000多万人次的出国游大军想知道目的地可以买什么时，却只有百度上零星的几篇文章可以参考，这实在是让购物狂们抓狂的一件事。

小红书创始人毛文超在亲身经历中很快发现了其中的商机，为这种需求找到了一种解决方案——让之前去过国外购物的用户来分享购物经验，或者是让住在国外的人告诉大家哪些东西值得买。于是，以PGC（professional generated content，专业生产内容）为主的"小红书出国购物攻略"就在2013年应运而生。这个产品当时瞄准了爱好出国旅游和购物的高净值女性用户，以一、二线城市的白领为典型代表，是一个典型的解决特定出国购物痛点的工具性产品。

借着小红书创造的社区,这群"小红薯"围绕着"买什么""哪里买""多少钱才值得买"等问题展开讨论,互为顾问,热闹程度从社区每天都能产生超过 100 万个赞就能看出。完全由用户生成的内容社区对广大的"泛白领"群体产生了强大的吸引力,也迎合了高学历背景的女性在购物中积累知识、享受成就感、分享感受的需求。就这样靠着购物分享社区,小红书积累了大量的"粉丝"。

随着社区的发展,用户们对于小红书帮忙代购好评商品的呼声越来越高。2014 年 8 月,小红书终于开始试着用"秒杀"抢购的模式试水电商。小红书在做社区 1 年的时间里累积下的用户数据,包括大家分享了什么,点赞了什么,买什么产品的人最多等,都能为小红书选货提供建议。小红书现在的选货模式就是把已经拥有的数据进行简单运算,再通过人工筛选,得出最后结果。小红书用户黏性非常高,使其在电商转型时不仅不容易掉粉,而且还能实现很高的用户购买率。这是因为用户间口碑相传建立起来的相互信任感使得用户对平台的依赖度很高,更何况用户们在小红书上一直讨论的还是购物的话题。沿着这个逻辑,瞿芳和团队反复进行了 3 个多月的抢购试验。2014 年 12 月,小红书搭建起了自己的供应链系统——它拥有自己的国外仓库、国内仓库和保税仓库,在货物交到国内快递之前实现全程管控,并正式上线了电商平台"福利社",完成了华丽的转型升级。

(资料来源:http://www.360doc.com/content/15/0803/14/202378_489231684.shtml)

? 思考

1. "小红书"赢得客户的过程与传统意义上的销售有什么不同?

2. 案例中的"小红书"提供了怎样的价值?

3. "小红书"与客户的关系纽带是如何建立起来,并且被强化的?

第一节 正确认识营销

一、无所不在的营销

营销也许是现代社会和经济中不可回避的一种现象,它渗透到每个人的生活中,影响着人们的生活,也影响着组织和社会的运转。正确地理解营销理念和营销活动,能够帮助我们更好地理解经济社会的运转规律。

营销也是每个个体、组织,以及每个国家、地区和城市必定会开展的活动。在现代社会中,由于分工的存在,个人、组织要达成自己的目标,总需要获得各种形式的资源和他人的支持。然而,无论是消费者的货币,还是选民的选票;无论是投资者的资金,还是公众的时间和关注,资源总是稀缺的。要获得这些稀缺的资源,你就必须有有力的手段来说服和打动资源的拥有者,使其愿意付出或者进行交换。这就是营销存在的根本原因。从这个角度来说,营销对个人和组织的成功意义重大。

（一）个体营销

我们都关注过美国总统竞选时，从个人海报、形象宣传片到演讲、电视辩论以及各类路演，可谓是场个体的"营销大战"。我们也不可能忽略近些年来愈演愈烈的各种真人秀节目和选秀节目中，各路明星名人和想要一举成名的普通人如何奋力地搏眼球、卖力地拉选票。我们也许已经发现，当"网红"成为一种热点经济现象时，越来越多的人开始个人"IP"的经营。毫无疑问，个体营销已经从少数人小心从事的活动，变成了许多普通人也津津乐道并积极投身其中的"大众事业"。当我们努力向他人推广我们的新理念和新想法，想方设法地赢得梦想的公司的青睐，甚至是努力追求心目中的"女神"时，都是在从事营销活动。

（二）组织营销

1. 企业营销

各类组织，为了实现组织目标而进行的营销活动则更加随处可见。企业为了让消费者对自己的产品或服务了解、记忆或者产生偏爱，不遗余力地在消费者每一个可能接触得到的地方进行信息渗透。在你打开微信的时候，你可能看到公众号里某培训机构一条新的推广消息；在你翻开航空杂志时，名表、度假村、海滨度假胜地的广告比比皆是；在走进电梯时，轿厢里某某车贷、某某新APP、某某海外购物平台的二维码等着你掏出手机扫一扫；在你生日时，收到了电信公司、某某银行、某某保险公司准时送到的生日祝福，以及生日时的特别优惠活动，如流量赠送、刷信用卡双倍积分等。这些还只是你能够意识到的企业广告宣传手段，另外还有些广告"潜伏"在电影、电视剧、综艺节目中，对你进行"润物细无声"的影响。

2. 非营利性组织营销

当然，有一些组织的存在并不以营利为目的，比如说红十字会、自闭症儿童公益组织、环保组织、妇女保护组织等，它们都被称为非营利性组织。但是，这些组织同样需要关注、需要推广它们的思想和理念，需要敦促人们采取某种行动，需要更多的人加入它们的队伍。所以，除了公益海报，电视、网络和户外的公益广告外，这些非营利性组织也常常组织大型的公益活动、新闻发布会，也和企业一样会大量地借助明星、名人进行代言和推广。

（三）国家和地方营销

除了个人、组织在进行各种营销宣传，国家和地方同样也用营销手段来应对无处不在的竞争。一般来说，国家和地方的竞争主要是为了吸引旅游者投资者、人才或其他资源而产生的竞争。从一定程度上说，国家和地方的竞争并不比企业的竞争要来得缓和。许多城市都设立了旅游促销专项经费或者城市宣传经费，以确保在城市营销中有足够的投入，从而扩大城市知名度，树立形象。城市在扩大知名度和提升吸引力时所采用的手段也丝毫不逊色于企业。近几年，各地旅游形象广告占据了中央电视台早间信息节目栏目广告的所有时间，户外大型广告牌上也随处可见，企业里常用的形象代言人手法也被广泛地运用在城市宣传中；各种主题节庆活动更是让人应接不暇。不少国家也在进行各种营销活动，针对重要的客源地,一些国家的重要人物亲自站出来向世界各地的人们发出邀请,并由政府出台各类优惠政策。

表 1 - 1　不同层面的营销体现

组织营销	个体营销	求职就业、竞选、选秀、创业路演等
	企业营销	企业大量开展广告、公关、节庆活动,开展各类促销活动
	非营利性组织的营销	环保组织、义务献血组织机构、支教组织、志愿者协会为吸纳人才、资金和求得公众支持而进行的宣传和沟通等
国家和地方营销		不同国家的跨国旅游推广和宣介、旅游城市形象广告、区域形象发布会、大型会展和节庆活动等

二、营销的基本概念体系

营销虽然在社会经济中很常见,但是大众对于营销是什么却存在众多误解。不少普通人,甚至企业经营者都错误地将营销当作广告、推销或是促销。真正的营销包括下面几个重要的概念。

(一)需求和市场

人与生俱来就会产生各种需要,例如对饮食的需要、对安全的需要等。在成长过程中,还会不断产生各种社会性的需要,例如对爱的需要、受尊重的需要、自我价值的需要等。简而言之,只要人们处于某种未满足的状态时,就产生了需要。当需要产生了特定的指向性,与特定的产品或者服务相联系时,需要就转变为具体的欲望。然而,欲望转化为需求还需要一个重要的条件——购买力。只有有支付能力的欲望才是真正的需求。毫无疑问,需求是企业经营的出发点、市场经济的基石。如果企业的产品面对的是负需求,则企业就不可能生存;如果面对的是饱和的需求或下降的需求,则企业的前景就不乐观;如果是增长的需求,则企业前途才可能是一片光明。

市场与需求密不可分,可以理解成为众多个体需求的集合。在市场中,一些需求已经转变成实际的购买行为,构成了现实的市场;而一些由于暂时缺乏某些条件(例如,尚未产生购买动机,或者没有确定具体的购买对象),尚未转化为现实购买的需求,则通常被称为潜在市场。因此,对于从事营销、经营活动的企业来说,市场的正确理解应该是"现实的和潜在的购买者的集合"。而且在许多情况下,潜在市场的开发对于营销者而言可能更重要,也意味着更多的机会。

(二)产品和服务

人的需要和需求需要特定的东西来满足,而产品正是能够满足人们需求,并用于交换的任何东西。人们最早认识到的产品,多局限于那些工厂里制造生产出来的,有形的实体产品(食品、服装、家电、家具、手机等)。随着经济的发展,人们需求的内容和形式极大地丰富起来,越来越多的需求对象表现为非实体的服务,如美发、家政、护理等。因此,服务也成为人们接受和认可的产品。因此,"产品"的内涵逐步扩大化,包括有形的产品和无形的服务,甚至也包括一些创意和想法。

(三) 价值和顾客让渡价值

不同产品能够从不同的方面满足人们的需求,然而,它们满足需求的程度是有所差异的。营销学中将产品满足需求能力的大小视为产品的价值。产品的价值并不单纯指产品本身的使用功能的强弱或者性能的好坏,因为在很多情况下,人们购买产品不仅是使用它,也可能是为了满足特定的"心理"需求。例如,奢侈品能够满足自我表现的需求,化妆品出售的是希望和自信,某俱乐部的会员身份可以带来归属感或者认同感。因此,产品的价值包括产品全部效用的总和。与此同时,因为需求是因人而异的,那么同样的产品对特定消费者的价值是由特定人的感知和理解决定的,并不一定有一个统一的刻度,甚至也不一定反映产品的真实价值,或者说生产成本的高低。启迪案例 1-1 就充分地展示了这一点。

启迪案例 1-1

风景的价值

有人向往住在海边,可以夜夜枕着涛声入眠;有人向往住在山间,可以日日伴着莺啼醒来……然而对于都市的人们,更容易实现的是偶尔住在一间面朝大海,或是绿树环抱的酒店客房里。许多位于度假区或者是毗邻风景区的酒店,给人们的这种愿望的实现"标上了价码"。它们将内部格局相同、装修档次相似、设施设备基本相同的客房按照窗外景观的不同分成了"湖景房""山景房""园景房"或是"海景房",并且根据不同景观对房间进行分别定价。比如说,宁波柏悦酒店的"园景客房"比"柏悦客房"价格高 200~350 元,"湖景客房"比"柏悦客房"价格高 450~600 元。三亚凤凰岛度假酒店的"全海景房"比"海景房"价格高200 元左右。这些溢价的部分就是"风景"的价值。

当然,消费者在选择时并不只考虑价值的大小,还要考虑自己所需要付出的成本,也就是日常提及的"性价比"。我们可用"顾客让渡价值"这个概念来解释什么是性价比。所谓"顾客让渡价值"就是企业"出让"给消费者超过其付出成本的那部分价值。当然,顾客付出的成本也并不仅限于货币。例如酒店的预订网页可能链接不畅,操作烦琐,花费很多的时间,让消费者放弃这次预订。因此,时间和精力同样也是消费者要考虑的成本。这就要求企业在想方设法提高产品的价值时,要尽可能同步降低顾客的成本感知,无论是经济成本,还是心理成本。

(四) 交换和关系

交换是市场经济条件下人们获取其所需所欲之物的合理合法且高效的途径。交换或者交易需要有几个基本的条件:第一,有交换的双方;第二,双方拥有各自认为有价值的东西;第三,双方充分了解信息;第四,双方都认可的交易条件和交易时空。简单来说,当消费者了解到市场中,或者某个企业的产品能够满足自己的需求,并且成本在可控范围之内的话,交换或者交易的基础就存在了。企业通过与顾客交换产品和货币,从而获得收入和利润。

现在从企业经营和管理实践中总结出越来越多的经验:相对于一次交换而言,长期稳定的合作关系能够给企业带来更长久的利益。老顾客较低的维护成本和销售成本,老顾客对新客户的带动,忠诚顾客给企业带来的持续的收入和市场危机中稳定的顾客队伍等,都是企业重视的因素。因此,许多企业开展关系营销,将重心放在不断建立和发展与优质顾客之间的关系,他们通过低进入门槛吸引新消费者,通过高品质的产品、贴心的服务、公允或诱人的价格、真诚的情感交流来巩固客户关系,用慷慨的馈赠和顾客回馈来提高顾客的转移成本。这些做法在服务性企业中更为普遍。航空公司、连锁酒店等大多建立了复杂的会员体系和常客奖励计划,以不断提高客户的稳定度和忠诚度。

(五)营销

无论是一次交易,或是建立长期关系,都需要双方的投入。但在大多数情况下,一方比另一方的愿望更加迫切。在市场经济中,卖方需要寻找买者,了解到他们的需要,创造适合与他们交换的产品,选择适合交换的地点和环境等一系列的活动。以上这些活动实际上就是营销。用现代营销之父菲利普·科特勒的定义来说:

> 市场营销是个人和集体通过创造并同他人交换产品和价值以满足需求和欲望的一种社会和管理过程。

科特勒的这个定义强调了几个重要的方面:第一,营销活动的主体是多样化的,可以是个人、可以是不同形式组织起来的集体。第二,营销活动必定有一定的目标,是为了要获得自己所需才开展的,不同的营销主体的目标是各不相同的。在本章第一部分中所举的各种营销主体便有不同的目标。第三,营销活动的核心问题是交换,但是交换必须在产品或价值的创造活动基础上才能进行。因此,营销是一系列的活动。它始于价值创造,终结于目标的达成。由于企业的欲望是获取利润,这种目标具有持续性,因此,对于企业而言,营销是一个长期的活动。

三、营销管理的基本过程

企业或者非营利性组织的营销活动都是围绕着特定群体的需求来展开的,整个过程,需要企业和组织各不同层次、不同部门的参与,需要运用各种企业或组织的资源,也需要根据内外环境的变化进行控制和调整。因此,营销管理和其他的管理一样,遵循着从计划、执行、控制到反馈、调整的基本循环。旅游企业的营销管理和其他企业和组织的营销过程体系都可以用图1-1来描绘。

(一)营销计划

营销计划是营销管理的首要任务,是企业组织开展后续营销活动的起点和基础,它规定了企业各种营销活动的目标、任务、战略、策略、相关政策、资源投入等。科学合理的营销计划使企业的营销活动避免盲目性,围绕核心目标,避免资源和人力的分散。科学的计划不是无源之水,环境的分析和调研是科学计划的基础。环境分析主要帮助企业把握市场需求的规模、构成、特征和变化趋势,帮助企业理清自我的产品结构、销售、盈利情况及市场地位,帮助企业了解所在的行业的发展变化、未来挑战以及竞争状况。通过环境分析,企业能

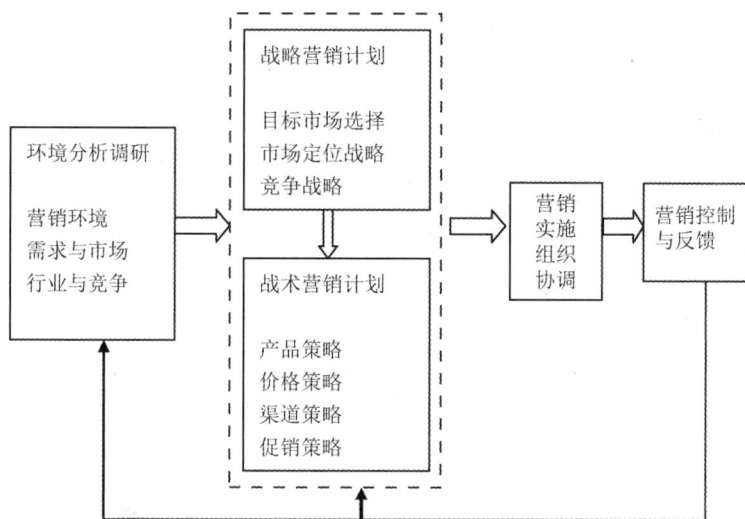

图 1-1　旅游营销管理过程体系

够明确环境中的机会与挑战，并进一步确定自己未来特定时间段中的方向和目标。

根据营销计划的层次和主要目的的不同，企业的营销计划主要有战略营销计划和战术营销计划两大类。战略营销计划是在分析市场机会、研究细分市场和评估竞争对手的基础上，确定企业的目标市场、明确企业的定位，并从战略上选择与竞争对手相互竞争的策略和途径，是关于整个企业发展战略目标和思路的长远性和全局性的营销计划。战术营销计划则是在战略计划的指导下，对某个特定时期内的营销活动具体方案或者营销组合要素进行计划，例如，新产品开发计划、特定市场的营销推广计划、价格方案、服务改进计划、广告传播计划等。战略营销计划应该是战术营销计划的统领，战术营销计划在制订时，应该时时注意与战略营销计划保持一致的方向。

（二）营销活动的组织

在各类营销主体中，为有序地实施和管理营销活动和过程，不同的人们通过不同的组织结构和制度联系在一起，形成了不同类型的营销活动组织。由于旅游行业的营销主体主要有两种不同的类型——旅游企业和旅游目的地，因此，旅游的营销组织也必须分成两种不同的情况来讨论。

企业中的营销活动主要由营销部门来承担。通常情况下，营销部门作为企业的一个相对独立的职能部门，与财务、人力资源管理、产品设计、生产等其他部门并行，有时也被冠名为"市场管理部"或者"市场部"。营销部门中的具体组织结构与企业的营销活动总体管理理念有关。常见的营销部门按照营销活动内部不同任务分工来安排，形成职能制，如图 1-2所示。营销活动中，新产品的开发、产品设计等被独立设置为一个分支部门，由新产品经理负责；销售经理专门进行市场开拓和产品服务的销售；广告促销经理主要设计市场沟通、新产品的推广、广告传播、促销活动的计划和执行等；客服经理主要负责客户的沟通、售后服务和客户满意度监控等。

```
              营销总监
   ┌──────┬──────┼──────┬──────┐
新产品经理  销售经理  广告促销经理  客服经理  ……
```

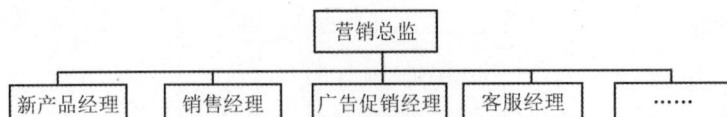

图 1-2　职能型营销部门机构设置

部分客户群体和业务范围地域分布比较广的旅游企业也会按照它们的营销活动的市场区域范围来进行分支机构的设置,形成地区制(或者区域制)营销组织机构,如图 1-3 所示。例如亚洲区域、欧洲区域和美洲区域营销部,或者华东、华北、华南大区营销部。

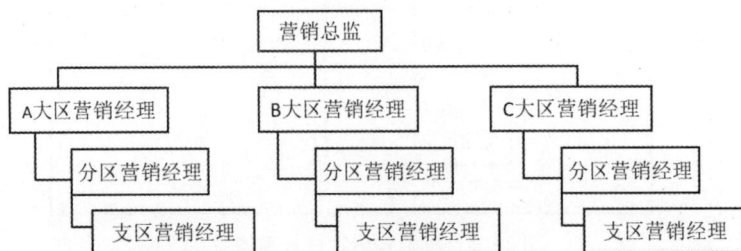

```
                营销总监
   ┌──────────┼──────────┐
A大区营销经理   B大区营销经理   C大区营销经理
   分区营销经理    分区营销经理    分区营销经理
   支区营销经理    支区营销经理    支区营销经理
```

图 1-3　地区型营销部门机构设置

多产品线或者多品牌经营的旅游企业或企业集团,也可以按照企业旗下的产品线或者品牌来设置相对独立的营销管理部门,形成产品制营销组织机构,如图 1-4 所示。每条产品线或者每个品牌都有营销的完整的职能,从市场策划、开发,到产品广告设计与投放、促销活动的开展和产品的销售等。

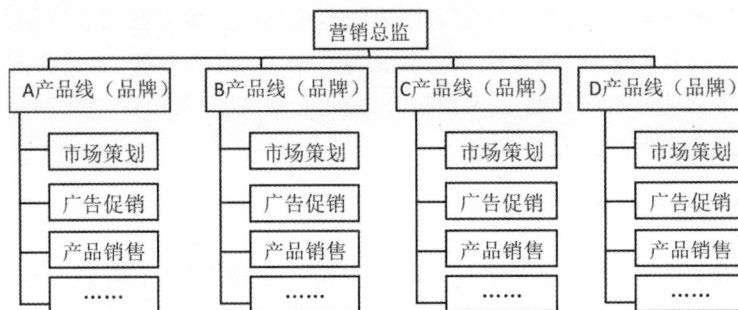

```
                   营销总监
   ┌────────┬────────┬────────┐
A产品线(品牌)  B产品线(品牌)  C产品线(品牌)  D产品线(品牌)
  市场策划      市场策划      市场策划      市场策划
  广告促销      广告促销      广告促销      广告促销
  产品销售      产品销售      产品销售      产品销售
   ……          ……          ……          ……
```

图 1-4　产品型营销部门机构设置

各城市、各国几乎都有旅游目的地营销机构,简称 DMOs(destination marketing organizations),承担着部分和全部的旅游目的地营销的任务。在我国的各省(区、市)的旅游局或者旅游委员会中,大都设立了"市场开发处",负责境内、入境和出境旅游的市场开发;负责旅游整体形象的宣传推广;组织开展重点旅游区域、旅游目的地和旅游线路的宣传推广工作;承担全省大型旅游节庆活动指导、策划工作,指导主要包括旅游产品的开发和推广工作等营销宣传工作。有些省(区、市)还在旅游局下设"旅游宣传推广中心"(如浙江省、河南省、新疆维吾尔自治区等),将目的地的整体形象推广工作更鲜明地突出出来。

(三) 营销控制与反馈

动态变化的环境和营销计划方案在实施过程中可能存在的偏差也许会导致计划实施

达不到既定的效果，甚至出现重大失误，因此旅游营销管理过程中的控制是不可缺少的环节。旅游营销控制是通过市场营销计划执行情况的监督和检查，发现和提出计划实施过程中的缺点和错误，提出纠正缺点和错误的对策建议，以保证营销战略目标的实现。

值得注意的是，控制并不是发生在问题及其负面的影响已经显示和爆发出来以后，而是包括了前馈控制、同步控制和反馈控制三种不同的控制逻辑。前馈控制是通过将预测的执行结果与预定的目标加以比较，事先发现可能出现的偏差，并采取预防措施，从而对可能出现的偏差加以纠正。同步控制则是对进行中的工作加以监督调控，确保执行结果达到预期目标。反馈控制是将过去的经验用于调整未来的行为。

有效的营销控制包括确定范围、建立标准、确定控制方法、检查实际工作绩效，以及分析与改进五个基本的步骤。具体的控制应该有明确的针对范围或者说对象，如控制营销预算、控制人力投入和产出、控制执行效果等。针对不同的控制对象，计划中应该明确控制的标准或者指标，例如新产品市场占有率、销售量、获利水平等。根据不同的控制对象及标准，企业应该选择合理的控制方法，如观察、需求调查、销售数据分析等，进行监控。接下来，参照考核标准检查实际绩效。最后，必须根据实效与标准的差异，明确问题所在，并分析问题，提出改进的基本策略。

第二节　科学的营销观念

一、营销观念的演进历程

营销观念，或称营销理念，是企业市场营销的思维方式和行为准则，也是指导企业开展营销活动的哲学思想。与其他管理思想和理念一样，营销理念也随着营销实践的发展不断地发展、更替和更新，并且也同样遵循着"适者生存"的基本原理。从19世纪到21世纪，企业奉行的市场主流的营销观念演进过程中出现了五个鲜明的阶段，即生产观念、产品观念、推销观念、营销观念和社会营销观念阶段，如表1-2所示。

表1-2　营销观念的演进

观念	流行时间	出发点	策略	目标	
生产观念	1920年以前	生产	提高产量降低成本	增加产量，取得利润	由单赢走向多赢。由内视转为外视。
产品观念	1900—1920年	产品	提高质量增加功能	提高质量，获得利润	
推销观念	1920—1950年	销售	推销与促销	扩大销量，获得利润	
营销观念	1950年至今	顾客需求	整体市场营销	满足需要，获取利益	
社会营销观念	1970年至今	顾客需要、社会利益	整体市场营销	满足顾客需要，增进社会利益，获得经济效益	

(一) 生产观念(manufacturing concept)

19世纪末20世纪初期,第二次工业革命迅速在主要资本主义国家兴起,传统的纺织、机械制造、炼铁、造船业持续发展,电气、化学、石油和汽车等相对新兴的行业也迅速发展。追求新技术和提高生产力成为企业和各行业的重要经营理念。企业认为,相对于生产的快速发展,消费者购买能力的增长是有限的,因此,企业能够成功在于不断地提高生产和销售效率,从而降低产品的成本,使得消费者能够支付产品的购买费用。主导这些企业的是"我们能够生产什么就卖什么"的生产观念。如启迪案例1-2所述。

启迪案例1-2 🔍 ....

福特的生产观念

福特汽车公司曾经是世界最大的汽车企业之一,由亨利·福特先生创立于1903年。福特汽车公司旗下曾拥有的我们耳熟能详的汽车品牌包括福特(Ford)、林肯(Lincoln)、水星(Mercury)、阿斯顿·马丁(Aston Martin)、捷豹(Jaguar)、马自达(Mazda)、陆虎(Land Rover)和沃尔沃(Volvo)等。其中阿斯顿·马丁、捷豹、陆虎、沃尔沃已被卖出,不再属于福特品牌。

20世纪初,汽车是由制造工人手工打造而成的,成本较高,因而价格难以下降,汽车成了地位的象征,拥有汽车成了少数人的特权。福特先生最初的理想就是让汽车成为每个家庭都能拥有的东西。福特创造了第一条汽车装配流水线,用大规模生产和劳动精细化分工大大节约了工人时间,降低了成本和价格,把汽车变成了普通商品。为了满足市场对汽车的大量需求,1908年,福特采用了颇具竞争力的营销战略,只生产一种车型,即只生产T型车;只有一种颜色可供选择,那就是黑色。当时,对这种汽车的赞扬声从四面八方传来,它是市场上最便宜的车,而且,实用价值也很高。黑色的T型车,甚至就是汽车的代名词。而福特也因此成为美国最大的汽车制造商。1914年福特汽车占有美国一半的市场份额。当时老福特说了这样一句话,"你可以把汽车漆成任何颜色,只要它是黑色"。这一战略在当时是如此成功,以至于在20世纪20年代,美国公路上行驶的汽车中一半都是福特汽车。

虽然生产观念始于制造性企业,但如今在服务性企业中也可以看到这种观念的影子。被旅游者所诟病和吐槽的"团队餐厅"就是典型的"大规模、标准化"生产。为了提高能力和服务效率,接待团队旅游客人的餐厅通常提供标准化的菜单(经常是套餐),预先制作好菜肴,跑菜员马不停蹄地服务,没有时间提供任何个性化服务,餐厅还有节奏明快的音乐来加速进餐的速度。

显然,生产观念的出现和存在有它自身的合理性。然而过分注意生产和制造,单方面地追求高效率、大批量和低成本,不关心具体的需求,会使得企业产品单一,陷入"没有创意"和"无差异"的洼地之中。

(二) 产品观念(product concept)

产品观念和生产观念并存于20世纪初期。持有产品观念的企业倾向于认为消费者重视产品质量,并且可能有更加多样化的产品需求。因此,企业并不应该一味地提高生产率,而应该在产品的品质和类型的多样化上投入更多的精力。我国传统的手工业名牌企业"张小泉剪刀",通过讲究的选料、均匀的镶钢、精细的磨工,使得所铸的剪刀锋利异常,经久耐用,而且有多种不同的精美式样,在 1915 年的巴拿马"万国博览会"上获奖。那时候,"张小泉"的工匠们在剪刀产品的工艺上投入了大量的心血,并不是为了不断扩大生产,而是保证每一把剪刀的品质,很显然是产品观念的实践者。产品观念使企业脱离了简单的重复生产,也使行业内部出现了一些产品的改进和创新,具有一定的进步性。

但是,产品观念容易导致的一个结果是,只关注产品本身的进步,或者只专注于特定的技术,成了自己产品的"粉丝",忽略了消费者的真正需求,从而患上了"营销近视症"。在企业专注于自己的产品时,消费者完全有可能将目光转移到另一种可以满足同样需求的产品上。例如,当电风扇、空调越来越广泛运用的时候,传统扇子的市场也就越来越小,而且可能失去其原有的效用了。如资料链接 1-1 所述。

资料链接 1-1 🔍 ··

营销近视症

营销近视症(marketing myopia)是美国著名的营销专家、哈佛大学管理学院西奥多·莱维特(Theodore Levitt)教授在 1960 年提出的一个理论。营销近视症就是把主要精力放在不适当的产品或技术上,而不是放在市场需要(消费需要)上,其结果导致企业丧失市场,失去竞争力。莱维特断言:市场的饱和并不会导致企业的萎缩;造成企业萎缩的真正原因是营销者目光短浅,不能根据消费者的需求变化而改变营销策略。

营销近视症的具体表现包括:过度执着于产品的某项技术或者产品性能的改进;忽略产业发展的周期和趋势;不关注替代产品的出现;对于消费者的需求变化视而不见;在定价时过分乐观地看待产品本身被重视和受市场欢迎的程度;缺乏与消费者的沟通等。

···

(三) 推销观念(selling concept)

当企业专注于不断提高生产效率,提高产量时,随之而来的是产品的销售压力。面对日益增加的产品库存,企业的经营和管理者开始思考是什么造成了产品销售的障碍。不少企业的观点是,消费者是懒惰的或是保守的,他们不太了解产品的好处,不愿意足量购买他们所需要的东西。因此,企业必须采用方法大力推销自己的商品。于是,广告、推销员成为这个时代最常见的营销现象。

当然,推销观念并没有终结在 20 世纪中期。直到现在,依然有不少的企业遵循推销观念开展经营。火车站门口拉扯着旅客去住店的人、景点景区附近卖力推销着粗劣的旅游纪念品的摊主、餐馆里面大力地推销昂贵菜肴的服务员,以及店铺门口挂着"跳楼价"招牌的店铺都是推销观念的表现。从短时期来看,大力的推销或许有一定的促进产品销售的效果。但是这些夸大其词的宣传、失真的信息会让客户产生失望和不满,这也成为推销观念不可避免的问题。

（四）营销观念（marketing concept）

以上这三种观念虽然在具体的理念上有所不同，但是它们都是"向里面看"的。在整个营销活动的过程中，企业的出发点和关注点是企业自身的生产和能力，"企业能生产什么就卖什么"，而顾客仅仅被当作是最后产品的接受者，是在产品生产出来之后才被考虑的。而这一点，成为传统营销观念和现代营销观念的分野。

20世纪50年代后期，由于日益增加的市场竞争压力，使得一些有远见和有洞察力的企业开始意识到顾客在交换中的重要地位——他们不只是产品的被动接受者，他们是问题解决方案的积极寻找者，是决定者。因此，他们开始改变企业中传统的运作模式：由"生产产品—寻找顾客—大力销售"，转向为"寻找顾客—分析需求—设计产品—生产产品—销售"的新模式。本章的开篇案例"小红书"正是在这样的观念的指导下诞生的。

（五）社会营销观念（social marketing concept）

社会营销观念是营销观念中的又一次进步。20世纪70年代，全球经济、社会、环境发展变化中出现了一些令人担忧的问题：石油危机、经济发展的滞胀、不可再生资源的枯竭、二氧化碳的增多、臭氧空洞的出现等。这些问题迫使政府、企业、消费者都不得不更多地考虑经济发展、企业经营带来的其他效应。消费者们也开始对企业单纯追求利润的某些行为，如环境污染型产品的生产、过度包装等提出了反对的声音。越来越多的消费者和政府认为，企业应该在营销过程中背负更多的义务，即在满足消费者需求和获取利润之外，企业应该关注消费者总体利益和整个社会长远的福利。

从旅游业的发展轨迹来看，虽然在旅游业发展的最初阶段，其曾一度被称为"无烟产业"，但现在很多地区都已经意识到旅游经营实际上也会对环境造成影响，不科学的开发常使自然资源遭到破坏，过度拥挤的旅游者超出了环境容量并对生物产生影响，旅游开发也有可能破坏当地的文化和生活习惯。因此，从20世纪90年代起，"可持续发展"已成为各地发展旅游业的一个基本的原则，环境保护变成了旅游发展的根本要求。毕竟，在一定程度上来说，旅游业比其他产业都更加依赖于环境。因此，这种以保护环境为前提的旅游发展形式使得一个地区的旅游发展走上良性循环的道路，并可以走得更远。

社会营销观念对于旅游的企业经营的影响也日益凸显。许多酒店也加入到"绿色饭店"的队伍中，在设备系统中通过运用中水系统节约水资源，通过智能灯光系统节约电能，夏天将空调保持在26~28摄氏度，减少一次性用品使用，把小瓶独立包装的浴液改成按压式分配器以减少包装。这些措施既没有损害客人的舒适度，也保护了环境，最后还可以让饭店节约许多的成本。如启迪案例1-3中所展示的那样，一些企业还通过开展营销活动对消费者的行为进行引导，显示出自己与众不同的个性。

启迪案例 1-3

绿色饭店的社会责任实践

天津京蓟圣光万豪酒店坐落于蓟县旅游区的核心区域，酒店拥有282间豪华客房、套房及别墅，还有山林湖泊景观，是由万豪酒店集团经营管理的全国首家"低碳主题酒店"。

酒店通过建筑本体节能、可再生能源利用、废水回收利用等节能减排技术和手段，以及大力推广"碳中和"的环保举措，实现了节能环保和减低运行费用的双赢。据统计，根据 IPCC 国际碳排放标准计算，圣光万豪酒店一年就可以减少碳排放 2000 余吨，相当于植树 20000 余棵。酒店所选用的装修材料全部为绿色建材，酒店设置生态健身跑步机，可将动能转化成电能，运动 30 分钟所产生的电能可供一台笔记本电脑工作 1 小时。

"碳足迹记录"是酒店的一项特色环保活动。客人从入住酒店开始，所有店内活动的二氧化碳排放都可以记录到门卡芯片上，即客人专属的"碳账单"，通过打印客人"碳足迹"账单，不仅让客人体验"低碳之旅"，而且可以引导客人的节能行为，降低酒店总体碳排放。

（资料来源：案例改编自 http://travel.enorth.com.cn/system/2014/04/28/011846939.shtml）

二、现代营销观念的特征

营销观念、社会营销观念都被划归到现代营销观念的阵营。现代营销观念以消费者为核心、全过程系统化活动和追求双赢的结果为三大基石，使其与传统的生产、产品观念、推销观念截然不同。

（一）出发点和核心的转变

现代营销观念指导下的营销活动以消费者为出发点，以消费者需求为营销活动的核心，因此整个营销活动的过程沿着了解和研究消费者需求、满足消费者需求、评价消费者需求的满足程度并进行不断调整和创新的脉络展开。传统的三大观念，则是以企业自己为出发点，考虑得更多的是自己的资源、自己的能力、自己的产品，消费者则只是在生产和价值链条上的末端存在。以顾客为中心的观念，帮助企业摆脱了营销近视症，避免企业为不存在的或者饱和的市场生产产品。

（二）系统化过程和手段的改变

虽然传统营销观念和现代营销观念都要努力促成交换，但前者更多的是将销售（促成交换）作为营销活动中相对独立的一个环节，是在开发设计和生产完成之后才进行的工作。现代的营销观念更多地将营销活动视作相互关联、相互作用的系统化的过程，即企业的各种活动应该整合在一起成为营销系统，从产品的设计开始，到产品的生产过程，再到产品的销售，都是营销活动的一部分。换言之，在产品设计的时候就应该充分地考虑后续的生产和销售，而好的产品设计也是"销售"工作的重要手段。正如管理学家彼得·德鲁克所说的，成功的营销是使推销成为不必要。

（三）追求的目标和最终结果的变化

在传统的营销观念中，售出产品、获得利润是企业各种活动追求的终极也是唯一目标，他们对于唯一目标的极度重视，导致了企业与消费者、企业与社会发展之间存在一定的矛盾。现代营销观念由于在一开始便关注了消费者的需求，并提供的是满足需求的产品,因而企业实现利润是以消费者满意为前提的,这就由传统营销观念中的单赢转化为"双赢",甚至"多赢"。众多优秀的企业表现出对于"顾客关系"的高度重视,并愿意为了顾客的期望和社会的期望付出更多的努力,实际上正是在现代营销观念指导下的思维方式的革命。

第三节　旅游营销的挑战

一、旅游业产品特性及营销挑战

(一) 服务业与服务营销的发展

营销学诞生于工业经济发展时期,并随着制造业的发展而发展起来。20 世纪六七十年代以来,全球服务业的发展势不可挡,营销日益成为世界经济和贸易中非常重要的部分。在美国这样的发达国家,第三产业(即服务业)所占比重从 1960 年的约 60% 上升到 1999 年的 78%,与此同时美国的服务业从业人员占所有从业人员的比重升至 80%。2016 年,中国第三产业增加值为 384221 亿元,占 GDP 的比重为 51.6%。北京的第三产业增加值占比已经超过 80%。此外,服务在传统产业的转型升级中扮演了重要的角色。不少制造性企业,以服务来提高附加价值,甚至干脆将服务作为竞争的主要手段,一些传统的制造商甚至华丽转型成为"服务供应商"。如著名的计算机制造企业 IBM 公司在 20 世纪中后期开始就将服务作为其战略主导,在其公司手册上明确地写道:"IBM 是世界上最大的服务企业。"通用电气公司在 20 世纪末进行了"第三次革命"的运动,其重点就是推动通用电气更深入服务业,并试图让服务为企业创造 75% 的利润。

在这样的背景下,营销学作为一门指导企业研究需求、分析市场、促成交换的科学也就在 20 世纪 70 年代中后期被引入服务业。企业和研究界都开始关注客户满意、服务质量、客户管理、服务流程等问题。营销学与服务企业的实践不断融合,同时也不断地在服务业的发展实践中受到挑战并发生变革。从当前来看,服务营销的实践已经遍布全球,而服务的研究也已经在全球范围内展开,并成为营销研究中的一个特定的前沿领域。旅游业作为服务业中重要的组成部分,具有自身的一些特殊性,也给营销带来了一些新的冲击。

(二) 旅游产品的基本特征

1. 旅游业属于服务业

简单地说,服务就是行动、过程和表现,并不产出有形的产品。在现有全球经济的各大行业中,服务和产品大多情况已经融合在一起,极少有企业单纯地提供纯粹的有形产品或者服务。更多的时候产品与服务形成融合的提供物(offering),或者是解决方案(solution)

来解决客户问题,满足顾客需求。肖斯塔克指出,不同类型的企业提供物可以形成一个从有形产品主导到无形产品主导的序列。如图 1-5 所示。

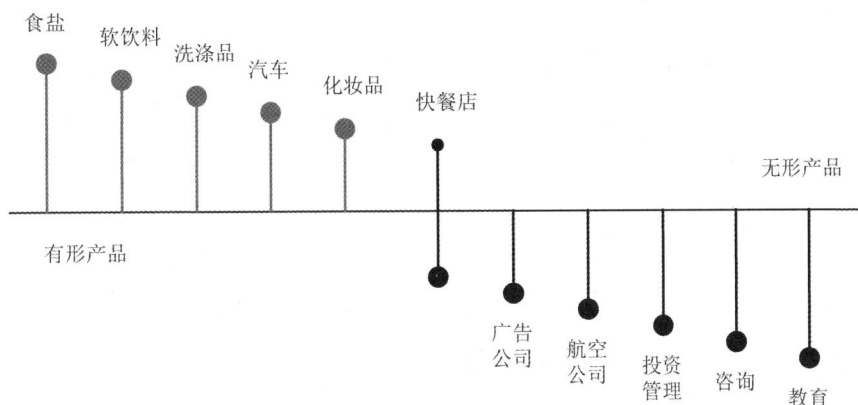

图 1-5　有形产品和无形产品序列

资料来源:瓦拉瑞尔·A.泽丝曼尔,玛丽·乔·比特纳,德韦恩·D.格兰姆勒.服务营销(第 6 版)[M].北京:机械工业出版社,2015

图 1-5 中左侧的产品以有形实体产品为主导,越靠近左端,有形实体所占的比例越大。例如在生产食盐、软饮料这样的企业中,服务的比例微乎其微。右侧的产品则以服务为主导,越向右侧无形程度越高。广告公司提供建议、咨询、调研等无形服务,而广告文案、视频广告则算作有形的产品。航空公司提供的是"转移"服务,当然也提供一些饮料和餐点等有形的产品。教育提供知识以帮助能力的提升,但这些东西没有有形产品的转移,因此是更为纯粹的无形服务。

旅游业在这个产品序列中的什么位置呢? 旅游业本身是一个构成极其复杂的产业,饭店、餐厅、汽车租赁、旅行社、风景名胜区等都在其中,他们提供的产品也各不相同。饭店提供的住宿产品、航空公司或汽车租赁公司提供的交通服务、餐馆提供的餐饮、景点景区提供的游览观光、旅游纪念品企业提供的旅游商品等各不相同的单项旅游产品,在无形程度上是有差异的,住宿、交通、景点景区的无形化程度最高,餐饮居于中间位置,而纪念品生产企业提供的则是有形主导的产品。但是从旅游产品的整体角度来看,一次旅行,主要是体会了一个过程,获取了一种体验、形成了一份记忆,除了少量的旅游纪念品外,我们并没有把很多的有形的物品带回家。因此,旅游业的整体应该属于服务业是毋庸置疑的。因而,旅游营销也应该更多地运用服务营销的思想。

2.服务的基本特征

服务营销与制造业营销的区别很大程度上是由服务产品与有形产品之间存在明显的差异造成的。在讨论服务营销的特殊性之前,有必要对服务产品的一般特征加以明确。以下是得到广泛共识的服务产品的四个基本特征。

(1)无形性

商品与服务之间最常被提到的区别就是服务是无形的。我们不能直接看到、听到、触摸到服务,有时候,我们甚至不能很好地理解或把握享受到的服务。比如,在高水平的体检或医疗保健服务中,消费者在进行了一项胸腔检查后,可能并没有一种享受到服务的感觉,甚至觉得有些茫然。

无形的特性使得服务经营者面临以下几个方面的挑战:第一,由于无形,服务产品无法储存,因此很难用库存的方式来调节供需之间的差别。饭店是一个最典型的例子,一个滑雪度假胜地的酒店可能在冰雪季的时候,入住率达到100%,还不得不婉拒许多顾客;但在夏季的时候,则可能大量闲置。但是,酒店不能够将夏季时候的客房的可使用时间储存到冰雪季时来使用。第二,服务的无形使得我们难以为服务申请专利,这意味着竞争对手之间的相互模仿会很容易发生。第三,服务的无形使得企业无法有效地向消费者展示自己的成果,在与消费者沟通产品的价值时相对比较困难。顾客对于有形产品的评价相对容易,因为他们可以寻找到具体的线索,如使用时间、颜色、形态、硬度等属性来帮助他们解释产品的价值。然而对于无形的服务来说,由于不存在这样具体的线索,评价相对困难。这使得消费者往往感觉到有更大的风险。第四,由于服务是无形的,比较难判断在其身上花费的具体的生产成本,因此服务产品在定价上也比有形产品更加有难度。

(2)异质性

制造业在发展过程中利用机器、设备、流水线,能够实现标准化生产,从而使得生产出来的产品具有一致的属性和质量。然而对于服务企业来说,由于每一次产品的提供都必须由人来完成,因此几乎每一个服务产品都是不同的,这就是服务产品的异质性。中式餐饮就经常面临异质性的考验。同样的一个菜品,即便制定了标准的配方和操作程序,但厨师对火候的控制、操作速度在不同的时段也会产生差异。比如,厨师在刚上班时神采奕奕,快下班却疲惫不堪,在翻炒速度上就会产生差别,这也就使得菜品的质量会发生波动。不仅如此,由于每个顾客都是独特的个体,他们的认知、性格和情绪也不可能是完全相同的。即便是同样的服务,他们的体验和理解也不相同。可以说,"一千个人眼中有一千个哈姆雷特"。异质性的存在,意味着服务产品质量的控制面临比制造企业更多的不可控因素,人在产品生产过程中的地位更加显著。

(3)生产与消费的同步性

贝里有一个形象的说法,"商品是制造出来的,而服务是表演出来的"。汽车企业两周前在美国制造出来的汽车,在两周后可能在中国市场上被消费者买走。但是,我们无法将服务的生产和服务的消费放到两个不同的时间或者空间里去进行。飞机必然要等到乘客乘坐之后才能带着他飞向目的地,牙医也必须要病者到达以后才能为他检查牙齿。

很多时候,生产和消费的同步性意味着消费者本身可能参与到生产的过程中,并且会对生产过程产生影响。一个美发师在给顾客设计发型时常常需要了解顾客对于发型的要求,如果顾客未能明确自己的需要或对其进行了错误的描述,那么结果可能是顾客对设计出的发型不满意。生产与消费的不能分割还带来了另一个重要的问题,那就是顾客相互之间会产生影响。例如,饭店的入住登记处,多个客人需要办理入住登记,如果其中的一个客人因为找不到需要的证件而影响了入住登记的速度,这就意味着后面的几个客人需要等候更长的时间。生产与消费的同步性还"剥夺"了企业在出售前对产品进行纠错的机会。在传统的制造性企业,产品被生产出来后,要先经过质量检验,合格之后才能够出厂销售。然而服务企业则不可能做到这一点,因此对"第一次就做对"的要求更迫切。

（4）易逝性

服务产品不能被储存、不能被转售、无法被退货。传统的产品在消费者使用后，如果存在一些问题，企业可以收回、维修，然后再交给消费者，进行再销售，或进入二手货市场。但是，这些对于服务产品来说是无法做到的。如何有效地预测消费者真正的需求，并做好及时补救的准备对服务业来说是两个非常重要的问题。

表1-3可以帮助我们更清晰地看到服务产品与商品之间的差异，以及由此带来的服务营销中应该关注的新问题。

表1-3 服务的特征及寓意

服务	寓意
无形性	服务不可储存，难以形成转移，易于模仿，难以展示和沟通，较难定价
异质性	员工对服务质量非常重要 服务质量有较多不可控因素 服务的衡量较为困难
生产与消费的同步性	顾客参与并对服务质量产生影响 生产前必须充分了解顾客需要 第一次就把事情做好
易逝性	做好需求预测 做好及时的服务补救工作

3.旅游业务的独特性

旅游产品也属于服务产品，以上四个基本特征也为旅游产品所具备。但是，旅游产品还有着不同于其他服务产品的独特个性。

（1）空间移动的必然性和空间障碍

与许多服务不同，旅游这种服务产品是以旅游者主动向目的地移动为前提的，而且在通常情况下，顾客移动的距离要超出其日常行动的范围。这种空间移动对旅游者而言意味着多重风险的增加，包括经济风险、社会风险和心理风险。因而，风险感知在旅游者心目当中比消费其他有形产品时可能影响更加强烈。一般而言，目的地与顾客的距离越远，顾客的出游阻力就越大，也就意味着旅游企业提供的吸引力要越强大。因此，旅游企业营销中必然应该更加注重对旅游者动机的触发。

（2）需求的体验化

许多服务的存在是为了满足旅游者方便、快捷或者休息的需求，也就是说消费者在购买这些服务时，有明确的功能需求。除此之外，旅游者的需求还更为复杂。无论是处于哪种动机的旅游者，对旅游经历都寄予特殊的期望，这种期望深深地受到自身的经历、个性、教育水平等方面因素的影响，而这种经历将构成旅游者人生的一种体验，这就是体验化需求。正因如此，旅游产业才成为"体验经济"必然的组成部分。对于体验的追求，使得旅游营销者比其他的营销者都必须更加注重与旅游者的情感互动和情感联系，因为情感是体验中最深刻的部分。

（3）文化差异和冲突增加

旅游过程中，旅游者与旅游接待者（或旅游企业、旅游目的地）往往来自不同的文化背景,拥有不同的价值观、风俗习惯和行为方式。这大大增加了旅游企业面临文化冲突的概率。这种冲突,可能直接导致服务的失败,或者消费者体验的损毁。因此,旅游营销者比任何其他的营销者都更应该保持文化的敏感性。

(4) 关联性和整体性

旅游者需求的满足需要多个不同类型的旅游企业提供相互配套的旅游产品。因而,单凭一个旅游企业很难产生对旅游者的充分吸引力。例如,饭店的高出租率,往往有赖于当地商务贸易的发达、会展活动的频繁或者旅游景点的吸引力;而单个旅游景点如果体量比较小,就需要与其他旅游景点串联成线路才能够推广给旅游者。正因如此,在旅游营销的过程中,合作和竞争同样是一个永恒的话题。

二、旅游业的重要营销理念

鉴于旅游市场、旅游产品和旅游经营的独特性,以下一些观念值得在旅游营销活动中推广。

(一) 营销就是经营

从某种意义上说,旅游营销活动会涉及或者影响旅游企业所有的经营活动。一方面,营销的战略应该在旅游企业的经营管理活动的每个方面得以贯彻和落实。例如,营销中低价策略的有效推进,依赖于生产运营部门在保证质量的同时有效地进行成本控制;旅游酒店的高端形象策略则需要人力资源部分对服务提供者实施素质提升的系统培训。另一方面,营销的目标实现与否将直接影响旅游企业的经营业绩。因为,营销目标从最终来看,是比竞争对手更好地满足消费者的需求,从而为企业赢得利润。正因如此,营销不应该只是企业的一个职能部门,而是成为企业全部活动的一种意识导向。

(二) 基于关系及合作营销的全面营销

如前所述,旅游营销的成功有赖于企业与旅游者建立长期互惠的关系,因此,旅游营销过程中,应该强调以建立和巩固关系为目标。与制造性企业的关系营销不同,旅游企业的关系营销更多地建立在服务接触中所形成的顾客情感的基础之上,并通过大量的手段来维系这种情感。旅游营销者从关系中获得的利益将远超出消费者个人重复购买带来的贡献,即口碑成为重要的影响力。因而,好的关系营销不仅要将旅游者变成自己的忠诚顾客,还要将顾客变成自己的"营销人员"。同时,旅游企业在关系营销的过程中,会更多地与其他旅游产品提供者相互配合,来增强对顾客的吸引力。换句话说,旅游企业在很多时候也是互为"营销人员"。

(三) 跨文化的视野

由于旅游者的文化异质性极其明显,因此旅游营销的所有活动都应该在跨文化的视野下进行。旅游定位需要考虑对目标顾客群体的文化适应性,旅游产品和服务的提供需要充分考虑对不同文化背景的顾客的适应性,营销沟通需要了解不同文化背景中特定的象征、习俗和语言环境。在一定程度上说,旅游营销本身就是一种文化活动,或者文化管理活动。

（四）信息驱动营销

无论从变化的频率或者变化所带来的影响上来看，旅游营销环境的复杂性都可能超越了其他许多行业。应对这种复杂性的唯一有效的方法，就是及时掌握相关信息。因此，旅游营销活动应该充分遵循信息导向的原则，围绕市场信息，开展产品开发设计或目标市场更新；围绕竞争信息进行定位调整或者价格变动；围绕宏观环境信息，做好危机预案。

（五）持续创新

由于旅游产品易于模仿，旅游企业经常面临同质化竞争的威胁。跨越同质化竞争的途径唯有形成特色，而超越模仿者的途径就只能不断创新。创新应该成为旅游营销中的重要战略和常规活动。不仅需要用创新的视角来看待市场的需求变化、用创新的方式来满足顾客的需求，在营销沟通和促销方式上也要不断地体现出创新的意识。

（六）融合和合作

人们旅游需求的体验性、独特性和旅游资源的广泛性给旅游产品的跨产业融合提供了无限可能。时下流行的采摘旅游、工业旅游、影视旅游等就是旅游与农业、工业、影视娱乐业融合的产物。这些不同形式的融合和合作正在不断朝着纵深和细分的方向发展，并且成为旅游业态创新的基础。目前，旅游行业已经成为"大众创业、万众创新"最热门的领域之一，而"旅游＋"或者"＋旅游"正是创业和创新的重要途径。站在超越旅游行业原本边界的"泛旅游"视角上进行营销活动，可以不断拓展旅游营销的想象力空间。

本章小结

关键术语

市场　需求　价值　顾客让渡价值　交换　市场营销　生产观念　产品观念　推销观念　营销观念　社会营销观念　社会责任

内容提要

市场营销是个人和集体通过创造并同他人交换产品和价值以满足需求和欲望的一种社会和管理过程。市场营销活动广泛地存在于个人、各类组织、企业和政府的经营管理过程中。市场营销活动应该在正确理念的指导下进行，经过以关注产量为核心的生产观念、以关注产品品质为核心的产品观念、以大力推销促进销售为核心的推销观念的传统观念阶段后，现代的市场营销观念和社会营销观念被认为是当下指导营销管理活动过程的正确观念。

营销观念要求企业的市场营销活动应该以消费者的需求为核心和出发点，比竞争对手更好地提供消费者问题的解决方案，即产品和服务，从而满足消费者需求并最终获得企业的利润。营销活动不应该局限于销售环节，而是向前延伸到市场的分析、产品的设计、生产环节,向后伸展到售后服务和客户关系的维系方面,渗透进企业所有的经营管理环节。这也是全书展开的基本脉络。社会营销观念是营销观念与企业社会伦理的结合体,它对企业提出了更高的要求:关注消费者需求的同时,兼顾社会整体福利,兼顾环境生态、弱势群体等,承担更多的社会责任。

营销管理活动过程可以概括为"营销计划—营销活动的组织—营销控制与反馈"这样几个基本的阶段。旅游营销管理也遵循同样的过程。但是,旅游产品所具有无形性、异质性、生产与消费的同步性、易逝性四大服务产品特征,以及旅游行业的高度关联性、旅游营销的多主体特征给旅游营销管理带来了更多的挑战。旅游营销活动中应该更多地运用行业融合、企业竞合、跨文化营销、持续创新等重要理念。

课后练习

1. 怎么理解彼得·德鲁克的"一家企业只有两个基本职能:创新和营销"?
2. 校园里我们的身边存在哪些不同组织的营销活动?请举例说明。
3. 为什么是顾客让渡价值,而不是价值本身决定了顾客的交换意愿?
4. 现代的市场营销观念与传统的营销观念之间的本质区别是什么?
5. 社会营销观念在旅游行业的营销活动中有什么特别的意义?
6. 请描述营销管理的基本过程,并说说它与一般的管理活动的共性与差异。

案例讨论和延伸思考

万豪的创新实验室

万豪国际集团由 J.威拉德·马里奥特(J. Willard Marriott)和爱丽丝·马里奥特(Alice Marriott)创办,90 年多来都由马里奥特家族领导人执掌运营,自 1927 年以来,万豪集团一直是全球酒店的领导者。如今,公司旗下 6000 多家酒店遍布全球 122 个国家和地区,集团有包括 J.W.万豪酒店、万丽酒店、万豪酒店、万怡酒店、喜来登酒店、威斯汀酒店等 30 个品牌,2016 财年获得收入逾 170 亿美元。

支撑万豪酒店集团不断发展并成为全球首屈一指的酒店集团的是万豪的核心价值观:即以人为本、追求卓越、勇于创新、诚实正直及感恩回报。万豪国际酒店在卓越客户服务方面的卓著声誉可追溯至 J.威拉德为万豪业务制定的最初目标:精致美食、卓越服务、合理价格。万豪酒店集团将追求卓越,体现在所做的每一件事都高度专注于客户。而创新一直以来都是万豪酒店发展历史中不可分割的一部分。万豪始终通过新的品牌、新的全球地点以及新的宾客体验来不断挑战现状,并准确预测变化迅速的客户需求。

2017 年 2 月 13 日,万豪国际集团于洛杉矶市中心启动首个"快闪"酒店创新实验室,打造一所模型酒店,提供互动体验,实时收集公众反馈意见,进一步完善万豪国际所构想的未来酒店概念。此次推出的实验室将让业内人士、酒店住客、员工及广大公众能够亲身全方位"体验未来"。万豪国际为旗下的"创新孵化器"雅乐轩酒店和倡导环保理念的长时住宿品牌源宿酒店构想了令人振奋的升级举措,任何造访万豪国际"快闪"酒店创新实验室的人都能看到、摸到、尝到、听到未来酒店的感觉。这包括以下一些内容。

在旅途中,商务与休闲旅客都倾向于寻找更独特的空间。因此,源宿酒店正在测试一种大胆的客房新设计：四间客房的中心设立一个公共房间,客人们可以共用其中的厨房、餐厅和休息区。对于团体客人而言,这样的房间布局满足了他们对社交环境以及私密空间的需求。雅乐轩将为其餐饮计划注入全新的活力,更注重提供新鲜、健康的食材,如菠菜、藜麦和牛油果等。客人可以根据自身的喜好,定制专属的彩色"pot"美食随行杯 —— 其中的食材反映当地特色,健康营养又极其便携。客人可以在数字一体机上订购这样的美食随行杯并付款,美食随行杯上会有时间戳,还有厨师的表情符号。打造以技术为核心的饮品服务新概念,例如源宿的轻便酒车。客人用自己的房卡激活酒车后,它便会自动为客人斟上一杯美酒。

万豪国际特色精选品牌北美首席发展官艾瑞克·雅各布(Eric Jacobs)表示："我们很高兴能够推出万豪国际第一个针对雅乐轩和源宿的'快闪'创新实验室。这两个特色鲜明的酒店品牌随着宾客的变化、生活潮流动态和技术的变革而不断发展。我们还渴望收集业主反馈的意见并加以利用,他们对这两个品牌都抱有巨大的热情。"

万豪国际一直都十分重视酒店业主、特许经营商和忠诚会员所反馈的意见。因此,每个路过"快闪"创新实验室的人都有机会通过 Surveys 实时调查反馈技术向他们传达心声。雅乐轩与源宿的这些品牌新举措已于 2017 年秋季开始落实,通过实验室收集的反馈意见届时就会体现出来。"创新是万豪价值观的一大根基,"万豪国际副总裁、特色精选品牌全球领导人托尼·斯括克尔(Toni Stoeckl)说,"我们一直致力于创造能够提升、创新和改进客户体验的方法,由此加强客户的忠诚度,并让我们业主的投资产生最大的价值。这让我们得以在当下和未来始终赢得宾客的青睐,同时为我们的合作伙伴带去有实际意义的竞争优势。"

这已非万豪国际首次邀请公众参与改造传统酒店体验的过程。2016 年 10 月份,万豪国际在夏洛特市中心推出了首家万豪品牌旗舰酒店——M Beta Hotel,它是全球第一家功能齐全的"现场测试"酒店。从抵达时的无钥匙入住体验,到数字化的健身房,酒店的每个角落都可以快速进行"原型设计",客人可以测试不同的体验并实时反馈,最终合力塑造出未来的酒店体验。

（资料来源：http://www.traveldaily.cn/article/112107 和 http://www.Marriott.com）

问题：

1. 你认为案例中的万豪酒店集团为什么能够成为全球酒店的引领者？

2. 案例中的万豪酒店集团体现出怎样的营销理念？为什么？

3. 万豪酒店集团与顾客是一种怎样的关系？这种做法在其他的旅游企业里能否借鉴？

第二篇

营销生态环境篇

第二章
扫描营销生态：环境总览

引导案例及开篇思考

在极速发展变化的动态环境中,不缺乏的是新生的企业,缺乏的是长寿的持续发展的"老"企业。不少企业红极一时,总结了成功的经验,却发现又迅速地被新市场所抛弃。那些能够真正常青的企业都知道,忘却性学习、与时俱进,密切关注环境变化带来的机会和威胁,方为长久之道。以下案例展示了一个老企业在新环境中的新战略。

希尔顿抛出中国酒店倍增计划

希尔顿是最早进入中国市场的国际酒店品牌之一,然而其策略较为保守谨慎,因此在开店速度和引入新品牌方面都不算太快,而其竞争对手洲际酒店等在数量上都超过了希尔顿。希尔顿亚太区销售副总裁在2017年3月透露,希尔顿目前在中国市场共有90多家酒店,在整个亚太地区目前有185家酒店,可以说中国市场占到了他们整个亚太版图的一半。另有234家正在筹备中,即数年内,希尔顿在中国市场的酒店数量会倍增。

在希尔顿所筹备的200多家酒店中,全方位服务型酒店占比相对高一些,比如希尔顿逸林酒店及度假村;中端定位的希尔顿花园酒店比例也不小,该品牌现有10家,之后有将近40家在筹备。这种布局主要考虑到市场竞争越发激烈,高端酒店和经济型酒店的入住率和房价都有下滑,因此,相对而言,中端酒店的投资回报率较好。

目前希尔顿麾下的14个品牌有6个已经引入中国市场,包括华尔道夫酒店及度假村、康莱德酒店及度假村、希尔顿逸林酒店及度假村、希尔顿酒店及度假村,还有两个定位中端的希尔顿花园酒店和希尔顿欢朋酒店。"根据我们的计划,我们接下来会对中国市场引入三个新品牌——格芮希尔顿精选酒店、安泊酒店和希尔顿嘉诺宾酒店,"希尔顿亚太区销售副总裁鲁伯特·哈勒姆(Rupert Hallam)表示,"格芮是个性特色的高端品牌,针对个人家庭高端的出游;安泊则是全套房定位,房间大小在45~48平方米;希尔顿嘉诺宾酒店则是定位年轻化、数字化服务的品牌。之所以有这样的策略是因为我们希望针对市场的不同需求推出覆盖商务、年轻化等不同市场人群的不同酒店。"

希尔顿在对中国的新一轮布局中,将重心放在中档和中高档的精致型中小规模酒店的做法并非独有。根据浩华酒店管理公司在2016年的一份报告显示,尽管中国经济增速放缓,中国仍然是亚太区酒店投资主战场,国际品牌酒店在华扩张的步伐并未因此放缓。2016年第一季度中国仍然是亚太区酒店投资项目最活跃的市场,新签约酒店总数和客房总数占据了亚太市场的半壁江山。并且,近两年来,投资者对于酒店投资越趋理性,中档和中高档酒店成为投资者聚焦的热点,2016 年第一季度中档及中高档酒店在总签约数中的合计占比接近 60%。一方面,与高档奢华酒店投资相比,中档及中高档酒店的资本投入较小,投资回报年限较短,因而投资风险相对较低;另一方面,近年来中国整体经济增长放缓,再加上中国高星级酒店持续处于"供大于求"的买方市场,高星级酒店运营压力巨大。

与此同时,根据 2005 年全国 1‰人口抽样调查,2005 年中国人民大学、香港科技大学中国综合社会调查数据(CGSS),2006 年中国社会科学院全国综合社会调查数据(GSS)的综合分析,目前中国中产阶层的规模比例为 23% 左右。此次调查对象主要针对年收入在20 万~50 万的中产阶级人群,他们拥有稳定的经济基础,每年商务出行及休闲度假的次数在 10 次以上,他们在选择出行入住酒店时,注重品牌的一致性,同时希望入住的酒店在设施以及服务上能够体现自由自主的生活方式。他们成为中档和中高档酒店的强大市场支撑。根据中国社会阶层的有关研究,中产阶级的人数还将加速增长。

(资料来源:《中国中老年人旅游消费行为研究报告 2016》,http://www.sohu.com/a/119019303_537105)

? 思考

希尔顿酒店在中国市场上的发展战略的变化与中国市场环境的变化之间存在怎样的关系? 受到哪些环境因素和发展趋势的影响?

第一节 营销环境概述

一、营销环境及其分类

所谓营销环境是影响企业营销活动及其目标实现的外部不可控的因素的总和。环境的两个典型特征是:第一,具有影响力,即它们能够对营销活动目标的实现与否产生影响;第二,不可控性,即环境中的因素是企业营销活动不能够直接控制和改变的。因此,营销活动必须依托环境、分析环境和适应环境,进而有效利用环境。

环境当中存在各种物质的、制度的因素,它们对于企业影响活动的影响方式、影响程度以及影响范围是不同的。可以简单地将环境分为微观环境和宏观环境两大类。微观环境也叫任务环境,它通常指与企业紧密相连,直接影响企业营销能力的各种参与者,包括企业本身、营销中介、顾客、竞争者以及社会公众。由于每个企业所接触和面对的顾客、竞争对手、公众等都是有差别的,对于一个企业产生影响的因素也许对另一个企业并没有影响,或者影响方式不同,因此,我们认为微观环境因素的影响是有针对性的。举一个简单的例子,某家企业集团将自己的员工奖励计划由国内转向国外,与其长期合作的奖励旅游承包商(旅行社)就需要调整自己的产品和服务,但是其他的旅行社并不一定会受到影响。

宏观环境是指能够广泛影响企业、产业的一系列巨大的社会力量，也称作间接营销环境，包括人口、经济、政治法律、科学技术、社会文化及自然生态等因素。宏观环境对企业营销活动的影响往往要通过微观环境来传导。因此，一般情况下，宏观环境的影响范围比微观因素更加广泛，往往对整个行业或整个区域的经济都会产生影响。比如说，由于金融危机的影响，许多外贸企业的经营都普遍受到冲击，它们削减经费开支，减少了旅游支出，这就进一步影响到了许多旅行社的经营。因此，金融危机就是一种宏观环境因素的变化，它对于旅行社的影响是通过影响旅行社的顾客需求来实现的。

宏观环境、微观环境与企业营销活动的关系可以简单地由图 2-1 来表示。

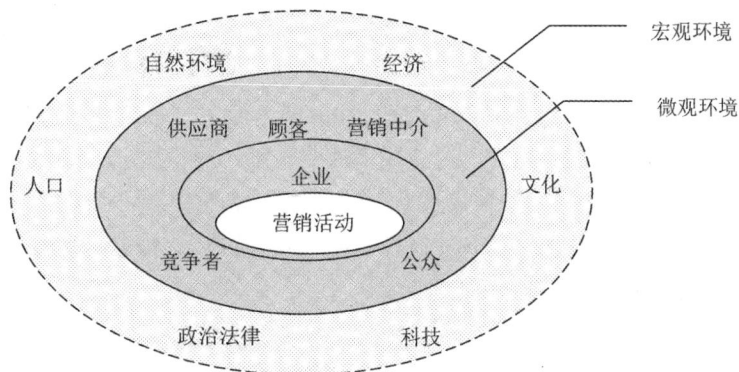

图 2-1 营销环境示意

二、营销环境分析的意义

营销环境分析是营销活动的基石，是正确的营销决策的前提。企业的市场营销活动是在复杂的市场环境中进行的，社会价值观念和文化的发展、科学技术进步变化的趋势、消费者需求结构和偏好的改变、国家一定时期的政治经济政策等，都直接或间接地影响着企业的生产经营活动。错误地理解环境，或者未能准确地把握环境的变化趋势，有可能将企业引向错误的决策。

准确的环境分析能够帮助企业"趋利避害"。旅游行业属于对环境高度敏感的行业，在旅游行业里的成功，更离不开市场调查与分析市场营销环境。经营住宿业务的企业，如果在环境分析中发现旅游市场中存在着对"非标准化"住宿体验越来越热烈的追捧，可能投资新建一家主题特色酒店就比投资一家标准化的星级饭店更加有利。

市场营销环境分析利于企业发现新的机会。2016 年 G20 峰会在杭州举行，大大小小的旅游企业、旅游目的地纷纷在其中寻找自己的机会。周边地区意识到，"把杭州让给世界"的杭州人大量向外走会给自己带来的机会，因此轮番上阵，在杭州上演各种推介和惠民活动，以瓜分这块美味的蛋糕。衢州在实行免票的三个月内接待杭州游客量超过了 65 万人次，是往年的 10 倍以上，拉动了 10 亿元的综合收入。杭州旅游更是借势而起，来杭旅游人数达到 363 万人次，创历史新高。而后 G20 时代的杭州旅游有了新的聚焦点，"看看大金球"等新内容给杭州一日游、两日游的接待企业带来了巨大的商机。

三、旅游营销环境的主要特征

旅游营销环境具有以下基本特征。

（一）客观性和不可控制性

旅游企业与其他企业一样，必然生存和发展在特定的环境中，不可能超脱于环境之外，因此以上诸多环境因素对旅游营销活动的影响是必然的、强制的，也是不以营销活动主体的主观意志为转移的。这意味着企业必须要主动地去预测、发现和分析环境变化的趋势及其变化特点，进而及时甚至超前采取相应的措施去适应环境的变化。

（二）变化性和差异性

旅游活动本身就是追求变化且富于变化的，这意味着旅游者的需求处于不断变化当中，其他的环境要素也处在不断发展当中。因此环境的变化是一种恒常状态，稳定只是在一定时期内相对而言的一种状态。当然，环境的变化性带来更丰富的机会，同时也会带来很多的挑战。然而同一种环境变化，对于不同的企业而言有着不同的意味，这也就是环境差异性的表现。

（三）复杂性和相关性

旅游业的环境影响要素异常丰富，不仅如此，旅游目的地和旅游客源地在空间上的分离使得每一种环境要素都会产生地域上的差异，这大大地增加了旅游环境的复杂性，使得旅游企业面临的环境分析的任务比其他企业更加艰难。此外，旅游企业所面临的环境因素往往相互之间有高度的相关性，一个要素的变换会带来若干其他因素的变化，从而使其影响扩大化。这就迫使旅游企业需要对环境中微小的变化都做到警觉。

正因为旅游营销活动面临的环境复杂多变且难于控制，因此，旅游行业中的许多企业常常感到企业不断受到冲击，时常面临危机。因此监测、把握环境力量的变化，善于从中发现并抓住有利于企业发展的机会，避开或减轻不利于企业发展的威胁，是企业营销管理的首要问题。本章以下的内容就将通过许多现实的案例和数据来说明宏观环境和微观环境当中应该关注哪些方面的问题，以及正在发生的哪些值得关注的变化。

第二节　宏观环境及其趋势

一、人口环境与旅游营销

人是需求的主体，人的购买力是市场的基础。对于旅游业这样一个以人口的空间流动为前提的行业，更需要高度关注与人口环境有关的因素。客源区域的人口数量、人口结构、人口的教育素质、人口在地理区域上的分布特征以及人口流动等因素，都对旅游需求和旅游市场的变化产生广泛和深刻的影响。

(一) 人口总量

人口总量,也即特定区域特点时期的人口规模,是决定一个区域市场潜量的基本的指标。通常在购买能力相同的情况下,人口规模越大,意味着区域的需求总量越大。对于一些生活必需品而言,人口规模对需求总量起到了决定性的作用。但是,对于选购品和奢侈品而言,人口总量所起到的作用还要受到经济条件的制约。

根据有关资料显示,中国目前不仅已经成为全球手机、移动互联网、手游等产品的最大市场,也成为许多跨国公司最重视的国际市场,其背后的原因就是中国巨大人口所形成的巨大市场需求。即便是总体经济并未达到发达国家水平,但人口的绝对数量也仍然令许多其他区域市场望尘莫及。人口总量的影响也同样发生在旅游行业。以下资料可以帮助你理解人口对中国旅游发展的影响。如资料链接 2-1 所述。

资料链接 2-1 🔍 ....

中国国家旅游局 2017 年公布的数据显示,2016 年全年,国内旅游人数为 44.40 亿人次,比上年同期增长 11.00%。其中,城镇居民 31.95 亿人次,增长 14.03%;农村居民 12.45 亿人次,增长 4.38%。国内旅游收入 3.94 万亿元,增长 15.19%。

2016 年全年,中国公民出境旅游人数 1.22 亿人次,比上年同期增长 4.30%。出境旅游花费 1098.00 亿美元,比上年同期增长 5.10%。

2016 全年,入境旅游人数 1.38 亿人次,比上年同期增长 3.80%。入境过夜旅游人数 5927.00 万人次,比上年同期增长 4.20%。国际旅游收入 1200.00 亿美元,比上年同期增长 5.60%。

上述数据显示,中国已经成为全世界最大的国内旅游消费市场,也是全球增长最快的客源输出国之一,也已成为世界第一大出境旅游消费国。

(资料来源:《2016 年中国旅游业统计公报》)

(二) 人口结构

人口结构,是人口的内部构成,它既包括人口的自然结构,如性别结构、年龄结构,也包括人口和社会构成,如民族结构、职业结构、教育程度结构等。由于以上方面的不同,相同人口的数量在需求的对象、购买偏好、价值观念、生活方式和社会活动等方面都会产生差异,也就会形成各具特色的消费群体。

人口的年龄结构对于一个地区消费品的支出结构有比较明显的影响。比如说,在墨西哥,玩具奶粉婴儿用品在消费品中占的比例比其他国家高,因为其人口年龄结构很年轻。而相反在日本这个世界上老龄化程度较严重的国家里,保险、医疗、保健等产品消费比重则较其他国家要高一些。不同年龄的消费者对于同种产品的属性要求也会有差异,比如说牛仔裤的生产企业如果针对的是年轻的市场,则主要以修身、时尚、个性为主攻方向;但如果针对的是中老年市场,则要以舒适、宽松的特点作为主要吸引力。那么,对于中国旅游企业来说,人口年龄结构变化上主要应该注意的趋势是人口结构的老龄化。

数据链接 2-1 🔍

　　根据中国老龄产业协会老龄旅游产业促进委员会与同程旅游联合发布的《中国中老年人旅游消费行为研究报告 2016》（以下简称《报告》）显示，同程旅游 2015 年度服务超过 1 亿人次，其中 46 岁以上的中老年用户超过 1000 万人，占比 10.00% 以上。中老年人旅游消费意愿高达 81.20%，因为出游时间灵活，中老年人的出游频次也明显高于其他年龄层，并且更加偏爱长线游（出游天数超过三天）。《报告》数据表明，有出游经历的中老年旅游者中的 42.70% 每年出游 2 次，每年出游 3 次及以上的占 20.20%；单次出游天数方面，38.00% 的中老年旅游者单次出游天数为 4～7 天，33.00% 的中老年旅游者单次出游行程在 8 天及以上。

　　（资料来源：《中国中老年人旅游消费行为研究报告 2016》，http://www.sohu.com/a/119019303_537105）

　　人口的社会结构，如教育结构对消费者、对文化类产品的消费和需求也有着显著影响。一般而言，受教育程度低的消费者更多选择电视广播等被动的休闲方式，而教育、旅游、健身等产品则更受教育水平较高的消费者所青睐。比较我国的五次全国人口普查的数据可以发现，我国国民的受教育程度不断提高，这对我国国内旅游需求的迅速增长有较大的促进作用。此外，人的受教育程度与其主要的信息渠道有明显的相关性，教育程度高的中青年对网络的依赖度更高。因此，对于旅游营销者而言，重视网络作为一种信息渠道的作用和提高旅游产品的参与性是值得注意的两个方面。

（三）家庭结构变化

　　家庭结构是不同类型的家庭在家庭总量当中的比例特征。家庭结构受家庭的人口构成、家庭的生命周期等方面因素的影响。家庭结构对于特定区域中人口的住宅、家电、家居、休闲旅游度假、教育培训、保险等许多方面的消费都会产生明显的影响，而这些影响主要体现在产品购买的频率、购买体量、更新换代速度以及产品偏好等方面。

　　从目前中国的家庭结构变化来看，一个总体的趋势是小型化家庭比例的增加。在经济较为发达的大中型城市中，传统的扩展型家庭（即三代住在一起）越来越少见，而三口之家的原子家庭占了更大比重。一些新兴的家庭和非家庭户也在越来越常见。例如，丁克（DINK，即 double income no kids）家庭的数量正在增大；晚婚率的提升使得社会中单身住户的数量也在增加。根据经验，这些没有孩子的家庭由于家庭负担比较小，因此往往有更多的休闲娱乐消费。自 2016 年 1 月全面开放二孩政策开始执行起，部分家庭将迎来家庭"扩容"，这将改变"三口之家"的亲子游模式，给家庭度假旅游产品的开发和销售带来新的要求。

（四）人口的地理分布

　　人口的地理分布是指人口在不同地理区域当中的分布情况，我们经常用城市人口、乡村人口、城镇人口的比例来描述人口地理分布的情况。由于不同区域在自然条件、经济发展程度、人口密度和社会发展的情况上有所差异，不同区域人们有不同的购买力、购买倾向和购买习惯。这些差异直接导致营销者对不同区域的消费者在产品设计、定价、销售渠道选择等方面的区别对待。对于我国的旅游业来说，人口在城乡分布中的特点，即农村人口占比更大（根据 2005 年全国 1% 人口抽样调查主要数据公报，我国乡村人口的比重占人口总量的比重为57.01%），是一个相当值得关注的问题。随着农村生活水平的提高，农民旅游市场逐渐成为一个待掘的金矿。但近年来，我国旅游业更多关注的是高收入的群体，对规模大，但购买力相对来说比较弱的农民群体关注不够。

二、经济环境与旅游营销

一个地区的经济总体发展水平、经济结构特征、经济的外向性特征、宏观经济发展趋势、产业结构以及人均消费水平等因素构成了一个区域的经济环境。经济环境对区域内的各行业发展和企业经营都将产生广泛的影响。以下对经济环境几个方面的状况及特征的分析，将有助于营销者更好地把握区域经济环境。

（一）国民生产总值和人均国民生产总值

国民生产总值（GDP，gross domestic product），即一个国家某一时期所生产的以市场价格计算的最终产品及劳务的市场价值总和。这个指标经常用来衡量一个区域的经济总量。与一个地区的消费更加密切相关的是人均国民生产总值。根据国际上的发展经验来看，各行业的发展与人均国民生产总值所达到的水平有非常密切的关系。以零售业为例，人均国民生产总值达到 1000～2000 美元是连锁超市诞生的时期；人均国民生产总值达到 2000～4000 美元是便利店、时尚专卖店、专业店大量产生的时代；人均国民生产总值达到 4000 美元以上时，则高级时尚品牌店、奢侈品、艺术品专卖流行。在旅游行业，一般来说，人均国民生产总值达到 300 美元就可以产生国内旅游需求，人均国民生产总值到达 1000 美元以上，国内旅游需求就比较旺盛，当人均国民生产总值超过 3000 美元，出国旅游及高层次的休闲度假旅游就会快速发展。2016 年我国人均国民生产总值达到了 53980 元，约 7900 美元，因此可以理解近年来中国人出境旅游消费呈现惊人的增长，到 2016 年，出境人数已经达到 1.22 亿人次，为全球出境旅游人数第一大国。

需要注意的是，在人均国民生产总值相同的情况下，收入分布对区域的整体购买力和消费支出产生重要的影响。当收入差距比较明显时，区域的购买力大多掌握在少数富有阶层手中，但实际上少数富有者个人消费支出占其收入的比例并不高。因此，当区域中大多数人为中等收入时，该区域的消费最为旺盛。

（二）消费者收入和支出模式

消费者收入指消费者个人从各种来源所得到的货币收入，通常包括个人的工资、奖金、其他劳动收入、退休金、助学金、红利、馈赠、出租收入等。消费者收入主要形成消费品购买力，这是社会购买力的重要组成部分。消费者收入的变化直接影响到消费者支出模式的变化。德国统计学家恩斯特·恩格尔提出的"恩格尔定律"指出，一个家庭收入越少，其总支出中用来购买食物的比例就越大；随着家庭收入增加，用于购买食物的支出占总支出的比例下降,而用于其他方面的开支(如通信、交通工具、娱乐、教育、保健等)和储蓄所占的比重将上升。

但是消费者收入并不全部用于购买商品。对企业营销来说,有必要将消费者个人收入区别为个人可支配收入和可任意支配收入。可任意支配收入,是指个人可支配收入减去维持生活所必需的支出(如食品、衣服、住房)和其他固定支出(如分期付款、学费)所剩下的那部分个人收入。这部分收入是消费者可以任意支配的,因而是影响消费需求构成的最活跃的经济因素。这部分收入越多,人们的消费水平就越高,企业营销的机会也就越多。

当然,消费者当前支出水平和支出模式还受到储蓄和信贷的影响。在消费者收入不发生变化的条件下,如果消费者将更多的收入用于储蓄,那么当前的购买力便会削弱,转变成未来的购买力。消费者信贷则可以说是把未来的购买力转化成了当前的购买力,在收入不发生变化时,消费信贷越多,现在的购买力越强。我国居民受传统勤俭节约思想的影响,在较长时期内保持了较高的储蓄倾向。但是值得注意的是,"80后""90后"的消费者已经较"60后""70后"的消费者有了较大的变化,在一些耐用消费品,如房子、汽车、家电等行业,信贷消费正被越来越多的消费者所接受。

(三)宏观经济形势与消费信心

经济发展总是存在一定的周期性,宏观经济的运行阶段和未来走势对于任何行业的市场行情都会产生影响。一般来说,经济走势的景气指数越高,消费者对未来的收入预期越乐观,也就表现出越强的消费信心和消费意愿;反之,消费信心受到打击,消费削减。

根据尼尔森对于全球消费者信心指数的研究,中国市场的消费者信心指数从2014年到现在,一直都是超过100%的,这说明我们国家的消费者目前还是保持着蓬勃积极的消费态势。中国经济正由投资主导型转为消费主导型,经济发展已经进入"新常态"。在这样的背景下,休闲和旅游的需求持续走高。如资料链接2-2所述。

资料链接2-2 🔍 ....

消费者信心指数

消费者信心指数(CCI,consumer confidence index)是反映消费者信心强弱的指标,是综合反映并量化消费者对当前经济形势评价和对经济前景、收入水平、收入预期以及消费心理状态的主观感受,预测经济走势和消费趋向的一个先行指标。消费者信心指数的概念和方法是由美国密歇根大学调查研究中心的乔治·卡通纳(George Katona)在20世纪40年代后期提出的。

消费者信心指数由消费者满意指数和消费者预期指数构成。消费者满意指数是指消费者对当前经济生活的评价,消费者预期指数是指消费者对未来经济生活发生变化的预期。消费者的满意指数和消费者预期指数分别由一些二级指标构成:如对收入、生活质量、宏观经济、消费支出、就业状况、购买耐用消费品和储蓄的满意程度;对未来一两年购买住房、购买汽车的预期,或者对未来6个月股市变化的预期。

国家统计局从1997年12月开始研究编制我国的消费者信心指数,每季度发布一次

《中国消费者信心监测报告》，目的是从一个新的角度为各级政府、工商界和国内外投资者综合判断经济运行的状态提供参照，为各经济主体制定政策和采取决策提供辅助信息。

（资料来源：https：//baike.baidu.com/item/%E6%B6%88%E8%B4%B9%E4%BF%A1%E5%BF%83%E6%8C%87%E6%95%B0）

（四）汇率变化与外贸收支

货币的汇率反映不同国家（地区）货币之间的比价，汇率的变化在很大程度上影响着出境旅游的成本，因此能够对国际（地区间）旅游需求起到明显的调节作用。当旅游客源国（地区）的货币比值升高，那么相对来说，旅游目的国（地区）产品的相对价格就会下降，这就将促使客源地国的居民在其他条件不变的情况下更乐于出境旅游。

国际（地区间）旅游对于各国（地区）而言也是一种对外贸易形式。我国在旅游业发展最初的一段时间特别重视入境旅游，其中一个原因是入境旅游会带来外汇收入。当一个国家（地区）外贸出现逆差时，客源国（地区）政府一般会考虑更多地鼓励境内旅游，而对出境旅游加以控制。例如，美国在 1986 年就因为连年来的贸易逆差而通过了一项对购买国际（地区间）机票者额外征税的法案，其目的就在于提高出境成本，减少公民的出境旅游。

三、自然环境与旅游营销

旅游业的大量资源存在于自然环境中，环境的优劣对于一个地区的旅游发展起到巨大的影响作用。因此，旅游营销活动比起许多其他的行业来说，与自然环境的关系更加密切，也更应该注重自然环境中的一些变化。

（一）能源

能源短缺是目前全球面临的重要问题，由此带来的越来越高的能源成本是企业营销活动中应该关注和着力解决的问题。2005 年石油价格的上涨，曾使得美国第三大航空公司达美航空和第四大航空公司西北航空公司濒临破产，并使美国航空业在该年的损失达到100 亿美元。我国近年来电力缺口增大，为了节约电能，我国于 2007 年开始实施公共建筑空调的运行优化管理，规定在饭店等公共场所夏天室温不低于 26 度。此外，许多饭店通过大量使用节能灯来节约电能。这些都是旅游业对能源短缺的应对。

（二）环境和自然资源

工业生产和各种人为活动改变了地球的面貌，气候变暖、温室效应、污染增加都是环境恶化的结果。在旅游业中，对于资源的不科学的开发和利用，导致了一些不可再生自然资源的破坏。例如，一些地方为了建高尔夫球场，破坏原来的山体和植被，人为地种上草皮。这些将最终导致旅游地吸引力的削弱，影响旅游的可持续发展。

近些年来，在"绿水青山就是金山银山"理论的指导下，各级政府都出台了关于环境保护、生态监控的办法和制度,部分地方铁腕治理环境,大大地减少了随意的破坏性开发。旅游企业经营过程中,也应该主动坚守生态底线。

(三) 自然灾害和流行疾病

安全是旅游者最基本的需要。自然灾害与流行疾病对于旅游安全会造成很大的冲击,从而对旅游接待地产生重大影响。近几年来,自然灾害和流行疾病频发,引起了旅游接待的明显波动。例如,5·12地震给四川旅游业造成了500亿元的经济损失,台湾阿里山地震也使得一些赴台旅游团改变行程。2009年的H1N1流感疫情对出境和入境旅游接待都造成了明显的影响。据资料显示,因疫情影响,该年6月,巴厘岛、马尔代夫等传统热门度假线路的价格都降至多年来的最低点,同时前往北美、欧洲的线路出现了"退团潮",境内的一些旅游接待也受到一定程度的影响,在接待人次中显示出下滑的趋势。由于自然灾害和流行疾病的不可控性和影响的严重性,旅游营销者应该更加注重危机预测和危机管理。

四、技术环境与旅游营销

(一) 技术改变产品和服务

科学技术是一种激动人心的力量,它不仅深刻地影响着人类社会的进步、社会经济的发展,改变着人们的生活,也对市场营销活动产生深刻的影响。技术的加速进步,缩短了许多产品的生命周期,并导致了某些行业的消亡。如复印技术使得复写纸行业缩水,mp4、mp5的大量出现导致了随身听产品退出市场。从这种意义上说,技术是一种"毁灭性的力量"。移动互联网的普及和各种应用的出现,大大提高了旅游者旅游规划的能力,提高了预订的便利性,大大降低了对传统旅游中介的依赖,自助旅游在国内、甚至国际(地区间)旅游中所占的比例不断提高,给传统的旅行社带来了很大的冲击。

当然,新技术也同样能够为旅游企业所运用,形成特色和竞争优势。旅游企业可以如下面案例中所说的酒店那样,运用智能化技术改变旅游者的体验,也可以在景区里面建立智能解说系统,在旅游咨询服务平台建立实时互动,创造人性化旅游装备等。如启迪案例2-1所述。

启迪案例2-1 🔍 ···

智能化酒店的科技运用

日渐发达的移动互联网技术和智能控制技术正不断改变着现代酒店的产品和服务流程。喜达屋集团于2014年11月在雅乐轩、源宿和W品牌首批推出"SPG智能入住"系统,除使用智能手机办理登记并入住客房这些线上操作外,还首次真正实现了以手机等移动设备取代房卡入住酒店客房的传统入住操作方式。

2015年4月,东呈酒店集团联手微信支付发布了"云酒店"概念,无论入住客人是否在酒店里,只要通过微信企业号用语音或文字"发号施令",例如发出"晚点退房""打扫房间"等指令,云端就能实时运算,将信息推送给对应的系统或者服务人员,判断其订单状态并做出服务响应。目前,包括预留房、秒退房、晚退房、微续住、呼叫清洁阿姨和呼叫维修大叔在内的六大微服务项目都已启动,比如,使用微服务中的呼叫清洁阿姨打扫房间,大概 5 分钟之内阿姨就可以到达。

位于日本长崎县的豪斯登堡乐园内的一酒店非常恰当地被命名为"奇怪酒店",为了节省人力成本,从接待员到行李搬运工几乎全是机器人。酒店的礼宾员是一个洋娃娃模样的机器人,具有语音识别功能,还会播报早餐和活动信息。在酒店大堂不时可以看到一个来去匆匆的方块形机器人。它的工作是提供客房服务,比如按客人的要求送饮料和简单零食。在客房的床头柜上放着一个粉红色大头机器人,它名叫 Tuly,外形模拟一朵肥胖的郁金香花蕾,能够回答一些简单的问题,比如"现在是什么时间?""明天的天气如何?"你还可以命令它关掉房间的灯光。除了机器人,酒店的另一大特色是人脸识别技术,客人在前台登记时留下自己的数字图像,代替电子钥匙,只需要亮出自己的脸就能开启房间。原因嘛,很简单,机器人不擅长找钥匙,如果客人的钥匙掉了怎么办?

(资料来源：案例改编自 http://news.163.com/15/0410/00/AMQ6914U00014AED.html)

(二) 技术改变了营销方式

技术的另一个重要作用是改变着消费者的行为习惯,推动着营销方式的变革。21 世纪,互联网技术正在将地球村变为现实,这也给旅游营销带来了巨大的机遇与挑战。而近两年来,移动互联网更加与消费者如影随形。

网络技术的一个巨大的好处在于覆盖面广而且成本低廉。互联网和移动互联网大大拉近了企业与消费者之间的距离,使得消费者能够与企业面对面地沟通对话,这使得"定制化"和"一对一营销"不再是一个口号。"虚拟旅游"等技术手段的运用甚至能够满足人们对旅游地更为细节化的感知需求,使传统的无形化的旅游产品能够更有形地呈现,使得原本不可移动的产品具有了一定的"可移动性",极大地拉近了旅游目的地和客源之间的心理距离。移动互联网也深刻地改变了人们对旅游产品的预订方式和支付方式。

互联网技术给旅游营销活动带来的第一个挑战是,网络上的海量的信息使得消费者的视野更加广阔,因而不同旅游目的地之间的竞争更加直接和激烈,不同类型不同距离的旅游目的地都有可能发生竞争。互联网引起的另一个重大的挑战在于它拉近了全球的消费群体之间的距离。全球不同区域的不同肤色、不同民族的消费者变成了一个同盟军,每个消费者的声音都可能传到世界各地。传统的口碑借助网络力量不断升级,加速了传播的速度,扩大了影响范围,发挥了比以前的任何时候都更巨大的影响。这使得营销活动中任何一个细小的纰漏都有可能带来意想不到的麻烦。因而,旅游营销活动需要谨慎对待每一位顾客和每一个细节的问题。

五、社会文化环境与旅游营销

文化是经过长时期发展,在特定的群体中所形成的共有的价值观念、道德规范、习俗习惯、审美观念等的复合体。文化是社会中无形的"法网",它对消费者行为的制约和影响几乎无处不在。同时,文化对于商业活动中应该遵循的规范也有不同的规定。因而,社会文化环境是营销活动不可忽视的重要影响因素。

在旅游营销活动中,社会文化环境更有双重的意味。一方面,旅游者本身生活在特定的社会文化环境中,他们的旅游活动深受其所在的文化环境的影响,表现出特有的行为模式和行为规律。另一方面,旅游不仅是一种消费活动,也是一种文化活动,许多旅游者把追求文化的差异性、感受特有的文化作为旅游活动的一个重要目的。因此旅游目的地的文化特征以及旅游者与目的地居民的文化交流和文化冲突也影响着旅游者的旅游体验。因而,旅游营销者在分析社会文化环境时实际上面临着双重的任务——即客源地的文化环境分析和目的地的文化环境分析。

(一) 价值观

价值观是生活在某个社会文化环境中的人们对周围的世界、对人和对事物最普遍的态度和看法,它是一个文化中的精神内核。许多价值观直接关乎于人们对旅游活动的看法。例如,在中国最传统的观念中有对旅游活动起阻碍作用的,如"孝"的价值观念中认为"父母在,不远游",而讲求"勤劳"的价值观念认为工作是第一位的,休闲是不重要的;当然,也有对旅游活动起促进作用的,如"读万卷书,行万里路"告诉人们旅行对于增长见识的重要作用,这一点直到现在还是许多中国人的旅游动机,也是修学旅游产品购买的强大助推器。

另有一些价值观影响着人们在旅游活动过程中的一些行为表现。中国人价值观念中重视"群体"和"家庭",因而中国旅游者中极少有独自出行的,相反集体活动形式的旅游活动非常常见;"仁者乐山,智者乐水"的观念使得中国人在旅游目的地的选择上比较偏重于传统的山水风光;"要面子"的群体观念带来的明显的"穷家富路"的旅游消费特征,这也导致了中国旅游者出国旅游中特有的高消费特征。如资料链接 2-3 所述。

资料链接 2-3 🔍 ....

中国旅游者的出境消费

商务部数据显示,2015 年中国游客在境外消费约 1.2 万亿元,继续保持世界主要旅游消费群体称号。换句话说,咱们中国人有着无坚不摧的适应性购买力。中国的旅游者到底养肥了哪些国家呢?

1. 日本

根据银联支付系统数据显示,2015 年全年中国人赴日旅游次数达 500 万人次,比 2014 年增长 107%。每 4 位赴日外国游客中就有 1 位中国人。因此,中国游客消费成为日本旅游业的主要收入来源。2015 中国游客平均在日消费 2260 美元(约合 14866 元),其中购物消费占 51%。

2. 韩国

2015 年,中国人赴韩国旅游约 611 万人次,赴韩旅游的外国游客中 40% 为中国人。《人民日报》援引官方统计数据称,中国游客平均在韩消费 2170 美元,主要用于住宿、交通和购物,共为韩国经济贡献了 220 亿美元,占该国 GDP 的 2.6%。

3. 美国

自 2014 年 11 月 12 日,美国允许向中国游客发放 10 年旅游签证以来,中国赴美游客数量有所增长。携程数据显示,2015 年携程组织的中国赴美游客就高达 3 万人次,同比增长超过 60％。据《人民日报》报道，2015 年中国赴美游客总量达 300 万人次，增长了 16.5％。

4. 澳大利亚

2015 年年底，澳大利亚政府宣布将签证最长时限延长至 10 年。此举暗示出中国游客对其国家经济的作用之大，更或者是中国的大基数旅游群体是其他国家（地区）都想多争取的一块蛋糕。《人民日报》称，2015 年全年，中国游客在澳大利亚消费了 54 亿美元，使该国政府在 5 年内实现了 10 年的收入目标。

奢侈品成为中国旅游者国外消费的重头戏，原因何在？财富品质研究院（Fortune Character）根据品牌库中 2 万多个品牌的营业收入估算发现，2015 年中国消费者全球奢侈品消费达到 1168 亿美元，全年中国人买走全球 46％ 的奢侈品。这其中，910 亿美元在国外消费，占到总额的 78％。也就是说，中国人更喜欢在国外购买奢侈品。

（资料来源：http://news.fx168.com/politics/cn/1602/1795294.shtml）

（二）传统节庆与风俗

传统节庆与风俗主要指一个国家、一个民族特有的节庆活动、礼仪仪式和一些惯例。传统与风俗是文化的重要体现，也是文化中比较显著的一些要素。从旅游目的地的角度来看，传统节庆是旅游吸引物的重要组成部分。世界上许多地区的传统节日和庆祝活动的时间都成了旅游者到来的高峰期。比如说，每年 9 月末到 10 月初的德国慕尼黑的啤酒节，每年 8 月的西班牙番茄节、斗牛节等。国内各大少数民族独特的节日，如三月三、泼水节、龙舟节等也纷纷吸引了许多的旅游者。一些地方的特色风俗（如婚俗、成人礼等），也被一些旅游营销者有意识地包装成特定的旅游产品，以形成对旅游者的新的吸引力。

从旅游客源地的角度来说，许多传统的节庆活动都伴随着一个消费的高峰，并且会产生一些特定的消费行为。我国的中秋节、春节，西方的圣诞节、情人节都是传统上的消费季节。值得注意的是，传统的消费习惯在新的观念的冲击下能够发生改变。我国许多的消费者已经改变了走亲访友互相拜年地在家乡度过春节的习惯，取而代之的是走出家门，旅游到外地度过一个别样的春节。如资料链接 2 - 4 所示。

资料链接 2 - 4 🔍 ···

九次方旅游大数据研究院制作的《2017 春节黄金周旅游分析报告》（以下简称《报告》）对全国 338 个地级市黄金周旅游经济运行数据进行紧密跟踪，并对云南、宁夏、丽江、秦皇岛、开封等重点区域进行了重点剖析，揭示了春节黄金周旅游的主要特征。

《报告》分析显示，在春节黄金周选择旅行过年，这种新年新过法已经深入人心。全国旅游市场供需两旺，人气爆棚，春节期间居民出行意愿集中释放，出行人次同比增长了13.8％。"旅行过年"成为喜闻乐见的生活方式，以往春节吃吃喝喝、打打麻将、走亲访友的老三样变成了"车票机票加油票在手、全家出游说走就走"的新方式，亲子游、家庭游成为"旅行过年"这一潮流的主力形式，其中 20～29 岁、30～39 岁两个年龄段，又是最为接受这一过年方式的群体，这两部分人群分别占到总人群的 40.3％ 和 37.2％。

由于南北方温差大、气候特征明显,2017年春节旅行呈现出"反季节"特征:在北方,冰雪旅游热潮涌动,黑龙江、吉林、辽宁、内蒙古等北方省份接待量飙升,不少南方游客迫不及待地体会冰雪世界的魅力;而南方依旧是北方游客避寒出行的首选目的地,火热程度不减往年。

由于春节期间住宿价格明显攀升,不少家庭选择提前安排出行计划,以享受高性价比的、有品质的旅行。《报告》还发现另一个变化:休闲度假需求增长明显,住宿不再唯星级酒店是从,客栈和民宿逐渐进入大众视野,并发展成为市场的一大主流需求。

(资料来源:http://tbd.jusfoun.com/report/2000340.html)

(三) 艺术与审美

艺术活动是一种典型的文化活动,也带有高度的地域文化特征。许多传统的艺术活动及其产出都是人类文明的重要成果。如中国的京剧、昆曲、国画、陶瓷、印学,还包括一些传统的民间技艺等,都是艺术中的瑰宝。它们本身就具有高度的吸引力。不少旅游活动围绕艺术欣赏、艺术交流所展开。当然,不同国家和地区的人们具有不同的审美观念,在旅游营销活动过程中应当注意遵循客源地的审美观念,也要充分尊重目的地的审美观念。

不少书籍中提出在宏观环境分析时应该运用 PEST 分析方法,即重点分析政治(politics)、经济(economy)、社会(society)文化和技术(technology)环境,然而我们从以上的分析发现,旅游营销活动需要关注的环境要素和环境因素远比 PEST 要多。更重要的是,这些因素经常夹杂在一起,相互作用,并且都对旅游消费行为以及旅游经营活动产生影响。因此,宏观营销环境的分析通常需要更开阔的视野和更敏锐的洞察力。

六、政治法律环境与旅游营销

(一) 国内外政局

国际政治局势的发展变化以及国家之间的相互交往关系对于贸易和经济发展产生显著影响。有着"民间外交"之称的旅游对于国际政局更是相当敏感。一方面,旅游目的国家(地区)的政治稳定性直接影响到旅游者的人身安全;另一方面,旅游目的地与客源地之间的外交关系直接影响到客源国(地区)对本国(地区)居民前往该地旅游的支持态度。2009年,泰国红衫军骚乱使当地旅游业受到重大影响,根据泰国电视台消息,4月份,泰国当地接团人数较往年同期减少四成。与此相应的,中国传统热点出境线路新马泰游的规模大幅度减少。这种现象就要求旅游企业,尤其是旅行社在开发旅游线路时应该有高度的政治敏感度和国际视野。

2015年,国务院发布《关于进一步促进旅游投资和消费的若干意见》,2017年3月,国务院总理李克强代表国务院作2017年政府工作报告,报告中多次提及"旅游",并在重点工作任务时提出,"完善旅游设施和服务,大力发展乡村、休闲、全域旅游""加强教育、文化、旅游等领域交流合作"等。这些都释放出国家将加快发展,做强旅游业的信号,给旅游业的发展注入活动和动力。

（二）法律法规

法律法规是国家对公民、组织、企业经营的行为进行规范和约束的重要手段，这些法律法规指导企业合法经营、保护行业健康发展、保护消费者权益不受侵害，也保护社会的整体环境、公共福利不受侵害。法律体系包括法律、行政法规和地方性法规三个层次。

旅游企业不仅应该主动研究和遵守行业法规，如《中华人民共和国产品质量法》《中华人民共和国消费者权益保护法》《中华人民共和国食品卫生法》《中华人民共和国广告法》《中华人民共和国水法》《中华人民共和国环境保护法》等，还必须研究学习专门针对旅游业发展的法律法规。《中华人民共和国旅游法》在 2013 年发布，是我国旅游领域的基本大法。各省、市还有一些作为补充和配套的地方性旅游法规。国家标准化体系中也有相当大的部分与旅游相关，规定了旅游业内不同行业的经营标准、服务标准和规范，也是企业经营中的指挥棒。例如，《旅游经营者处理投诉规范》《旅游民宿基本要求与评价》《精品旅游饭店》等行业标准。不少企业会踊跃参与行业标准的制定中，积极发声，并努力占领"标准制高点"，并借此成为行业中的"领先者"和"领导者"。

第三节　营销机会分析方法

一、营销机会的本质

变化是环境因素不变的特点。环境中各种因素单独的变化或者交互的变化，都会给企业带来不确定性。有些环境变化是对企业有利的，有些则有可能对企业造成负面的影响，前者通常被认为是机会，后者则被认为是威胁。那么，企业要怎样去识别机会和威胁呢？

（一）机会和机会的特征

在营销的领域里，机会从本质上说就是市场中出现了未被满足的需求。例如，经济形势走高，消费者的可支配收入增加，购买力提升，产生了更强的旅游意愿，市场中也就产生了更多的旅游需求，需要更多的旅游产品和服务，对于整个旅游行业来说，就是机会。同样，当消费者的需求和偏好发生了变化，市场中原有的产品和服务不能更好地服务于消费者的时候，对于创新的产品和换代升级的服务的需求就会产生，对于某些新创业公司来说，就是机会。当企业出现失误，产品需要召回、服务不被信任，使得他们的顾客产生了怀疑、忧虑和转换产品购买的意愿时，对于它的竞争对手来说，机会也就出现了。当然，也有可能某种新的技术的出现，使得原本无法实现的产品和功能，无法解决的顾客问题有了解决的可能性时，机会也会出现。从一定意义上说，只要环境不是恒定不变的，就永远有机会出现。

机会具备两个有趣的特征。其一，机会是有时效性的，随着环境中各因素的变化，机会会产生也会消亡。其二，机会具有一定的针对性，换言之，大部分的机会只适合部分的企业，而不是所有企业都有能力抓住机会。企业在营销分析中，不仅要善于发现机会，还应该注意识别出哪些才是适合本企业的机会。只有那些与企业发展的战略目标一致,适合企业的资源和能力,有利于发挥企业优势,并且能够给企业带来合理收益的机会才是适合于企业的机会。

(二) 威胁与机会相伴而生

与机会相反,威胁是那些对企业满足消费者的需求、完成既定营销目标产生不利影响的环境变化。比如说,当消费者的需求朝着与企业预期反向发展时,当出现拥有更多资源、能够更好满足消费者需求的企业时,当一种新的技术或产品拥有比我们原有产品更强的能力、更高的性能或相对更低的成本时,对企业来说就是威胁。

有时候,威胁和机会源于同样的环境变化,仿佛一个硬币的两面。这主要是由于不同企业的经营目标、性质、优劣势都有所不同。在某些情况下,对一个企业而言是威胁的环境变化,对于另一个企业而言则可能是一个机会。例如,2007年开始爆发的金融危机,其对经济的影响一直持续到2009年,我国的旅游业受到明显的影响。以高端客源为目标市场的许多高星级酒店接待量明显下降,它们将金融危机视作威胁。但与此同时,我国经济型酒店却高奏凯歌,纷纷创出历史佳绩,许多经济型酒店在此背景下还加快了在全国扩张的步伐。因此,在分析环境中的威胁和机会时,一定要具体问题具体分析,辩证地思考。

二、营销机会与评估

面对众多不同的机会(或者威胁)时,由于企业拥有的资源是有限的,它们需要评估机会水平的高低以明确最有价值的、最适合的企业机会是哪些,也需要考虑运用多少资源去尽量避免最重要的威胁。机会—威胁矩阵(见图2-2)是在评估机会和威胁时常用的工具。

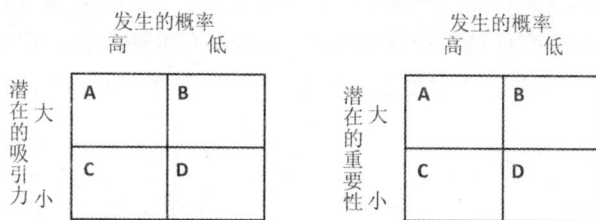

图2-2 机会—威胁矩阵

在机会—威胁矩阵中,发生概率和潜在吸引力(重要性)的大小是用来描述和区分机会与威胁的两个基本指标。在机会—威胁矩阵中,发生的概率是指分析得到的趋势或者变化发生的可能性的大小,可以用比例来表示。潜在的吸引力的大小通常指机会被企业利用后,能够给企业带来的收益(利润)的多少。在机会—威胁矩阵中,A类机会表示发生概率高,且机会吸引力大,是企业最梦寐以求的机会类型。而D类机会,则不仅成功概率低,且潜在吸引力小。B类和C类机会中,前者吸引力大,但概率低;后者吸引力小,但概率大。在B和C两类机会中会做出怎样的选择,通常受到企业的财务状况和企业决策者风格的影响。

类似的,潜在的重要性指的是一旦威胁产生了对企业的不利影响,这种影响会给企业带来多大的损失。威胁发生的概率是这种不利影响发生的可能性的大小。在威胁矩阵中,

A 类的威胁是最值得密切关注并严格防控的，因为它不仅发生的概率高，而且一旦发生，带来的影响相当显著。

三、机会和威胁的综合分析方法 SWOT

（一）SWOT 方法的基本思想

SWOT 分析法是一个更全面地分析内外部环境和企业内部资源，从而得出企业营销战略方向的重要方法。所谓的 SWOT，实际上需要重点分析的是以下四个方面：S（strengths）是优势、W（weaknesses）是劣势，O（opportunities）是机会、T（threats）是威胁。机会和威胁在上面已经有所阐述，在此不再赘述。

优势是指企业超越竞争对手，并使自己能够更好地服务于顾客的能力或资源。反之，劣势就是企业相较于竞争对手而言较弱，且削弱了自己服务顾客能力的一些方面。虽然优势和劣势都是对企业自身的分析，但在分析时都需要做到"两结合"：第一，结合顾客需求来看，企业的自身条件是有利于还是不利于为顾客提供服务，满足顾客需求。第二，结合竞争对手和行业的情况，避免"夜郎自大"或者"妄自菲薄"两个极端。简单的一个例子。一家旅行社可能相较于另外的旅行社而言，门店小得可怜，且位置不佳，但是他们业务主要是通过网络渠道推广的，而非面对面的直接销售，那么这个小小的缺点实际上并不构成劣势。

对于旅游企业、旅游组织或者旅游目的地来说，优势和劣势都主要存在于以下几个方面。

第一，资源优势或者劣势。旅游企业的资源主要包括自然资源、物质资源、环境资源、人力资源和资金资源几个方面。例如景点景区先天旅游资源的丰度和等级就能形成优势；对于酒店而言，一个优越的地理位置也能形成优势；旅游目的地的历史和声望也可以成为优势。当然，高素质的员工队伍或者创新型人才储备对于任何的企业而言都可以成为竞争优势。

第二，管理的优势或者劣势。优势的管理可以体现优势的企业文化、完善的企业管理制度、创新型的企业环境、有效的团队管理，能够生产出质量稳定的产品拥有完善的信息系统和强大的融资能力等。反之，则将变成劣势。

第三，市场的优势或劣势。市场的优势或劣势是在上面提到的优势或劣势的基础上，在先前的市场营销努力之后所获取的优势的市场地位或市场地位的不足。例如，企业拥有完美的或者鲜明的形象，认知度高的产品和服务，忠诚的顾客队伍，较高的市场占有率，良好的供应商关系等，都是市场优势。

第四，能力的优势或劣势。能力优势和劣势对未来的营销会产生更加重要的影响。在市场营销活动中，企业对市场的了解程度和经验丰富程度、客户发掘和管理的能力、卓越的市场开拓能力、强大的营销渠道等与营销活动相关的能力尤其值得关注。

（二）SWOT 方法的分析步骤

SWOT 分析方法的基本步骤如下。

第一步，明确企业当前实施的战略是什么，包括战略目标、主要战略部署和战略特点。

通过这一步骤,企业可以确定应该重点分析和关注的环境要素和趋势主要集中在哪些方面,而不是漫无目的地到处搜寻。

第二步,分析确认外部环境中的变化和这些变化中蕴涵的机遇和挑战。在分析外部环境时,可以结合波特五力模型及 PEST 分析方法进行更为系统和有条理的分析。前者用于分析行业竞争的变化,后者用于分析宏观环境中政治的(politics)、经济的(economy)、社会的(society)和技术的(technology)角度或四个方面的因素对旅游战略目标和战略制定的影响。

第三步,根据企业资源组合情况,确认企业的关键能力和关键限制。在做优劣势分析时必须从整个价值链的每个环节上,将企业与竞争对手做详细的对比。

第四步,按照通用矩阵或类似的方式打分评价。把识别出的所有优势分成两组,分的时候以两个原则为基础:它们是与行业中潜在的机会有关,还是与潜在的威胁有关。用同样的办法把所有的劣势分成两组,一组与机会有关,另一组与威胁有关。

第五步,以内部条件优劣(SW)为横轴,以外部环境因素(OT)为纵轴,作出 SWOT 分析图,将评分结果在 SWOT 分析图上定位呈现出来(见图 2-3)或在 SWOT 矩阵中列举出来,以此为基础来选择可能的战略。

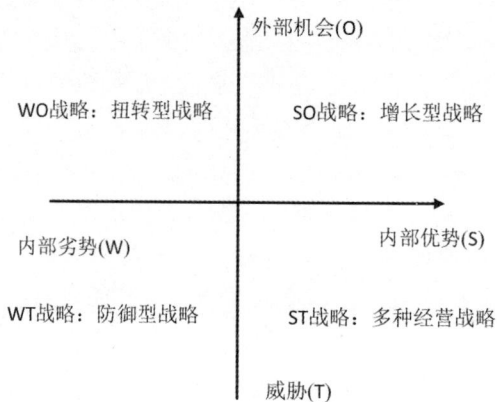

图 2-3　SWOT 分析和战略

四种可能的战略模式为:SO 战略,即思考利用企业优势来抓住外部机会,实现增长;ST 战略,即考虑利用企业优势实行多种经营来规避威胁;WO 战略,即力图克服弱点,利用机会进行转型的战略;WT 战略,基本上是防守型战略,主要是为了使劣势最小化以规避威胁。

本章小结

关键术语

营销环境　宏观环境　微观环境　机会　威胁　优势　劣势　机会矩阵　SWOT分析

内容提要

营销环境是影响营销主体的营销活动及其目标实现的外部不可控的因素的总和。它包括对企业产生直接的、针对性影响的微观环境因素，诸如顾客、竞争对手、供应商、营销中介、各类公众和企业自身内部环境等，也包括对企业（或组织）产生广泛地间接性和非针对性影响的宏观环境因素，如人口因素、自然环境因素、经济发展因素、社会文化、政治法律、科技进步因素等。

旅游行业具有高度的环境敏感性，并且正处在复杂的动态变化的宏观环境中。旅游营销者应充分关注人口增长和结构变化所引起的旅游需求的变化，关注境内外经济发展态势及居民消费结构的变化，充分认识在生态环境日益受到重视的背景下行业的绿色化、低碳化需求，洞察技术发展，尤其是移动带来的营销模式的变革和营销手段的革新，熟悉国家发展政策和法律法规，并深入理解文化变迁、文化冲突和消费文化的演变趋势。

旅游企业和组织关心环境、扫描环境特征的主要目的是为营销活动寻求机会，并尽可能避免潜在的威胁。运用 SWOT 分析方法，将各种环境因素的变化与企业自身的营销目标结合起来，条理清晰地划分企业可能的机会、威胁，并将其与企业自身在资源和条件上的优势和劣势相匹配，能够帮助组织或个人更清晰地辨明所面临的环境，作出更为合理的营销战略选择。

课后练习

1. 怎么理解环境与企业营销活动的关系？

2. 你认为哪些宏观环境因素与旅游企业的营销活动关系最为密切？为什么？

3. 旅游企业的营销活动中有哪些不同类型的"公众"，他们对旅游营销活动会产生怎样的影响？

4. 什么是旅游目的地的营销机会？请举例说明。

5. 有人说"机会和威胁总是并存的"，也有人说"威胁是机会的另一面"，你怎么看待这种观点？

6. 为你所在的城市作一次旅游目的地发展的 SWOT 分析，并尝试提出这个城市发展旅游的战略。

案例讨论和延伸思考

中国缘何成为主题公园的乐土

数年前欢乐谷在全国连锁布局，随后常州恐龙园扩建并衍生了养生业态等，而宋城等"老牌"主题景区也在升级中，长隆海洋世界和海昌极地海洋世界等动物主题公园开始崛起，HELLO KITTY 主题乐园落户中国。当然，最引发关注的当属 2016 年 6 月在上海开业的迪士尼乐园，截至 2016 年 12 月 31 日，开业半年的迪士尼乐园接待了游客 700 万人次，并有望在 2017 财年实现收支平衡。上海迪士尼乐园的红火生意让很多同业经营者看到中国市场的巨大潜力。

北京首寰文化旅游投资有限公司和康卡斯特 NBC 环球公司旗下的环球主题公园及度假区集团合资建设的北京环球主题公园项目总投资额预计超过 200 亿元人民币,计划于 2020 年开放第一期项目,可容纳每年 1200 万人次的客流。一期项目将建设两个酒店,提供 1200~1400 间客房,周边还会规划创意产业园区。目前环球主题乐园在全球共有 4 座,分别为好莱坞环球影城、奥兰多环球影城、大阪环球影城和名胜世界环球影城。北京环球主题公园将采用许多世界最新技术,在很多方面都将超越目前规模最大、项目最新的奥兰多环球影城。

2017 年之前,乐高主题乐园(LEGOLAND)母公司默林娱乐集团(Merlin Entertainments)也宣布与景域国际旅游运营集团达成合作,在上海西部的淀山湖畔开设主题乐园。该项目面积约为上海迪士尼乐园的 1/5,预计于 2020 年动工,2022 年完工。乐高主题乐园同样是全球范围受欢迎的主题乐园之一,全球拥有 7 家已经开业的乐高乐园,分别位于丹麦、英国、美国、德国等地,另有 4 家开业在即。乐高在中国不缺人气。从乐高积木玩具到乐高机器人培训班,乐高广受家长和孩子们的欢迎。在乐高确定落户上海之前,亦有消息称乐高乐园将落户北京青龙湖,引起广泛关注。为了满足中国市场激增的需求,去年,这家丹麦玩具厂商在上海迪士尼度假区开设了全球最大的旗舰店,并在浙江嘉兴建立了中国首个工厂。

根据美国主题公园规划公司 AECOM 的数据显示,预计到 2020 年,中国市场将包括 59 个主题公园,另有 5 个水上乐园将建成运营,总投资额高达 238 亿美元。

国内外著名主题乐园扎堆中国,掀起了壮阔的波澜,让许多业内外人士对主题乐园的未来竞争压力以及盈利模式产生了担忧。前瞻产业研究院《2016—2021 年中国主题公园行业发展模式与投资战略规划分析报告》中采用地理联系率的计算方法计算得出我国不同的主题公园类型与当地的 GDP 发展水平之间的对应关系。研究表明在各类主题公园、影视基地等游乐场所中,主题公园与当地的经济发展水平具有最高相关性。近两年来,中国一线城市(上海、北京、广州等)的 GDP 超过万亿水平,人均 GDP 也超过 10 万元,并且保持着稳步地增长,成为都市主题乐园消费增长强有力的支撑。

2016 年同程旅游发布了《在线旅游用户主题乐园消费行为调查报告》,基于一次针对在线旅游消费用户的问卷调查,对在线旅游用户的主题乐园消费行为进行了分析,数据显示:近半数受访者过去一年内曾到主题乐园游玩,女性比男性更爱主题乐园;主题乐园是短假期(3 天以内)周边游的热门出游主题,占比超过 20%(以出游人数计);在各类旅游景点中,主题乐园的消费频次处于较高水平。同程旅游此前发布的景点门票在线消费行为研究报告显示,在线旅游用户每年购买景点门票 2 次以上的用户占比 10.14%。消费动机和消费期望方面,"欢乐、放松的氛围"以及"疯狂刺激的游乐设施"是多数受访者对于主题乐园的消费期望,同时也是多数消费用户的主要消费动机。针对该话题的分年龄层统计中,"70 后"和"80 后"去主题乐园更多的是和孩子一起,占比分别为 34.09% 和 18.65%,他们无疑是主题乐园亲子游的主力消费人群。有过亲子游消费经历的受访者中,有 81.73% 的人表示曾带孩子去游乐场、主题公园游玩。

从城市发展和休闲产业发展的角度来看,主题乐园的发展对当地酒店以及各类零售消费增长有明显促进作用。对于上海而言,随着迪士尼乐园的开业,酒店市场将迎来 230 万~290

万间/年的客房需求增量,本地旅游消费市场也将带来 66 亿～82 亿元的消费增量。故而,各地政府对大型主题乐园,尤其是品牌主题乐园普遍持有欢迎态度。

(资料来源:案例改编自 http://cq.winshang.com/news - 609326.html 和 http://www.sohu.com/a/209432468_558491 等网站资料)

问题:

1. 主题乐园发展所面临的宏观环境因素有哪些? 有哪些有利的因素促使了主题乐园集团在中国的大规模投资?

2. 你认为乐高主题乐园在中国面临哪些威胁?

3. 对比国内和国外的主题乐园,分析欢乐谷等主题乐园可能存在哪些优势和劣势。

第三章
开启机会之眼：顾客研究

随着互联网和旅游电子商务的蓬勃发展,我们对于旅游者行为的掌握和了解已经不只局限于国家旅游局、各级旅游部门或统计部门的分析数据。大型的旅游在线运营商或运营平台在 2011 年以后越来越热衷于利用自己的旅游大数据和大规模的顾客接触机会,开展各类旅游者行为的调查和研究,向我们展示了更加立体和多方位的旅游市场和需求特征。以春节黄金周档期为例,一般而言,携程网、驴妈妈、途牛、马蜂窝等大型旅游平台在黄金周前会发布《中国人出游意愿调查报告》等,而在黄金周后则会发布《××年春节旅游大数据报告》或是《春节旅游趋势报告》《春节旅游人气排行榜》等。更有意思的是,各电商平台根据自己的业务特征和关注重点,推出了一些特定主题的旅游者调查。

五花八门的旅游调查报告

2017 年 3 月,驴妈妈旅游网在其发布的《2017 动物主题游报告》中,对动物主题游的主要人群、地区来源、动物主题游的时间分布、最受欢迎的动物主题景区和旅游项目,甚至对于旅游意外保险购买意愿都进行了分析。报告显示,在喜爱动物主题游的人群中,家庭亲子游客占比 65%,其次是年轻游客;有超过 80% 的游客选择在周末或节假日出游。在游玩时长上,选择半日或一日游的人群达到 65%,选择 2 日游的占比 21%;广东、上海、北京等城市动物主题游消费力最强;4 月是动物主题游的高峰,广州长隆野生动物世界、上海野生动物园、珠海长隆海洋王国成为国内最受欢迎的动物主题类景区;对于游玩中存在的潜在风险,仅有 10% 的游客会在购买动物主题游景区门票时添购意外险。

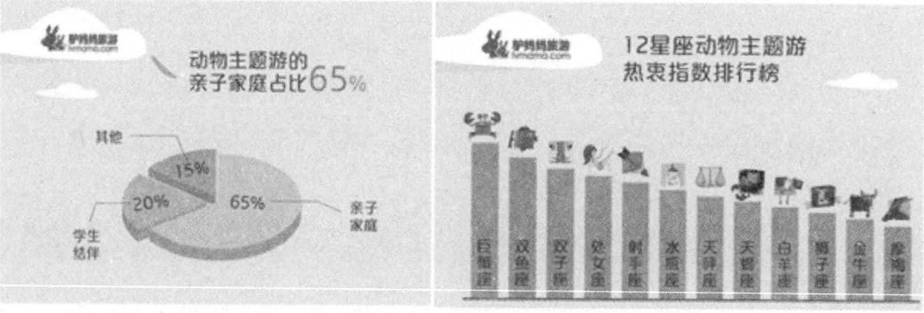

图 3-1 《2017 动物主题游报告》部分数据

2017 年 2 月,国内最大的在线运营商携程旅游发布《2017"中澳旅游年"报告》。报告称,2016 年我国共有 1.22 亿游客出国游,出国游花费超过 1000 亿美元。从目的地人气排名看,澳大利亚排在第 13 位;从消费额来看,澳大利亚排名更是高居第 8 位,澳大利亚等长线目的地越来越受到游客特别是富裕阶层青睐。报告预测,随着新航线的开通和签证的便利化,2017 年中国赴澳游客将达到 140 万人次,总消费额将超过 500 亿元人民币。大数据显示,自然和户外、城市慢生活、美食等是吸引游客赴澳的主要理由,避霾也是澳大利亚这个旅游目的地重要的旅游吸引力。赴澳游客主要以中高收入者为主,30～45 岁人群占比最多,达 40％;其次是 46～60 岁人群,占 25％左右。每逢寒暑假、春节和"十一"黄金周,带孩子的家庭游客成为赴澳旅游主力,占到 5 成以上。和以往走马观花式的旅游不同,中国游客越来越注重旅游品质,并愿意花钱为服务买单。携程统计显示,2016 年报名携程自营澳大利亚跟团游的游客,100％的人选择纯玩团,其中 80％的人选择 4、5 钻高钻级旅游产品。中国游客也越来越不愿意住在郊区或者低端酒店。65％以上的携程游客选择酒店位于市中心的度假线路,也喜欢选择 4、5 星级酒店。酒店的星级和地理位置也成为选择旅游产品的重要因素。同时,中国游客即使选择跟团游,也希望有充足的自由活动时间,51％的游客会选择那些安排 1～2 天自由活动的旅游产品。

？ 思考

1. 为什么这些旅游电商越来越热衷于做旅游需求(市场)的调查?
2. 上述的两个调查报告中,主要涉及了旅游者的哪些方面的特征?

第一节 顾客需求及其分类

一、什么是需求和旅游需求

(一) 需求

经济学中,需求(demand)被定义为在一定的时期,在一既定的价格水平下,消费者愿意并且能够购买的商品数量。在某一特定价格下,消费者愿意购买的某一货物的总数量称为需求量。而在不同价格下,需求量会发生变化。需求实际上表征的是在其他因素不变的情况下的一组需求量与价格之间的关系。通常需求可以通过需求函数或者需求曲线来表示。

需求可以划分为几类不同的状况。第一,无需求状态。当人们对于某种产品表现出冷漠、无动于衷,无论价格的高低,都没有需求产生时,就属于无需求状态。第二,下降需求。即人们对某种产品的总体需求量呈现下滑状态。可能的原因是该产品有了替代品,或者该产品提供的功能不再被需要,又或者是该产品属于劣等品等。第三,饱和需求状态,也就是某种物品或者服务的目前需求水平和时间等于预期的需求水平的一种需求状况,这时候需求和生产处于暂时的均衡状态。第四,潜伏需求,或称潜在需求,是指消费者虽然有欲望,但由于种种原因还没有明确地显示出来的需求。一旦条件成熟,这种潜在需求就可以变为现实的需求。对于营销者来说,潜在需求通常意味着机会和未来的市场。

需求本身受到许多因素的影响。消费者的收入水平、消费者的偏好、替代产品和互补产品的价格、商品本身价格的走势及其预期等因素都会引起需求的变化。产品所属的类型与需求及其变化也密切相关。常见的产品分类方法是将产品划分为必需品、选购品和奢侈品。必需品通常缺乏需求弹性,因为无论价格如何升高,这种需求都必须得到满足。选购品不一定是日常必需,并且在购买时,人们要表现出在质量、价格等方面的比较和选择。奢侈品(luxury)在国际上被定义为一种超出人们生存与发展需要范围的,具有独特、稀缺、珍奇等特点的消费品,又称为非生活必需品。三种类型的产品,奢侈品价格弹性最为明显。

(二) 旅游需求及其属性

旅游需求是消费者对于外出旅游或者旅游产品产生的需求,也是在一定时期内,旅游者愿意并能够以一定货币支付能力购买旅游产品的数量。旅游产品显而易见地不属于生活必需品,并具有以下几种属性。

第一,时空指向性。旅游活动受到一定的时间和空间的制约,旅游标的通常也有明确的时间和目的地。因此旅游需求有明显的时间指向和地域指向,表现出明显的季节性。不同时期的旅游市场上容易出现"冷热不均"的现象。

第二,旅游需求整体性。人们对旅游活动的需求具有多面性或系列性,即行、游、住、食、购、娱等多个方面的需要。

第三,需求敏感性。旅游产品的非必需品属性决定了旅游产品对价格有敏感性,此外,旅游需求对于政治、自然、经济、社会环境等的变化也有高度敏感性。在经济衰退或宏观经济不乐观的情况下,人们旅游需求的压缩和缩减是显而易见的。而一旦人们有了消费信心,被压抑的旅游需求也会强力地爆发出来。

第四,需求多样性。不同的旅游者群体在旅游地选择、旅游方式、旅游等级、旅游时间和旅游类型等方面存在明显的差异性,因此要求旅游产品的异质性。

二、旅游市场的顾客形态

旅游是全球最大的产业和发展最快的新兴产业,旅游市场也拥有最大量的消费人群。根据世界旅游组织的统计(见图 3-2),进入 21 世纪以来,全球跨境过夜旅游人数和国际旅游收入逐年增长,2016 年全球国际游客数量达到 11.86 亿人,较前一年增长 5200 万人。这数以亿计的巨大的顾客群体的内在构成是复杂的,无论是购买的主体性质、购买的行为表现,还是购买的目的都不是整齐划一的。整个旅游市场可以划分为两个大类(个体和家庭旅游市场与组织型旅游市场)和若干个不同的小类。

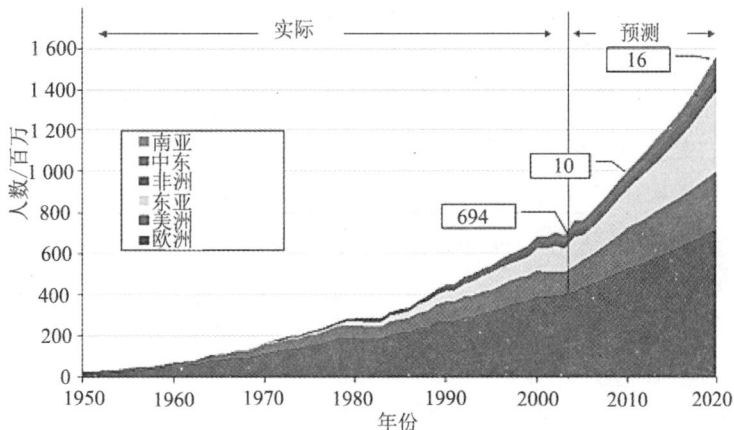

图 3-2　全球旅游业规模的发展及预测

资料来源：世界旅游组织网站，http：//www.unwto.org/facts/eng/vision.htm

（一）个体和家庭旅游者

个体和家庭旅游者，顾名思义是那些为了满足自身的旅游欲望和消费需求而购买和使用旅游产品的个人或家庭。相对于企业、非营利性组织、政府等而言，个体和家庭旅游者是独立的自然人，而不是法人，也不属于机构。个体旅游者的旅游购买是一种独立的人性化的行为，他们购买旅游产品的目的是为了自己使用，他们试图通过旅游达到恢复体力、放松身心、体验自然风光、体验不同文化、拓展社交等自我的发展性或享乐的目的。当然，个体旅游者并不意味着他们都是"独行侠"，有时候他们也会以团队的"组织化"形态出现，但是，这种组织是非正式也非固定的，他们不是正式的组织机构，也没有经营或者盈利的组织目标。这是与后续的组织购买者的本质区别。个体和家庭旅游者在旅游市场中占有极大的比重，也是旅游市场研究中主要的研究对象。

（二）组织型旅游者

旅游产业的组织型旅游者或组织市场（organizational market）是指各类组织为从事生产、销售业务活动，或履行职责而购买旅游产品和服务所构成的市场。组织型旅游者购买旅游产品也不是为了最终消费，而是作为完成组织任务、达成组织目标的要素或者手段。当然，由于不同组织购买旅游产品的目的和用途各异，因此，组织型旅游者的内部构成相对个体和家庭旅游者来说更为复杂，可以进行以下划分。

1. 中间商市场

由旅游产品的中间商构成，即这些企业通过购买并转售旅游产品从而获取其利润。主要包括旅行社、旅游电商、销售代理等，有时航空公司等企业也兼有部分中间商的职能。

2. 会展组织市场

主要包括专门的会议策划公司和展览公司。他们将旅游总体产品或单项旅游产品作为会展活动的一个部分，"加工组合"以形成自己的会议产品，而后出售给他们的顾客。从这个角度看，非常类似于有形产品所面对的"生产者市场"。

3. 一般企业市场

数量众多的企业也日渐成为旅游产品的重要购买者。企业购买旅游产品的目的有三大类：一是企业为公司员工提供疗休养的福利，或者对优秀员工进行旅游奖励，这常被称为"奖励旅游市场"。二是企业为了拓展市场、联络客户、开展经营活动而购买商务旅游产品，这部分市场也被称为"差旅旅游市场"。三是企业在某些特定的活动或会议期间（如企业年会、董事会、新闻发布会、庆典活动等），往往需要购买旅游产品，这常被称为"会展旅游市场"。

4. SMERA 与政府市场

"SMERA"是会议业所使用的首字母缩略语，特指社会团体（social groups）、军事机构（military establishment）、教育机构（educational authorities）、宗教团体（religious groups）、体育会议（athletic meetings）等非营利性组织为讨论组织事务、从事交流活动开展的会议。它们也往往成为旅游产品的购买者。政府市场是指为了执行政府职能，如公务考察、文化交流等各种活动目的需要使用和购买的旅游产品。

除了上述的细分类别外，另有一个旅游行业非常流行的市场名称叫作"MICE 市场"。MICE（会奖旅游）是对"meetings"（会议）、"incentives"（奖励旅游）、"conferencing/conventions"（大型企业会议）、"exhibitions/exposition"（活动展览）和"event"（节日/事件活动）等旅游需求的统称。企业、组织和政府机构都会产生上述会议、奖励、展览、节日或事件等方面的需要。MICE 代表着组织市场中非常有分量且有前景的市场空间。如资料链接 3-1 所述。

资料链接 3-1 🔍 ....

中国的 MICE 市场

根据劲旅咨询的报告，中国 MICE 市场交易规模在万亿元以上。2016 年，中国会奖专业委员会会员企业会奖业务营业额达到 97 亿元人民币，会奖专业委员会会员企业会奖业务接待总人次达 122.75 万人次，接待企业人均的 MICE 支出为 7500 元。据劲旅咨询的观点，随着国内企业向规模化和经营规范化方向的发展，企业积极营销推广自身品牌，积极开展同业交流，员工培训和奖励活动不断增加，未来国内的 MICE 需求量还会持续上升。

（资料来源：《2017 中国 MICE 市场研究报告》，http://www.sohu.com/a/135374369_100158）

第二节　个体和家庭的旅游需求

一、个体旅游者的旅游决策过程

（一）作为决策者的旅游者

旅游企业和组织的营销者经常关注旅游者是哪些人，他们在什么时候，通过什么渠道购买了怎样的旅游产品。这"4W"即 who(谁)，what(什么)，when(何时)，where(何地)描述了旅游者表现出来的行为特征。但是，营销者更应该关注旅游者是如何产生这样的旅游行为的。实际上，旅游者的旅游行为是自身决策和选择的结果。所谓的决策(decision-making)是为了到达一定目标，采用一定的科学方法和手段，从两个以上的方案中选择一个满意方案的分析判断过程。旅游者也是根据自己的旅游目的，根据不同的规则从多个备选的旅游方案(目的地、酒店等)中选择一个自己满意的方案。作为一个旅游决策者，在决策过程中，必不可少地受到个人的心理因素和自己所处的社会环境因素的影响，同时还能够被企业的营销因素影响。图3-3简洁地展示了旅游决策者的行为框架。

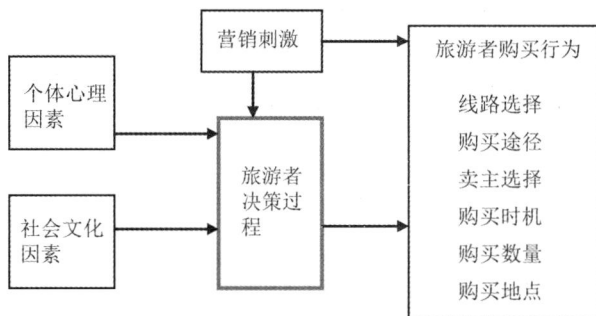

图3-3　旅游者行为分析框架

(二) 旅游决策的基本过程

旅游决策是旅游者为满足需求和欲望，进行选择、购买、使用、处置消费品、服务或体验的过程所构成的一系列心理活动。消费者的决策包括名义型决策、有限型决策和扩展型(复杂)决策三种类型。举例来说，一个经常旅行的商务客人，可能只忠诚于如家快捷酒店，因此他在旅游住宿的决策中，无须再进行信息搜集和方案评估，而是直接做出了忠于品牌的决定。这种决策只是名义型的决策。周末"说走就走"的周边游，消费者可能在信息的搜集和方案评估中所花费的时间很少，决策过程也很短，这就是有限决策。而一个为了庆祝结婚10周年的旅行，消费者则可能需要广泛地收集信息、郑重地选择并制订周详的计划，旅行回来之后能还长时间地回味这次经历。这种决策则完全遵循上述的旅游决策过程，被称之为"扩展型决策"或者"复杂决策"。

大多数长线旅行、出国旅游的决策都属于扩展型决策，其典型的决策过程由如下5个阶段构成，即问题认知、信息搜集、方案评估、购买决策、购买后行为(见图3-4)。

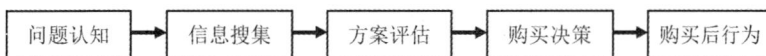

图3-4　旅游决策过程

1. 问题认知

问题的产生在于理想和现实之间存在差距。当旅游者认识到自己的现有状态和自己的理想之间存在明显差距，并有必要通过购买和消费旅游产品来解决时，就产生了对问题的认知。例如，一位企业研发人员在经过一段时间的项目冲刺之后，感觉身心非常疲乏，灵感不足,可能换个环境放松一下可以解决这个问题,那么他就产生了问题认知。问题认知实际上是旅游需求产生的过程,也是旅游行为发生的前提。

2. 信息搜集

旅游者通过各种信息渠道去获得有关旅游产品的评价标准、旅游目的地信息、旅游线路、以往旅游者的旅游评价等各种资料信息的活动就是信息搜集。信息可以通过内部和外部两种渠道来获得(见图3-5)。

内部信息搜集是旅游者通过搜索自己的记忆,寻找过去的旅游经验或者在过去生活中学习到的知识和信息(如过去曾经看到或听到的广告)。

外部信息的搜集往往有四类不同的渠道。第一,即时体验。旅游者参与旅游企业或者目的地在营销活动时提供产品的试用机会,例如旅游展览上的虚拟旅游、美食品尝等,来获得亲身的体验,对旅游产品方案产生更直接的了解。第二,人际网络。旅游者向自己的亲朋好友询问他们对于旅游地的看法、住宿酒店的建议、景点景区的评价等。互联网和移动互联网为人们人际网络的扩展提供了更多方式,微信朋友圈、QQ、微博、网络直播等成了新型的人际传播方式。人际网络是相对可信度较高的信息来源。第三,公共渠道信息一般是指第三方组织,如政府机构、新闻媒体或特定的调查机构所披露或公布的信息。例如,国家评定和公布的星级酒店、A级饭店、信用等级高的旅游商品中心、质量监察报告、旅游投诉统计信息等。由于第三方不涉及商业利益的问题,因此,这些信息相对来说比较权威。第四,商业信息主要指企业或者组织发布的营销信息。营销信息可以通过媒体广告、海报、事件宣传等形式传播,有时也会披着新闻的外衣。这类信息大量存在,但是消费者在接收到他们的时候,往往有一定的心理防范。

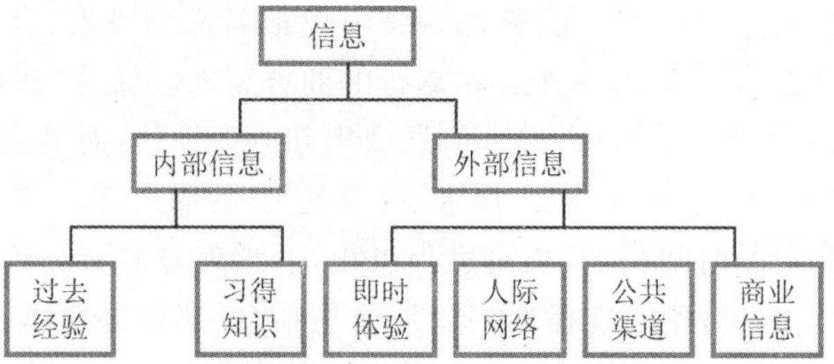

图3-5 旅游信息搜集来源

信息的搜索需要旅游者投入一定的时间、精力和金钱,这构成了信息的搜索成本。因此,旅游者并不总是持续地、最大限度地搜集信息。如果内部信息已经足以支持他们做出选择,外部信息的搜集行为可能并不会发生。当消费者认为对备选方案的认识不充分,决策的风险比较大时,他们则倾向于更多地搜集外部信息。并且,外部信息搜索的努力也取决于旅游者对于信息搜索成本和收益的权衡。

3. 方案评估

方案评估是旅游者判断不同旅游方案可行性程度和满意程度,而后做出选择的过程。一般来说,消费者会根据特定的评价标准,即他们认为旅游方案中重要的属性及其重要程度来选择。而后,消费者根据一定的规则将这些评价标准运用到不同的方案,形成对不同方案的判断,而后加以选择。如启迪案例3-1所述。

启迪案例 3 - 1 🔍 ························

"懒猫"家的国庆旅游计划

3 岁孩子的爸爸"懒猫"（虚拟网名）正在制订国庆的旅游计划。因为孩子还很小，懒猫认为自驾游比较有自由度，方便根据孩子的需要调整游行时间，带行李也比较方便。妈妈驾驶经验少，所以驾车主要靠自己。为了开车不至于太累，决定每天开车时间在 3 小时左右。因为孩子的缘故，妈妈说在旅游线路上最好不爬山，所以懒猫放弃了自己特别想去的黄山、西递宏村一线，也放弃了三清山和婺源。最后，考虑到苏州、无锡、常州的景点类型比较多，酒店预订也比较方便。所以决定选择苏锡常 4 日自由行。

思考与讨论："懒猫"的家庭旅行方案评估的主要依据是什么？和你自己的旅行计划对比一下，有什么不同吗？

4. 购买决策

购买决策是消费者对于购买中的一系列问题做出的最后决定，包括购买什么品牌、购买多少数量、交易价格是多少、到哪里购买、什么时候购买以及采取什么方式购买等。当然，某些时候旅游者最终的旅游行为可能和最初的旅游计划有所不同。可能的原因是目的地的天气、政治、交通状况改变，旅行社的产品更换或者低价促销，突然公布的关于旅游目的地或者酒店的负面消息等。

5. 购买后行为

旅游产品的购买和真正的旅游之间往往存在一段时间间隔。在这段时间里，旅游者可能会对自己的选择产生怀疑，这种心理称为购买后的疑虑。旅游者可能会重新考虑选择是否明智。此外，旅游者在旅游完成之后，也会对旅游的经历进行评定，看看是否达到自己的预期，满意或不满意。当旅游者感到满意时，他可能会向他人推荐该旅游地或住宿的酒店，并有可能在下次旅游计划的时候决定重游该地或者入住这个品牌的连锁酒店。

二、旅游决策的个人影响因素

（一）时间、金钱和身体

钱和时间是消费者拥有的两种主要资源，也是旅游需求和旅游决策的基本影响因素。旅游消费不属于必需品消费，因此，用于旅游的金钱主要取决于可自由支配的收入的高低，即扣除全部纳税及社会消费（如人寿保险、老年退休金和失业补贴的预支等），以及日常生活必须消费部分（衣、食、住、行等）之后所余下的收入部分。可自由支配的收入越高，消费者可以承受的旅游产品的价格越高。

时间主要是指工作和家庭必要事务以外的闲暇时间，主要包括每日闲暇时间、每周闲暇时间、公共节假日和个人带薪假期。这些闲暇时间里面节假日、带薪假期是支撑旅游活动的主要时间。当前国内黄金周各旅游点人气爆棚，过度拥堵的现象也主要是由于人们的闲暇时间主要集中在公共节假日造成的。要给黄金周"松绑"，最主要的是要完善带薪休假制度，从而分散过度集中的游客流。

身体条件也是决策的重要影响因素。体力、健康状况等直接影响到出游时对距离、目的地类型、交通工具和各类参与性项目的选择。

(二) 动机

动机是人们行为的内在心理动力，也是人们行为千差万别的根本原因。动机可以从内在的需求产生，也可能由外在的诱因引起。根据驱力理论的观点，当人们处于某种匮乏状态的时候，人的生理或心理上会产生某种紧张感，这种紧张感产生特定的能量，就会出现动机。但有时，人们在不饿的时候，也可能由于色泽诱人的食物，而产生品尝一下的想法，这时，动机则是由于外部诱因引发的。

托马斯在 1964 年将旅游动机分成四种类型：教育文化动机（如了解别国的风俗民情，看看特殊的风景名胜等）、休闲娱乐动机（比如脱离例行的工作与职责好好地玩一下）、种族传统动机（比如寻根之旅）以及其他一些动机。麦金托什 1990 年则在马斯洛需求层次理论的基础上，提出人们的旅游动机可能有以下四种：第一，生理动机。人们从事一些与人们身体健康相关的旅游活动时，体现的是生理动机。例如，休疗养、体育旅游等。第二，文化动机。主要是通过旅游活动去了解民俗、传统、音乐、舞蹈等。第三，人际交往动机。旅游者可能因为想要寻找新的朋友、拉近与同事之间的关系或增进与家人之间的感情而进行旅游。第四，地位与声望动机。有时，旅游者去某些知名的旅游地旅游，主要是为了向他人展示自己的成就，体现自己的地位，获得他们的尊重和羡慕。

旅游学者戴恩（Dann）提出了著名的推拉理论（push and pull theory）。推的因素是内在的，是由于不平衡或紧张引起的动机因素或需求，它促使旅游动机的产生；拉的因素是外在的，与吸引物及目的地自身属性相联系，由旅游者对目标属性的认知所产生，影响目的地的选择。学者 Iso-Ahola 则将旅游动机划分成逃避（即逃避日常的惯例）和寻觅（到新的地方去寻找心理补偿），这一划分方法与之非常相似。多种多样的动机引导人们的旅游行为指向不同的方向。

(三) 旅游者知觉过程

感觉和知觉是人们认识世界的开始。人们的不同的感觉器官接收到不同类型的刺激，并将其传导到大脑，形成了不同的感觉，如视觉、听觉、嗅觉、味觉和触觉。当旅游者将这些分散的感觉进行组织并加以解释，从而赋予其一定的含义时，就形成了对外部事物的整体的反映，这就是知觉。知觉过程体现了一种对外部信息和刺激的处理过程。旅游者在各种环境信息的刺激下，对于不同的旅游目的地、品牌、产品、服务等都会产生知觉。知觉的一些基本的规律影响着人们对于信息的处理方法，也进而影响企业营销信息的传播效果。

第一，知觉具有选择性。消费者周围存在大量的刺激和信息，但是，并非所有的刺激和信息都能够被消费者感知和接收。在很大程度上，人们对于外部信息的选择，是由个人的背景、过去的经历、动机以及兴趣爱好所决定的。在一个旅游景点，因追求健康而来的旅游者可能注意到了清新的空气；爱好摄影的旅游者可能注意到了山岩雾霭或奇松怪石；"吃货"们更多地注意到了不常见的当地特色吃食。

第二，知觉具有整体性。知觉的对象有时由不同的部分组成，并有不同的属性。但我们在觉知的时候并不把它感知为个别孤立的部分，而倾向于把它们觉知为一个有组织的整体。甚至有时当某些部分被遮盖或抹去时，我们也能够将零散的部分组织成完整的对象。如图3-6所示，空间距离比较邻近、有闭合倾向、形状色彩等特征比较相似或者具有一定连续性特征的事物比较容易被视作一个整体。在旅游行业中著名的"100－1＝0"的服务质量公式，其实也是人们将整个旅游过程当作一个整体造成的。

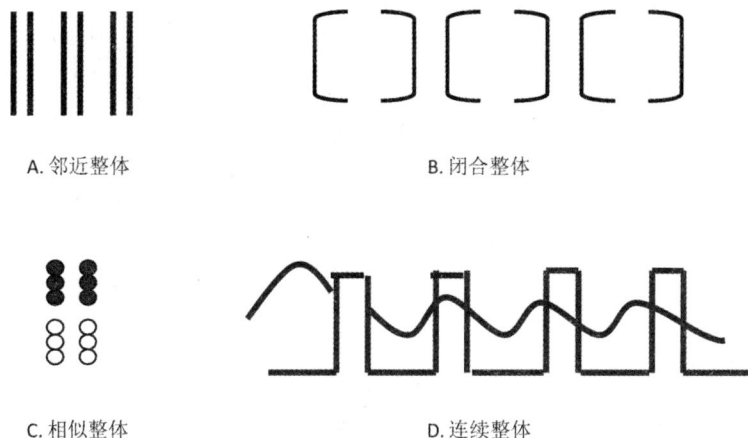

A. 邻近整体

B. 闭合整体

C. 相似整体

D. 连续整体

图3-6　知觉整体性示意

第三，知觉的理解性。知觉对事物的认识并不是简单地停留在感知阶段，而是运用自己的过去经验和知识对觉知的对象加以解释，并用词汇或概念对其进行命名或归类，赋予对象一定的意义，这就是知觉的理解性。由于每个人的经历和知识的不同，对于同一个对象可能产生不同的理解。正因如此，在营销沟通时，需要了解信息接收对象的背景和知识结构。如果能够与原来消费者所习惯的产品相联系或与现存的知识体系相协调，将更快地被接受。

当然，由于消费者的感知能力有限以及过去经验的影响，因此人们在觉知的过程中，并不总是忠于事物的本来面貌，而有可能产生扭曲和失真现象，例如晕轮效应、首因效应等，也都会影响到旅游者的旅游决策。

（四）旅游者学习

学习指的是由经验带来的一个较长期的行为或者行为潜能的改变。消费者从完全不具有消费能力和消费知识，到掌握了消费的技能、对特定旅游产品或旅游目的地产生认知和态度、形成品牌偏好、培养起特定的消费模式的过程中，学习扮演了异常重要的角色。旅游者从"菜鸟"到"达人"、到"大师"也要经历复杂的学习过程。

旅游者可以通过多种不同的途径来学习。例如，某旅游者在八月初八去海宁观潮，但是由于人太多，他对旅游经历很不满意。于是，他决定今后再也不在节假日去热点旅游城市。而B旅游者自己听说了A的这个经历，她决定以后也不会选择在黄金周去热门的景区。这里的A和B就是两种不同的学习途径。前者是通过尝试、得到了负面结果，从而产生了学习，这种学习符合行为学习理论中提出的学习是外部行为被强化的结果;B 的行为则体现了观察学习。值得注意的是,观察学习理论在现在的旅游者中表现特别充分。许多旅游者通过查阅各种旅游攻略,进行学习,进而调整自己的行为或行动计划。

(五) 旅游态度和偏好

态度是消费者对于特定对象的整体的看法、评价和行为倾向。态度中包含着消费者对于态度对象属性以及这个属性与自己的关系的一些看法,也就是信念,这是态度当中理性的成分。例如,近年来的雾霾、空气污染得到很多人的高度关注,旅游者相信森林地区的空气清新、负氧离子浓度大,可以"洗肺"。这样的信念使得旅游者对森林旅游、住在野外小木屋里相当热衷。消费者对特定对象会产生的情感反应,是态度中核心的成分。例如,大多数消费者对于鲜花、小孩和美丽的自然景观都会产生本能的喜爱。行为倾向性是态度中包含着采取某种行动的可能性。由于态度往往是行为的先导,或者说是指示器,因此营销者往往对于态度非常关注。当旅游者对具有某种特征的对象有着比其他对象更好的态度,更倾向于选择它的时候,就表现出一种偏好。

(六) 个性

个性,是一个人区别于他人的,稳定的、持久的内在心理特征的总和,气质、性格、能力、信念、理想、自我意识等都是个性的成分。旅游者有许多不同的个性类型,如外向与内向、自信与自卑,冒险与谨慎,独立或依赖,主动或被动,领导与追随,乐观与悲观等。这些不同的个性引起人们不同的购买习惯,不同的旅游决策类型和不同的旅游行为。如旅游者在购买风格上体现为理智型、冲动型、想象型,也有习惯型。理智型旅游者在产品选择过程中谨慎、小心、善于比较,不容易冲动或受情绪影响;冲动型旅游者在旅游过程中表现出特别爱冒险,爱选择探险性活动;想象型旅游者喜欢自己设计路线和创新;习惯型旅游者则相对保守,会选择自己熟悉而稳妥的产品。

(七) 生活方式

生活方式是一个人如何看待自己的生活,认为自己的生活中哪些事物最重要,以及如何分配自己时间的行为方式。它反映着人们的生活观、价值观、兴趣爱好,同时也和人们的个体条件有着密切的关系。生活方式在现代营销中越来越受到重视,因为生活方式往往涉及一系列相关产品的消费问题。仔细阅读下面的资料,感受一下生活方式与消费及旅游的内在关系。如启迪案例 3-2 所述。

启迪案例 3-2 🔍 ··

波波族和月光族

波波族(Bobos)是《纽约时报》资深记者戴维·布鲁克斯在其大作《天堂里的 Bobo 族——新社会精英的崛起》中首度提出的。意思是指既赞成资本主义的布尔乔亚,又崇尚自由与解放的波西米亚;既拥有高学历、丰厚收入,又讲究生活品位、注重心灵成长的一族。他们了解最时髦的品牌,最现代化的电器,最舒服的家具,最先进的科技产品,任何能让他们生活品质更好，让身体更舒服的东西，他们绝不会错过。但他们不会迷信品牌，也不盲目追求物质上的高消费，不会让他们自己受制于金钱。有人说 Bobo 族是更为另类的新人类，因为他们不接受媚俗的时尚物件；他们着装从不讲究搭配，随意得有点极端；他们向往大自然，吃杂粮、面包、有机蔬菜和纯绿色食品；他们练瑜伽、做极限运动……尤其是 Bobo 族有着独到生活理念：跳出压力、看淡冲突、享受最好、重视健康。

月光族指每月赚的钱还没到下个月月初就被全部用光、花光的一群人，月光族在现代的青年人群中为数不少。不愿意亲自下厨房做饭，有的人觉得买灶具、餐具、米、面、菜、肉自己做饭既费钱又费时，所以他们宁愿不停地吃着那些高油高脂肪的餐馆食品也不愿自己动手做。他们对自己很好，背着名牌包包，戴着名贵手表，用着高档护肤品，他们用这些奢侈品来显示自己的优越感，但因为专柜高档护肤品价格高昂，很多人都会选择从朋友圈的好友处境外代购。最新款的手机、笔记本电脑、手表、数码相机都是年轻人迷恋的高科技产品。尤其是手机，更新换代速度这么快，随着潮流换手机已经成为很多年轻人的习惯。出行旅游的群体主要是学生党和自由职业人员。很多学生坦言旅游的费用超出了自己平时开销，但是很大一部分人会采用信用贷款或者分期付款的方式来完成自己的旅行梦。月光族们最常见的状态是："这个月的工资又上交给信用卡和蚂蚁花呗了，接下来的日子要吃土了！"

三、个体旅游决策的环境影响因素

（一）文化与亚文化

文化作为一种共有的价值观和习惯化的行为方式，对很多人的消费者行为产生约束，它深刻影响了人们对于环境整洁、社会秩序的需求、对于传统文化习俗的尊崇程度，对待风险的不同态度，对于不同文化和价值观的开放心态，从而也影响人们对于产品价值的判断、对服务风格的接受程度、对包装美丑的认知等。旅游者对旅游目的地类型的选择、对不同主题饭店的偏爱程度、在旅游过程中表现出的不同行为，这些也都不同程度地受到客源地文化的影响。

在文化中，被次级群体所共享的文化、价值观、习俗和习惯化的行为方式等还会复合成独特的亚文化。这些不同的亚文化存在于不同的民族、不同的宗教群体、不同的年龄层次、不同的地域、不同的职业，乃至不同的爱好群体当中。例如，宗教亚文化体现在不同的宗教有不同的教义，对人们的行为也有不同的规定，不同的宗教还有自己不同的精神领地。这些就直接影响了宗教旅游者不同的旅游目的地选择。

（二）社会阶层

我们经常听到蓝领阶层、白领阶层、金领阶层和灰领阶层这样的称呼，可以说这就是社会阶层的通俗表达。每个人在社会中都有特定的形象和地位，这种地位由一个人的职业、个人收入水平、教育水平，以及个人拥有的住宅和他们的社交圈子等所有物来决定。相同社会阶层的消费者通常拥有类似的资源、社会地位和价值观念，因此在消费上表现出许多相似的特征,如喜欢类似的品牌、购物场所、信息搜集的主要渠道等。与此同时,不同阶层在旅游休闲消费中也表现出明显的差异。

极少数位居社会上层的人可以购买豪华邮轮、包机、游艇、度假别墅,以及旅游时的旅游顾问服务,享受专属的旅游设施。中高收入阶层在旅游时可以选择豪华型的住宿设施和交通设施;中低阶层则主要选择近距离的旅游项目,并尽可能地选择经济型的住宿。西方社会中上阶层所喜好的是马球、高尔夫、海钓、壁球等活动;中产阶层却更喜爱网球、羽毛球、游泳等体育运动。上层人士喜欢去品牌精品商店或高端百货店,他们注重环境的优雅和宽松;而中下层人士更多地选择去折扣店或一般百货店,他们更关注的是产品类型的多样性或价格水平,更喜欢热闹的购物氛围。

(三)参照群体

群体性是社会人的重要特性。每个人处在不同的群体当中,与不同的群体接触,受到不同群体的影响。一种典型的影响方式是消费者自觉或者不自觉地将群体的行为当成自己行为的参考,参考他们的品牌选择、参考他们的消费模式、参照他们的购物场所,这时的群体就是参照群体。消费者通过参照群体的行为来调整自己的行为方式,从而增加自己在群体中的归属感,提高自身的被接纳程度;或者借助群体在某方面的权威信和专业性来降低自己的选择风险。企业营销中被广泛采用的"代言者"策略,很多情况下就是利用了群体参照力。

(四)家庭

家庭是社会的基本细胞,拥有包括消费在内的许多的经济功能和情感功能。家庭也是每个人最为重要的密切接触的群体。毫无疑问,家庭深刻地影响着旅游者的消费态度、消费习惯,也会影响着消费动机、消费需求和消费能力。家庭生命周期的发展阶段被认为对家庭和家庭中个人的消费影响显著。随着家庭生命周期的推进,家庭的收入水平的变化,家庭事务的重心发生了变化,闲暇时间也发生了变化,因而对包括旅游、保险、地产等在内的许多产品的需求都产生了影响。根据研究,家庭处在新婚阶段、空巢期时是旅游需求最强烈的时期。

(五)角色

角色是指个体在群体或社会中的特定位置,以及被规定场景和期望的行为模式。社会中人们对于特定的职业有着期望的模式,例如导游应该知识丰富、会照顾人、善于沟通;销售员应该整洁有礼,善于说服,是产品的"专家";设计师应该不拘一格、有点个性等。人们在自己的生活中扮演各种角色,就期望自己能够"称职",达到人们的期望要求。因此,角色对于消费的选择也有深刻的影响。一位高级会计师或者律师,选择破洞牛仔裤,人字拖鞋作为工作着装,会让别人、让自己觉得极为不协调。

第三节　组织的旅游需求

一、组织市场的特征

（一）主体特性

组织市场与个体和家庭市场的购买主体不同。组织型旅游者的数量相对个体和家庭较少，但一般购买的批量较大；反之，个体市场的购买者数量很多，但每个购买主体一次购买的量比较小。此外，组织市场的主体相对于个体来说更为集中。

组织市场的这些特点使得企业更愿意投入成本，以建立和维护与组织购买者的长期关系，因此组织购买者与旅游企业间的关系更加密切。有时，为了建立长期的合作关系，企业与组织市场的顾客之间还经常存在着一些互惠采购。例如，旅行社与某个酒店长期合作，购买大量的客房产品；该酒店则可能在员工的奖励旅游时购买旅行社的旅游整体产品。

（二）需求特性

相对于个体旅游者的最终需求，组织购买者的需求更是由最终需求所引发的衍生的需求，是由于他们要满足员工、客户、合作伙伴的旅游需要，企业或者组织才需要去进行购买。正由于组织市场的需求是为了满足其组织发展的需要，因此相对个体市场来说，需求价格弹性相对来说比较小。例如，展览公司策划了一次来年的大型展会，要采购展会期间的一个配套的旅游项目，为了展会的顺利开展，他们能够接受一定范围内的价格波动。此外，组织市场需求由于是由最终需求派生出来的，他们对于消费者市场的小幅变动有放大的效果，表现出更明显的波动性。

（三）购买决策特征

组织市场的购买是一种组织行为，它更有计划性，更加科学和严谨。主要体现在以下几方面。

第一，组织设置了采购的专门机构或者指定了专门的负责人。例如，政府有采购中心，大型旅游集团企业，学校的工会或后勤处代理者旅游采购的职能。专业的采购更具专业知识、具有议价技巧，并在购买的时候要受到组织制度的规范和相关部门的监控。

第二，组织的购买决策过程中有更多的参与者。倡议者是提出购买要求的人。影响者是能够影响购买决策的人，他们可能有专门知识，能协助确定产品规格，提供一些方案评价的情报信息，也可能会提供不同角度的信息供参考。决策者是有权决定供应商的人，一般是采购部的管理者或是采购专员。批准者是正式决定供应商，并提供购买提交的人，通常在企业中具有较高的行政权力。使用者是最终使用旅游产品的人，如与会者、参观考察人员或者被奖励的员工。控制者有时也称守门人（gatekeeper），他们是能够控制着部分信息通道的人员，例如接线员、前台接待员，她们能够阻止推销员或供应商信息与采购成员接触。当然，在特定的购买决策中，不同参与者的角色可能产生重合（见图3-7）。

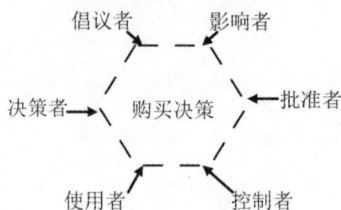

图3-7　组织购买决策中的参与者

二、组织市场的购买类型

组织里的采购面临不同的情境，有不同的采购任务和要求。根据购买重要性、客户需求和供应商供应等的不同，组织的购买类型可分为直接重购、修正重购和新购。

（一）直接重购（straight rebuy）

直接重购即根据采购决定，当前的客户再次购买此前表现令人满意的熟悉产品。直接重购是组织购买情况中最简单的类型，基本上不需要搜索新的供应商信息也不需要再对其他选择方案进行评估，只是遵循再购惯例，非常类似于消费者个体的忠诚购买。直接重购的前提通常是组织的购买目的和对象保持与原先的购买一致，同时过去的供应商在产品服务、价格和销售条款都让企业感到满意。供应商企业为了赢得这样的重购，必须保证提供与企业或者组织需要相符的产品服务，并提供各种结算的便利和优惠条款，提高满意度，同时提高顾客的转换成本。

（二）修正重购（modified rebuy）

修正重购是购买方在购买标的大致不变的情况下，对各供应商进行重新评估，希望能够修改产品规格、价格或者相关的其他条件，包括更换新的供应商。修正重购的发生可能是因为原有的供应商服务不足，可能是组织的需求发生了局部调整，也可能是因为购买者期望通过竞争给供应商增加一些压力，从而获得一些优惠的交易条件。修正重购为市场中其他供应商通过了获得新业务的机会。

（三）新购（new task）

组织购买过程中最为复杂的是新任务采购，即针对没有发生过的采购标的物进行的采购。由于此前没有相关的采购经验，组织也没有形成合格的供应商名录，因此必须投入比重购时更多的资源。新购过程涉及若干阶段，包括明确产品（服务）采购要求、寻找潜在的供应商、评估各销售方案、试用和采用等。整个采购过程可能需要大量的信息和多层次的决策。

三、企业和组织的购买决策过程

企业组织购买由一系列连续的相互关联的阶段构成。1967 年罗宾逊、费雷斯和温德通过观察研究提出了组织的购买格子模型（见表 3 - 1），模型将组织的购买类型与购买决策的阶段相联系，展示了三种购买在过程上的差异。最复杂完整的新任务采购有以下 8 个阶段。

表 3 - 1 购买格子模型

购买阶段	购买种类		
	新任务采购	修正再购	直接再购
1. 认定并预测需求	是	可能	否
2. 确定所需	是	可能	否
3. 描述所需	是	是	是
4. 寻找并认定潜在的供货渠道	是	可能	否
5. 征求并分析供应商的建议	是	可能	否
6. 评估建议，选择供应商	是	可能	否
7. 选择订购方式	是	可能	否
8. 反馈意见并评估	是	是	是

（一）需求识别

组织因自身需要解决的问题、发展经营的需要，或者外部信息的激发，产生了采购的需求。组织的需求识别同样也可以由内在或外在的刺激因素所引起的。内在因素包括下列一些最常见的情况，例如，会展公司决定开展一次家居展览，需要为参展商安排某些旅游活动项目，会议公司考虑到原来的酒店会议服务不尽如人意等。外在因素则可能由于会展组织者或接到某一能提供价廉物美产品或服务的销售代表的电话，企业联想到了自己的需要；或者企业的客户提出了新的要求，企业意识到有新购的需要。

（二）需求确认

与消费者不同，组织需求不能是模糊的，需求的确认往往需要采购人员、使用部门会同其他部门人员，共同决定所需项目的数量，服务的可靠性、及时性，价格的经济性等总体特征，有时甚至需要自己顾客的帮助才能决定。例如，会议展览的组织方需要与会人员提供有关参与会议的回执，以便确定是否需要住宿安排和旅游线路，从而避免不必要的购买或购买不足。

（三）需求描述

制造型企业在需求描述阶段需要制定详细的项目技术规格说明书。旅游企业在购买旅游相关产品时，需要详细地描述自己对各类型产品的需要时间、档次水平、服务流程等各方面的相关要求。应该注意的是，虽然会展服务企业的需求是由其最终顾客的需求派生而来，但是二者在需求上仍然存在着一些差异。如启迪案例 3 - 3 所述。

启迪案例 3-3 🔍 ....

与会者与会议组织者对于酒店的不同选择标准

根据国内学者徐栖玲、邓波、汪纯孝等人的研究,会议组织者对酒店的选择标准与与会者对酒店评判标准上存在明显的不同。

与会者大多通过会议组织者来确定酒店,因此对酒店并不了解。对这类客人来说,会议酒店的服务显得尤为重要。其次是酒店的地理位置、交通状况,如酒店要临近展览中心或者会议中心、交通便捷等。三是酒店的会议功能与外界联系要通畅,包括交通、通信、网络等配套要齐全。四是要有常吃常新的餐饮服务。一个客人在酒店开会时间一般是3～5天,或者更长,因而,酒店要在餐饮服务上不断创新。五是酒店除了为客人提供完成会议所需的基本产品,如客房、餐饮、票务、商务等服务项目之外,还需要提供令客人精神和身体放松的较高层次的休闲娱乐项目。

影响会议组织者选择酒店的因素则有所不同。主要体现在以下几个方面:①会议室的大小、多少。在众多的研究结果中,酒店有足够的大小会议室,以便于举行各种大会及分组讨论会,这一点都无一例外地被会议组织者放在了第一位。②客房的大小、多少。足够的客房数是保证所有会议客人都能同时入住同一酒店的基础条件,对于会议的组织者来说,所有的会议参加者住在同一酒店有利于管理、安排,所以这一因素也是会议组织者选择酒店时较多考虑的。③丰富的娱乐设施,会议客人的团体性通常要求酒店有丰富的娱乐设施供他们举行各种晚会、活动,度过会议之外的闲余时间。④餐厅的卫生状况、员工的仪表、酒店的位置、会议室的设施配备、酒店设施的新旧程度也是会议组织者较为关心的有形因素。当然,他们也关心酒店各部门的服务态度及服务技能,更希望酒店为会议提供辅助性服务,或者酒店为会议提供专门的联络人。

....

(四) 寻找供货渠道

寻找供货渠道是指采购人员根据需求描述中的具体要求寻找可能的最满意的供应商。在这个过程中,展览公司可能通过要求报价单、参观供应商的经营场所、询问相关的其他信息来了解供应商的情况,并与采购要求进行对比,而后将可能合适的供应商列出一张简表。当然,由于许多的旅游供应商(包括饭店、景点景区等)都有很好的信息网络建设,因此,很多情况下,网络的信息搜索可以帮助采购员快速地了解供应商的基本情况。

(五) 征求并分析供应商的建议

这是指邀请合格的供应商提交供应建议书。对复杂或花费大的项目,购买者会要求每一潜在供应商提供详细的书面建议书。经过分析,淘汰不合适的供应商,请余下的供应商提出正式的供应说明书。因此,供应商的营销人员必须精于调查研究,能够用文字表达和口头陈述来提出建议;其建议必须是营销文件,而非仅仅是技术文件;在建议书中应强调本企业的相对竞争优势,以便在竞争中脱颖而出。

（六）选择供应商

选择供应商一般会先确定供应商的一些关键属性，并为每个属性确定它们的重要性（即权重），而后针对这些属性对供应商加以评分，然后找出最具吸引力的供应商。表3-2展示的是会展企业对于酒店的评估方法，但是在属性和权重上，每个企业的考虑会有一些差异。供应商的营销人员如能努力了解买者的评估体系中的各种评估指标及其权重，也就能更好地制定出有效的供应建议书，更有针对性地说服购买方企业。

表3-2　评估酒店的例子

属性	评分标准				
	权数	差(1)	一般(2)	良(3)	优(4)
会议室的适合度	0.2				+
客房的规模	0.2		+		
酒店的档次	0.2			+	
服务水平和质量	0.2			+	
价格	0.1				+
交通区位	0.1		+		

总分：$0.2 \times 4 + 0.2 \times 2 + 0.2 \times 3 + 0.2 \times 3 + 0.1 \times 4 + 0.1 \times 2 = 3$

（七）选择订货方式

在供应商选定后，采购方开始讨论最后的订单，内容包括产品服务说明、需求量、预期交货时间、退货政策、担保单、付款方式等。许多会展企业越来越多地倾向于与企业签订模糊合约。所谓模糊合约（blanket contract）是指采购方与供应商建立一种长期关系，在这种关系下，供应商答应在特定的时间内根据需要按照协议的价格向采购方继续供应产品或服务。这种合约没有指明具体的数量和交货的时间，可以便于会展企业能够获得开展自己业务所需要的相关服务产品，同时又能够享有大量采购所带来的优惠。而供应商愿意接受这种形式的订货方式，因为这种方式可以与采购方保持长期紧密的关系，并往往能够帮助企业平衡淡旺季的需求。

（八）反馈意见并评估

在完成上述工作后，采购者要对各个供应商的绩效进行评价，以决定是维持、修正或终止与其的供货关系。购买方可以接触最终用户并询问其评估意见；或用几种标准对供应商进行加权评估；或把绩效差的供应商所产生的成本汇总，修正包括价格在内的采购成本。这些绩效评价将会导致采购者继续、修正或停止向该供应商采购。

四、企业决策的影响因素

组织的购买在决策时受到环境因素、组织因素、人际因素和个人因素的影响（见图3-8）。

环境因素	组织因素	人际因素	个人因素
● 需求水平 ● 经济前景 ● 利率 ● 技术变化率 ● 政治与法规 ● 竞争发展 ● 社会责任关注	● 目标 　战略 ● 政策 ● 程序 ● 组织结构 ● 制度	● 利益 ● 职权 ● 地位 ● 神态 ● 说服力	● 年龄 ● 收入 ● 教育 ● 工作职位 ● 个性 ● 风险态度 ● 文化

图 3-8　影响组织购买行为的主要因素

（一）环境因素

会展企业的经营直接受制于外部环境,包括经济发展状况,市场需求水平,技术发展,竞争态势及政治、法律制度等。组织购买者会根据环境中因素来安排自己的"生产"活动。例如,会展企业要根据会展产业发展政策的变化、区域发展奖励计划、新技术推广趋势、旅游业态创新等,来确定应该组办何种主题的展会、展会的规模预期有多大、需要在多大的范围内开展等。

（二）组织因素

组织因素是组织购买显著区别于个体购买的主要方面。组织的经营目标、战略、政策、程序、组织结构和制度等都会直接影响到企业的购买标准、购买政策、购买偏好。

各组织的经营目标和战略的差异,会使其对采购产品的款式、功效、质量和价格等因素的重视程度、衡量标准不同,从而导致他们的采购方案呈现差异。例如,会展公司如果选择的是高端会议作为其主要的经营类型,为迎合他们的目标市场,他们在选择酒店时便会尽可能地考虑酒店应该具有相当的档次和品牌形象;而如果会展公司针对中小企业来开展业务,则可能更多地选择便利的经济型商务酒店作为自己的供应商。组织当中对于采购政策和程序的制定,也必然影响到组织的采购方式。例如,采购组织若集中采购,供应商则必然会与人数较少但素质较高的采购人员打交道,这就意味着其可能要用大客户销售队伍的销售模式。

（三）人际因素

组织购买时的参与者较多,这使得组织内的相关人员的人际因素也产生深刻的影响。这些参与者因各自不同的利益、职权、地位、态度等形成了非常复杂的关系。供应商的营销人员应尽量地了解购买中心的每个人在购买决策过程中所扮演的角色以及他们的相互关系,充分地利用这些因素促成合作和交易。

（四）个人因素

虽然组织购买有更科学更专业的程序,但组织的购买决策仍然不可避免地受到采购者或决策者的个体因素的影响,例如采购者的个人动机、偏好、专长、个性、风险意识等。以个性为例，采购者有些属于"简练"型购买者，偏爱简洁的报价方案，与供应商沟通过程直接明了；有些是"稳健型"型购买者，他们更加倾向购买有品牌的知名的供应商的产品，减少心理风险；有些是"完美"型购买者，对采购条款和服务等都极其挑剔，注重细节。

五、其他组织的购买行为

（一）中间商的购买

中间商市场是组织市场中的特殊群体，他们的特点与他们购买和转售的目的直接相关。由于旅游茶品的不可储存性，旅游中间商特别重视旅游产品供应的时间性，同时，由于旅游产品的高度敏感性特征，旅游中间商也要承担高度的经营风险。

此外，旅游产品的整合性特征，也意味着旅游中间商在采购决策中要更加关注自己采购的产品组合和经营的范围。一般而言，常见的搭配形式有以下四种。

第一，独家搭配。例如旅行社或某些旅游专卖店专门经营某个区域的旅游线路。

第二，深度搭配。中间商专门经营某类产品，并尽可能扩大规格、花色和品种。如某个旅行社销售全国各地的自驾车旅游线路。

第三，广度搭配。也即中间商经营多种类、多品牌的产品。许多旅行社、旅游超市都采用这种搭配方式，淘宝飞猪旅行也可以算作这类搭配。

第四，混杂搭配。中间商可能经营多门类的产品，以分散风险，产品门类之间联系较少。从目前现实情况来看，旅游的中间商很少进行这种搭配。

（二）一般企业市场的购买

公司的旅游采购人员或部门面临着为具有不同日程安排、不同目的需求以及不同层次的人来制订旅游计划的艰难任务。

公司的商务旅行更多要考虑的是交通方式和住宿的选择。许多公司本着成本节约的目标，对于不同职位的职员规定不同的住宿等级标准。这种目的的购买更多地受组织程序的影响。部分有实力上规模的公司已经将这块任务"外包"，由专门的差旅管理公司来完成这部分的工作。

公司因会议而发生的旅游产品购买则往往与一个企业的经营绩效和企业文化特征有着密不可分的关系。有些企业崇尚节俭，会尽量压缩会议的开支，因此非常注意会议室的租金、住宿的价格和餐饮的实惠。另一些则可能希望彰显企业的气势和形象，则可能更注重会议场地的形象和服务品质。但是无论是哪一种企业，在购买会议旅游产品时对于服务中体现出的专业化水准都相当注重。

奖励旅游是公司中非常特殊的一种购买任务。奖励旅游不仅需要安排基本的起居，更要达到让员工"开心"的任务。由于"开心""快乐"相当具有主观色彩，因此，奖励旅游的购买受人际和个体因素的影响非常显著。

（三）SMERA 与政府市场的购买

许多的营销学研究倾向于将提供社会服务的社会机构和履行国家职能的政府机构划分成一个类型，即非营利组织。从旅游业和会议业的角度来看，他们在购买中的确存在着一些共性特征。

第一，成本受控，价格低。非营利组织的采购经费是既定的，不能随意改变。政府采购经费主要来源于财政拨款，拨款不可能随意增减；社会机构的经费主要来源于社会、企业捐赠，以及少量的政府拨款，采购经费非常有限，因此，其采购的要求是产品质量不仅要能够满足最低标准，而且价格也要低廉。

第二，控制严格，受限多。非营利组织的采购目标并非是利润，也不是使成本最小化，而是维持组织运作和履行组织职能，其所购买的产品或服务的质量和性能必须保证实现这一目标。另外，为了使有限的资金发挥更大的效用，非营利组织采购人员受到较多的限制，只能按照规定的条件采购，缺乏自主性。

第三，公开采购运用多。一般来说，非营利组织利用媒体发布采购信息，让有能力且有意向的供应商，提出各自的项目价格和交易条件。组织根据规章制度，通过严格的筛选，确定供应商。

一般而言，政府市场在采购各类产品、服务和工程项目的过程中，经常运用三种不同的方式：公开招标选购、议价合约选购和日常性采购。公开招标选购是指政府的采购部门通过传播媒体发布广告或发出信函，说明拟采购的产品名称、规格、数量和有关要求，邀请供应商在规定的期限内投标。有意争取这一业务的企业要在规定的时间内填写标书，密封后送政府的采购部门。招标单位在规定的日期开标，选择综合条件符合要求的供应商作为中标企业。议价合约选购是指政府的采购部门同时和若干的供应商就某一采购项目的价格和有关交易条件展开谈判，最后与符合要求的供应商签订合同，达成交易。日常性采购是政府为了维持日常办公和其运作的需要而进行的采购。这类采购金额较少，一般是即期付清，即期交货。SMERA 与政府市场在购买旅游产品和服务时比较多采用公开招标和议价合约的方式。

本章小结

💬 关键术语

需求　组织市场　MICE 市场　SMERA　决策　决策过程　重购　修正重购

✅ 内容提要

需求是有支付能力的购买意愿的总和。顾客及其需求是营销者一切活动的核心和出发点，也是营销者面临的最直接最重要的微观环境因素。旅游企业和旅游目的地面对的顾客形态各异，根据其购买目的的不同可以分为个人及家庭旅游者和组织购买者，个人和家庭旅游者以自我消费或者最终消费为目的，组织购买者以组织生产、销售或履行组织职责为目的。

个体和家庭旅游者是旅游需求的根基。根据消费者行为学的观点，旅游者的消费行为的核心是决策过程，这个过程从问题和需要的认知开始，经过信息搜集和旅游备选方案评估，实施购买，到最终消费并形成评价。在这个决策过程中，旅游者不仅受到个人心理活动影响，例如认知、动机、态度、个性特征等的影响，也受到个人条件如生理条件、经济条件、生活方式的影响，还在很大程度上受到旅游者所处的文化和亚文化社会、阶层、群体以及家庭特征等环境因素的影响，并最终呈现出不同的旅游消费行为。

组织旅游者市场是旅游市场的重要组成部分，通常由企业、非营利性组织、教育机构、政府等不同组织构成。组织顾客的消费也同样是决策的结果，但是他们的决策过程比个体具有更明确的目的性、程序规范性和科学性。在决策过程中需要准确的需求描述，明确的评价标准，谨慎和严密的供应商选择。此外，组织顾客的决策过程往往涉及更精确的角色分工。组织顾客的决策除了受到环境因素影响，还受到组织的目标、宗旨、规章制度和人际关系等因素的影响，因此更具复杂性。

📝 课后练习

1. 什么是需求？有人说"只要有人就有市场需求"，你同意这个观点吗？市场需求形成的基本条件是什么？

2. 旅游市场需求由哪些不同的部分组成？这些不同的需求对于旅游企业的重要性或意义是否有所不同？

3. "个体和家庭的旅游者都是理性的决策者"，这个观点你是否赞同，为什么？

4. 个体和家庭旅游者的决策过程会受到哪些环境因素的影响？营销活动是否能影响或改变个体和家庭旅游者的需求？

5. 组织旅游者市场由哪些不同的部分组成？

6. 组织旅游者市场在需求上与个体和家庭旅游者市场有哪些不同？

🔍 案例讨论和延伸思考

中国差旅市场分析

近年来，随着国有企业改革深化，外资企业区域转移、民营企业集约增效的市场环境逐步转变，中国企业的差旅管理意识日渐强化，越来越多的企业认为商务旅行是一种"战略投资"而非"必要开支"，这让中国差旅管理市场驶入发展的快车道，差旅市场也因此成为中国旅游市场的重要组成部分，也成为许多在线旅游电商的必争之地。

2017年2月21日，由携程商旅主办的2017亚太商旅峰会上，携程商旅联合《商旅专家》发布了《2016年差旅管理行业白皮书》，其中指出，2016年中国差旅市场规模达到2900亿美元，仅次于美国。2017年，中国差旅支出市场以10%的速度保持增长，并取代美国成为全球最大差旅市场；新兴市场经济表现更好，亚洲仍是新兴市场业务的主要来源；全球商务舱票价上涨1%，而经济舱票价下降1%；全球酒店价格上涨1%～3%。

在商旅行业，无论商旅客户规模大小，在管理员工差旅出行上对高效、便捷、节省的需求是一致的。从图 3-9 中可以看出,企业或公司差旅的财务管理者在选择 TMC(travel management companies,商旅管理公司)时,最关注的是,是否有出差申请、差旅预订、差旅费报销的一体化需求;其次是服务费用的高低;其他还关注是否能够提供月结服务等。差旅负责人同样最关注全流程的服务以及差旅管控的专业性。规模较大的商旅客户可以通过第三方平台或是与审批、财务、人事等企业级系统进行对接,实现商旅数据及报销的透明化管理和差旅服务一体化,达到差旅管控的高效与便捷;规模较小且无法实施系统对接的中小企业客户就特别需要"全流程"服务,实现从申请、预订到报销的一体化差旅管理需求。这部分中小企业在中国有数千万家,有超过 1000 亿元的差旅消费。

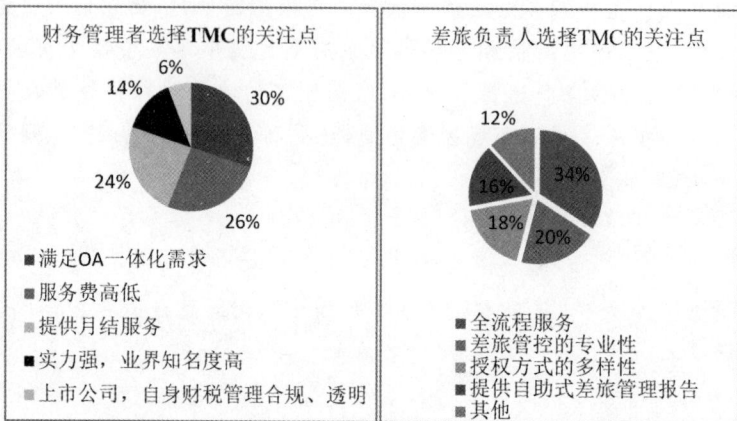

图 3-9　财务管理者和差旅负责人选择 TMC 的关注点

携程差旅负责人根据对 2017 年企业差旅影响因素的分析,在了解企业商旅支出、差标、出差频率、出差员工数量、企业业绩增幅等变化情况后,综合分析得出 2017 年差旅信心指数:85 分。该信心指数与 2016 年 11 月 51.7% 的采购经理指数(2016 年 11 月达到 2015 年、2016 年两年最高值)保持一致,这也充分证明未来对商旅市场的积极乐观预期符合市场实际。

广阔及快速增长的差旅市场需求,吸引了越来越多的企业进入到 TMC 行业。以国旅运通、中航嘉信、捷成 BCD、锦江 HRG、HRS 为代表的中外合资及外资差旅企业,目标客户主要以外资企业在中国的分支机构为主;以携程商旅、尚途商旅、在路上旅业、腾邦国际为代表的中国本土差旅企业,他们在中国市场"土生土长",目标客户多以中国本土企业为主,也在不断拓展外资企业市场。携程商旅于 2006 年进入差旅管理市场并不断发力,背靠中国最大在线旅游企业携程旅行网的品牌优势,获得了先发优势。以专业机票分销起家的美亚集团,也早在 2006 年便成立了商旅部,进军差旅市场;2013 年以尚途商旅独立运营之后,得到快速发展;自 2016 年 1 月 1 日,美亚集团将旗下全国所有商旅管理业务、团队融合,整合为全新尚途商旅,业务覆盖范围由之前的华南、华东、华北三大区拓展到包括深港澳、华中、华西在内的六大区,完成了全国网点的布局。作为以机票代理为基础业务成功上市的企业,腾邦国际在差旅市场的布局动作也在日益加快,背靠腾邦"旅游×互联网×金融"战略,通过大举投资并购,整合并购区域机票代理手中的企业客户资源,形成规模效应,提升差旅部门的整体竞争力。以提供航空产品解决方案起家的在路上旅业,在差旅管理业务上也积累了众多外资及国有企业客户，并获得了快速的成长。该公司在 2015 年 10 月 9 日，以山水假日（北京）国际旅行社股份有限公司获批新三板，进入资本市场，打开了融资通道。

但目前，中国商旅管理市场结构依旧呈现出参与者众多、集中度低的特征。2014 年中国商旅管理市场集中度依然不高，CR5（CR 即 concentration ratio，行业集中率；CRn 表示规模最大的前 n 家企业的行业集中度）为 19.7%（CR4 为 18%），远低于以德、法、英为主要代表的欧洲市场（平均 CR4 为 69%）。前 5 名企业分别为携程（占比 7.6%）、国旅运通（占比 5.0%）、中航嘉信（占比 3.7%）、捷成 BCD（占比 1.9%）和锦江 HRG（占比 1.7%）。

从欧美成熟差旅市场的发展经历来看，对于中国差旅管理公司来讲，可以肯定地预见，谁能提供更好的差旅一体化解决方案，赢得好的口碑，谁的运营效率高，谁的技术储备雄厚，谁的资本运作能力强，谁的人才基础好，谁就能成为市场的最后赢家。

（资料来源：案例改编自 http://www.sohu.com/a/126866127_162522）

问题：

1. 差旅市场需求由哪些部分组成？是否符合组织旅游者市场的基本特征？

2. 从案例提供的资料来看，差旅市场的需求与个人旅行市场存在哪些不同？

3. 请在网络上探索案例中提及的几个公司，体验他们提供的差旅服务的页面，并提出你对他们的看法和建议。

第四章

启动竞争之智：竞争分析

引导案例及开篇思考

　　企业进入哪个行业发展是企业最为重要的决策。行业的前景、行业的竞争态势和竞争格局直接影响行业发展机会，以及企业的发展目标。企业经营时所采用的经营战略，也无一不需考虑竞争的动态。以下内容是对新兴的在线旅游行业的分析。

中国在线旅游行业和市场

　　依托互联网，以满足旅游消费者信息查询、产品预订及服务评价为核心目的，囊括了包括航空公司、酒店、景区、租车公司、境内外旅游局等旅游服务供应商，搜索引擎，OTA，电信运营商，旅游资讯及社区网站等在线旅游平台的新产业正处于快速上升期。该产业主要借助互联网，与传统旅游产业以门店销售的方式形成巨大差异，被旅游从业人士称之为"在线旅游"。那么，在线旅游行业的规模有多大，现实的状态如何？为什么吸引这么多投资者不断地涉入？他们的状态如何？在线旅游行业市场还有多少机会呢？

　　根据智研咨询的报告（见图4-1），2013年以来，中国在线旅游市场的规模持续增长，但随着网络（包括移动互联网）用户增加带来的红利的减少，在线旅游市场近两年的增速在

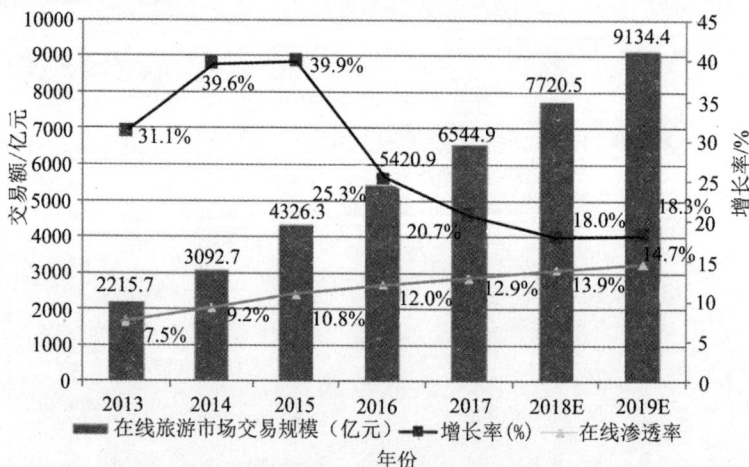

图4-1　2013—2019年中国在线旅游市场交易规模
注：E为预测数据。

放缓。2017 年第一季度(Q1)在线旅游市场交易规模为 1659.4 亿元,同比增长 25％。

　　在线旅游市场的交易中,主要包括机票交易、酒店交易、度假交易和其他。图 4-2 数据表明,机票市场仍占据半壁江山,2017 年第一季度机票交易规模占比 60.7％,受春运影响,机票交易规模占比略微上升。住宿市场占比较为稳定,2017 年第一季度中国在线住宿交易规模占比为 19.2％,较上一季度略微下降 0.4 个百分点。在消费升级和中产阶级崛起的背景下,人们对出游的品质逐步提高,对住宿的需求也呈现个性化特征,因而未来中高端酒店及民宿等产品将逐渐受到用户的青睐。度假交易额占比持续上升,2017 年第一季度交易规模占比为 15.9％,较上一季度上升 0.6 个百分点。随着出境游、定制游的持续火热,在线度假占比将持续上涨。

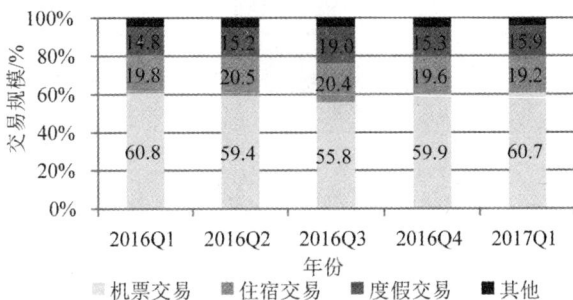

图 4-2　2016 年 Q1—2017 年 Q1 中国在线旅游行业市场结构
注:Q1 为第一季度,Q2 为第二季度,Q3 为第三季度,Q4 为第四季度。

　　在线旅游的客户流量产生自互联网和移动互联网客户端。自 2015 年以来,移动端流量就占有主导地位。2017 年第一季度,移动端流量占比六成,格局稳定。整体看来,移动端的访问次数远高于 PC 端,移动端平均月度访问次数占比 64.4％。从用户使用时长占比来看,在线旅游度假行业移动端企业流量呈现倒金字塔结构;大企业占据用户使用时长为 77％,中等企业占据 12.3％,小企业占比不足 10.7％。从流量角度来看,TOP7(排名前 7 位)企业流量占比为 89.3％,市场高度集中。

　　中国目前已经有了一大批在线旅游企业,如携程网、去哪儿网、艺龙、途牛、同程、驴妈妈、淘宝飞猪、美团等。当年携程、艺龙上市标志着在线旅游的第一轮竞争,去哪儿网上市则标志着在线旅游第二轮竞争开始。它们在机票、酒店、住宿、度假产品等各方面的竞争力和竞争地位可从下面的数据得到一定的判断(见图 4-3)。

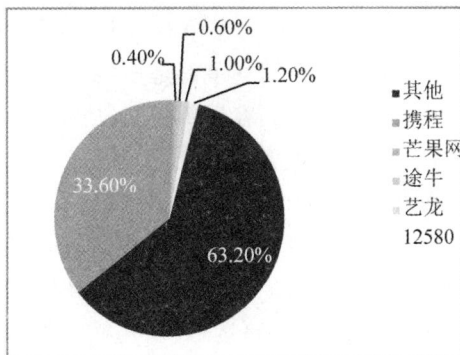

图 4-3　在线机票交易市场份额(按规模)

　　从在线机票的市场看,2015 年中国在线机票市场规模为 2522.7 亿元,其中携程网的市场份额为 33.6%。从在线住宿情况看,2015 年中国在线住宿市场规模为 901.8 亿元,其中携程网、美团和艺龙共占有 69.2% 的市场份额,市场集中度较高(见图 4-4)。2015 年中国在线旅游度假市场中,携程网、途牛、同程依旧保持前三位置,分别占 21%、18.1% 和 9.7%。2015 年在线旅游度假市场中,市场竞争激烈、规模较小被吞并或业务转型的企业增多,市场份额更加向企业巨头集中。

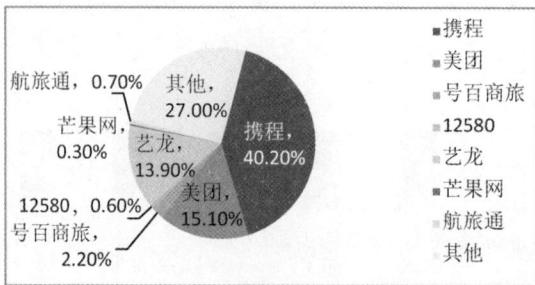

图 4-4　2015 年在线住宿交易市场份额(按交易规模,以 OTA 维度划分)

资料来源:http://www.chyxx.com/industry/201707/545702.html

？思考

　　1. 根据数据,你认为在线旅游行业机会大于威胁吗?

　　2. 在线机票、住宿和度假三个分支行业中,你认为哪个分支行业的竞争压力最大? 为什么?

第一节　正确认识行业竞争

一、竞争及其类型

　　通俗上讲,竞争是个体或群体间力图胜过或压倒对方的心理需要和行为活动。在市场经济中,竞争发生在不同的企业之间,是指为了争夺企业生存和发展所需要的客户和市场份额的一系列活动。在行业中,企业面临的竞争都是多层次多类型的。

　　第一种竞争是同一行业中,向相同的顾客提供相同(功能、品质、档次等)产品的不同企业之间的竞争,这是品牌竞争。消费者经常在他们之间进行比较选择,而且产品差异比较小,品牌被用作重要的属性来看待。例如莫泰 168、如家快捷和汉庭快捷之间的竞争。第二,把同一行业生产不同档次、型号、品种产品的企业视为行业竞争者(或者类别竞争者)。例如星级饭店之间相互竞争。第三,为满足相同需求而提供不同产品的企业可以视为一般竞争。例如交通运输业中的航空、海运、公路运输、高速铁路等相互之间产生的竞争,这些竞争对手虽然提供的产品不同,但是在功能上能够满足同样的需求。第四,把为争取同一笔资金,满足消费者不同愿望而提供不同产品的企业视为广义竞争者(也叫愿望竞争者)。简单地讲,在你当前的市场或别的市场销售相同或类似产品或服务的任何人都是你的竞争者。上述四种竞争的分类有助于理解竞争的广泛存在,也有助于企业理解最危险的竞争不一定发生在品牌竞争这个层面。

竞争的另一个分类方式,是根据竞争发生的状态来进行。可以将竞争者分为现实的竞争者和潜在的竞争者。前者是当前已经或者正在发生的竞争关系,后者则是目前尚未产生直接竞争,但是随着发展的趋势,未来的某个时候就可能与企业发生竞争关系的。这种竞争的划分方式有助于提醒企业采用动态发展的眼光来分析和对待竞争。

二、行业竞争分析

在企业计划进入某个行业时,最应该进行的先期工作就是对这个行业的整体状况、竞争情况等行业生态环境进行分析和评估。因为,一个行业的经济特性和竞争环境以及它们的变化趋势往往决定了该行业未来的利润前景,进而影响了一个行业中的各企业的经营前景、获利的可能性。一般来说,分析行业要首先把握行业的总体需求、行业的成长速度和成长潜力、行业现有的利润水平、行业生命周期阶段等多总体的特征,而后分析当前行业的竞争态势。

(一) 把握行业基本经济特征

首先需要了解的是行业的总体需求,即行业在既定营销环境下,一定的期间内,客户全体购买产品的总量。总体需求是衡量行业市场规模的指标,并直接影响到行业的容量。一般而言,行业总体需求越大,越能够吸引大规模的企业或者为数众多的企业来竞争。当然,即便行业的总体需求相同时,也有可能分布在不同的区域,从而使得不同的区域有不同的吸引力和竞争压力。这就需要在行业规模分析时可以分不同区域来考察需求密度。

市场的增长速度能描述行业发展速度和未来的发展潜力,预示着行业的消和长。快速增长的行业会"邀请"新企业的进入,增长缓慢甚至停止增长的行业则阻止新企业的进入,甚至带来原有企业的退出。21世纪以来,国际饭店集团的巨头不断抢滩中国,实际上正是由于快速增长的旅游需求和未来的潜力对企业产生的巨大吸引力。

行业平均利润水平是分析行业特征时不可忽视的重要指标,它表征着行业当中企业的总体生存状态,也指示着行业的综合竞争程度。一般而言,如果行业的平均利润水平高于其他的行业的水平,那必然意味着更多的资金会流入这个行业,反之,如果行业平均利润水平低于平均水平,资金则会流出。当然,平均利润水平不高并不意味着这个行业里的企业都不能获得成功。在某些情况下,如果一家公司在一个没有吸引力的行业之中占有独特的位置,那么,它仍然可以获得非常不错的利润,这是因为该公司有能力和资源赢取较大份额的市场或者占据高利润的细分市场,从而获得不凡的盈利水平。

某些行业被定位成朝阳产业或夕阳产业,这是对于行业所处的生命周期阶段所进行的界定。所谓的行业生命周期是指行业在市场中也会有一个从进入到退出经济舞台的过程,可以分为初始萌发、快速发展、成熟停滞和衰退的过程。行业和行业之间的生命周期发展差别非常大,所处的阶段也各不相同。一般来说,行业的阶段划分主要是根据市场增长率、需求增长率、产品品种、竞争者数量、进入壁垒及退出壁垒、技术变革、用户购买行为等指标进行划分。处于初始阶段的行业市场增长率较高,需求增长较快,技术变动较大,行业中的用户主要致力于开辟新用户、占领市场,但此时技术上有很大的不确定性,在产品、市场、服务等策略上有很大的余地。企业对行业特点、行业竞争状况、用户特点等方面的信息掌握不多,企业进入壁垒较低。成长阶段的行业市场增长率很高,需求高速增长,技术渐趋定型,行业特点、行业竞争状况及用户特点已比较明朗,企业进入壁垒提高,产品品种及竞争者数量增多。成熟期表现在市场增长、行业技术、用户特点等都处于比较稳定的状态,行业壁垒增高。衰退期则主要表现在市场需求下降、利润减少、企业退出。夕阳产业是对于处在衰退期的产业的描述。而旅游、休闲、度假这样顺应时代发展潮流的行业,在近几年来持续快速增长,是当之无愧的朝阳产业。

(二) 分析行业竞争压力状况

哈佛商学院的迈克尔·波特教授在其著作《竞争战略》中提出从五个方面因素分析行业竞争压力(见图 4-5),俗称"钻石模型"。这五种竞争因素分别是行业内竞争、潜在进入者的威胁、替代品的威胁、供应商的讨价还价能力和顾客的讨价还价能力。

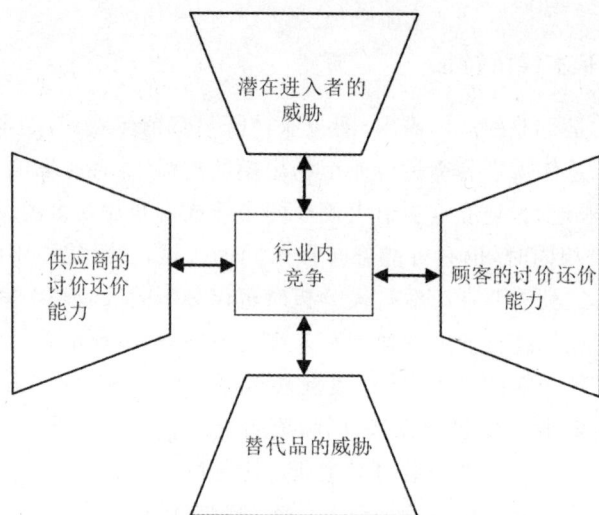

图 4-5　行业竞争的五力模型

1. 行业内竞争

行业内部厂商(企业)之间的竞争是五种力量中最显而易见的一种,主要是指已经位于行业内部的这些企业,为了赢得市场地位、市场份额、顾客和利润等,所开展的各种活动。例如,许多企业在产品上增加新的特色,培育独特的利益属性,或者运用价格作为竞争的武器。不同的行业的竞争呈现出不同的态势,有些竞争是友好的、和缓的,有些则针锋相对,甚至白热化的。行业内竞争态势主要取决于以下因素。

第一,行业内竞争厂商的数量。一般来说竞争者数量越多,竞争程度会有所加剧,尤其当竞争厂商在规模能力势均力敌,相互抗衡的程度提高时,竞争会更加激烈。

第二,产品的同质化程度。当行业内不同厂商提供的产品同质化程度很高时,而同时顾客的转换成本很低时,价格作为一种竞争手段被运用的可能性就增加了,竞争也就更加激烈。

第三,产品的需求变化特征。在市场需求萎缩或增长缓慢时,竞争者为了争夺有限的市场需求所进行的斗争就会更加激烈。而当市场中出现某些收益可观的机会时,厂商出于争夺它的目的,竞争会更激烈。

第四,退出壁垒。当退出某项业务比继续经营下去的成本高时,许多企业由于退出的障碍(例如资产专用性等),被迫继续留守在行业里面努力斗争,那么行业的竞争会更加惨烈。

2. 潜在进入者的威胁

潜在的市场进入会不会构成强大的竞争压力,取决于行业的成长和利润前景是否有足够的吸引力吸引新进入者。如果答案是否定的,那么潜在的进入就是一种弱势的竞争力量;相反的,行业潜力大,存在许多合格的厂商,拥有足够的技能和资源,那么潜在进入者就将成为显著的威胁。新进入者带来的威胁不仅是行业的总体供给会增加,将会改变行业的供需关系,还因为新进入者往往拥有行业内企业所不具备的新的技术、能力或其他资源。

当然,新进入者往往也会受到现有厂商的竞争威胁。如果行业中财力强大的厂商发出明显的信号,要捍卫其市场,或者原有厂商通过分销商和客户群创造某种优势来维护其业务,潜在的进入者须慎重从事,又或者原有厂商会联合起来阻击新进入者,那么进入的风险就会显著增加。此外,还有一些因素能够形成或抬高行业的市场壁垒。具体如下。

第一,规模经济效应。如果一个行业的生产存在着明显的规模经济效应,而现有厂商在发展过程中已经形成了较大的规模,这将使得现有的厂商在生产成本和效率等方面处于领先地位。新进入者必须具备较大的投资规模,才有可能与现有厂商相抗衡,这对于新进入者而言,往往意味着更大的投资风险和经营难度。

第二,难以获得的资源、关键技术、核心技能。有时,新进入者因为无法获得在某个行业里经营所需的稀缺资源、不可替代的关键技术或能力,便缺乏进入某个行业经营的条件。

第三,市场需求中的品牌偏好和顾客忠诚度。如果顾客已经形成固有的品牌偏好或者习惯忠诚购买,那么新进入者争取顾客的难度会极大地增加,也会形成壁垒。

第四,政府政策及行业准入。一些特殊的行业需要政府的批准或受到法规的限制,例如通信、电力等,这对于现有厂商来说形成了一种重要的市场壁垒。因为批文难以获取或受到控制,大大降低了新进入者加入的可能性和积极性。

除了进入壁垒,新进入者还面临着现有厂商会做出的应对措施。它们是只会做出一些消极抵抗,还是会通过诸如降价、加大广告力度、改善产品以及其他措施来捍卫其市场地位?

3. 替代品的威胁

实现某种功能,满足消费者特定需求的产品可能有不同的形态,不同的类别,这就形成了广义上的替代品竞争。例如洗衣粉生产商受到洗衣液生产的影响,电影院线受到家庭影院和在线点播的压力。替代品竞争压力的大小取决于替代能力,并由以下三个方面决定。

第一,替代品的多寡和功能替代性强弱。一般而言,功能类似的替代品数量越多,替代品的性能越优越,就越给行业带来压力。

第二,替代品的可获得性。替代品的存在是否被消费者知晓,替代品获得是否更加便利,与原有产品相比,替代品获得的成本是否更低,更具有经济性?这三个问题的答案如果都是肯定的,那么行业中的竞争厂商所受到的替代品压力就会更大。

第三,转换成本的高低。对于行业的现实购买者而言,是否转向替代品的购买需要考虑到转换成本,即由于更换产品品牌或厂商所付出的超出的价格或失去的老顾客优惠、新产品的功能风险和使用新产品所需要的培训成本或学习时间等。

4. 供应商的讨价还价能力

厂商、潜在进入者和替代品的压力本质上都源于他们期望赢得同一市场。但是供应商对行业产生的竞争压力是以另一种形式体现的。行业对于供应商提供产品的依赖程度及供应商所处行业的供需特征会对供应商的讨价还价能力产生决定性作用。如果供应商所提供的是一种标准产品,供应商位于开放市场,有大量有规模的供应商可以选择,那么与供应商的讨价还价能力就小。如果供应商提供的产品可以被替代,购买者的转换成本又不高,那么供应商在谈判中也没有优势。

反之,如果供应商所提供的产品在下游行业产品的生产成本总占有很大比重,对该行业的产品生产过程起着至关重要的作用,产品的质量有着明显的影响,那么供应商就会拥有很大的市场权利。而当供货产品控制在少数几家供应商手中时,供应商的讨价还价优势地位就非常明显。

5. 顾客的讨价还价能力

购买者的讨价还价能力主要与市场中的需求构成以及购买的替代性特征有关。一般来说,大批量采购使购买者拥有较大的优势,从而可以获得价格折让和其他一些有利的条款。如果整个市场的需求主要由这些大批量采购者所构成,购买者的数量比较少,那么行业所面临的购买者压力就会很明显。厂商会为了争取那些消费者或大批量零售商而展开竞争。

即使购买者的采购量并不大,当购买者转向竞争品牌或替代品的成本相对较低,具有很高的灵活度,或是产品的同质性程度比较高的时候,购买者仍然会具有较大程度的谈判优势。

以上五个方面的分析帮助我们了解行业中的基本竞争状态,并注意竞争压力的主要来源。在上述分析中,我们注意到在旅游业存在着明显的竞争压力,而企业主要的竞争压力来源于行业内的企业和潜在进入者的竞争压力,购买者的讨价能力也是重要的压力来源。

每个行业的五种竞争压力的大小有很大的不同,企业在分析行业竞争压力时需要了解行业的最显著竞争压力来自于哪个方面,并仔细地考察这个压力的性质、方向。

三、旅游行业的竞争特征和变革因素

(一)旅游行业竞争特征

关于旅游行业的竞争特征,首先必须注意到的是旅游行业的巨大规模、快速增长和它与人们需求发展方向的一致性。根据世界旅游组织的公告,2015 年国际游客已经增长至11.86 亿人,全球旅游收入 1.26 万亿美元。但是旅游发展的区域差异还是相当明显的,欧洲是旅游最为发达的地区，2015年实现旅游收入4561亿美元，亚太的旅游收入规模为4180亿美元，也是增长速度最快的区域之一。中国的旅游市场增长速度一直保持强劲势头，许多省市的旅游接待增长速度都在两位数以上，高于GDP的增长速度。与旅游需求相关的教育动机、休闲动机、自我实现的动机等都与更高层次的需求相关，这使得旅游成为人们在满足了基本需求之后快速增长的需求，也是顺应发展潮流的。因而从整体上看，旅游行业吸引力巨大、机会众多。与此同时，旅游行业中旅游企业数量众多，内部竞争压力巨大。不少旅游分支行业，如饭店、旅行社都是处于低利润状态。

以住宿业为例，我国酒店数量众多，2016年，全国星级酒店数量为12213家，而经济型酒店更是因为更低的进入壁垒经历了高速扩张阶段。不管是星级酒店，还是经济型酒店，标准化经营导致的产品同质化程度高，更加剧了内部的竞争。包括旅游酒店业在内的许多服务业，由于服务的专利保护性比较差，创新的服务非常容易模仿，因此企业较难凭借一次产品创新来获得持久的竞争优势。旅游行业产品的发展基本遵循"创新—同质—分化—同质—创新"这样的变动规律。根据国家旅游局的2015全国星级酒店统计公报的数据，全国星级酒店中，仅有五星级酒店创造了19.02亿元的利润，二星级和一星级酒店有微薄的利润，而四星级和三星级酒店利润均为负值。在近两年来，非标准化住宿（民宿、客栈、露营、房车等）发展迅猛，对传统的酒店带来了巨大的冲击。

当然，在分析旅游行业竞争时必须注意到行业复杂性带来的竞争分析的复杂性。旅游行业本身由许多不同的分支行业组成，其竞争压力的程度和竞争压力的来源差异是非常显著的。

（二）行业变革的推动力

各行各业并非处于静态中，而是在不断地动态发展变化。因此，除了目前的行业竞争态势之外，企业经营者还应该注意分析：哪些力量推动着行业的发展？这些力量使得行业将走向何方？在这样变革中，具备哪些要素的企业才能在竞争中取胜？

行业的变革有时是由行业的特性和行业自身发展周期阶段的改变造成的。旅游行业是第三产业。根据各国的发展经验，随着经济社会的发展，第三产业服务业在国家的GDP中的比重会不断提高。因此，旅游行业的性质决定了它处于上行期和扩张期。

产品需求变化和产品革新也是推动行业变革的重要力量。以需求为导向的企业必然随着产品需求的变化而改变服务方式，调整产品线，故而带来整个行业产品结构的变化，也会将行业引入新的发展方向。旅游者对于传统的跟团旅游形式产生了"疲劳感"，许多旅游者都期望能够在旅游过程中享受到自由。因而，旅行社的产品开发中，"自由行"产品就大量出现。休闲度假旅游需求的兴起，改变了以"景点为主导"的旅行方式，出现了许多"以住宿为导向的"旅行需求。不少度假酒店摇身变为目的地旅游产品的组织者和承办者，"酒+景"的产品受到市场的欢迎。这些都改变了旅游行业的产品、经营方式和营销活动。

旅游行业的发展的另一个重要推动力是技术革新和发展，尤其是移动互联网技术、可穿戴设备和智能技术。移动互联网技术极大改变了旅游者的出行习惯，也因此塑造了新的旅游产品销售模式、服务组织模式，促成了旅游企业新的服务流程。旅游电子商务成为发展最为迅速的电子商务行业。可穿戴设备也可以改变旅游者的旅游体验、改变了与旅游企业与旅游者互动的方式。智能技术使得饭店、景区的经营管理更加智慧化,甚至整个城市都可以智慧化。如资料链接 4-1 所述。

资料链接 4-1 🔍

移动互联网改变旅游行为

人们越来越多地利用碎片化时间访问移动设备,比以往更加快速做出明智的决策。实际上,2016 年第一季度,美国旅行网站的访问量就有 40% 来自移动设备端。对营销人员来说,这意味着在旅行者的购买决策过程中,对设备和渠道都会产生新的接触机会。对于旅游相关品牌而言,这些时刻至关重要,因为就是在这些时刻,旅行者形成了消费偏好并做出决策,而这些时刻最终会影响人们的旅行决策。需求产生的时刻,人们会在移动设备上研究众多可选目的地,并遐想这次旅行将会如何美好。在旅游计划制订时往往会搜索相关信息,开启旅行研究过程。

在预订时刻,60% 的休闲旅行者表示,旅行在他们的可支配收入中占最大消费比例,而移动终端上的预订量在不断攀升。53% 的商务旅行者表示他们曾用智能手机预订过旅行服务。休闲旅游者的这一比例为 31%。

在迫不及待开始探索的时刻,吸引人们前往最棒的地方吃喝玩乐的,是他们口袋中的移动设备。

(资料来源:环球旅讯网,http://www.traveldaily.cn/article/110042)

(三) 行业关键成功要素

行业关键成功要素分析是帮助企业了解哪些因素能够帮助企业在行业和市场中繁荣,并占有优势地位。分析了行业关键成功要素,企业就能够与自己的资源能力相对照,判断自己的优势劣势,也可以找到自己在行业里面继续发展所需要努力的方向。分析一个行业的关键成功因素时,一个行之有效的方法是对行业内现有的优势企业的特性进行观察和分析,也对那些失败的个案进行研究。在不同的企业的对比中回答以下几个方面的问题。

第一,行业中的优势企业吸引和留存客户的主要因素是什么?换言之,在这个行业中,能够被消费者所看中的属性是什么。是具有吸引力的价格、稳定或者优越的品质、个性化的服务还是企业的价值主张?同样在住宿行业,消费者对于经济型酒店更加注重的是便利、清洁和合适的价格,那么经济型酒店的成功需要合理科学地选址、高度精确的成本控制、清洁卫生服务的有效管理。但是消费者对于民宿的要求则显著不同,他们追求优美的周边环境、人性化亲切的朋友式的服务、个性的设计,最好还有符合心意的小小情调。那么民宿的经营者就应该贴近自然风光优美,或者环境优雅的地方选址;重视民宿的风格设计;提供特别的服务(例如独特的早餐、地方导览、品茶等)。

第二,企业想要最有效地达到顾客的要求,需要具备怎样的资源和能力?例如,景点景区的成功可能需要占据稀缺性的旅游资源和合理的规划设计;饭店业则有赖于高素质的员工、高水平的管理和有效的分销渠道;旅行社需要贴近旅游者的需求,与旅游者的充分沟通,有定制化服务的能力。

第三，如何保证企业的竞争优势能够持久？如何保证持续满足顾客的需求，而且不被竞争对手超越。景点景区要想有持久的吸引力，必须有效地保护环境，科学地管理一些不文明的游客行为，定期地投入维修和整改；酒店需要及时更新设备、改进服务；旅行社要提高产品创新意识和能力。

表4-1中列举了服务业中常见的和可能的关键成功因素，以提供给大家一个基本的思考和观察的方向。

表4-1　旅游企业常见的关键成功因素

与产品开发相关的 关键成功因素	● 市场研究和分析 ● 需求捕捉能力 ● 产品革新和改进能力 ● 新技术的运用能力
与服务提供和管理相关的 关键成功因素	● 明确的服务目标和宗旨 ● 科学的流程计划 ● 稳定的质量控制能力 ● 个性化(定制化)服务的能力·· ● 高效率的服务 ● 有力的成本控制
与销售相关的关键成功因素	● 强大的批发分销商/特约经销商网络 ● 通过互联网建立起来的电子化分销能力 ● 拥有公司自己的分销渠道和网点 ● 分销成本低 ● 精准的定位和广告 ● 市场开拓能力强
与资源相关的关键成功因素	● 拥有卓越才能的员工 ● 拥有某一项专利或专有的技术发明 ● 丰富的顾客经验 ● 卓越的信息系统 ● 充裕的资金 ● 独享的稀缺资源(如地点、环境等) ● 品牌声誉和形象

第二节　竞争对手分析方法

一、直接竞争对手的锁定

找准竞争对手是营销活动中相当关键的环节。一方面，本企业主动的营销策略和活动的效果,受到竞争对手反应的直接影响。另一方面,竞争对手的举措也会直接影响本企业的战略方向和营销策略。错误地锁定了竞争对手,将直接导致错误的市场判断和营销战略失误。企业主要根据竞争发生的范围、竞争的频率和竞争的剧烈程度和影响程度来确定关键的竞争对手。

"死对头"用来描述那些与本企业在目标客户群体上高度接近、产品的近似程度很高、企业的资源和实力足以相互匹敌的这个对手。在消费者的心目中,这些品牌总是和你的品牌相提并论,他们经常比较你们的产品在特色、性能、质量、服务及价格等各方面的表现,并经常在你们当中作出"非此即彼"的选择。那么,这类竞争对手是企业最直接、最应该重视的竞争对手。

直接竞争者的企业与企业在某些目标客户群体上是重合的,他们提供的某些产品和服务与企业接近或类似,故而,竞争主要发生在这些细分市场和这类别的产品上。竞争的范围和频率都要低于"死对头"。但是,这并不意味着你可以忽视这种竞争者,因为他们也有可能以某些特定细分市场为基点,积极拓展,并与本企业展开全方位的竞争。

间接竞争者的产品只是偶尔才替代你的产品,或者在极小的某个细分市场上与本企业的产品碰撞。但是,你也需要定期考察他们的变化,因为他们还是有可能拿出更有竞争力的产品,甚至淘汰掉你的产品。但是显然,这类竞争对手在经营中被关注的程度远低于前两者。

当然,企业对于竞争对手并非只是一个被动的识别过程,还是一个可以主动的选择过程。选择特定的竞争对手与你站在哪个类别、进攻哪个市场、主要突破点在哪里均有着密不可分的关系。正如迈克尔·波特指出的,选择竞争对手是开发一个产品或业务中所要做的首要决策。企业在选择自己的竞争对手时,应该至少询问自己两个问题:第一,你想要俘获的是哪个市场?第二,如果这个市场不在你的企业购买东西,那么他们会到哪里去获得满足他们需求的东西?你甚至可以通过一次调研来确定你最初对于竞争对手的预期是否准确。

二、竞争对手分析框架

要深度并且完整地分析竞争对手,可以从竞争对手的战略目标、现行战略、实力分析、自我假设和反应模式等五个方面来展开(见图 4-6)。

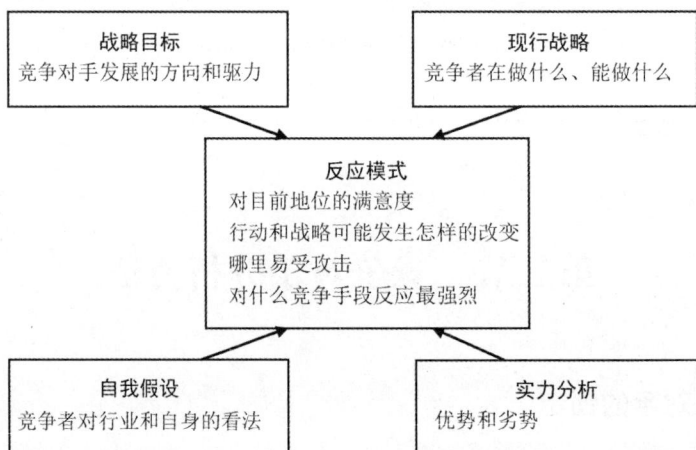

图 4-6　竞争对手分析模型

（一）战略目标

战略目标是竞争对手长远的行进方向，是竞争对手想要达到的目的，它决定着竞争对手的战略手段。了解竞争对手的战略目标，可以避免被竞争对手的竞争手段所迷惑，是正确理解竞争对手想要做什么的基础。在企业的目标体系中最常见的是财务目标，即竞争对手对短期利润和长期利润的追求和取舍。当然，在营销的竞争分析中，竞争对手的市场目标也极为重要。竞争对手目标是直指市场占有率，要将市场份额扩大，还是想在产品类目当中成为消费者最信任、青睐度最高的品牌；又或者是在技术创新方面成为领头羊，成为消费者心目中高科技的不二之选；抑是或期望与客户建立怎样的关系等。

根据战略目标的不同，可以将竞争对手划分成不同的战略群，从而帮助我们进一步理清竞争对手与我们的竞争关系。一般而言，同一个战略群内部的相互竞争更为激烈。

（二）现行战略

现行战略是描述竞争对手当下正在做什么，通过怎样的方式和策略去推动战略目标实现的路线图。结合目标和现行战略的分析，企业能够预测竞争对手的下一步行动计划和可能采取的措施，可以预先或者及时地回应。

根据波特的观点，企业的基本竞争战略有三种。第一，成本领先策略，即力求把成本降到比竞争对手更低。第二，差异化策略，也即力求创造与竞争对手不同的产品，形成与众不同的特色，或提供比竞争对手更多的价值。第三，集中性战略，即企业力求在某一个特定的细分市场上创造价值，并形成自己的优势。

当然，根据本企业的营销活动计划的需要，对于竞争对手现有战略的分析可以更加有针对性和侧重点。例如，有限服务型酒店集团，可能着重分析现有竞争品牌的价格政策和目标群体选择上的意图。

（三）实力分析

竞争者实力分析是对竞争对手的各方面的资源和能力进行分析，从而寻找竞争企业的关键优势和劣势。竞争对手实力对于竞争对手是否能够持续地实施他们的战略，有效地达成战略目标有着显著的影响。对竞争对手优势的认知，可以帮助我们找出与竞争对手之间的差距，从而避其锐气，或者采用标杆超越的方式来缩小差距；对于劣势的认知则帮助我们找到攻击竞争对手的方向和手段。

在分析竞争对手实力时，需要全方位考虑竞争对手所拥有的资源，包括资金、人员、稀缺性的旅游资源、优势的区位条件以及企业的社会关系网络等。这些资源是竞争者参与竞争的基础性条件。同时，我们还应该考虑竞争对手的能力，包括资讯收集、产品开发能力、服务的生产能力、市场开拓能力、战略思维能力等。这些能力是将资源变成强大的竞争力的前提条件。在分析优势和劣势时，可以结合行业成功的关键要素来展开。

（四）自我假设

所谓的假设是竞争对手对于自己所处的产业的特征、发展趋势以及自身的条件和市场地位的一些认识和看法。这些假设会直接影响到竞争对手的战略选择和策略性的活动。例如,当某酒店集团认为,酒店行业已经饱和,他就可能停止甚至收回在酒店业的某些投资;当竞争对手认为自己的成本在所有竞争对手中处于领先位置,那么在竞争活动中,他就可能更加青睐价格这个竞争手段。当然,竞争对手对于自身和对产业的假设有的是正确的,有的是不正确的。而不正确的假设往往会造成竞争对手的一些营销失误,从而给本企业留下可乘之机,或使本企业在竞争中处于有利的地位。

(五)反应模式

反应模式是对于其他竞争对手的行为的而采取的应对式的行动模式。竞争对手的反应模式,不仅受到其假设、战略目标的影响,也和企业的经营理念以及管理者的风格有关。常见的竞争对手的反应模式有以下四种:第一,从容型竞争者。当其他的竞争对手采取行动时,他们对其置之不理,不做出迅速的回应性行动。第二,选择性竞争者。这类竞争对手只对特定类型的攻击采取反应。例如,香格里拉等高星级酒店在很多情况下,对于竞争对手价格的调整和变动,并不做出相应价格调整,但是他们对于竞争对手的一些客户关系活动则相当敏感。第三,凶猛型竞争者。他们对竞争对手所有的攻击性的行为都采取迅速而且高强度的回应。第四,随机型竞争者。这类竞争者对于其他竞争对手行为的反应没有特定的规律可循,他们更多时候是根据企业的特定条件做出反应。企业可以通过竞争对手在过去市场中的表现来基本判断他们的反应模式,这种模式帮助我们预测我们在采取营销行动时,可能受到竞争对手何种方式和程度的反击或回应。

三、竞争对手情报管理

竞争对手的识别、选择以及他们的竞争行为分析必须是准确的、动态的,必须以竞争对手的情报信息作为基础。因此,开展有效的竞争对手情报管理,对竞争对手信息进行持续地、仔细地、广泛地收集,更新与分析,甚至建立动态数据库,这些都是非常必要的。在旅游行业内,竞争情报主要来源于以下几种渠道。

一是竞争对手企业的年度报告、年度工作总结和新年计划。它们通常会出现在企业的网站或者企业的媒体新闻里。上市公司的年报也是公开的。这些报告帮助我们了解竞争对手的运营状况、资金水平、利润状况、战略目标、业务拓展方向、重点领域和措施等。

二是竞争对手的内刊、店刊(报)等。它们记载了关于企业的许多动态的详细信息,如重大任命、员工背景、业务单位描述、理念和宗旨的陈述、新产品和服务以及重大战略行动等。

三是公司董事长、执行总裁、营销总监等和企业高层管理人员在公开场合的演讲、媒体采访中经常包括对公司战略实施经验的总结、企业的问题分析和未来的计划等,这对于理解竞争对手的战略意图也是有用的。

四是企业相关的群体,包括供应商和顾客也是竞争情报的重要来源。供应商的报告对于评价诸如竞争对手投资计划、行动水平和效率等是非常有用的;而顾客则能对竞争对手的产品、价格等方面的特征等做出评价。

此外,第三方机构的研究报告、行业出版物、年鉴、统计公报等有助于我们了解行业总体的情况，以及重点企业的发展情况，它们经常对于不同企业的市场份额，发展速度等有权威性的研究结果，有时也涉及行业的发展趋势。旅游领域中如旅游统计年鉴、星级饭店统计分析以及各省、市的旅游统计公报、经济运行分析等都是重要的信息来源。

竞争情报的其他来源还包括直接观察竞争对手的产品、产品组合、新产品发布会，竞争对手广告的更新，他们的媒体使用策略等。竞争对手的网页也是必访之处。如旅行社的网页上，充分展示了不同阶段推出的旅游产品、旅游产品的价格、推广策略、访问量等。

第三节　竞争性营销战略

一、竞争地位的角色划分

企业在行业竞争中占有不同的位置，这些位置一方面取决于它们过去在市场中的表现，另一方面决定了他们的竞争姿态、竞争方式，并进而决定了它们在未来市场中的可能地位。大多数行业里都存在如图 4-7 所示的四种不同的竞争角色。

市场领先者是行业中实力最强，占有最大市场份额的企业。一般来说，领先者企业在一个行业里面只有一家，当然也存在部分行业，领先者不是很明确，可能有一个第一方阵，并处于变化中。领先者的地位当然是在行业发展和竞争中累积形成的。领先者企业通常在目标顾客中享有高声望、高知名度、高购买率，同时，它们也被竞争对手所重视或跟随。例如旅游电子商务运营企业携程，而锦江国际酒店集团是国内最大的旅游酒店集团（从规模看）。

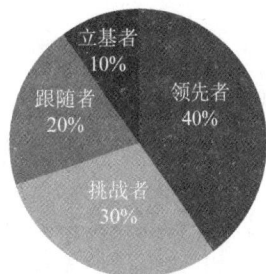

图 4-7　假想的市场份额及企业角色

市场挑战者是那些具备了一定的实力，在市场中有一定影响，并且对其他竞争对手采取进攻姿态，想要不断扩大自己的市场份额，提高市场地位的企业。特定行业中可能有若干挑战者企业。或者某些企业在特定时期采用了挑战者的竞争姿态。

市场追随者是对市场中领先于自己的竞争对手采取跟随态度而非进攻姿态的企业。市场追随者所奉行的理念通常是：跟随和模仿能带来许多的效益，能够避免产品创新中的大量投资，减少消费者教育的投入，避免对抗性的竞争以保证和平的发展环境等。

市场利基者是选择不被大企业所重视的某些区域或市场（也叫利基市场），通过专业化、集中化的战略来生存和发展的企业。在大多行业里，利基者企业的数量众多，但单个企业规模不大。旅游业里更是大量存在着这类企业。例如在旅行社行业中，除了上海春秋、中国国旅、中国青年旅行社等几个连锁的大型旅行社外，大量存在着一些规模很小的小旅行社。这些旅行社往往给大旅行社起到市场供给起到一个补充的作用。

二、市场领先者的营销战略

（一）扩大市场总需求

做大需求的"蛋糕"，领先者通常能从中切得最大的一块。因此，市场领先者发起、联合或者独自从事需求开拓的活动，以求带来新的收益，稳固自己的地位，也有可能提升作为领先者在行业中形象和威望。扩大市场总需求的方式有以下三种。

首先，寻找并开发新的目标市场。例如，不少龙头旅游企业，会主动参与旅游目的地组织的整体营销活动，前往待开发的新的地理区域，吸引新的客源市场；婚纱旅游策划公司也可以找到新的卖点主攻老年婚庆市场。其次，为自己的产品寻找新的用途。例如，某个景点景区原先只是作为一个休闲娱乐的地点。但是，它们能够将其加入某个拓展培训的项目中，成为一种教育手段或者企业的训练基地。第三，提高老用户的产品使用频率。一个优秀的生态农庄，除了开拓新的客户之外，可以通过引进一个康体俱乐部，用会员积分的方式，鼓励客户不断重游到访。

（二）保护市场份额

市场领先者必须随时随地防备竞争者的挑战和进攻，以保护自己的市场份额，巩固自己的市场地位，也就是进行市场防御。领先者防御策略从积极性的角度可以分成静态的被动防御和动态的主动防御。

静态的被动防御策略主要以阵地防御、反攻防御和收缩防御为主。阵地防御是指在自己的主要客源市场上建立壁垒或者"防御工事"，从而防止竞争对手的进攻。比如，领先者可以利用自己的成本优势或者品牌声望牢牢把握自己的顾客，或者通过控制销售渠道等方式防止竞争对手进攻。反击式防御是指领先者在受到了竞争对手的攻击时，通过入侵竞争对手的主要客源市场或者在共同的目标市场上，对竞争对手加以猛烈的回击。收缩防御是将力量集中到自己最重要的客源市场，放弃一些利润有限和没有太大吸引力的细分市场的一种防御方式。虽然各有其不同的表现，但以上三种防御措施的共同点是市场领先者主要立足于现有的客源市场，表现出比较保守的防御特征。

有远见的市场领先者往往会采取更具积极、更灵活的防御策略：侧翼防御、进攻式防御和运动防御。例如，某高端商务酒店集团，除了注重自己当前的企业高级管理人员的商务旅游市场外，还可能积极寻觅一些新兴的商务旅游群体作为自己的辅助性基地，以防止竞争对手从自己的薄弱环节突破，这就是侧翼防御的表现。该酒店集团也可能通过不断地更新自己的设备，提高服务质量，建立新的酒店等不断创新，保持一种积极进攻的姿态，使得竞争对手无暇对自己发动进攻，这种则是进攻式防御。酒店集团也可能采用灵活的激励措施、销售政策，在不同时期对不同的细分市场进行防御，巩固各细分市场，这被称为运动防御。如启迪案例 4 - 1 所述。

启迪案例 4 - 1 🔍 ....

携程的域名保护

携程旅行网创立于 1999 年，是国内领先的综合性旅行服务公司，旗下拥有酒店预订、机票预订、旅游度假以及旅游资讯等旅行服务。目前官网域名为 ctrip.com。

携程在域名保护工作上一向做得非常到位，它手里拥有 ctrip.com，ctrip.cn，ctrip.com. cn，ctrip.net，ctrip.biz 等全套品牌域名，拼音域名"携程"xiecheng.com，"旅居"lvju.com、"惠选"huixuan.com，"铁友"tieyou.com，"旅品"lvpin.com、lvpin.cn，"松果"songguo.com、songguo.net 等也都在其名下。

2017 年，携程又收购了域名 booktrip.com。booktrip 组合在一起有"预定旅行"的含义，非常适合搭建旅行类网站，也与携程的业务相契合。

思考和讨论：域名保护与防御有什么样的关系呢？这是一种怎样的防御策略？

（三）扩大市场份额

增加销售量，扩大市场份额是领先者比较具有攻击性的一种策略，因为市场份额的扩大意味着他要从竞争对手那里抢夺市场份额。领先者可以通过许多手段去赢得竞争对手的顾客，例如更有价值的服务，增加附加价值，更大力度的品牌宣传，甚至直接拜访竞争对手的顾客。

领先者应该避免几个方面的问题：第一，故步自封，死守自己的优势产品和优势市场。旅游市场创新层出不穷，执着于自己原有的优势产品，有可能使得企业失去创新的先机。第二，市场份额与企业利润的关系并不是一直正向相关的，当市场份额增长到一定程度时，再增加市场份额反而可能使得企业利润的缩减。因为，越是后面的一些顾客，越难赢得，这意味着你可能需要付出高出几倍的成本。

三、市场挑战者的营销战略

（一）挑战对象的选择

选择合适的挑战对象，才能保证挑战成功的概率。市场挑战者在作出挑战对象的选择时，应该充分考虑自己用于进攻的收益和风险。

第一种选择是攻击市场中的领先者。这种选择属于高风险高收益的类型。因为市场领先者手中掌握了最大量的市场份额，一旦成功自己的市场份额会快速增长。要想攻击市场领先者，一般是发现了市场领先者的明显的劣势，市场领先者的用户需求没有得到很好地满足。例如，某旅行社在发现其竞争对手对工薪阶层的服务质量和对高端客户的服务质量有很大的差异，造成了很多普通顾客的不满时，可以选择进攻对手的工薪阶层的细分市场，用"质价相符"或"更多的尊重"来吸引客源。

第二种选择是攻击实力相当，但是在经营中出现了某些危机或者明显存在劣势的竞争对手，直接抢夺他们的市场份额。这种选择相对前一种风险更小一些。

第三，可以攻击比自己弱小的竞争对手。在饭店行业中，兼并收购案频繁发生，很多情况下是实力雄厚的挑战者直接将竞争对手的份额纳入自己囊中。也有不少旅游企业，通过兼并业务范围与本企业不同的企业，作为对自己业务的补充。

（二）进攻战略选定

挑战者要谨慎地选择有效的进攻方式，以保证获得最佳进攻结果。在通常情况下，如果挑战者在综合实力上压倒了对手，通常会直接进攻竞争对手的主要阵地，进行正面进攻。倘若是发现领先者或实力相当的对手的某些薄弱环节，则考虑采用侧翼进攻，打击软肋。倘若挑战者拥有了特定的资源优势，可以对竞争对手的多个市场同时展开全面进攻，即围堵进攻。

当实力较弱的企业也想要挑战时，则通常会以突袭式的促销手段或是价格攻势，在被挑战者的忽略的市场来进攻，这成为游击式进攻。同时也采用迂回进攻的方式，在最初可以完全避开竞争对手现有的市场，先到新领域中进行多元化经营，等待实力积蓄后，再考虑回到主要阵地来。如启迪案例4－2所述。

启迪案例4－2 ....

7天连锁酒店集团

7天连锁酒店集团（7DaysInn Group）（以下简称7天酒店）创立于2005年，远远迟于如家、锦江之星，也迟于汉庭，甚至比国际经济型酒店品牌进入中国的时间都要迟。然而在高手如云的经济型酒店市场中，7天连锁酒店集团无论是发展速度还是业绩上都是佼佼者。目前已建立了覆盖全国的经济型连锁酒店网络，分布在广州、北京、深圳、上海、南京等国内40多个城市和地区。7天连续几年成为业内规模增长速度最快的经济型酒店企业，创造行业快速发展的佳话。不仅在发展速度上令人惊讶，7天的经营业绩同样让人惊奇和羡慕。

7天是怎样仅用短短的时间就能够跻身于经济型酒店行业第一阵营呢？酒店集团的老总郑雁南指出，他们的成功在于不按常理出牌，以及独特和创新的经营模式——"鼠标＋水泥"。

成立伊始，7天就把创新的电子商务服务作为核心竞争力之一，成了业内第一家开拓电子商务平台的经济型酒店。此外，他们还分别与综合性虚拟社区、搜索平台、门户网站、专业平台、即时通信、支付平台等网络平台合作，从而构筑了一个电子商务的生态圈。这个生态圈不仅给消费者便捷的服务体验，还逐步培育起他们的电子商务消费习惯。网站在提供了便捷的销售服务的同时，大大减少了在中间环节上损失的利润。

7天竭尽所能地强调实用性，不遗余力地减少不必要的东西。例如，淋浴和洗手池共用一个水龙头；吹风机只在每个楼层口装一个；房间里的桌子都不装抽屉。在消费者中被争议最多的是7天在房间设计时故意做小窗户，甚至不开窗户，理由是因为窗户的面积影响到窗户的造价、窗帘的成本的增加；小窗户的设计还能够降低噪音、减少能耗。正是这种典型的实用模式使得7天酒店取得了难以逾越的成绩。

思考和讨论：7天酒店为什么能获得成功？它采取的是什么策略？

四、市场跟随者的营销战略

在旅游行业里较多地存在"和平共处"和"模仿"的现象。如饭店里面的中式铺床、迎客茶服务、酒店内的小小俱乐部的做法等都在领先者或者有优势的饭店首先创新之后，其他酒店也就跟进。当大型的旅行社推出了新的国际旅游线路或者游轮项目，中小的旅行社也会跟着推出类似的线路，并且为大型旅行社"送客"或者参加"拼团"。

市场跟随者的"跟随程度"间存在差异。某些跟随者对领先者亦步亦趋，基本上全面仿效，这称之为紧密跟随。某些跟随者在局部范围内跟随，单在某些方面具备自己的特色，称为有距离的跟随。在经济型酒店业里，如家快捷式设计风格和运作模式经常被仿效，但是，模仿的酒店可能在服务的提供过程等一些小的方面具有自己的一些特点。跟随程度最小的被称为"选择性跟随"，是指跟随者在许多方面保持着自己的独立性，只在局部学习和借鉴领先者的优点。选择性跟随的企业在跟随中积蓄实力，有可能演变成挑战者，但在此之前，市场跟随者基本采用非挑战性的竞争手段，对价格的使用异常谨慎。

五、市场利基者的营销战略

（一）利基市场的选择

如何选择正确的利基市场是利基战略中最关键的步骤。企业需要仔细对竞争对手目前市场的占据情况和消费者对目前产品的"烦恼之处"进行分析，从而帮助寻找出市场空缺点。当这个空白市场满足以下一些要求时，就可以将其确定为利基市场。

第一，这个细分市场的规模适度。一方面，它必需小到不能够引起大的竞争对手的注意或者兴趣，否则企业将会面临竞争对手进入的潜在危险，另一方面市场的规模对于这个利基企业的生存来说，规模要足够大。

第二，市场稳定或者具备一定的发展潜力。这保证了企业实力增长后，该市场还是能够满足企业发展的要求。

第三，企业具备满足该市场特殊需求的资源和能力。利基市场往往具有需求的独特性，因此需要企业有特定的需求洞察力、有特定产品的设计、生产和提供能力，需要特定的资源。如果企业恰好具备这些资源和能力，就能够较好地抓住消费者，并防范其他竞争对手的攻击。

当然，企业并不是只能选择单一利基市场，有时也常常选择多个不相关的利基市场，从而降低单一市场带来的较大风险。

（二）专业化方式的选择

专业化是利基者最基本的经营方式。旅游业内利基者的专业化方式主要有以下几种类型。

第一，顾客规模专业化。当企业选定特定规模的顾客作为自己的目标市场时，就形成了顾客规模专业化。通常情况下，规模大的顾客比较容易引起大企业的关注，因此，许多利基者会选择做小规模顾客，例如专门做中小企业的差旅管理服务。

第二，客户订单专业化。当企业仅按照接受的订单实行定制化产品的提供就形成了客户订单专业化。一些专门做奖励旅游的旅行社，通常会根据客户具体要求再来开发产品，设计线路。

第三,特殊顾客专业化。专门经营老年旅游业务或者经营青少年旅游业务的旅行社在近年来出现了不少。这种针对特定的顾客展开业务的模式就是特殊顾客专业化。

第四,服务和功能专业化。某些针对健康动机人群所设计的度假疗养院,可能专门展开高端体检和保健咨询服务。

第五,销售渠道专业化。当然,某些旅游商品只在特定的销售渠道出售,换句话说是专门针对某种渠道的需求而进行设计,就是典型的销售渠道专业化。

(三) 利基市场的深耕和发展

实施利基市场战略的企业并不一定都是小企业,企业实施利基战略也并非不能够做大做强。关键在于当对某个利基市场的特性能够充分把握时,要做好利基市场的深耕和扩大工作。企业可以通过两种方式进行利基市场的拓展。

一方面,针对特定利基市场进行多重开发。这主要是指,针对一个利基市场的需求特征,对他们开发的产品和服务从一个品种到一个系列,从而形成系列购买。例如,某旅行社可能专作年轻旅行市场。一开始经营的主要是购物旅游产品。那么,慢慢地可以拓展到美容旅游产品、美食旅游产品等,从而使得一个利基市场能够提供多倍的销售可能性。

另一方面,从地理区域上对利基市场进行扩张。即当企业在一个区域内针对特定利基市场取得了成功,可以将这个经验推广到其他区域的同一个利基市场,达到扩大市场需求规模的目的。连锁的精品酒店就是这个模式的典型体现。

本章小结

💬 关键术语

五力模型　潜在进入者　品牌竞争　形式竞争　愿望竞争　市场份额　市场领先者
市场挑战者　市场跟随者　市场利基者

✅ 内容提要

行业竞争是企业和组织的营销生态环境的重要部分,企业在确定是否进入行业、是否在行业中继续发展,以及确定在行业中的发展目标时,都离不开行业和竞争状况的分析。旅游行业的竞争分析首先需要把握旅游行业的总体市场规模、发展速度和未来发展潜力,了解行业平均利润水平以及行业所处的周期阶段等基本的行业特征。营销者可以运用波特的五力模型,从行业内现存企业的竞争状况、潜在进入者给予的压力、替代品的竞争压力、供应商的讨价还价压力和顾客的讨价还价压力五个方面来识别和判断行业的竞争压力的主要来源和竞争压力的大小。行业分析的另一个重要的目的是辨别和洞悉行业变革的主要推动力和行业内企业关键的成功因素。在旅游行业中,对于需求变化的积极响应和引导、人性化技术的运用能力以及持续的产品服务创新能力,对于企业的成功至关重要。

根据目标顾客群体、产品功能和档次定位等方面的线索,企业谨慎而准确地识别竞争对手,并从竞争对手的战略目标、现行战略、对自我和对行业的假设、优劣势以及在竞争中的反应模式五个方面对竞争对手展开全面的分析。在此基础上,旅游企业根据自身的市场地位和优劣势比较,选择自己在竞争中的角色,即市场领先者、市场挑战者、市场跟随者和市场利基者。企业根据角色定位,进一步确定与竞争对手的相处方式,和在行业中的主要竞争手段,形成竞争性营销战略。作为市场领先者,可以采取积极的市场开拓、保守的份额维持或者更具攻击力的增加份额的战略。挑战者可根据自己与竞争对手的实力对比,选择正确的挑战对象,采用合理的挑战策略扩大自己的市场份额。跟随者坚持"不主动进攻"的理念,尽可能地保持与竞争对手"和平相处"。市场利基者则选择空白的或竞争很少的"夹缝"市场,实施不同的专业化策略。

💬 课后练习

1. 行业竞争对于企业的营销活动有怎样重要的影响?

2. 潜在进入者和替代品对行业竞争的压力会产生怎样的影响?

3. 用五力模型分析国内酒店行业的竞争,能得出怎样的结论?

4. 研究并讨论主题乐园行业竞争的关键成功要素是什么?

5. 在你所生活的城市里,哪些酒店彼此之间是最直接的竞争对手? 你的判断理由是什么?

6. 你认为"市场领先者"怎样才能成为真正的行业领袖?

7. 市场跟随者是"远离竞争者"和"不竞争者",这种观点你赞同吗? 为什么?

8. "只有小企业才适合做利基者,做利基者永远成不了大企业",这种观点你同意吗? 为什么?

9. 选择你所在城市的一家旅行社,对它进行竞争对手分析。

🔍 案例讨论和延伸思考

携程与美团的"相怼相杀"

1. 携程旅游网

携程旅游网(以下简称"携程")创立于1999年,总部设在上海,员工30000余人,目前公司已在北京、广州、深圳、杭州等17个城市设立分支机构。携程成功地整合高科技与传统旅游行业,成为中国领先的综合性旅行服务公司,向超过2.5亿会员提供集无线应用、酒店预订、机票预订、旅游度假、商旅管理及旅游资讯在内的全方位旅行服务。凭借稳定的业务发展和优异的盈利能力,携程于2003年12月在美国纳斯达克成功上市,今日的携程在在线旅行服务市场居领先地位,成为全球市值前三的在线旅行服务公司。在携程的发展历史上,旗下业务板块、品牌数量、产品组合和会员数量的增长有着一条相当明晰的轨迹。

1999年10月,酒店预订量创国内酒店分销业榜首,2002年,月交易额超过1亿;2004年11月,携程建成国内首个国际机票在线预订平台,注册会员超过1000万;2005年,携程进军商旅;2009年2月,携程推出"自由·机+酒"产品,同年11月,注册会员超过4000万;2010年,"携程无线"手机网站正式上线,同年10月,携程进入2010中国旅游集团20强,并成立驴评网;2011年携程进军中小企业商旅市场;2012年携程发布中国首个顶级旅游品牌"鸿鹄逸游",并开创旅游"钻级标准";2013年携程全球门票预订平台上线;2014年,携程发布中文邮轮预订平台,同年,携程成为中国最大的旅游集团。

当然,在中国的旅游市场,尤其是在线旅游市场中,不乏优秀的新生代。艺龙、去哪儿、驴妈妈、同程等,都在一些细分的领域与携程展开竞争。在过去的几年里,作为市场领先者的携程,一直表现出进攻的姿态,它凭借"资本+市场"的组合拳,"解决"了大部分的竞争。2014年携程5000万美元入股途牛、2亿美元入股同程;2015年以4亿美元战略性收购艺龙37.6%股份;2016年10月,携程收购去哪儿,拥有约45%的去哪儿总投票权。这使得携程"成为OTA(online travel agency,在线旅行社)市场当之无愧的领导者"。易观发布的《2017中国在线旅游年度综合分析》指出,2016年中国在线旅游市场交易规模达7394亿元人民币,其中,携程系下携程旅游网和去哪儿网市场份额仍居前列,交易规模分别为2636亿元和1345亿元,携程系合计市场份额达到55.7%。

2. 美团网

美团网(以下简称"美团")是2010年3月4日成立的团购网站,总部位于北京市。美团起初是一个本地生活消费服务平台,有着"吃喝玩乐全都有"的宣传口号。相比携程等老牌OTA企业,美团算是"业内黑马"。2012年,美团以团购为基点切入酒店在线分销市场,主攻低端酒店市场,即经济连锁酒店、钟点房、客栈领域扩展。借助对本地生活消费市场的多年经验,美团点评能够围绕住宿构建消费场景,有效满足消费者多元化的住宿需求,使得美团在酒店业务板块表现不俗。2015年,酒店旅游事业群正式成立,分为住宿、境内度假、境外度假和大交通4个事业部。

然而在酒店市场中,低星级酒店的利润微薄,使得美团将目光瞄准了中高档酒店。为了进一步从酒店领域中突围,从2016年5月开始,美团点评提出"高星战略",对高星酒店进行重点布局,这也动了携程的"奶酪"。二者之间的"斗争"由暗转明。

3. 交锋

从旅游业务的构架上来看,携程和美团有较为直接的竞争关系,双方都强调是综合型、全方位型服务企业。但携程在机票业务上的水准是美团无法匹敌的,而美团的传统优势是美食业务板块,在酒店业务上,携程原本主打高档次酒店,而低档酒店是美团的主要阵地。但随着美团的战略调整,携程更加重视美团旅行这个竞争对手,在针对美团的竞争中动作频频。最明显的表现是,携程和美团双方互相侵入对方的"腹地"。

2016年在美团进军高端酒店的时期,携程(2016年6月)推出旗下的独立餐饮美食品牌"携程美食林",覆盖全球200个以上热门目的地,其目标不言而喻。2017年年中,携程美食林一周年,携程发布《携程美食林用户行为数据报告》,并进一步升级了高星级酒店的合作,推出"酒+X"的服务。同年,携程再次为途家站台,一方面说明携程对于途家和民宿的重视和支持,另一方面也是为了警示竞争对手,特别是美团。

2017年4月美团点评对外宣布,旗下住宿分享平台榛果民宿APP正式上线,迎合共享经济,正在吸引具有闲置房源的个人房东在榛果民宿进行房屋分享,房源将以整租为主,首批房源覆盖北京、上海、广州、深圳等一线城市,以及杭州、成都等重要热门旅游城市,预计今年年底覆盖房源达15万套。

面对住宿分享这一潜力十足的行业,携程实际已经有所布局:2011年,携程与途家进行战略合作;2014年,携程途家公寓频道上线;2016年,途家与携程达成战略协议,并购携程旗下公寓民宿业务，携程由此成为途家最重要的战略投资人之一。携程联合创始人、执行董事会主席梁建章表示，"携程是提供整体旅行服务的公司，包括交通类的机票、火车票、汽车票，住宿类的产品也愈加多样化，分享住宿会成为携程住宿资源不可或缺的补充"。并且已为途家集团下一步发展"持续加码"。显然，民宿、短租将成为另一个双方各不相让的阵地。

此外，2017年，美团发布新的 Logo，并在8月上线了独立的 APP，来加强酒旅板块，依托于美团 APP、大众点评 APP，采用多流量入口协同策略。而携程正有条不紊地进行海外扩张战略，携程旅游服务中心落户日本，携程全球购与福冈购物节 MOU 协议签署等，都是携程与海外旅游目的地之间加深合作的重要成果。

（资料来源：案例改编自 http：//www.dotour.cn/article/29995.html）

问题：

1. 根据案例显示，作为领先者的携程，主要采取了怎样的竞争战略？

2. 你认为美团在住宿行业中属于什么角色的企业，它的主要竞争战略是什么？

第五章

点亮市场之光：营销调研

引导案例及开篇思考

企业的营销活动不应该是内向的，而应该有三只眼，第一只眼看消费者、第二只眼看竞争对手、第三只眼需要看到环境和行业的变革。但是纷繁复杂的环境要素、眼花缭乱的资讯常常让营销者发出这样的感叹："千头万绪，我们无所适从""应该往哪个方向走""我不明白，我们的顾客到底要什么""我们的对手到底比我们强在哪里"……科学的市场调研活动能够帮助我们在迷茫中点亮营销的路。

海友酒店的消费者行为调研

根据迈点研究院的报告，截至 2016 年底，中国的酒店数量超过 24 万家（不完全统计），而经济型酒店在其中占 88.4% 的份额，远远超过其他类型的酒店。经济型酒店行业已经是一个名副其实的红海，为了竞争，不同的酒店集团对经济型酒店行业进行了不断深入的细分。2008 年，在对经济型酒店市场需求进行调研的基础上，第一家海友酒店在杭州诞生，第一个打出了"平价酒店"的概念。第一代海友客栈，完全按照年轻白领的出行特点而设计。其特点可概括为：小房间、大客厅；全网络、重娱乐；酒店设计更围绕年轻、欢乐、时尚、超值做足文章。每家海友客栈的规模在 60～80 间客房，价格在 100 元以内。发展至今，海友客栈几经变革和产品升级，在《2015 年度中国住宿业酒店品牌发展报告》中，从 300 多个品牌中脱颖而出，成为平价酒店领域的第一名。

但是，海友也依然认识到所处的平价酒店的领域竞争激烈，并且随着消费升级的来临，品质和体验将成为平价酒店竞争的利器。同时，消费者对于品质的要求正在不断地发生变化。要精准地把握目标人群需要怎样的品质和体验，海友酒店给出的方法是消费者行为调研。海友将消费者行为调研作为每年海友品牌工作的重要内容之一，用来测量消费者行为习惯、消费偏好及酒店在满足宾客购买产品及服务期望方面所达到的程度。这个调研的结果则用于改进服务、产品设计，提高消费者的满意度。

2016 年海友同样开展了消费者行为分析调研。调研时间为 2016 年 10 月 10 日上线到 11 月 9 日截止，为期一个月。调研范围涵盖海友全国 330 余家门店。此外，该活动还在华住 APP、华住官方微信、海友官方微信及微博、EDM 等线上渠道全方位推广。活动期间，所有到店消费的宾客均可参与调研，通过扫码进入 H5 页面完成问卷，提交有效问卷的宾客便可获得海友酒店优惠券，获奖概率达 100%。今年的消费者行为分析调研除了品牌、产品、服务、性价比的测评外，还增设了以评分为维度的满意度评估及竞品测评等内容。通过对消费者进行使用习惯的研究，不仅可以帮助品牌及市场部门建立消费者对产品服务的行为习惯模式，更可帮助酒店了解宾客消费的内在动机。例如，在2016年3月开展的"海友酒店会员权益调研"共收到有效调研数据15000余条，有效地为会员营销工作提供了调查结果和决策依据，从而改善酒店的服务质量，增强海友的市场竞争力和宾客满意度。

（资料来源：案例改编自 https：//www.sohu.com/a/116525123_472844）

思考

1. 海友的消费者调查的目的是什么？除了调研外，有没有其他的方式能够达到同样的目的？

2. 海友设计的这次消费者调研要计划哪些方面的要素？

第一节　营销信息系统与营销调研

一、营销信息系统

信息对于企业营销活动的重要性不言而喻。比尔·盖茨曾经说过："我有一个简单但强烈的信念，那就是使你和你的对手、使你和平庸的大众有所区别的最有力的方式，就是和信息打一场出色的交道。如何搜集、管理和运用信息将决定你的输赢。"在企业中，与信息打交道，需要有科学的营销信息系统。

营销信息系统是由人员、机器和计算机程序所构成的，用于收集、分类、分析、评价与处理内外部营销信息的有组织的系统。营销信息系统（见图5－1）是一个开放的系统，从营销环境中输入大量信息，形成有意义的结论之后输出到营销决策者那里。它的目的非常明确，即为了营销决策服务，帮助营销决策提高准确性、科学性和市场适应力。

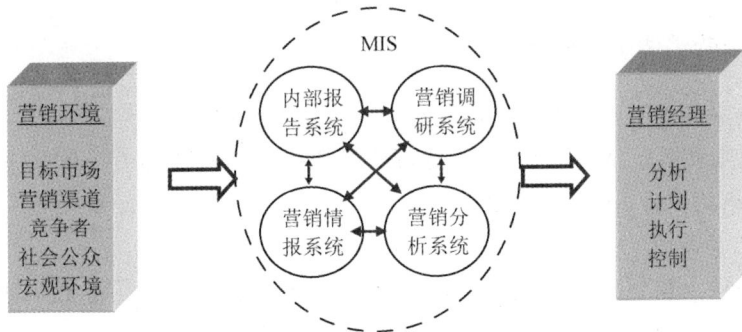

图5－1　营销信息系统（MIS）示意

营销信息系统由四个子系统构成，四个子系统分别承担不同的任务，又密切联系。内部报告主要收集、存储企业内部的财务、生产、销售等部门定期提供的订货、销售、库存、生产进度、成本、现金流量、应收应付账款及盈亏等方面的信息。这些信息可以用于比较营销计划和实际执行情况，及时发现企业的市场机会和存在的问题。营销情报子系统用于获取外界市场动态信息的程序或者来源，例如查阅各类报刊、文件、网络信息，与顾客、供应商交谈，或者情报商直接购买。营销调研子系统是针对企业面临的明确具体的市场营销问题开展研究工作的程序或方法。营销分析子系统是用于评估、分析并解决问题的技术性模块，一般包括了统计分析模型和市场营销模型两个部分，前者主要对信息进行各类统计、运算、模拟、预测，后者协助企业选择恰当的营销策略。

二、营销调研及其分类

（一）营销调研的界定

营销调研是指针对企业或组织所面临的特定营销问题，规定解决这些问题所需的信息，设计收集信息的方法，实施并管理数据收集过程，分析数据并传递和沟通分析结果的系统化的活动过程。营销调研也属于一种信息获得的活动，是整体营销信息系统中的一部分。但与常规的情报收集工作相比，营销调研活动有着以下显著的区别。

第一，目的和出发点不同。常规的情报收集工作，无论是内部信息收集或者是外部信息收集，都不针对具体的营销问题，不针对特定的营销决策。营销调研的发起则通常是由于企业营销管理中出现的特定的决策参考需要，或者是分析某个特定问题的程度、成因等，具有明确的目的性。每次营销调研活动都有着相对独立的目的，例如，可能是为了判别产品包装调整带来的影响；可能是广告代言人更换对形象的改变作用；可能是评估市场中的品牌识别度等。

第二，系统和完整性的差异。常规的情报收集工作，因为没有明确的指向性，故而在收集信息的过程中，具有探索性、偶然性特征。常规的情报收集工作没有明显的起点和终点，而是持续不断地开展。然而营销调研活动以识别特定的问题为起点，以解决问题的建议和对策为终点，体现的是一次完整的问题解决的过程。整个营销调研过程要根据目标，进行科学的计划，更具有科学研究的特征。

（二）旅游营销调研的内容分类

营销实践中的营销调研活动有着多种多样的目的和内容，这些不同的内容往往与企业的营销活动需要相关。从内容的角度，旅游营销调研主要包括需求相关调研、旅游消费行为调研、竞争相关调研和营销组合调研等。

1. 需求相关调研

旅游市场需求相关调研是围绕特定区域特定时期的市场需求总量、影响因素及其未来的预测等方面展开的调查。企业开展需求调研，可以帮助企业确定是否进入某个新的市场，确定未来的生产量，或者中间商也可能需要确定自己的购买批量。行业协会也常常进行这种需求调研，以指导和协调整个行业的供给和结构。例如，会展协会可能会调查全国1年之内的预期展会个数、总体规模和可能产生的购买总额。

2. 旅游消费行为调研

旅游消费行为调查的主要目的是描述旅游者消费特征、消费者行为特点，分析旅游者决策和行为的影响因素，以及旅游者行为产生的影响。我国国家旅游局每年进行的国内旅游者抽样调查就是典型的旅游者调查，它对我国国内旅游者的构成和主要的消费行为（如住宿选择、旅游目的等）都进行了描述和刻画，是比较全面的调查，对许多旅游目的地开展旅游营销有借鉴和参考的价值。但是，如果涉及旅游消费者更深入的行为特征和心理因素，如消费者对待景区调价的接受程度，消费者态度的形成原因，消费者对于特定旅游目的地的形象认知时就需要由企业主导开展更有针对性的调研。

3. 竞争相关调研

竞争相关调研更多关注的是行业中的竞争格局、各竞争者的市场地位、特定的竞争者行为等。行业整体的竞争格局的调查研究经常会在行业协会或特定的调研机构的有关行业研究中使用，涉及行业中的竞争者数量、主要竞争对手的市场份额等方面的表现。企业会关注自己与竞争对手的品牌在消费者心目中的不同地位或者说消费者对同等档次的酒店品牌的认知差异，对于服务水平的比较等。

4. 营销组合调研

营销组合效果调查主要是涉及企业自身的一些营销活动的有效性、影响力、存在的问题和调整策略的可行性。这种调研可能发生在营销组合计划实施之前，在小范围内预测影响；也有可能是在营销组合实施之后，调研其真实的效果，以便对营销组合进行合理化调整。例如，新酒店开业之前的试运营和意见反馈收集，广告认知度调查，促销效果调查，客户奖励计划的实施效果等。

（三）营销调研的性质分类

根据营销调研所针对的问题的性质、目标、和调研结果的不同，营销调研一般分为如下三种类型：探索性调研、描述性调研和因果性调研。

1. 探索性调研

顾名思义，探索性调研是用于企业试图探明所研究问题的性质和范围，进一步明确调研问题，并形成调研假设之前所开展的调研。

例如，某酒店发现今年上半年的出租率与往年相比有明显的下降。下降的原因是什么，酒店很难确定。有可能是周边新开酒店的影响，也或许是酒店服务品质下降，又或许是新的价格政策的影响。酒店需要通过一般性的调研来寻找最可能的影响因素。如到关键客户中去进行拜访，到中间商那里去了解相关情况或者去观察原来竞争对手的出租率变化。如果以上探索性调研得出的结论是，顾客被新酒店所吸引。那么，我们可以在此基础上设计下一步调研。

通过这个例子，我们很显然地看到，探索性调研特别有助于把模糊的问题表达为小而精确的子问题，并识别出需要进一步调研的信息。但是，这种调研通常没有办法得出如何解决问题的建议。为了提高探索性调研的效率和经济性，常使用二手资料调研、非结构性访谈、经验调查、座谈和典型案例分析等方法进行调研。

2. 描述性调研

描述性调研的目的是对事物、对象的总体或者某方面特征进行详细的描述，回答一系列关于"Who""What""When""Where""Why"和"How"的问题。例如,旅行社或者旅游电商平台调研高端定制旅游客户群体的特征,了解高端定制旅游的群体的性别、年龄构成、家庭收入和结构情况,主要的目的地类型偏好等。描述性调研开展时已经有了明确的目的,并且,由于大多数情况下需要描述的是一个较大群体的特征,所以较多采用抽样调查的方法,并在数据分析时用到描述性统计、交叉分析、方差分析等方法。

3. 因果性调研

因果调研的典型特征是以研究变量与变量之间的因果关系为主要目的。因此,因果调研在设计时,必须有自变量和因变量的设定,即明确因和果的变量。如某景区想要了解景区价格上涨对于旅游者国庆到访意愿的影响,那么在这个研究中,自变量是价格上涨(可能是幅度,或者是具体的价格),而"果"是"到访意愿"。旅游调研者需要收集自变量与因变量的数据,通过统计分析(如回归分析等)来研究二者之间是否存在必然的、显著的关联,这种关联是正向的还是反向的,影响程度有多高等。

在现实中,将三种调研类型串联起来运用的情况也是常见的,首先利用探索性调研明确问题的方向,用描述性调研勾勒问题的真实面貌,用因果性调研求得直接的影响因素,然后寻求问题的解决方案。

三、营销调研的重要作用

营销调研最根本的作用是服务于营销决策。具体来说,营销调研具备三种能力:描述企业所处的具体环境、面临的具体问题;诊断问题发生的背后的原因和预测问题的走向和某种决策和措施可能引起的后果。例如,描述相互竞争的品牌在旅游市场中的表现如何,它们在消费者心目中的形象是什么;现有产品的销售量下降的原因或者新服务流程被客户拒绝的原因是什么;预测未来某时间段,家庭旅游市场对国外度假产品的需求会发生怎样的变化。以上的三种能力,使得营销调研能够帮助企业认清市场现实、明确因素之间的相互关系、准确把握未来的变化,从而提高营销决策的科学性。

营销调研运用在具体的情境当中,能够实现以下这些不同的价值。第一,探索市场变化,发现独特需求,挖掘属于企业的市场机会。例如,旅游产品运营商对各种旅游者满意度的影响因素的研究,发现了过多的购物或半强制性购物引起了旅游者的广泛不满,因此无购物安排的"纯玩"旅游线路存在潜在的大量市场需求。另一方面,对于特定群体的女性来说,购物可能就是她们重要的旅行动机,那么,专门的购物之旅也是有市场的。第二,指明不断改进和完善旅游产品和服务的方向和途径。美国《1997 年全国商务旅行概览》中显示了不同性别的商务旅游者对于饭店产品需求的许多差异,例如女性对客房里有吹风机、熨斗和熨衣板的要求更强烈,女性对于灯光色彩和气味更加关注,希望饭店里有不同类型的餐厅等,这些差异有助于酒店设计一些针对女性旅游者的客房,或提供更专业的女性服务。第三,帮助我们留住我们的顾客,建立客户忠诚。酒店大量地进行顾客满意度信息的调查,了解是什么促使顾客流失,顾客最看中的价值是什么,什么是他们最难割舍的。这帮助酒店改进关键短板,在关键价值创造上更多地进行投资,从而更好地留住客户。

第二节 营销调研的过程

一、问题识别和目标确定

旅游营销调研一般按照以下的 6 个基本步骤（见图 5 - 2）展开。这个过程从问题识别和目标确定开始，到调研计划制订，按计划进行数据搜集，数据分析处理，调研报告的撰写和提交，并进行后续跟踪。

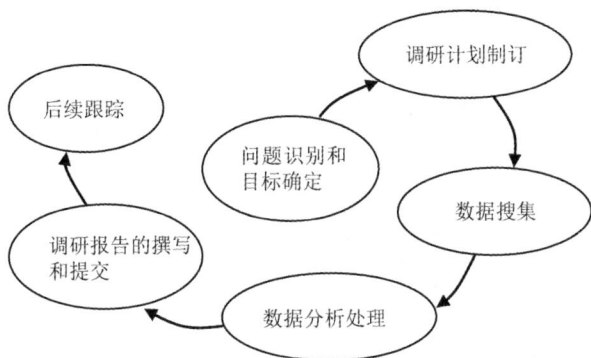

图 5 - 2　营销调研的过程

（一）问题识别

问题的准确识别和界定是一个好的营销调研活动的开始。错误的问题识别，可能会将营销调研引入浪费资源、无法解决问题甚至产生误导的境地。营销调研是信息导向的。波士顿咨询公司（BCG）的安东尼·迈尔斯提到过，在问题识别阶段需要回答三个关键问题：为什么要寻求这些信息？这些信息是否已经存在？问题确实可以回答吗？

第一个问题是要求我们在调研之前仔细辨别调研所获得的信息将能够帮助我们制订什么决策，并能够从不同角度来表达我们所想调研的问题，从而避免在无用的信息上浪费时间。第二个问题提醒我们可以站在前人的肩膀上进行调研活动，这有助于节约时间和资金，不要浪费在已经存在的信息资料上。第三个问题则是提醒我们不要再为不可能实现的事情白费力气。如果某个信息无法获得，那么调研人员要么白费力，要么为了取悦管理者去进行信息的编造，这两者对于企业来说都是有很大风险的。

在识别营销调研问题时应该注意其与营销管理问题存在着明显的区别，营销问题是一个实践问题，而调研问题应该是一个科学问题。例如，营销管理中遇到的问题是"怎样增加旅游目的地在目标市场中的影响"。而营销调研中，问题可能就被识别成"什么促销方式对于目的地的作用最明显"。甚至进而具体为"形象广告和销售广告对目标市场的影响力有什么差异"。从以上这个例子可以看出，营销调研所识别的问题通常是非常具体的，一个管理问题的解决很有可能被分解成若干个营销调研的问题。

（二）目标确定

对已经识别的营销问题进行信息剖析和分解，形成更加具体的调研目标，这样的调研目标可以成为调研项目进展的向导图，还能够在调研完成后帮助我们评价调研的质量和效用。调研目标的确定过程中，要避免一种"想知道得更多"或者"获得一些副产品"的倾向。这可能会增加调研的成本，或者影响调研的质量。启迪案例 5-1 展示了调研问题和调研目标的关系所在。

启迪案例 5-1 🔍 ·······························
关于女性客房楼层的调研

某酒店在过去一年的客户分析中发现了，在自己的客源中，女性商务顾客所占的比例上升了 8.9%。想到有一些酒店已经有女性专属的客房，酒店的总经理提出是否可以在今年 9 月份的酒店改造中，专门将 18 楼全部改造成女性客房，提高对女性顾客的服务，增加吸引力。那么，这个决定对于酒店来说，是否有利可图呢？总经理决定还是先在自己的客户群体当中进行一个调研。

在由营销部、销售部的经理讨论之后，他们认为这个调研的问题应该是"女性客房的建造是否能够增加对女性顾客的吸引力，并提高利润水平"。而这个问题可以进一步分解为以下几个方面。

（1）现有的女性顾客是否认为女性楼层是有吸引力的？

（2）女性顾客多大可能会因为本酒店有女性客房而选择我们的酒店。

（3）女性顾客是否愿意为女性客房支付一定的溢价，溢价的水平是多少？

（4）如果女性客房价格不变，消费者是否会增加在客房里的额外消费？这个增加的费用可能达到多少？

（5）其他的顾客，例如家庭顾客对女性客房消费持有怎样的态度？

思考与讨论：

以上调研目标的确定，是否足以帮助该酒店作出合理的决策呢？如果不是，你会建议他们增加什么目标？
·······························

二、调研计划制订

调研计划是对营销调研活动整体如何展开进行设计和安排的书面文件。深入思考，并制订周详的调研计划是调研能够顺利、有效地开展的关键步骤。在一份调研计划书中，应该包括以下七方面的内容。

第一，调研的任务和范围。在调研目标的基础上，调研计划应该进一步明确要达到目标，调研的几个基本任务是什么，应该在怎样的范围内展开调研活动。调研范围的确定，实际上是明确调研的对象。这又和调研所需要花费的成本直接相关。

第二，信息资料的来源。信息资料有二手资料和原始资料两大类型。前者是指已经存在的，为其他目的而收集的资料。原始资料则是本次调研中，由调查人员进行勘察、调查、实验等方法第一次获取的信息。二手资料的来源有很多，例如，政府或者管理机构出版的正式的刊物（如旅游统计年鉴、旅游统计公报、全国国内旅游者抽样调查等），也有特定旅游组织所做的研究报告，行业协会或行业组织所做的行业研究的报告，还有许多学术性的刊物提供的专业信息，如《旅游学刊》《旅游科学》《旅游管理》等。一般来说，我们在调研中先尽可能地利用二手资料，再考虑进行原始资料的收集。

第三，调研的方法。根据本次调研的目的、调研对象的特点，确定在本次营销调研中应该采用哪种合理的调研方法。具体的研究方法将在第三节进行详尽论述。

第四，调研工具。调研工具是在调研实施过程中，帮助进行数据搜集的一些仪器、设备、量表或者问卷等。需要怎样的调研工具，很大程度上由调研方法以及调研的内容来决定。例如电流计可用于测量主体看到旅游广告或图像时所表现出的兴趣或感情的强度；视速仪则能以百分之几秒或几秒的间隔在主体前面展示一个广告，在每次展示后，要求主体描述他所能回忆起来的细节等；问卷是在营销调研中最常见、使用率最高的调研工具。

第五，抽样计划和程序。根据数据收集的需要和调研对象的特点，确定从总体中选出调查样本的科学程序。抽样的科学性直接关系到收集到的数据是否能够比较准确地代表着总体的特征，同时也关系到调研成本的大小。确定抽样计划时，需要运用统计概率的相关知识。

第六，编制调研的预算。营销调研的预算是根据上述几个方面的内容，按照实际情况进行制订。当然，也有一些企业习惯于先确定调研的预算，例如按照销售量的百分比来确定。为保证调研的科学效果，应该尽可能按需要进行预算编制，估计调研的预期收益与预算之间的差别，如果收益大于预算，那么就进行调研；如果发现与控制的预算相去甚远，则可以考虑放弃本次调研。

第七，调研的时间和人员安排。营销问题的解决和营销决策的作出都有时间要求，营销调研提供的信息要有价值，必须在时间限制之内完成。此外，调研的时间安排还与调研的目的和内容有关。例如，有关春节黄金周的出游行为特征调查就必须在黄金周期间去开展。大量原始数据的收集都要依靠调查人员去获得，为了保证获得信息的有效性（如问卷的有效），必须配备合理的调查员，并对调查人员进行合理的培训和监督。

调研计划制订本身并不比调研的实施更加轻松，它需要综合考虑调研目标、企业各方面条件的制约、调研对象的特征，并需要制订者对于各种调研方法和工具有深入的理解。

三、数据搜集

调研实施的工作，主要是指数据搜集的开展。数据搜集可以由企业自己组织员工来实施，也可以聘请专业的营销调研服务公司来开展。不论采用哪种方式来展开数据搜集，都需要严格按照计划制定的程序去进行。

不同的调研活动数据搜集的难易程度和对调查实施人员的技术和能力要求有比较大的差异。企业在采用焦点小组访谈、仿真实验等调研方法来搜集数据时，需要专业人员的介入,并采用一定的仪器设备对数据进行记录。这种素质要求,并非通过短期培训可以达到。而不少的问卷调查在实施过程中,只需要让调研员充分了解问卷的目的、内容、填写方法和选择被访问者的原则和方法,以及如何接触被访者,就可以开展了。在调研的开展过程中,应该采用一定的监控办法,防止数据伪造、篡改或者失真,或者人为影响最后的调查结果。

四、数据分析处理

数据搜集完成后,要使零散的数据成为能够明确的、可以直接供给决策者使用的信息,需要对数据进行科学的分析处理。

数据分析的难易程度有很大的差异,使用的统计分析方法也因数据特征及调研问题的性质不同而不同。当然,现在有许多的统计软件大大地简化了我们数据分析的工作,提高了我们从数据中获得有用信息的可能性,例如 SPSS、SAS 等。他们都需要经过一定的学习才能够掌握。可以到有关的统计学或专门的营销调研数据中去扩展此方面的知识和能力。在数据分析时,要充分考虑最后用户的需要,检查数据分析的结果是否能达到最初的描述问题或者解释问题的目的。

五、调研报告的撰写和提交

营销调研报告是营销调研人员与营销管理者或信息的使用者进行沟通的重要的方式,也是整个营销调研活动最重要的成果。报告质量的好坏会影响到使用者对营销调研可靠性的判断,也会影响到营销信息在决策中的使用。好的营销报告能够尽可能地体现研究中的发现,并能回答营销调研最初所确定的营销问题。

(一)框架结构和主要内容

调研报告有三个基本的作用:陈述调研结果、充当决策参考文件、证明所进行的调研工作的可信度。虽然不同的组织、不同的调研机构在调研报告的格式规范或者风格偏好上存在一些差异,但是每份调研报告都包括一些必要的内容,并且在结构安排上必须保证能够准确而且简洁地将信息传递给决策者。报告的基本内容和框架应该包括以下要素(见表 5-1)。表格的左侧所列的内容构成了简明报告,其关键部分是执行性摘要。右边则是详细的正文部分。

1. 执行性摘要

许多营销经理或调研结果的使用者经常工作繁忙,没有过多的时间用在冗长的报告阅读上。他们希望能够在尽可能短的时间内了解调研的全貌,并且获取有用的信息。在调研报告最前面提供简洁的执行性摘要能使读者快速了解目标、调研方法、结论建议和其他相关信息。

2. 正文部分

正文是对于营销调研的一个详细的回应,较好的办法是根据营销调研计划书中规定的各方面内容进行一一对应的阐述。对于调研的背景的详细介绍是帮助使用者回顾调研的目标,同时也是向使用者传递一个暗示,即不要期望从这个调研中寻找其他问题的答案。

分析与结果是对于调查中所获得的数据从数据特征角度进行描述和展示。结论和建议则是根据数据分析的结果来明确地回答营销调研初始时所提出的问题和调研目标是否达成。正文的这三个部分完成了作为营销决策参考的作用。

3. 技术说明及局限性

许多人的印象中，营销报告应该以结论和建议为结束。但是，对于专业的营销调研公司而言，他们的营销调研报告还应该包括对本次调研所采用的技术的和存在的局限性进行的阐述。也许对于营销决策者来说，这个部分的内容并不如结论和建议那样在那样受到关注，然而，这种技术方法及局限性的陈述一方面可以证实营销调研过程的严谨和可靠性；另一方面可以满足有部分营销调研者对结论的来源和数据的获取方法的兴趣。

表 5 - 1　营销调研报告的内容框架

	背景详细介绍
	1. 实施调研的背景
	2. 调研的参与者
封面页	**分析与结果**
1. 标题	1. 一般性的介绍分析类型
2. 委托人	2. 表格与图形
3. 调研公司	3. 解释性的正文
4. 日期	**结论和建议**
目录	**调研的方法**
1. 章节标题和页码	1. 研究类型
2. 图表的标题与页码	2. 研究意图
3. 附录标题与页码	3. 总体界定
执行性摘要	4. 样本设计与技术规定
1. 目标的简要陈述	5. 资料收集方法
2. 调研方法的简要陈述	6. 调查问卷
3. 主要调研结果的主要陈述	7. 其他特殊性问题
4. 结论与建议的简要陈述	**调研的局限性**
5. 其他有关信息	1. 样本规模局限
	2. 样本选择的局限
	3. 其他局限
	附录

资料来源：小卡尔·麦克丹尼尔，罗杰·盖茨.当代市场调研[M].范秀成，等译.北京：机械工业出版社，2011

（二）营销调研报告应避免的误区

调研者与结果使用者的分离，或者技术员与管理者的思维差异，常常导致报告的撰写者产生以下一些误区，降低了报告的水准。

1. 以篇幅代替质量

这是非常常见的一个错误。由于调研者认为调研过程中花费了大量的心血，期望得到领导或读者的认同,因此试图在报告中体现调研中的所有问题,以致调研报告的篇幅很长。事实上,过量冗余的信息常常导致信息超载或者材料干扰,反而使得读者无法正确把握报告中的关键结论。因此,调研的价值不是靠篇幅来体现,反而是以有效的组织、简洁和友好的界面来体现的。

2. 偏离目标

不少报告喜欢根据调查得到的数据来组织报告,什么数据更多更丰富,就展示什么。这非常容易导致调研报告偏离了最初的调研目标,不能有效回答最初的调研问题。例如,某景点景区试图通过调研来预测即将到来的国庆假期,高教园区的大学生的旅游意愿和偏好。然而,在报告中,大量地描述大学生过去出游的频率和出游的时机等特点。这就偏离了调研的初衷。

3. 堆砌数据,虚张声势

调研报告的撰写者有时也喜欢制造"泡沫",通过大量地数据、繁杂的图表等来体现调研自己的技术性。但是,这种做法常常会导致报告不易阅读、不易理解。另外,营销报告中也常常因为想要增加图表的丰富性、艺术性,对图表进行了某些"艺术化",反而削弱了图表的客观合理性。

4. 对数据的解释不充分或不准确

由于调研报告的撰写人自身往往参与了调研,对调研的数据和过程非常熟悉,因此就使得他们在心里产生一种错误的假象,认为读者也对于这些情况比较了解。因此,对于一些结果和数据不进行充分的解释,致使读者准确的理解产生困难。调查者有义务根据调研获得的数据来分析和推断出一定的结果,但是调查者的推断必须基于合理的数据统计结果,不能臆测。

六、后续跟踪

为了提高营销调研的有效性,并尽可能地为今后的营销调研提供宝贵的经验或素材,需要对一次营销调研进行后续的跟踪。后续的跟踪活动主要由两个方面的主要内容。第一,跟进并了解调研数据和报告被使用的情况。这需要我们从营销经理、研发部门或是广告设计商等提出营销调研要求的或使用者处获得反馈,对调研结果的适用性、充分性、及时性等进行评价,并尽可能了解可能存在什么样的数据欠缺。这一步骤的活动将有助于确认营销调研的收益。第二,将营销调研的结果有序保存或跟进研究,从而有助于企业对某些关键的问题进行持续的追踪,形成系列的调研。例如,某些旅游地对本年度的目标市场构成变化进行了调研,发现对旅游地促销广告的活动很有启迪。那么,他们就可能将之作为一个例行的营销调研活动,每隔一年开展一次,而每一次的调研都可以与上一年的结果相比较,从而形成了对旅游地目标市场变迁特征的总体认识。

第三节　调研方法、工具和抽样

一、常见的调研方法

在营销调研的过程中，调查者根据调研的目的和内容需要，常常选择不同的调研方法和工具来协助开展调查，常见的方法有观察法、实验法和询问法三大类别。

（一）观察法

1. 观察法的使用条件

观察法源于自然科学的研究，是有目的地系统记录被研究对象发展变化、行为模式或过程的数据搜集方法。观察法通常不需要与被调查对象进行直接的语言交流，也不需要提问和回答。可以使用观察法来收集数据信息的情境通常满足一下三个条件：第一，所需要的信息是能够被观察或者能够从被观察的行为当中推断出来。诸如，家庭旅游者市场的目的地偏好，可以直接从大量的家庭旅游者的实际旅游到访目的地观察出来。第二，所观察的行为必须有较高的重复发生频率，否则将很难观察到。第三，所观察的行为必须是在较短时间内发生的。例如相比目的地偏好来说，旅游者的决策过程，决策过程的影响因素等就更难直接被观测到。因为决策过程可能发生在相当长而且分散的时间段落中。

值得强调的是，现在许多的大型企业集团，尤其是在线运营商，通过分析其用户的流量数据、消费记录和消费数据来得到许多有意义的结果，这实际上也是运用了观察法。

2. 观察法的种类

根据观察者参与程度、借助的工具以及被观察者是否了解自己被观察等方面的不同，观察法也有不同的类型。

根据实施观察的主体的不同，可以分为人员观察和机器观察。在某些特定的情境下，机器观察比人员观察更加精确，也更加便利。例如，某旅游景区在考虑是否应该设计一条旅游专用道路时，需要观察特定路段的车流情况。这时候，使用交通流量装置比人员观察要更加精确且节约成本。

根据观察的对象与所需要信息之间的关系，观察法可以分为直接观察和间接观察。在直接观察难以实施时，观察其他的方面，间接地获得所需要的信息就是间接观察。例如，当某个特色餐厅希望了解顾客对于菜单中的菜肴的满意程度时，他们可能认为点单率并不足以说明问题，反而会去观察餐桌上的"残留率"。这可以使得她们避免直接询问客人带来的尴尬，或者得到言不由衷的答案。

观察法还可以被划分成自然的观察和经过设计的观察。前者是被观察者在不知情的自然状态下被观察，观察者不参与顾客的行动过程。例如，酒店为了了解竞争对手服务与自己服务之间的差距,会邀请一些调查者作为"神秘顾客"去酒店住宿。经过设计的观察则是让被观察者了解他们是被观察的,但是即便他们被观察,也会表现出正常的行为。例如,某些企业对家庭长期的媒体使用情况进行跟踪,他们需要获得调查者的同意,但是并不影响他们的真实行为表现。

3. 观察法的局限

观察法将被调查者放置于真实情境中,得到的资料信息往往是被访者的真实行为反应,在某些行为研究中比其他方法更加准确而且便捷。但是,观察的数据收集效果高度地依赖于实施观察的人或者设备,并且,观察法通常对于人的内心活动、信息处理过程(如动机、认知、态度等)这样的深层次的活动无能为力,对于相互交织在一起的因素之间的关系的解释也无能为力。此外,观察法的实施在某些时候会遇到营销调研的伦理问题,即通常所说的隐私侵犯。

(二)实验法

1. 实验法

实验法同样源于自然科学研究,且自然科学的研究中常常在配备了特定仪器设备的实验室中进行。目前在社会科学研究,包括营销调研领域中也得到了较多的运用。实验法因为它能够验证变量间的相互关系,常常也被称为因果研究。实验法与观察法和询问法的最显著的不同是,实验法的研究者通常是以主动的方式介入研究,并且常常会控制被调查者所处的情境因素,也可能人为地设置被调查者需要解决的问题。在营销调研中,实验法可能用在新产品测试、广告效果的评估、包装变化的影响、不同促销方式的效果的比较等方面。例如,当营销推广机构想要明确旅游目的形象广告的两个版本的记忆程度,他们可以找到被测组,测试在其他因素不变的情况下,不同广告的回忆率的高低。

2. 营销调研的实验设计

在科学实证中为了证明变量之间所存在的因果关系,必须证明两个变量存在相互关联,并且在发生时间上存在一定的顺序性,同时其他原因的影响是不存在的。实验的设计如果不合理,便不能保证结果的准确。

科学的实验设计包括四方面的因素:(1)自变量,即被操纵的实验变量(如价格)。(2)因变量,即需要测量的非独立的变量(如销售量)。(3)受试者,即参与实验的目标群体。(4)控制其他可能对因变量产生影响的计划或程序。

为了证实因变量对自变量的影响力,实验有两种基本的方式:第一,前后测试设计,即同一组被测者在因变量处于两个不同水平时的表现进行对比。例如,某菜肴中食盐的分量对于口感的影响,可以对同一组被测者进行两次测量。第二,静态组比较法。利用两个实验组(即两组被测试者),分别暴露在两种不同的自变量状态下,比较两组因变量结果的不同。例如,餐厅想要测试播放古典音乐对于高档酒水的消费影响。可以选择两组背景、人口特征等基本相同的被测者,在基本相同的条件下进入餐厅消费,餐厅中的其他方面的因素都一致,但一组不播放古典音乐,另一组则播放古典音乐。

3. 实验法的局限

在营销调研中，实验法没有能够成为运用最为广泛的一种方法，是因为实验法存在以下方面的局限性：第一，实验法往往成本高昂。包括不同方案的实施费用、设备费用、被访者的人工费用、测试地点选择和协调的费用等。第二，实验法有时在保密性方面存在难度。例如新产品的测试时，有可能被访问者将新产品的概念传递给了竞争对手，使得竞争对手有机会提前决策如何做出反应，甚至产生模仿性创新。第三，和自然科学实验那样可以严格控制其他因素不同，营销中的实验中常常遇到很多干扰因素，或者无法完全控制其他变量对因变量的影响，从而使得实验效果有所偏差。

（三）询问法

1. 询问法的优势

询问法是通过向人们提问，根据人们的回答获得所需信息的方法。据统计，大约 1.26 亿美国人在生活中曾经接受过访谈，而平均每位成年人一年中大致要接受 15 分钟以上的访谈。这些数据足以说明，询问法在调研中的使用频率是极高的。

询问法在营销调研中如此流行，首要的原因在于它适用于各类调研营销者常常关心的各类问题：如消费者的结构特征；消费者的行为特征；消费者的心理因素；企业的竞争地位；企业发展环境中趋势的认识等。此外还包括许多关系到企业发展的环境趋势判断、重要因素确认等内容。根据调研内容的不同，选择不同的询问对象，可以有效地获得上述的信息数据。询问法流行的另一个原因在于通过这种方式获得的数据更便于统计分析。

2. 询问法的具体方式

询问法根据询问对象的不同、询问形式的不同以及与使用的接触手段的不同可以划分为许多的类型。

（1）焦点组访谈法是一种流行的定性调研方法，是一种以群组为单位的访谈法。即 8～12 名被访问者，在一名主持人的引导下对某一主题或观念进行深入讨论。这种方法有助于发现和理解人们心中的想法及其产生的原因。许多的广告公司、营销调研公司都大量采用焦点组访谈。例如，著名的里奥伯内特公司每年都要组织 350 多个焦点小组。

（2）德尔菲法是有名的专家意见法。具体的操作是就某个问题选择若干名专家，采用背对背的方式，经过多轮征询反馈，最后得到一个比较一致的判断和看法的调查方法。德尔菲法经常用在调研有关发展趋势、重要特征、拟定标准等问题的调研当中。因为这些问题都需要有专业的知识或者经验才能回答，所以它的访谈对象必须是专家。

（3）问卷调查是借助经过科学设计的问卷，来向被访者获得信息的方式，也是询问法中最广泛地运用的，最适合进行定量研究的方法类型。问卷调查的对象非常多样化，但最常见的是对顾客进行问卷调查，也有对员工和管理者进行的问卷调查。表 5－2 中列出了当前最常用的问卷调查的类型。

表 5 - 2　旅游调研中常用的问卷调查方法类型

类型	主要特点
入户访谈	● 在被访者家中进行访问
街头拦截	● 在景点景区、酒店或特定的被访者集中的区域进行访谈
电话访谈	● 通过专门的电话设备(具有抽样、记录功能)对被访者进行访谈
邮寄问卷调查	● 将问卷通过邮寄的方式寄送给选定的被访者,附上填写说明,小礼品或回寄的邮资
因特网调查	● 通过网络媒介来发放问卷,问卷可以链接在特定的网站、论坛,或者通过 e-mail 发送。为了提高填写率,也常常和有奖调查联合使用。许多调研公司或专业的调研机构会采用固定样本调查。选择一定的样本,与其沟通调研的时机,在较长的一段时间内配合调研活动,参与者通常都能获得一定的报酬。被调查者通常多次参与调查,所进行的调查结果通常可以用作对比(例如,家庭出游率的调查)

二、调查问卷设计

调查问卷是询问法中最重要的调查工具,也决定数据收集效果的重要因素。为了保证一份问卷能够收集到准确和充分的信息,调查问卷应该充分考虑信息收集者、被访者和信息分析使用者三方面的要求,具有明确的目标、完整的内容、合理的逻辑、准确的表述、易于回答等方面的特征。

(一) 问卷结构

1. 问卷说明

问卷说明包括问卷标题和问卷的导言。问卷的标题必须简短明确,展示问卷的主要的内容或目的。例如,"关于酒店预订渠道的调查问卷"。问卷的标题应该避免用生僻、过度专业化的词汇,以免引起被访者的畏难心理。

问卷的导言是进一步帮助被调查者理解本次调查的目的和调查数据的用途,引起消费者对兴趣和提高配合意愿的文字。问卷的导言中,需要重点陈述被访者与调查内容之间的关系,以及他们意见的重要性。例如"本次调研的结果将用于改进我们的产品,以便更好地为您提供服务""您的参与对于本次研究有着重要的意义"。此外,为让被访者愿意放心填写问卷,卷首说明中也常常告知信息的用途,并作出资料保密的承诺。对于专业人士来说,提供最后研究的结果可能是吸引他们填写问卷的一种重要方式,因此,也有问卷说明部分交代了研究结果的获取方法。

2. 背景资料或个人信息

许多的问卷中都包括了对于被调查者的个人信息询问。这些信息帮助我们来明确样本结构是否合理,是否具有代表性,有时也用来分析不同群体中的差异。例如,要分析教育水平对旅游信息渠道的影响时,就需要了解被调查者的教育水平的情况。在某些调查中,个人信息本身就是我们的调研目标之一,例如在研究客源市场构成时。

旅游调研中常用的个人资料包括年龄、性别、职业、收入情况、教育水平、居住地等人口统计的信息，也可能包括一些与旅游相关的基本信息，如旅游的经验、旅游的频次等。在问卷设计时，应该避免不加区别的将这些个人信息的问题全部用上，也并非多多益善，而应该根据调查对象和调查内容进行选择。例如，某景区的将其主要目标顾客定位在临近的大学，为了了解大学生旅游者目的地选择受哪些因素影响时，居住地等就可以不列在问卷当中。

一般来说，为了方便被访问者填写，也为了便于数据统计，个人信息往往成为问卷中一个独立的部分。这部分问题可以放在最前面，以提高问卷的易进入性，因为个人信息不需要进行思考，比较容易填写。当然，也可以将这部分内容放置到问卷的最后，以避免因为注重隐私而产生的拒绝填写。

3. 问卷的主体

问卷的主体部分是达成本次调查目的的各种题项的集合。主体部分的长短取决于所需要收集信息的多少。但是问卷过长比较容易造成被访问者的拒绝。因而设计问卷主体时应该保证所有的题目都是必要的，而不要企图顺便收集一些额外的信息。

问卷主体的形态根据问题的询问方式和选项的多少进行设计。原则是简洁且清晰，便于填写，不容易产生视觉疲惫感，同时也要便于统计。在问卷主体部分的恰当位置插入对问卷的填写方法的简单说明，或者提供"问卷已经接近尾声"这样的暗示或"下面的问题相对简单"这样的鼓励，都能够让被访者体会到设计者的良苦用心，并增加完成问卷的意愿。

（二）问卷设计的步骤

问卷设计也同样是一个科学的过程，需要遵循如图 5-3 所示的步骤来开展。问卷设计始于问卷调查目标的确立，而后根据目标框定内容、设计问题、合理编排问题的顺序。在必要的情况下，可以在一定范围内对问卷进行测试，从而帮助发现问卷中的问题，并修改确定最终的问卷。

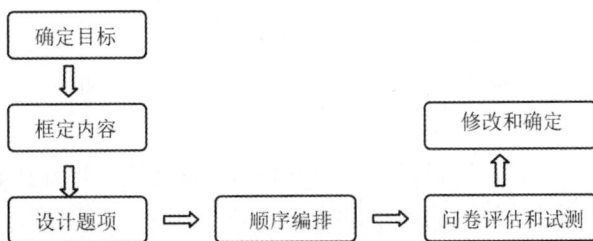

图 5-3　问卷设计的步骤

1. 确定目标

问卷调查的目标立足于营销调研的目标，但与之也有区别。例如，有限服务型酒店想要确定自己在市场中的地位，从而更加明确自己的定位。这个调研可以首先借助于某些调研机构公布的《有限服务型酒店发展分析报告》中的内容，了解总体的规模、格局、市场份额、知名度等问题。但是，要想更进一步了解在消费者心目中，本酒店品牌的特色与个性的感知如何，则需要开展问卷调查。此时，问卷调查的目标便缩小为"某某酒店品牌的消费者感知"研究。

2. 框定内容

目标只告诉我们获得信息需要解决什么问题。而问卷的内容则是将上述目标转化成更具体的信息需求。上述例子中酒店品牌的消费者感知，可以进一步分解为：对品牌归属和品牌 logo 的认知度、对品牌的认识度、对有关档次的概念、对品牌个性的认识、对品牌服务特性等具体的信息要求。这样，问卷的内容就被大致框定了。

3. 设计题项

题项设计时将信息要求转换成具体的问题表达出来。这个阶段需要考虑问题询问的方式、措辞以及选项的提供。常用的问题询问类型有四种：开放式问题、封闭式问题、排序式问题和量表式问题。

启迪案例 5-2 🔍 ·····································

某经济型酒店品牌认知情况的调查问卷(部分)

1. 以下经济型酒店品牌中，请按照您的喜爱程度排序

| A. 如家 | B. 汉庭 | C. 7 天 | D. super 8 |
| E. 格林豪泰 | F. 宜必思 | G. 锦江之星 | H. 莫泰 168 |

2. 您是否听说过××××这个经济型酒店？

    A. 是   B. 否(结束访问)

3. 在您的印象中××××酒店符合下面的哪些描述＿＿＿＿＿＿＿(可多选)

    A. 价格实惠   B. 位置便利   C. 服务高效   D. 环境优雅

    E. 预订方便   F. 都不符合

4. 您目前最经常选择的是哪个经济型酒店？ ＿＿＿＿＿＿＿

5. 您对这个酒店的满意程度如何？ ＿＿＿＿＿＿＿

    A. 很满意(5分)   B. 比较满意(4分)   C. 一般(3分)

    D. 不太满意(2分)   E. 不满意(1分)

6. 根据您的住宿经验，您认为目前经济型酒店存在的主要问题是什么？

开放性问题是被访问者可以根据自己的想法和语言来回答和解释的问题类型，题目对于如何回答问题及问题的可能方向不作引导和限定。例如启迪案例 5-2 中的第 6 题。开放式问题的优点是能够打开思路，使调查者得到一些意外的发现。有时，可以通过开放性问题来为封闭式问题的设计提供思路或进行修正。但开发式问题在编码和处理中相对复杂，并且通常被拒绝回答的比率比较高。

封闭式问题则是一种为被访问者提供一系列的备选答案，并要求被访者从中做出选择的题目类型。由于选项已经设定，封闭式问题大大地简化了编码和数据录入的过程，并且减少了访问人员可能的记录误差。但是，封闭式问题的题项设计对问卷设计者提出了较高的要求，因为他们必须尽可能全面地考虑可能的回答，否则就会因为没有涵盖所有的选项而无法准确地获得信息。为了提高选线设计的合理性，在问卷设计之前可能需要通过访谈和二手资料调研等办法帮助明确可能的选项。

排序式问题是要求被访问者将选项根据特定的顺序排列起来的一种问题类型。这种类型的问题比较适合做多个竞争对手间的比较。但是，当选项太多的时候，被访问者往往感觉到难以逐一排定。因此，有时排序式问题也会被改编成例如"以下品牌中您最喜欢的三个是什么"这样的问题，通过多选题的方式达到了排序的目的。

量表式问题通常用于询问某种意见、态度、评价的强度，并用1~5或者1~7分的量表进行度量。这种类型的问题的一个显著优点是可以转化为数字，直接进行编码，并可以运用一些更高级的统计分析工具加以分析。以上不同类型的提问方式有各自的特点，需要根据所需信息的类型特点进行选择。

不合适的语言和表达方式可能会让我们设计题目时的心血付之东流。表5-2中是常见的题项表达的错误。

表5-2　常见的问卷题项表达错误

错误示例	错误的原因
您对于酒店的价格和质量是否满意？	题目中涉及了两个不同的评价对象，无法锚定
福泉山茶质优价廉，您是否准备选购作为旅游纪念品？	"质优价廉"这样的诱导性或评价性的词汇，会对被访者形成暗示
去年您在旅游上共花费了多少钱？	挑战被访问者的"记忆力"，很难准确回答
您认为旅游网站上使用哪种安全技术，会让您更加放心地进行网络预订呢？	使用了专业术语，超出被访者的知识范围，无法回答
您在导游过程中，是否采用过一些手段诱导或强制旅游者购物呢？	引起被访者心理防范，被访者多选择"否"

4. 顺序编排

问卷题目的编排应该符合一定的逻辑顺序，从而有利于引导被访者步步深入，顺利地完成问卷的填写，同时也有利于数据录入和分析者开展工作。

如果需要对被访者进行筛选，那么通常问卷会以限制性问题来开始。例如，关于出境旅游的消费结构调查中，只有近期有出境旅游经历的才能进行填写，因此问卷初始问题是："您是否在1年内有过出境旅游经历？"否定答案的被访者可以直接结束问卷填写。

确定了被访者后，为了让被访者比较容易介入，问卷最初的几个问题应该易于填写，让消费者逐步适应问卷。其次，应设计一些过渡性问题，这些问题与调研的直接目的有关，但需要花费一点思考才能回答。例如，"你选择这个品牌的主要原因是什么"，而后才是复杂的问题，例如对特征的评价、联想、比较等。由于已经完成了许多问题，因此，即使回答有些难度，被访者仍然倾向于完成它。对某些被访者来说可能是隐私的问题会被放置在最后。即便被访者不进行填写，前面的信息也仍然能够加以利用。

除了注意编排的顺序之外，在问卷中合理部分及时地插入一些简短的鼓励，如"下面的问题会更容易回答""只剩下3个问题了"，也能够重新激起被访问者的回答热情。这种技术在"网络版"的问卷调查中经常用到。

5. 问卷评估和试测

上述步骤完成后,问卷的设计者可以用两种途径对问卷进行评估。首先是设计人员自己进行批判性的评估。这一评估的主要方面是:问卷的长度是否适宜,问卷当中的问题是否都有必要性,问卷是否包含了所有需要的信息,问卷看上去是否简洁和美观。问卷长度可以通过填写所需要的时间来衡量,一般来说,街头拦截的调查问卷要尽量控制在20分钟之内完成,超过20分钟,要考虑精简。

另一种评估方法是预先测试。预先测试要抽取真正的访问对象中的一部分完成,目的是找到问卷中容易产生歧义、误解、无法选择等情况的问题,此外,也测试量表的信度和效度。发现问题后,问卷设计者要对问卷进行必要的修订。如有必要,再次试测,然后才确定最终的问卷。

6. 修改和确定

通过以上步骤,可发现问卷中存在的一些问题,及时加以修改和调整,便可最终确定。

三、抽样方法

从研究对象的范围上看,调研可以分为普查和抽样调查。普查是指将总体当中的所有个体作为研究对象进行的数据搜集。抽样调查则是选择总体当中的部分个体作为样本,根据样本的特征来推测总体的特征的调查方式。由于营销调研中涉及的总体一般情况下包括了数量众多的个体,要采用大规模的普查在时间和成本上将耗费巨大。因此,在市场营销的研究领域中,大量使用的是抽样调查。事实证明,相对规模较小,但经过精心选择的样本在很大程度上能够反映出总体的特征。因而,在抽样调查中,如何选择样本,即抽样程序的确定成为调研科学性和准确性的重要环节。

(一) 抽样的准备

了解调查对象总体的规模、分布特点是选择抽样方法和程序的前提。在抽样的准备工作中,首先需要对总体进行定义。定义总体的过程就是详细说明可以提供所需信息的研究对象。不同营销调研在总体上的差别非常之大。例如,旅游酒店要调研其酒店常客奖励计划的效果,那么总体是那些已经购买过且享受过奖励计划的顾客;而如果酒店想要了解自己的顾客流失的原因,其调查的总体则是曾经购买过的酒店产品,但是现在却转向购买其他竞争对手产品的顾客。这两个调查的总体虽然从规模上看都属于比较小的,但涉及的范围却几乎是完全不同的。

根据资料搜集的方法来确定抽样框,是抽样准备工作中另外一个重要的环节。所谓的抽样框就是总体的数据目录或是单位的名称,是样本产生的一个具体的名录范围。例如对于常客奖励计划效果的调研中,可以从酒店客户管理系统中获得全部忠诚顾客的名单,这就构成了样本框。但是在许多时候,一份完整而准确的总体名单只能是一个理想。例如,旅行社很难列出所有修学旅游的潜在顾客的名单,以进行修学旅游意愿的调查。在这样的情况下,我们可能选用研究对象的一些相关特征来加以辨识,形成一个大致的抽样框。例如对于修学旅游意愿的调查中,我们假定拥有10~20岁孩子的家庭才会成为修学旅游的潜在市场,那么可以依据家庭中孩子的年龄情况来确定大致的抽样框。

（二）抽样方法的选择

选择何种抽样方法取决于研究的目的、资金的制约、时间的限制以及总体分布的特点。抽样方法可以分为概率抽样和非概率抽样。前者是指总体中每个单位都具有同等被抽中的概率；后者则是非随机的选择样本，总体中各单位被抽中的概率是有差异的。概率抽样可以获取不同类型的被测者的信息，并能够结合抽样误差来推断总体具有某种特征的可信度。然而一般情况下，在抽取同等规模的样本时，概率抽样的费用要高于非概率抽样，而且需要更长的资料搜集时间。总体来说，两种抽样各有千秋。因此，在营销调研的过程中，两种抽样类型都经常被调研者所使用。图 5-4 展示了两类抽样方法中的一些具体类型，下面将简单介绍这些抽样方法的程序和操作。

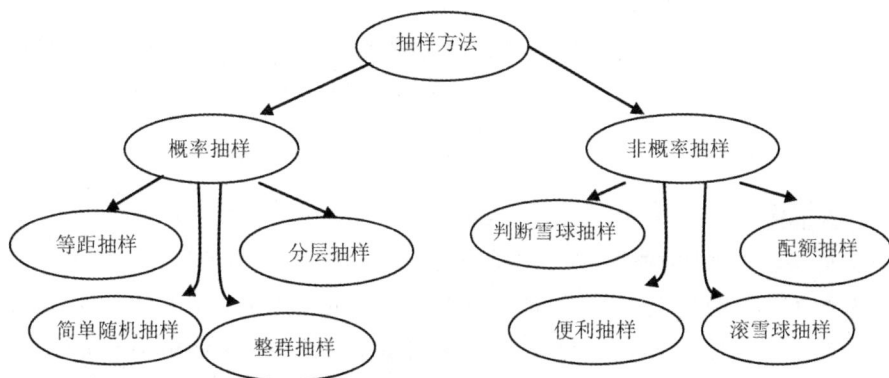

图 5-4　抽样方法的分类

1. 概率抽样

（1）简单随机抽样

简单随机抽样，也称为纯随机抽样。在简单随机抽样中，每个个体被抽中的可能性都等于样本单位数与总体单位数的比值。日常生活中的"抽签"活动和一些抽奖活动就是简单随机抽样的典型表现。

当总体规模比较大时，简单随机抽样就经常采用乱序法来执行。乱序法的具体操作是将总体中的每个个体都进行编号，而后通过随机数表中从任意一个编号中向上或向下跳跃选择。简单随机抽样需要一个明确的抽样框，这使得这一方法的使用受到一定的限制。

（2）等距抽样

等距抽样是与简单随机抽样最接近的抽样方式。它也需要有一个抽样框（或说单位列表）。只是在选定样本时，不是按照乱序，而是按照一定的间隔来选取。例如研究本校大学生的旅游出行情况，可以根据学号的排序，每隔 50 个号选择一个学生作为样本。

（3）分层抽样

分层抽样涉及两个基本步骤，即先分层，再抽样。分层就是先将总体的所有单位按照某个主要标识进行分组。而后在不同的组别中再使用简单随机抽样。为了提高分层样本的精确度，调查者必须保证所选择的分组标识与总体的特征有着突出的相关性。此外还需要了解不同组别在数量上的比例关系,并按照这个比例确定每个层次(组别)中所应该调查的样本数量。启迪案例5-3中展示的就是分层抽样的典型过程。

启迪案例5-3 🔍 ....

酒店客房用品使用情况调查中的抽样方法

某酒店出于客房成本控制的目的,想要了解客房当中不同用品的使用程度,以便确定哪些用品可以削减或删除。根据测算,调研的样本量要达到120人。

考虑到男性顾客与女性顾客在客房用品使用上可能存在明显的差异,因此,调研组决定先将顾客按性别分成两个不同的组。

根据酒店客户档案发现,酒店接待的顾客的男女比例是56:44。据此,酒店决定从男性顾客中随机抽取67人,从女性顾客中随机抽取53人,男性多于女性。

而后,酒店调出所有男女顾客的名单,进行分别的编号,在计算机中采用乱序法的程序进行两次随机抽取,最终确定了被调查者的名单。最后根据顾客信息以电话方式展开调查。

(4)整群抽样

整群抽样是随机抽样中唯一一个以组为单位,而非以个体为单位进行抽取的方法。整群抽样中有两个基本的步骤:总体要被划分为若干个相互独立的子群体;而后随机抽取某些子集作为样本。整群抽样和分层抽样一样要将总体分成一些小的组别或群体,但是与分层抽样不同的是,整群抽样所划分的每个子群体与总体一样具有异质性特征。启迪案例5-3与启迪案例5-4的比较可以帮助理解整群抽样和分层随机抽样的区别。

启迪案例5-4 🔍 ....

高教园区学生旅游活动花费调查中的整群抽样

某市高教园区中的学生是附近新开业的主题乐园的目标顾客群体,为了了解该市场的潜力有多大,乐园拟对该高教园区学生旅游活动的花费情况进行调查。

考虑到个体旅游花费情况主要与家庭经济收入和教育背景情况有关,而学校中每个班级都是由来自于不同经济背景和教育背景的学生所构成。因此每个班级中旅游花费情况的差异可能与全校学生在旅游花费中的差异程度具有相同的特征。因此,调研者决定不进行一个一个单独的抽样,而是在不同的高校里面以班级为群体单位,根据班级的编号随机抽取若干个班级,直接构成所要调查的样本。

这样,问卷的发放可以直接通过每个班级的班长来组织,大大地减少了问卷发放和回收的麻烦。

2. 非概率抽样的几种方法

(1)便利抽样

便利抽样是非概率抽样中使用率很高的一种抽样方法,其所有样本的选出,仅仅是出于便利的考虑。这种抽样方法在探索性调研时常常被使用。例如,某茶餐厅或咖啡厅想要了解自己的新茶或新品咖啡其可能的受欢迎程度时,常常直接为到达本餐厅就餐的客人提供免费尝试,而后询问他们的看法和意见。很显然,便利抽样大大地降低了抽样的难度和花费的时间。

（2）判断抽样

判断抽样则是调查员根据特定的选择标准来抽取典型样本的方法。大量的新产品测试或者采用街头访问形式进行的调查大多采用判断抽样。例如,某景点景区要对其自助旅游者的信息获取渠道进行调研,使用的方法是调查员在景区门口的探查。被访者是否属于自助旅游者,往往由调查员根据同行的人数及是否有导游等标准来进行简单的判断。

（3）配额抽样

配额抽样从表现形式上看与分层抽样非常接近,也需要将总体分成不同的类型或层次,而后从各层或各类中选取一定比例的单位来构成样本。但是,与分层抽样的明显区别在于:配额抽样用来划分类别的标志并不要求与研究的目标或特征有所联系,且在不同类别中进行抽取时无须遵循随机的原则。

（4）滚雪球抽样

滚雪球抽样是指借助最初被调查者的推荐或介绍来选择和获得其他被调查者的抽样方法。这种抽样方法经常用在被访问对象较少或比较难以触及的情况下。基于同一类型的人相互之间更有可能联系的假设,滚雪球的方法是降低抽样成本和提高被访者触及率的非常有效的方法。

本章小结

关键术语

营销信息系统　营销调研　因果调研　抽样调查　随机抽样　整群抽样　分层抽样

内容提要

营销调研是营销信息系统中重要的组成部分。与情报搜集不同,营销调研是针对特定问题,确定解决问题所需的信息,设计信息搜集的方法,实施数据搜集,分析数据并传递和沟通信息分析结果的系统化活动过程。营销调研可以用于帮助营销决策者理清一个复杂问题的本质(探索性调研),可以用来清晰地描述一个细分市场或者一个营销事件的特征(描述性调研),也可以用于寻找几个变量之间的因果关系(因果调研)。不论是哪种调研,根本目的都是为营销决策提供参考和建议,提高营销决策的科学和准确性。

科学的营销调研通常包含6个步骤。首先,必须准确地识别调研的问题、确定调研目标。第二,制订详细调研计划,以确定调研任务和范围、数据资料来源、调研方法、抽样程序、经费预算、人员安排等内容。第三,按照计划实施数据搜集。第四,运用科学合理的方法分析处理获得的数据。第五,将得到的结论和建议用调研报告的形式的递交给营销决策者。第六,对调研的使用等情况进行后续跟踪。

常用的数据搜集方法有观察法、实验法和询问法。观察法不通过询问和交流,直接通过记录被调查者的行为而展开,因此具有相对的真实性和直接性,但是可以开展的领域比较有限。实验法中调查者主动参与和控制调研的过程,主要运用在某些因果调研中。询问法运用最为广泛,询问的方式也多种多样。企业应该根据调研目的和调研问题的性质特征,来选择不同的调研方法。

由于时间和经费的制约,大多数的营销调研都采用抽样调查,即从全部调查研究对象中,抽选一部分样本进行调查,并据此对全部调查研究对象做出估计和推断的一种调查方法。抽样方法有概率抽样也有非概率抽样。一般而言,概率抽样更加具有科学性。但是由于某些时候非概率抽样更加便捷,且也能够反映出所调查的问题的基本情况,因此也经常被使用。

课后练习

1. 营销调研与营销信息系统中其他的部分有什么区别?营销调研系统的价值何在?

2. 营销调研的问题识别与营销实践中要解决的具体问题有什么联系和区别?

3. 旅游营销调研中常用的二手信息数据渠道有哪些?

4. 某酒店想要在酒店内增设一个异国餐厅,但是不确定怎样的主题更加合适,想要通过一次营销调研来提供参考方案。请为这次营销调研制订一个调研计划书。

5. 国内旅游抽样调查属于哪种营销调研?采用了什么抽样方法?

6. 互联网和大数据为营销调研带来了哪些挑战和哪些便利?做一些研究,分析旅游行业中有哪些常见的基于大数据的调研?

案例讨论和延伸思考

海友调查问卷的比较分析

调查问卷需要根据调研目的、对象、发放渠道进行合理的设计。下面有两份关于海友客栈的调查问卷,请仔细阅读、比较和分析,而后回答后面的思考题。

海友酒店市场需求的调查问卷(样本一)

亲爱的旅客,您好!本问卷旨在通过市场调查充分地了解海友酒店目前的发展状况以及市场占有率,针对调查所得制订更加符合实际的发展战略,调整酒店的发展重心,更好地为广大顾客提供更加优质的服务,请您在闲暇之余认真填写此问卷,帮助我们更加了解自己,更好地为您提供优质的服务。

1. 请问您的性别是:
   ○ 男　　　　　　　　○ 女

2. 请问您的年龄是:
   ○ 0~18岁　　　　○ 18~30岁　　　　○ 30岁以上

3. 请问您的职业是:
   ○ 学生　　　　　○ 商务人士　　　　○ 政府人员　　　　○ 其他

4. 请问您一般多久会住一次酒店:
   ○ 一个月一次　　　　　　　　○ 一个月多次
   ○ 多个月一次　　　　　　　　○ 一年都难得一次

5. 请问您拥有或者注册了以下哪些酒店的会员(多选)：

　　○ 海友酒店　　○ 莫泰　　○ 如家　　○ 汉庭　　○ 7天　　○ 其他_____

6. 请问您是否听说过海友酒店？

　　○ 是　　　　　　　○ 否

7. 请问您是否入住过海友酒店？

　　○ 是　　　　　　　○ 否

8. 请问您觉得海友酒店的环境如何？

　　○ 很好　　　　　　○ 一般　　　　　　○ 很差

9. 请问您觉得海友酒店的服务如何？

　　○ 很好　　　　　　○ 一般　　　　　　○ 很差

10. 请问除了海友酒店您还知道或者入住过哪些酒店？(多选)

　　○ 莫泰　　○ 如家　　○ 汉庭　　○ 7天　　○ 其他_____

11. 请问您选择酒店的主要原因是哪些？(多选)

　　○ 品牌　　○ 价格　　○ 服务　　○ 地理位置　　○ 其他_____

12. 请问您一般入住酒店价格是多少？

　　○ 150元以下　　○ 150～300元　　○ 300～500元　　○ 500元以上

13. 请问您对于酒店房间的装修风格有什么偏好？

　　○ 年轻时尚　　○ 温馨浪漫　　○ 复古典雅　　○ 未来科幻　　○ 其他_____

14. 请问您希望入住的酒店提供哪些设施服务？(多选)

　　○ 24小时wifi和热水　　○ 吹风机　　○ 停车场

　　○ 有线宽带　　○ 免费的洗漱用品　　○ 以上全部

15. 如果您入住海友酒店三天以上,您希望酒店帮您打扫卫生的频率是多少？

　　○ 每天必须打扫　　○ 两天打扫一次　　○ 三天打扫一次　　○ 一次就够了

16. 如果您的朋友向您咨询什么酒店比较好,您会向他/她推荐海友酒店吗？

　　○ 会　　○ 不会直接推荐,但是会告诉他让他自己选择　　○ 不会

17. 如果海友敬酒经常举行优惠活动,您是否会选择注册成为酒店的会员？

　　○ 会,多一个会员多一个选择　　○ 不会,我习惯住其他酒店

海友酒店入住体验调研问卷(样本二)

亲爱的客户：

　　非常感谢您能在百忙之中来填写海友酒店此次的入住体验调查问卷。完成此次调查问卷,可在入住任意一家酒店时即领取矿泉水一瓶,同时我们每个月在所有参与调查的问卷中抽取三个名额送海友免房券一张。希望您天天都有好心情^_^。

(一) 个人信息

1. 会员姓名：

2. 会员手机号：

3. 常居地(省＋市)：

4. 您的年龄段是：

○ 18 岁以下　○ 18～25 岁　○ 25～35 岁　○ 45～55 岁　○ 55 岁以上

5. 您一个月的收入范围是：

○ 1000 元以下　　○ 1000～2000 元　　○ 2000～3000 元　　○ 3000～4500 元

○ 4500～6000 元　○ 6000～10000 元　○ 10000 元以上　　○ 保密

6. 您的职业是：＊（必填，单选）

○ 学生　　○ 教育行业　○ 金融行业　○ 服务行业　○ 电子软件行业

○ 公务员　○ 自由职业　○ 其他_____

7. 您的学历是：

○ 初中　○ 高中　○ 专科　○ 本科　○ 硕士研究生　○ 博士　○ 其他

8. 以一年作为周期，您旅行出差的频率是：

○ 非常少　○ 偶尔　○ 比较频繁　○ 非常频繁　○ 没有统计过

9. 平时您常用的信息联络方式是：（选 2 项）

○ 微博　○ 微信　○ 腾讯 QQ　○ 脸书/人人网　○ 手机短信　○ 其他

（二）品牌部分

1. 以下描述经济型酒店中，你最在意的是：＊（多选，至少选择 1 项，最多选择 6 项）

○ 干净　○ 简单、快乐、超值　○ 便宜　○ 便捷　○ 舒适　○ 其他

2. 您最常选择的酒店价位通常在哪个范围？

○ 100 元以下　○ 100～200 元　○ 200～300 元　○ 300～600 元　○ 600 元以上

○ 看情况而定，不固定

3. 您最能感受到海友酒店的与众不同之处是：＊（多选，至少选择 1 项）

○ 一声"Hi"的问候　○ 多功能的免费娱乐公共区域　○ 容易结交五湖四海的朋友

○ 全域 wifi 覆盖　○ 精致 Mini 的客房　○ 年轻时尚的设计风格　○ 性价比高

4. 除了海友以外，您还住过哪些经济型酒店？＊（多选，至少选择 1 项）

○ 布丁酒店　○ 99 旅馆　○ 7 天连锁　○ 易佰连锁

○ 尚客优　　○ 百时快捷　○ 其他_____

5. 目前为止，您住过的最满意的平价经济型酒店是：

○ 海友酒店　○ 布丁酒店　○ 99 旅馆　○ 7 天连锁　○ 易佰连锁

○ 尚客优　　○ 百时快捷　○ 其他_____

（三）营销部分

1. 您是通过何种渠道知道海友品牌的？＊（多选，至少选择 1 项，最多选择 4 项）

○ 路边看到（店招、广告牌、闪销活动等）　○ 网络社交平台（微博、微信等）

○ 团购网站　○ 中介（携程、艺龙等）　　○ 在其他商户看到酒店品牌

○ 朋友推荐　○ 公司出差规定　　　　　○ 其他

2. 您通常是从哪些渠道预订酒店的？＊（多选，至少选择 1 项，最多选择 4 项）

○ 中介（携程、艺龙等）　○ 品牌官网或 APP　○ 团购网站

○ 路边看到（店招、广告牌、闪销活动等）　○ 被闪销人员拉进去　○ 公司出差规定

3. 您是否已关注海友酒店的官方微博或官方微信？

○ 是,两个都有关注　　○ 只关注了微信　　○ 都没有,不太关注这方面的渠道

○ 之前不知道,现在将会去关注

4. 您对我们目前推行的会员卡优惠政策有什么意见？

○ 很满意,没有意见　　○ 相比房间来说,会员卡太贵

○ 房价本来就不高,优惠打折力度不够　　○ 不知道积分有什么作用　　○ 其他

5. 影响您选择经济型酒店的因素,请选择三项。＊（多选,选择 3 项）

○ 价格　　　　○ 住宿条件　　○ 酒店位置　　○ 服务

○ 设计风格　　○ 大堂娱乐　　○ 床品

(四) 产品部分

1. 请给海友酒店如下设施及服务打分(在对应的表格里打钩)。

	非常满意(5分)	满意(4分)	一般(3分)	不满意(2分)	非常不满意(1分)
客房卫生					
卫浴					
无线网络					
设计风格					
公共区域					
服务质量					
总体感觉					

2. 您对海友大堂的大小和功能有什么建议？

○ 大堂太小,功能不全　　○ 大堂大小适中,足够使用

○ 大堂足够大,很满意　　○ 没有特别感觉和建议　　○ 其他

3. 如果增加两项海友目前没有的功能或设施,同时房费增加 10 元,您最愿意增加的是

_____？＊（多选,至少选择 1 项,最多选择 2 项）

○ 客房电脑　　○ 纸杯升级为瓷杯　　○ 水床　　○ 客房矿泉水

○ 早餐(外卖,如 KFC)　　○ 客房浴巾　　○ 客房电话　　○ 计生用品　　○ 其他

○ 我不愿意,现在这样很好,经济实惠

4. 如果将目前大堂内的台式电脑替换为平板电脑,您觉得如何？

○ 很好,Pad 紧跟潮流,新功能也很多

○ 不好,一些网络游戏没法玩了

○ 无所谓,从来不用大堂里的电脑

5. 如何看待海友新产品客房内的家具色调？

○ 喜欢目前的绿色　　　　○ 喜欢原来的浅枫木色

○ 希望可以更换新的风格　　○ 无所谓

6. 欢迎提出您的个性化建议：_____

问题：

1. 请仔细查看两份问卷中的题目，讨论它们是否与问卷说明中的问卷目的保持一致？

2. 两份问卷中的个人信息的题目有哪些不同？你能分析出它们出现差别的原因吗？

3. 如果是你来设计问卷的话，关于海友酒店的营销部分，你可以增加哪些有意义的题目呢？

第三篇

营销战略篇

第六章
破除迷雾：市场细分和目标市场

引导案例及开篇思考

"人们因何而旅游"？这个问题的答案一直指导着旅游产品的提供者和旅游目的地管理者来划分市场，开发产品。"养生"无疑是近几年来驱动人们去旅游的热点原因。在欧美国家，养生（wellness）这一新生词汇产生于1961年，由美国医师哈尔伯特·邓恩（Halbert Dunn）提出，将wellbeing（幸福）和fitness（健康）结合而成，是指游客在享受旅游乐趣的同时还能通过特定项目改善健康水平。

养生旅游和养生度假酒店

2015年6月，世界养生酒店联盟（HHOW）联合世界养生协会发布的《世界养生旅游白皮书》数据显示，养生旅游消费占整个旅游消费的14.6%，平均每个养生游客整体上比普通游客多花费130%；2013年，全球养生旅游消费4941亿美元，带来了1450万个直接工作机会和高达1.5万亿美元的经济影响。数据显示，2015年全球与养生相关的休闲旅游行程中，约89%的是中级养生体验（水疗、温泉、瑜伽等），11%是初级养生体验（疗养、瑜伽度假村等）。2015年，中级养生旅游体验的游客的总花费为4820亿美元，初级体验的游客的总花费为810亿美元。最热门的养生旅游项目是瑜伽游。在养生旅游市场中，美国是最大的养生旅游市场，亚太地区（以中国为代表）是增长最快的市场，行程次数约1.94亿次，花费1112亿美元，两个数据分别同比增长了27.8%和32.2%。

养生市场的迅猛增长带来了机场酒店、度假村和旅游目的地的一些变化。据全球健康研究所（Global Wellness Institute）的报告，越来越多的机场和酒店增设水疗馆等养生生活方式设施，2015年，全球游客在酒店和度假村水疗馆的花费为256亿美元，在旅游目的地水疗馆和养生度假村的花费为77亿美元。酒店和度假村的水疗服务也是水疗行业中增长最快的类别，2015年共开设30180处（相比2013年增加了36.7%）。

以凯悦酒店（Hyatt）集团为例，2016该公司宣布收购养生度假村及瑜伽品牌Miraval Group。洲际酒店（InterContinental Hotels Group）集团旗下也拥有养生酒店品牌Even Hotels。阿提哈德航空（Etihad）、阿联酋航空（Emirates）和维珍航空（Virgin Atlantic）均在航班舱内提供水疗服务，其中阿提哈德航空获得2016年最佳航空水疗奖。

最近更名的迈阿密卡利伦康体酒店（Carillon Miami Wellness Resort）位于美国佛罗里达州迈阿密海滩北部，以前由水疗公司Canyon Ranch负责运营，住宿这里的游客大多数是中级养生旅游体验游客。该度假村共有 110 间客房。迈阿密卡利伦康体酒店提供各类健身课程、项目以及美容服务,位于度假村中心的水疗馆面积 6500 平方米,是最受欢迎的项目。与此同时,度假村也提供用当地食材制作的绿色有机食品,以及纯草药制作的健康鸡尾酒。

(资料来源:案例改编自 http://www.199it.com/archives/360369.html)

思考

1. 养生旅游为什么能够成为一块独立的细分市场?
2. 这样的细分市场对于酒店和旅游目的地而言意味着怎样的机会?

第一节 市场细分

一、市场细分的思想和意义

(一) 市场细分的概念

市场细分的概念被认为战略营销的基石,也是现代营销学对企业经营的最大的贡献之一。美国学者温德尔·史密斯(Wendell Smith)在 1956 年提出,市场细分是营销主体根据消费者的需求特征和消费特征方面的差异,将整体市场划分为若干个具有类似需求特征的消费群体(或子市场)。细分而成的独立的消费群体也就是细分市场。

市场细分这一概念的依据是消费者需求在客观上存在的差异性和同质性的辩证关系。一方面,消费者之间的需求差异是绝对的。由于区域、自然环境、历史文化、社会环境以及个人和心理特征的不同,消费者在需求上不会完全一致,他们有着不同的利益追求,不同的偏好、不同的购买习惯,也因此对于产品的品种、数量、价格、式样、规格、色彩乃至购买时间和地点的要求都会有所不同。另一方面,群体当中消费者的需求也存在相似性和共性。在同一地理条件、社会环境和文化背景下,拥有类似职业、家庭生命周期等特征的消费人群会形成具有较大共性的人生观、价值观的亚文化群,他们在需求指向、购买模式等方面的一致性也客观存在。当某些群体内部的共性多于个性时,这些消费者被视作更为紧密的消费特征共同体,能够被聚合在一起。总之,消费需求的绝对差异造成了市场细分的必要性,而其相对同质性则使市场细分有了实现的可能性。

在市场细分概念被提出之前,企业习惯从自身营销组合要素的角度(如产品、价格等进行区分)来对自己的业务进行划分,这与现代市场营销观念中以消费需求为依据的市场细分有本质的差别。正如德鲁克所说,"一个企业并不是由该企业的名称、地位或公司章程来定义的,而是由顾客购买产品或服务所获得的满意程度来定义,'什么是企业'这个问题只能从顾客和市场的角度来回答"。如启迪案例 6-1 所述。

旅行社的产品名称变化中蕴含的细分思想

20 世纪七八十年代,旅行社的产品名称中基本只表明时间和地点,例如"昆明大理五日游""上海 2 日游"。

20 世纪 90 年代,旅行社的产品名称中越来越多地增加了交通方式和住宿的等级,或者直接表明线路的经济级别。例如"海南双飞 4 日游(4 星级酒店)""苏锡杭双飞 5 日游(经济等、舒适等、豪华等)"。

21 世纪以来,旅行社产品名称出现了更多的变化和差异,例如"大理、西双版纳双飞 5日深度游""巴厘岛 3 日豪华品质游""江南古镇 4 日体验游""香港购物自由行""三亚 3 日纯玩团"等。

从旅行社名称的变化中可以看出,初期,旅游业中对于消费市场的细分主要是从企业自身的产品出发,注重时间、交通方式等具体的产品构成;慢慢地,市场细分转向了对消费者需求的描述或迎合,并且划分的方式更加多重多样。这种变化说明了消费者为中心的市场细分观念在旅行社和旅游行业中日益占有核心地位。

(二) 市场细分的重要意义

市场细分之所以快速被企业接纳和运用是因为企业在实践中切实体会到了市场细分给企业带来了以下重要的作用。

1. 市场细分利于发现市场机会

大多数的产品(服务)市场都属于买方市场,其基本特点是供给十分丰富,种类繁多,供应商竞争激烈。从总体上看,供给多于需求。按照机会产生的条件分析,似乎在供过于求的时候,机会不会产生和存在。

然而,市场细分的观点认为,即便在总量上存在供过于求,但是由于供给的结构性特征和需求的族群化特征,不同细分群体的需求满足程度是有差异的。如果通过市场细分,能够发现局部的细分群体的个性化需求并没有得到有效的满足,那么机会依然存在。国内的快餐业竞争不可谓不激烈,各种送餐外卖之间的竞争进入白热化状态,但当快餐店别出心裁地在快餐的市场中挖出了一块儿童市场,并将幼儿园作为自己的目标顾客,开发出"儿童卡通快餐",就是找到了市场机会;同时注重家庭聚餐的上门餐饮服务也存在市场机会。换言之,善于从不同角度对市场进行细分的企业,会比它的竞争对手更容易找到市场"空隙",也更容易发现机会。如启迪案例 6 - 2 所述。

五星级酒店的"外卖"探索

高星级酒店餐饮享受着"高档""有身份"的名望的同时,也受制于这一名望。在很长的时间内,高星级酒店主要以酒店客人配套餐饮服务和本地婚宴及其他宴会市场为主要服务对象,餐饮业务上的"被动性"特征比较明显。在政府公务和国企商务接待例行节俭的背景下，高星级酒店必须要拓展自己的业务范围。

2016 年起，一些高星级酒店受到"外卖"平台的启迪，开始动起了"五星级外卖"的脑筋。一些高星级酒店直接借助自己的菜肴和厨师等级的优势，定制出售"高端外卖"，主打更高档和特色的菜肴，更好的餐饮搭配，更精致的打包服务，当然，也收取更高的费用。

另一些酒店的外卖则出售"宴会"打包服务，主要为大型展会、活动的承办提供外送餐饮。例如，2017 年 3 月 10 日，华为中国 2017 生态伙伴大会在长沙国际会展中心举办，长沙万达文华酒店要为到场的 10000 名与会人员提供外卖茶歇及自助餐，属长沙迄今为止人数最多的一次星级酒店宴会外卖服务。

2. 市场细分利于更好地满足细分市场需求

整体市场中消费者数量巨大，不同特征的需求纵横交错，极其复杂。单一、标准化的产品、服务、价格要想很好地满足所有人群的需要，几乎是不现实的。通过市场细分，复杂和多元的整体市场，变为一个个需求特征更为集中和明确的细分市场，使得企业更加容易辨别出特定细分市场的需求规律、偏好特征、购买渠道、衍生产品需求等。在此基础上，企业才有可能针对不同的细分市场部分来明确产品的功能、特性，服务的内容和流程，价格和销售渠道等，从而更好地满足细分市场的需要。

3. 市场细分利于集中资源创造优势

市场细分是企业目标集聚的前提，不进行市场细分，企业就无法合理地选定目标市场。只有对市场进行细分，企业才有可能从不同的细分市场中，选出与自己的资源、优势、能力和战略目标相匹配的细分市场，才有可能将有限的资源和要素集中到特定的目标对象上，避免与竞争对手一团混战的局面，从而更有可能赢得期望的利润和经营成果。

市场细分的这一作用对于中小企业更是格外重要。与大企业相比，小企业的生产能力和竞争实力要小得多，它们在整个市场或较大的细分市场上无法建立自己的优势。只有借助市场细分，发现相对空缺的细分市场，才能见缝插针地在这个小阵地上建立牢固的市场地位，成为这一小细分市场的专家。正如《孙子兵法》中所说："我专为一，敌分为十，是以十攻其一，则我众而敌寡。"

二、市场细分的变量

（一）个体和家庭市场的细分变量

细分变量即市场细分的依据。理论上说，所有能够造成消费需求分化或差异的因素，都可作为市场细分化的变量。一般而言，个体和家庭旅游者市场细分的变量有地理变量、人口统计变量、心理变量和行为变量四大类型。

1. 地理变量

所谓的地理细分，是以地理位置、自然环境和气候特征（如平原、高地、海边），以及特定的经济环境指标和社会文化环境等与消费者所处的地理范围相关的因素来划分市场。地理细分是最为传统的一种细分变量，在旅游行业里的运用非常广泛。

世界旅游组织在研究世界旅游市场发展时，将旅游市场按照区域及其内在的经济发展关系划分成欧洲、美洲、东亚及太平洋地区、南亚、中东和非洲六大旅游区块。我国在研究境外旅游市场的构成时，也常常按照洲别和国别来划分。而在中国境内的旅游者研究中，也大量存在以地理变量进行细分的市场，例如长三角旅游市场、一线城市的旅游市场等。

许多学者研究发现，由于客源地与目的地的距离直接影响到出游的成本和感知的风险大小，旅游业内存在"距离衰变"现象，即在距离（包括空间距离、经济距离、时间距离、心理感知距离等）的阻尼作用下，旅游客流量一般会随着与目的地距离的增加而逐渐减少。因此许多旅游目的地在划分和选择目标市场时，经常依据客源地与旅游目的地之间的距离来圈定一级市场、二级市场。这种以空间距离来进行的市场划分，也是典型的地理细分方法。

地理细分对于旅游行业和旅游企业的重要性源于旅游活动追求差异性的本质。生活在不同的地理和自然环境中的人们，对于自己不常见的自然环境的追求是常见的旅游动机。因此，都市或乡村、乡村或者海滨、平原或高原、森林或者湖泊地区的地形、地貌、地质等也会成为旅游市场划分的有效变量。此外，"一方水土养一方人"，不同的地理环境等因素对于人们的生活需求、生活习惯、思想观念也会产生明显的影响，不同的旅游者对于旅游产品接受和理解程度也不相同。以上这些都能够解释地理要素为什么会受到不同旅游营销者的关注。

地理细分变量的容易识别，易于区隔，有助于企业明确不同细分市场的规模和特点，这是地理细分变量广泛运用的重要原因。

2. 人口变量

人口变量，也称"人口统计变量细分"，主要是指依据与人口因素有关的年龄、性别、收入、教育水平、家庭规模和生命周期阶段、宗教和种族等直接反映消费者自身特点的许多因素来细分市场。人口因素容易测量，数据获取性比较强，同时人口因素又确实与旅游的需求和旅游行为关系密切，因此一直也是旅游市场细分的重要变量。

启迪案例 6 - 3 🔍 ·············
民宿市场的"年轻化"和"哑铃"状态

乡村旅游发展、休闲度假行为常态化、"分享经济"等趋势使得近几年来民宿产业成为"香饽饽"，民宿产业进入前所未有的发展快车道。从各大在线短租预定平台的数据来看，当下我国民宿的单日定价集中在130元（普通民宅）到5000元（独栋别墅）不等，民宿的类别也涵盖了普遍公寓、特色木屋、海景房、复式别墅等多种类型，可以说满足着不同人群的居住需求。那么现阶段的短租和民宿都在吸引着哪些人的眼球？哪些细分市场是民宿的主要消费群体呢？

2016年，艺龙和木鸟短租平台的调查显示："年轻化"和"哑铃状态"是描述当前民宿市场的两个关键词。调查显示，中国客栈民宿的预订用户有50.7%在26~35岁之间，38.0%在18~25岁，主要集中在年轻的一代。年轻人选择民宿，更多关注价格、居住的体验感和房屋的性能，以及与他人社交的机会。

木鸟短租发布的"2016年第一季度消费群体分析数据"显示，在使用其平台预订民宿的用户中，高达48%的人为月收入低于2500元的"90后"，同时，42%的用户收入在9000~

16000元,剩余10%为中间收入群体。民宿的使用者主要集中在高收入和低收入水平的人群,市场消费群体呈现哑铃状分布。民宿为高收入家庭提供了优越的家庭聚会和度假的独特的有风情的场所。

年龄因素直接影响到旅游的需求强度、旅游活动的频率、旅游活动项目的参与度等。在旅游地、旅行社、景点景区的市场细分中经常看到使用年龄作为细分变量的例子(见启迪案例6-3)。旅行社有时按照大的年龄段将市场细分成青少年旅游市场和银发市场。前者是节假期间的主要服务对象,而后者则具有常年持续性服务的特点。

性别对与旅游行为也有显著影响。男性和女性在旅游计划、目的地选择、住宿服务需求、活动项目偏好等方面都体现出差异。根据有关研究,男性在计划假期时所花费的时间比女性要稍多一些,其比值约为5.2:4.6。但是,一旦计划制订好了,女性则会花更多时间做准备。更多男性会预定供应商"积极活跃"风格的旅行,其中包括远足、徒步、骑车和皮艇运动;还有"海洋"风格的旅行,包括冲浪、游河和极地探险。但女性则更青睐"体验当地生活"风格的旅行,这个主题则更关注文化体验。不同寻常的观光之地,有历史意义的建筑,浓郁地方特色的手工艺、餐厅这些因素都会在女性选择旅游目的地时占有决定性的地位。

此外,职业和收入也是旅游业中常用的市场细分变量。由于不同的职业有其特定的职业习惯,对旅游的动机、旅游的偏好也会产生明显的影响。在旅游动机的相关研究中已经发现,旅游者旅游的一个主要目的是摆脱惯例。偏重体力劳动的职业,在旅游休闲中更享受休息和舒缓的节奏;偏重脑力劳动的职业,通常有参与体育、运动的旅游休闲活动的愿望。此外,不同的职业和收入紧密联系在一起,影响了人们的旅游支付能力和审美情趣。

3. 心理变量

心理细分是指运用包括消费者的动机、态度、个性和生活方式等在内的心理因素对市场进行细分。心理细分通常能够解释消费需求和行为差异的深层次原因,但在确定和识别上存在一定的难度,往往需要借助一定的调研方法才能完成。

动机对于旅游者的旅游目的地的选择以及旅游过程中的行为表现有明显的影响。例如,具备文化动机的旅游者主要选择有明显文化差异,或者具有鲜明文化特征的文化型旅游目的地,并在旅游过程中,表现出对与文化相关的景点景区(如博物馆、民俗馆、民居点等)的浓厚兴趣。健康动机的旅游者偏爱自然生态型旅游地,并往往有参与健康体育运动或养生活娱乐活动的兴趣。当然,同一个旅游目的地可以吸引不同动机的旅游者。近些年来快速发展起来的各类主题游,例如日本东京深度游、电玩展之旅、影视之旅、美容之旅、禅修之旅等都是针对不同动机的细分市场所开发的主题游产品。

自我概念和生活方式在市场细分中的重要意义在近年来越来越受到重视。在现代社会里,消费日渐成为自我和自我概念的符号。旅游本身是生活的一部分,它构成了人们的生活方式,也深受生活方式的影响。迄今为止,最成功的生活方式细分方案是美国标准研究协会公司的VALS(values and lifestyle survey,价值观及生活方式调查)模式,它将美国人按照其生活方式的不同划分成九种类型,并描述了他们的不同特征(见表6-1)。这一分类方式被许多行业加以成功地运用。在中国旅游业中也是值得借鉴的。例如,有社会意识者是生态旅游的重要人群,我行我素者是自助、探险、极限旅游的主要群体,成就者往往是高端度假旅游的主要群体。当然,需要注意,中国与美国的文化、经济和社会都存在着明显的差异,生活方式也必然存在不同,国内也出现了一些关于生活方式的本土化研究。

表 6 - 1 美国标准研究协会的 VALS 划分

求生者

美国社会中极端贫穷的人,处于最不利的情况,缺乏教育,年老力衰,无法提高自身的社会地位。其中很多人曾经处于较高的生活层次,如今却日益衰落。一代又一代受困于所谓的贫穷文化中

维持者

挣扎于贫穷边缘的人群。经济情况略好于求生者,比他们更年轻,很多人还没有丧失希望。他们的价值观与求生者大为不同,不像求生者那样沮丧和无望,对压迫自己的社会感到愤怒,决心与命运抗争。很多人从事地下经济活动

归属者

由大量美国中产阶级组成,比较稳定,生活安逸,是社会的主要稳定力量,能够维持现有的道德规范。这部分人一般具有保守倾向以及传统、怀旧、清教徒式的作风。主要目标就是顺应环境——渴望归属,而不愿意表现突出。他们的世界很光明,道路笔直却狭窄

竞争者

竞争者所处的地位与归属者截然不同。他们力求挤入上流社会,目标是成为成功人士。他们野心勃勃,力求上进,很关心自己的地位,具有竞争性。他们怀有强烈的不信任感,对一切事物都感到愤怒。不相信社会会给他们公平的待遇

成就者

成就者包括企业、专业领域、政府中的领导者。他们很能干,自我独立,办事效率高。成就者倾向于现实主义,工作认真,以名望和成功为目标,喜欢舒适的生活。他们是美国社会中的成功人士,也是经济现状的坚定维护者。成就者是最适应环境的美国人,对自身的地位感到很满足

我行我素者

典型的我行我素者是年轻、极度自恋和具有表现欲望的个人主义者。这个层次的人总是有令人迷惑、不可理解的情绪,因此他们经常用行动而不是言语来定义自我。我行我素者表现得很冲动,也充满幻想

经验主义者

这些人最希望获得直接的生活体验,对很多事情都显得兴致勃勃。生活对他们来说像一场灯光表演,更多的时候则是强烈、神秘的内心体验。他们迷恋于异国情调、奇异事物,以及自然。他们最容易受心灵的指引,因此他们也是最富有艺术气质和最热情的人

有社会意识者

他们具有高度的社会责任心,热衷于保护环境、保障消费者权益这些事业。他们非常有活力,有使命感,热爱简单的生活方式和自然。很多人从事志愿者的工作。他们迷恋简朴的生活,追求内心的成熟是他们生活中至关重要的一部分

综合者

这种人位于 VALS 的尖端,人数很少。他们的心理完全成熟——能够看到问题的很多方面;如果需要的话,能够领导一切,合适的情况下也愿意退居二线。他们通常对事物、对世界有深刻理解。他们很自信,能够超越自我、表现自我,对问题和情感非常敏锐

资料来源:詹姆斯·H.迈尔斯.市场细分与定位[M].北京:电子工业出版社,2005

4. 行为变量

行为细分变量通常是与消费者购买行为表现相关的一些变量,包括使用程度、追求的利益和消费者对品牌的忠诚度等。行为因素是众多细分变量中,与产品或服务本身的关联最为紧密的一种。

使用程度或者使用量是行为细分中最基本的要素之一。许多行业,都努力地想要区分出重度使用者、一般使用者和轻度使用者。旅游行业中的航空公司、汽车租赁公司、酒店等都通过调研或自己的客户关系管理系统来区分哪些乘客是最频繁使用飞机、哪些乘客是最频繁使用汽车作为交通工具的,哪些是酒店和度假村的常客等。重度使用者一般数量并不多,却在整体消费中占据了较大份额,因此往往得到企业更多的关注。

"顾客看重什么样的属性、追求什么样的利益"也是营销者经常要问的问题。这个问题的答案也被用于市场细分。例如,购买旅游纪念品的顾客,有些追求新奇、有些追求保存价值、有些注重携带方便;酒店的顾客有些追求成本经济、有些追求区位便利,有些追求舒适,也有些追求个性体验,这就导致了酒店在价格、选址、装潢和主题设计等方面形成了分化。

旅游市场还可以按消费者对品牌的忠诚度来进行细分。所谓的品牌忠诚度是指消费者对某种品牌的偏好和经常使用的程度。市场中的消费者可以分成四种类型:坚定忠诚者——这类消费者始终坚定不移地只购买一种品牌的商品,即使遇到该品牌商品缺货,他们宁肯等待或到别处寻找;不坚定的忠诚者——这类消费者忠于两三种品牌,时而互相替代;转移型的忠诚者——这类消费者会从偏好一种品牌产品转换到偏爱另一种品牌的产品;非忠诚者——这类消费者对任何品牌都无忠诚感,他们有什么品牌就买什么品牌,或者想尝试各种品牌。一般来说,酒店、旅行社市场中忠诚者的比例高于景点景区,因为在后者的消费中,寻求多样化的动机更加强烈一些。

表6-2将目前比较常见的旅游市场的各类细分变量及运用进行了简单的汇总,但营销活动的从事者应该注意,运用这些惯用的细分变量,往往意味着这些利益、行为、特征已经被其他的竞争对手所熟悉,相应的细分市场也可能已经被占领。如果想要对特定的旅游市场有新的认识,或发掘别人所忽略的新市场,往往需要通过创新的市场研究,引进新的细分变量。

表6-2　常见旅游市场细分变量汇总

变量类型	细分变量	示例	变量类型	细分变量	示例
地理变量	地区	长三角地区、珠三角地区	心理变量	个性	内向型、外向型;理智型、情感型、意志型
	区域特征	一类城市、二类城市、三类城市、乡镇		偏好	古典风格、现代风格、自然风格
	地质环境	平原、高原、滨海		态度	赞赏、反对、中立
	气候	热带、亚热带、温带、寒带		生活方式	物质享受型、精神享受型、随意型

续　表

变量类型	细分变量	示例	变量类型	细分变量	示例
人口变量	性别	男性、女性	行为变量	动机	探亲访友、商务、康体、教育
	年龄	青少年、中青年、老年		使用频率	经常使用、偶尔使用、极少使用、未使用
	职业	公务员、企业管理人员、教师、学生		品牌忠诚度	坚定忠诚者、不坚定忠诚、转移型忠诚者、非忠诚者
	收入	月收入 1500 元以下，1500～3000 元，3000～5000 元，5000～10000 元，10000 元以上		重视的属性	价值、品质、安全、个性
	家庭生命周期	单身、新婚、满巢、空巢		购买时机	周末度假者、黄金周度假者、带薪休假者

(二) 组织旅游者市场细分的依据

规模庞大的组织旅游者市场也同样需要进行细分。由于组织旅游者市场的构成单位和需求特征与个体和家庭旅游者市场存在差异，故而组织旅游者市场在细分时的变量与个体市场有所不同。

1. 顾客规模

顾客规模细分是指依据组织旅游者对企业产品需求量的大小来对组织进行区分。对不同规模的顾客使用不同的销售机构和不同的销售政策是许多企业的共同做法。例如，景点景区将其中间商顾客划分成不同的级别，如年输送客源在 500 人以上、1000 人以上、2000 人以上等，并给予不同程度的门票折扣。商务酒店也与客房需求量不同的企业签订不同的合同，给予不同程度的价格优惠。

2. 顾客的类型及要求

在第 3 章中提及，旅游企业所面临的顾客类型非常多样，不同类型的顾客在购买的目的、方式、对产品的要求上都存在明显的差异，每一种不同要求的组织就可以成为一种细分市场。例如，景点景区的组织旅游者可以细分成中小学市场、高校市场、行政机关市场、一般企业市场、旅行社市场等。之所以进行这样的划分是因为中小学市场更加注重安全性、教育性，高校市场重视趣味参与性，行政机关市场注重的是服务质量，一般企业市场注重高性价比，旅行社市场则关注价格所形成的利润空间。这就需要景点景区采用不同的方式去满足他们的要求。

3. 顾客的地理分布

组织旅游者的地理位置，对于企业合理组织销售力量，选择适当的分销渠道以及有效的安排人流和物流关系非常密切，而且不同地区组织的客源对于产品和服务的需求也有比较明显的差别。因此，用户的地理位置也是细分市场依据之一。

三、市场细分方式

(一) 市场细分的方式

市场细分通常有两种方法：先验细分 (prior segmenting) 和后验细分 (post hoc segmenting)。所谓的先验细分是指根据预先所知或者推测的与企业产品或服务消费相关的一些影响因素划分顾客群。例如，我们在旅游市场的细分过程中，在未进行调研之前，根据经验就感到诸如性别、收入、客源地等因素会对旅游需求和行为产生影响，因而可以直接用来进行市场细分。

与先验细分不同的是，后验市场细分往往要在问卷调查进行之后，根据消费者反应情况的分析中显示出来的一些特征来对市场进行细分。例如，在问卷调查后可能发现顾客的价值观念、产品的使用模式、旅游者对目的地的态度和感知情况等。旅游业中还广泛地存在着根据某个客源地的接待人数在旅游目的地接待人数中所占的比例来进行市场细分的现象，这也是典型的后验细分。

当然，在实际的市场细分活动中，两种市场细分方法并不相互排斥。企业在营销活动过程中，可以在不同的阶段综合地运用两种方法，从而不断修正市场细分，或者加深市场细分，得到更有启迪的，或者更利于企业营销活动的细分结果。

(二) 市场细分的过程

市场细分本质上是对市场需求进行的调研活动，一般遵循图 6-1 中的 5 个步骤。从框定市场范围、调查需求特征，到比较需求异同并选择细分变量，执行细分，而后对各细分市场进行细致的描述。

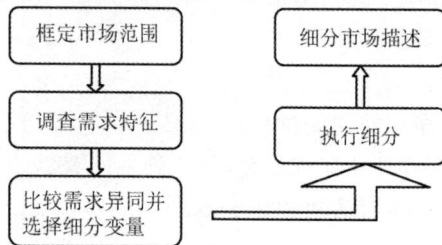

图 6-1　市场细分的过程

1. 框定市场范围

企业根据自己的经营宗旨或目前的产品所确定的整体的市场空间就是市场范围。不同类型的旅游企业(组织)的市场范围有很大差别，例如，酒店的总体市场范围可能是所有到酒店所在地旅游或旅行的客人。景点景区的市场范围则是当地居民和外来的旅游者。疗养度假区的市场范围则是疗休养度假客人。在框定市场范围时，企业可以运用一些先验的细分要素来缩小范围。因为毕竟旅游总体市场太过巨大。

2. 调查需求特征

企业借助观察、问卷调查、访谈等营销调研方法对整个市场范围的需求特征进行识别和确认。构成市场的旅游者的人口统计特征，对目的地或者旅游企业产品的认知和态度、对产品品牌的偏好、产品的使用频率和使用方式、选择过程中不同属性的差异性、产品信息渠道等都是可以进行调查的需求特征。

3. 比较需求异同并选择细分变量

细分变量的选择。细分变量选择是一个具有技术性和技巧性的步骤。经常需要采用的技术方法包括因子分析、聚类分析、交互检测等。但无论采用什么方法，其基本思路是剔除那些共性很强的需求特征和区分度不高的因素，选择出对于需求特征影响明显且需求差异大的因素。

4. 执行细分

根据上一步骤所选择的一个或若干个因素对整体市场实行分割，并根据基本特征为划分出来的细分市场命名。例如，某会议酒店根据细分市场的支付能力和会议的规模类型将市场细分为"大型高端会议市场""中小型高端会议市场""大型普通会议市场""中小型普通会议市场"。

5. 细分市场描述

市场细分的目的是为了更好地了解不同细分市场需求。因此，细分市场的最后一个步骤是对各细分市场或者感兴趣的细分市场进行更加深入的考察，明确描述不同细分市场的规模、分布、需求和行为特征。如有必要，可以对某几个细分市场再次进行需求调查，也可以对某些共性更强的细分市场进行合并或调整细分方案。

（三）有效市场细分的原则

市场细分可以运用的变量很多，企业也可以选择多个变量对市场进行多维细分或者多重细分。那么，不同的企业到底该怎样做出选择以保证细分的有效性呢？以下是四个基本原则。

1. 可衡量性

可衡量性是指按照某个或某些变量进行细分后形成的细分市场的需求之间存在明显的差异，企业能够清晰的界定不同细分市场的范围界限，并度量或估算出各细分市场的需求程度和购买实力。有不少的心理细分变量（例如，旅游者的"孤独倾向"），虽然的确能够引起旅游行为的不同，但是往往无法探知这些旅游者的分布，也无法有效衡量细分市场规模的大小。如此一来，市场细分就无法指导企业进行合理的选择，也就失去了意义。

2. 足量性

足量性也称规模性或可营利性，是指以某种标准进行细分后的各个子市场拥有足够的潜在需求，能使企业有利可图，实现其利润目标。也就是说，细分市场有足够大的同质群体，企业为之设计专门有效规划方案在经济上是可行的。当然，是否足量没有一个确切的标准，它与企业自身的规模条件密切相关。

3. 可进入性

可进入性即以某种标准进行细分后的各个子市场是企业的营销辐射能力能够到达的：企业的信息沟通渠道能够触及这些消费者，并且消费者能够接触到企业的产品或服务。如果现有的沟通方式（如广告、新闻发布）根本到达不了消费者所在的区域，那么就很难进入该细分市场了。例如，在旅游大发展的潮流中，许多资源品位并不很高的旅游目的地，也宣称自己要同步发展国际和国内旅游,然而实际上,他们却并没有什么渠道将自己的信息传播到国际旅游市场上。

4. 可操作性

这里的可操作性是指按照特定细分变量进行细分后的市场,企业是否能够设计出不同的营销组合计划来为不同的细分市场进行服务。例如,某酒店根据顾客的审美风格将市场划分成 6 种不同的风格类型,然而实际上他们的资金、人才都不足以支撑他们根据顾客的审美需求设计出多种风格的酒店或者客房。那么这种细分对于该酒店来说就是不具有操作性的。

四、定制化:细分的极致

定制化是指按消费者自身要求,为其提供适合其需求的,同时也是消费者满意的产品或服务。定制在手工业中存在着最简朴的形式,量体裁衣成为最早的定制时期的代名词。从本质上看,定制化尊重每个需求的不同,把每一个顾客(家庭)作为一个独一无二的"细分市场",因此可以说是市场细分到极致的做法。在生产性企业中,不少企业已经凭借先进技术,实时对接顾客需求,提高产品生产的顾客参与程度,构建模块化产品等方式实现"大规模定制"。

旅游行业的需求高度多样化、分散化和个性化特征,给旅游行业的定制化带来更多的可能性。定制旅游,是以满足游客个性化需求为宗旨和目标,适应游客追求品质和个性获得感心理,进行个性化设计、操作的旅游方式。旅行社的"定制旅游线路"作为与团队游和自助游并行的新方式,取两者所长,既能将主动性归还到消费者手中,根据游客喜好和需求,提供针对性、个性化的服务,又可以为他们节约计划的时间、精力和成本,因此日益得到市场认可。数据显示,2016 年,北京、上海定制旅游业务同比增长率高达 240%,深圳和成都的同比增长率更是达到 1000% 与 1400%,未来仍将具有较大的成长空间。

旅游行业的"定制化"本身也有细分。既有针对相对亲民的"小团队"的小规模定制(如 10~16 人的家庭游、毕业旅游等),也有针对高端客户的"个别定制"(往往是出境、远程、奢华旅游)。在提供"定制化"旅游服务的企业中,"专家式"的咨询顾问服务是最基础和关键的环节。

第二节 目标市场选择

一、细分市场的评估

细分市场评估是在市场细分的基础上,进一步分析各细分市场对企业而言机会的大小。准确的细分市场评估是企业进行合理的目标市场选择的基础。一般来说,企业可从以下四个方面对个细分市场进行评价。

(一)细分市场潜量和成长性

细分市场潜量是用来衡量细分市场规模的指标,它是指特定时期、特定区域内,特定细分市场中的消费者对特定产品或服务的最大需求量。在估算细分市场潜量时，可以通过消费者的数量、购买力水平和购买意愿几个角度去测量。评估细分市场潜量时，应该避免"越大越好"的心态，而应该持有"适合的才是最好的"理念。因为，对于规模有限的中小企业来说，需求潜量过大，可能意味着较大的投入，也可能面临大企业的竞争压力。

市场潜量描绘了细分市场现有的规模，而细分市场未来的规模则取决于市场成长性。细分市场成长性可以通过细分市场的需求增长速度或销售量的增长速度来衡量。例如，景点景区在根据旅游者的旅游方式进行市场细分，并将旅游市场化分成团队旅客、普通自助游游客和自驾车游客。虽然，从目前来看，自驾车游客的规模可能是最小的，但是随着汽车保有量的不断提高，自驾车游客的数量增长非常显著，因而是一个非常有潜力的细分市场。与细分市场潜量一样，细分市场的成长速度，同样追求的是"适合"，而非最快。

（二）细分市场竞争状况

细分市场的潜力和成长性表明了这个细分市场对于某个行业或者某类企业而言的吸引力的大小，然而它对于特定企业的吸引力大小受到该细分市场上的竞争状况的影响。为了探明竞争情况，首先需要仔细地辨识在这个细分市场上有哪些竞争对手，以及这些竞争对手的强弱。例如，杭州是传统的旅游城市，并且其国际化程度不断提升，因而杭州酒店的高端市场有较强的吸引力。然而许多国际著名的酒店品牌，例如喜来登、凯悦、香格里拉、索菲特等都已经登陆杭州市场，本土的酒店集团中的开元、世贸等也在市场中树立了品牌知名度和品牌忠诚度，这就使得这个细分市场的竞争非常激烈。

此外，与我们在分析行业竞争压力时一样，我们还应该考虑潜在的新进入者是否已经发现了这个细分市场或者正在进入这个市场。很显然，竞争对手实力越雄厚，企业进入的成本和风险越大。而那些竞争者数量较少、竞争者实力较弱或市场地位不稳固的细分市场更有吸引力。从一个侧面了解细分市场竞争状况的指标是该细分市场目前能够提供的盈利水平。如果竞争者众多，但投资回报率仍然很高的话，往往意味着该细分市场仍然具有容纳新进入者的能力。

（三）与企业战略及资源的吻合度

由于评价细分市场的目的在于确认市场机会，因此，企业必须小心地区别"市场机会"与"企业机会"。二者之间的差异就在于市场中的机会是面对所有的竞争者的，而其中只有那些与企业的战略与资源吻合的机会，才能成为企业的机会。

首先，需要评判细分市场的需求特性是否与企业现行的战略相吻合。例如，经济型的旅游者是目前中国非常重要一个细分市场，规模和吸引力很充足。许多国际酒店集团都涉足这个细分市场，并加速了在中国的圈地布点。然而，香格里拉集团并没有因此而对这个细分市场动心，因为香格里拉集团现行的战略目标在高端酒店市场，以品质和形象来赢取顾客。而经济型旅游者对住宿的要求是经济、清洁和安全，与其战略并不吻合。

其次，需要分析企业是否已经具备了满足特定细分市场的需求所应该具备的特定资源和能力。消费需求的特点如能促进企业资源优势的发挥将是企业的良机。反之，如果需要企业重新培养能力或者与原有的资源相冲突时,就会出现事倍功半的情况,甚至会因为影响了原有市场而造成损失。

(四) 评估其他限制条件

以上三个方面是细分市场评估的基本方面。但是由于旅游业的经营与环境之间的关系极其密切,因此还需要分析特定细分市场是否具有来自于政府部分、法律法规、道德伦理等的相关限制条件。例如,澳门的博彩业巨头可能发现中国内地市场是一个巨大的博彩业市场,但是,由于相关法律的限制,不可能到内地来投资建设赌场。

二、目标市场覆盖模式

所谓目标市场,是企业决定要进入的并为之提供产品和服务的那部分顾客群体或细分市场。由于市场营销后续所有的活动都要围绕目标顾客而展开,因此,目标市场的选择对于企业而言有着战略性的意义。以下将介绍旅游企业或组织在目标市场选择中的模式和实施的战略。

(一) 目标市场覆盖模式

在市场细分和对细分市场的评估基础上,企业将着手进行目标市场的选择。根据企业所选择的细分市场的数量及其相互之间的关系,目标市场的覆盖模式表现出以下五种模式(见图 6 - 2)。

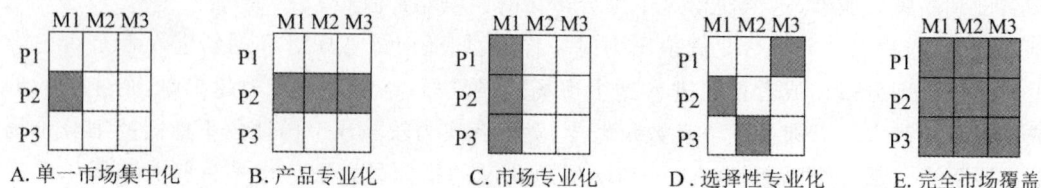

图 6 - 2　目标市场覆盖模式

1. 单一市场集中化

单一市场集中化是指企业只选择一个细分市场,并集中力量只生产一种产品为市场服务(见图 6 - 2A)。这种选择往往发生在市场补缺者身上。当企业的资源相对有限,但具有在某个特定细分市场获胜的基本条件时,他们就倾向于先从一点开始慢慢成长。例如,某些旅行社专门为当地的青少年市场服务,主要经营培训性质的修学旅游产品。

通过集中化,企业深刻了解该细分市场的需求特点,并通过针对性的产品、价格、渠道和促销策略,满足消费者的需要,并从而获得强有力的市场地位和良好的声誉。然而,单一市场往往意味着较大的风险,当该市场的需求萎缩或者发生不利于企业的某些变化时,企业的经营往往面临困境。

2. 产品专业化

如图 6 - 2B 图所示,产品专业化是指企业或旅游组织集中生产一种产品,但是将这种产品向所有细分市场出售。例如一些旅行社专门经营博物馆旅游线路,某些特色的主题餐厅,都属于这种类型。通过产品的专业化,这些旅游企业往往比较容易建立自己在某个特定类别的产品中的地位，并且利于品牌的传播。然而，当市场中出现了强有力的替代产品或升级换代产品，又或者是对该产品的品牌偏好发生了转移时，企业也会面临巨大的危险。

3. 市场专业化

当旅游企业选择某一特定的细分市场，并生产各种不同层次和类型的产品来尽力满足消费者的需求时就形成了市场专业化（见图6-2C）。例如，某旅行社专注于企业奖励旅游的细分市场，为了满足这个市场的需求，旅行社经营各种长短线路和不同规格、档次的旅游产品。由于对某个特定市场的需求把握深入，并且很好地满足这个市场多种多样的需求，使得企业能够在这个顾客群体中树立自己的声誉。然而市场专业化也承担着类似于单一市场集中化模式的风险。它们必须随时随地关注该细分市场规模和需求的变化。

4. 选择性专业化

如图6-2D图所示，当企业选择若干个细分市场，同时这些细分市场彼此之间缺乏联系时，被称为有选择的专业化（也有人称之为无关多元化）。例如，深圳华侨城集团，它们经营的独具特色的主题公园，同时针对年轻商务白领开发出经济型酒店业务，另外也针对高端客户开发主题性的高端酒店。由于市场相互之间缺乏联系，因此，选择性专业化实际上能够分散企业的经营风险。然而由于需要研究不同群体的需求、推出不同的产品，有选择的专业化对企业的资源和能力提出了更高的要求。

5. 完全市场覆盖

最后一种目标市场选择模式是不放弃任何一个细分市场，即通过全方位的产品满足全部顾客的需求，因此被称为完全市场覆盖模式。这种模式在实力雄厚的旅游企业集团中比较常见。启迪案例6-4展示的是酒店业中的完全市场覆盖。

启迪案例6-4 🔍 ··

三大酒店集团的目标市场模式

全球规模最大的三个酒店集团——洲际、温德姆和万豪无一例外地选择了所有的不同档次的客人作为自己的目标顾客群体，并发展出不同的品牌和产品来分别为不同的群体服务。表6-3中描述的是酒店集团为不同档次顾客开发的不同酒店品牌。

表6-3　洲际、温德姆和万豪品牌对比

	洲际	温德姆	万豪
豪华高端市场	Inter-Continental；Crowne Plaza Hotels & Resorts	Wyndham Hotels & Resorts	JW Marriott；Ritz-Carlton；Marriot；Renaissance
中端市场	Indigo；Staybridge Suites；Holiday Inn	Ramada；Howard Johnson；Hawthorn Suites；Baymont Inn & Suites	Courtyard；TownePlace Suites；Residence Inn；Springfield Suites
经济型市场	Holiday Inn Express；Candlewood Suites	Days Inn；Super 8；Knights Inn Travelodge Microtel Inn	Fairfield Inn；Fairfield Suite

（资料来源：根据各酒店集团网站整理）

以上五种目标市场覆盖模式只是一种静态的展示。实际上,旅游企业在发展过程中,目标市场会随着企业的实力和企业的战略变化而变化。企业可能经由一点发展到片、最后发展到全面。

三、目标市场战略

目标市场营销战略是在目标市场选择的基础上,进一步地选择如何在这个市场展开营销活动,从而达到营销目标的方式。需要注意的是,在目标市场覆盖模式中,实际上已经包涵了对于营销中的产品要素的限制,因此,特定目标市场营销战略是与特定的目标市场模式相对应的。目标市场的营销战略被分成以下三种类型:无差异营销、差异性营销和集中性营销。

1. 无差异营销

所谓无差异市场营销策略,是当企业看到市场中顾客需求的共性大于差异性时,倾向于将整个市场视为同质的市场,因而将整个市场都作为自己的目标。因此,企业设计一种产品,采用同一的价格、品牌和广泛的销售渠道来吸引和服务于尽可能多的消费者。无差异营销战略在制造业中能够寻找到一些典型的例子(如可口可乐),但是在旅游业中并不常见。原因在于旅游市场的需求差异性是比较明显的。最接近无差异营销的是一个传统的名胜古迹型的旅游景点,它们以同样的面貌迎接着各种不同类型的顾客。

无差异市场营销策略通过同一的设计、生产、宣传和销售为企业降低了开发和生产费用,节约了市场开拓和促销的经费,从而体现出在成本节约方面的巨大优势。然而,对于市场的同质性的假设,使得企业对市场需求的了解停留在普通的表层,单一的产品也意味着企业不可能很好地满足不同的需要,也显得单调而缺乏变化。

在旅游业发展的最初阶段,由于消费者的旅游需求尚出于启蒙阶段、旅游经验不丰富、旅游的个性需求还未充分体现,因此许多旅行社曾经一度采用无差异营销的办法,大力发展大众化的团队旅游。然而如今,旅行社的产品已经出现了一条多重面貌的线路。这足以说明无差异营销在当下的局限性。

2. 差异性营销

差异性市场营销策略与无差异市场营销对市场的认识和假设是截然相反的,它充分肯定消费者需求之间存在的不同。因此,企业认为不可能运用同样的产品来满足所有市场的需求,需要针对不同的细分市场分别采取不同的营销组合策略。

差异性市场营销策略的优劣势也正好与无差异营销相反。由于差异性市场营销策略能够针对消费者的特色开展营销,能够更好地满足市场深层次的需求,从而有利于市场的发掘、提高销售总量。同时由于企业为多个细分市场服务,有较高的适应能力和应变能力,经营风险也得到分散和减少。然而这种策略由于目标市场多,产品品种多,增加了管理复杂性,也增加了成本,甚至还有可能引起企业经营资源和注意力分散,顾此失彼。

3. 集中性营销

集中性营销战略的企业认识到市场中需求的差异,并认识到企业资源的有限性,因此坚决地舍弃了许多对企业来说不合适的细分市场,集中所有力量,在某一细分市场上实行专业生产和销售,力图在该细分市场上拥有较大的市场占有率。例如,悦榕庄酒店和度假村(Banyan Tree Hotel& Resorts)专注于高端度假市场,在全球最负盛名的度假胜地里拥有20座顶级精品度假酒店。

集中市场营销因为服务对象比较专一,企业对其特定的目标市场有较深刻的了解,可以深入地发掘消费者的潜在需要;企业将其资源集中于较小的范围,进行"精耕细作",有利于形成积聚力量,建立竞争优势,可获得较高的投资收益率。企业也更容易在市场中形成自己独特的定位,并塑造出具有个性化的形象。但如同介绍单一市场专业化时提及的,这种策略风险较大,缺乏市场弹性。

四、 目标市场策略的影响因素

上述三种目标市场策略各有特点和利弊,表6-4中从市场假设、市场选择、营销手段和优劣势四个方面对其进行了概括和总结。企业在决定采用何种策略时必须充分地考虑这三种策略的特征,并就该企业和市场的具体情况进行具体的分析。影响企业目标市场策略的因素主要有企业资源、产品特点、市场特点和竞争对手的策略四类。

表6-4 三种战略的对比

战略类型	市场假设	市场选择	营销手段	优劣势
无差异营销	市场需求同质	全部市场	同一营销组合针对全部市场	成本经济,但难以满足多样化需求
差异性营销	市场需求异质	多个细分市场或全部市场	不同营销组合针对不同细分市场	满足多样需求,但成本较高
集中性营销	市场需求异质	单一或少量细分市场	特定的营销组合服务于选定的细分市场	对特定需求满足度高、创造局部优势,但风险高

1. 企业资源

拥有雄厚的资金实力、充足的人才、大规模的生产能力、广泛的分销渠道的企业,比较适合采用差异性营销策略或无差异策略;而实力较弱的中小企业,适于集中力量进行集中营销策略。此外,当企业初次进入某个行业或某个市场时,由于缺乏足够的市场经验,往往采用集中市场营销策略,待时机成熟后,在通过差异市场营销策略或无差异市场营销策略来扩大市场领域,扩大销量和市场份额。

2. 产品特点

产品的特性主要包括产品的标准化程度或同质性,以及产品所处的生命周期阶段。某些特定类型的产品同质化程度高,性能特点方面的差异小,消费者在选择时主要考虑价格,这时,适宜采用无差异营销以降低成本。反之,差异市场营销或集中市场营销才是恰当选择。

当产品处于导入期和成长初期,消费者刚刚接触新产品,对它的了解还停留在较粗浅的层次,竞争尚不激烈,企业这时的营销重点是挖掘市场对产品的基本需求,往往采用无差异市场营销策略。等产品进入成长后期和成熟期时,消费者已经熟悉产品的特性,需求向深层次发展,表现出多样性和不同的个性来,竞争空前地激烈,企业应适时地转变策略为差异市场营销或集中市场营销。

3.市场特点

市场特点主要包括市场需求的成熟程度和市场中供求的结构特征。一般来说,市场需求成熟度越高,越容易产生需求差异,也就更不适合采用无差异战略。当市场中供不应求时,企业重在扩大供给,无暇考虑需求差异,所以采用无差异市场营销策略;供过于求时,企业为刺激需求、扩大市场份额殚精竭虑,多采用差异市场营销或集中市场营销策略。

4.竞争对手的策略

一般来说,无差异营销战略的对抗性很强。当竞争对手采用无差异营销战略时,企业要尽量避免再使用这一战略,以免形成强烈的竞争。但无差异战略和集中性战略因为其本身富于变化,因此具有更强的兼容性。一个市场中可以容纳许多的集中性战略实施者。因此,竞争者的策略对企业的战略选择也会产生影响。

本章小结

💬 关键术语

市场细分　细分变量　目标市场　目标市场覆盖模式　无差异营销　差异性营销
集中性营销

✅ 内容提要

20 世纪 50 年代温德尔·史密斯提出的市场细分是企业营销战略的基石。市场细分是根据消费者的需求特征和购买行为特征的差异,将整体市场划分为若干个具有类似特征的消费者群体(或子市场)的过程。旅游企业(组织)常常依据地理变量、人口统计变量、心理变量或者行为变量对旅游者市场进行细分;或者根据顾客规模、顾客的地理分布、顾客的类型和要求等变量对组织市场的顾客进行细分。无论选择哪种细分变量,要是市场细分有效,必须保证经过细分的市场具有可衡量性、足量性、可操作性和可进入性。市场细分是为了对不同的细分市场需求进行更好地描述。

为了了解不同细分市场对企业或组织发展的适合程度,营销者有必要对细分市场的规模、成长性、特定细分市场上的竞争局面、细分市场需求与企业战略目标及资源的吻合程度进行分析,还应该充分了解外部环境中与该细分市场的进入和发展相关的限制条件和法律法规约束等。

企业或组织对于细分市场和产品业务领域的选择形成了目标市场覆盖模式。在市场中,能够观察到五种典型的目标市场模式:只选择一个细分市场,并为其提供单一产品的称为单一市场集中化模式;将单一产品提供给多个不同细分市场称为产品专业化模式;选择一个特定细分市场但提供多种产品为其服务的称为市场专业化模式;选择特定的几个细分市场,并针对每个细分市场提供不同的产品或服务的称为选择性专业化;为全部的细分市场提供多种多样的产品和服务以满足其需求称为完全市场覆盖模式。在目标市场选择的基础上,分化成了无差异营销、差异性营销和集中性营销三种不同的目标市场战略。旅游企业需要根据细分市场的特征、自身的实力、产品的特征和竞争状况来选择合适的目标市场战略。

课后练习

1. 为什么说市场细分是市场营销实践的基石？它对于营销活动有什么重要的意义？

2. 酒店行业最常见的市场细分变量有哪些？对于旅游景区来说，常用的市场细分方法又有哪些？

3. 为什么旅游市场细分天然地适合采用生活方式细分？

4. 定制化是否适合所有的旅游企业？为什么？定制化需要怎样的条件？

5. 旅游企业应该如何评估细分市场？

6. 在你的身边，哪些旅游企业采用了市场专业化的覆盖模式？它有哪些表现？

7. 集中市场战略与差异化市场战略有何差异？你认为锦江集团采用的是哪种市场战略，为什么？

案例讨论和延伸思考

铂涛集团：多样化酒店市场和多元品牌的缔造

铂涛集团是中国最年轻而最具创新影响力的企业之一，专注体验消费领域，深入消费者真实需求，从独特的出行与休闲生活体验和价值诉求出发，从而为消费者提供丰富的体验生活圈。目前，铂涛集团已成为中国拥有酒店品牌数最多的企业，业务涵盖酒店、公寓、咖啡连锁、艺术品公益平台等，旗下拥有 22 个品牌，会员人数超 8000 万，门店总数超 3000 家，覆盖全国 300 多个城市，并积极扩张东南亚、欧洲、非洲等市场。不长的 13 年的时间里，铂涛集团的发展可谓风生水起，它的简要发展历程如表 6 - 5 所示。

表 6 - 5　铂涛集团简要发展历史

2005	7 天连锁酒店正式创立
2007	门店突破 100 家，开通无线及短信预订
2009	11 月 20 日，7 天连锁酒店在美国纽约证券交易所上市
2011	门店突破 1000 家，会员达到 3000 万
2013	7 月 17 日，铂涛集团正式成立，同时完成对国内著名连锁酒店品牌——7 天连锁酒店的私有化收购；并一举发布推出多个体验型酒店品牌：铂涛菲诺酒店（Portofino Hotels & Resorts）、丽枫酒店（Lavande Hotels）、喆啡酒店（James Joyce Coffetel）、ZMAX 潮漫风尚酒店（ZMAX HOTELS）
2014	4 月 16 日，7 天酒店推出品牌核心价值主张"年轻的选择"，并推出 7 天优品（7 Days Premium）和 7 天阳光（7 Days Sunshine）两大创新型酒店产品
	7 月 22 日，发布中国首个女性视角连锁酒店品牌希岸酒店（Xana Hotelle）
	8 月 8 日，推出首支酒店业互联网金融产品"铂乐享"
	10 月 15 日，铂涛集团举办战略发布会，同时推出安珀酒店（Albar Hotel Collection）、Mora 咖啡（Mora Coffee）、漫珠沙华艺术平台（Manjusaka Art Platform）、稻家连锁酒店（Dao Jia Hotel）、叹客计划（Tan Go）等多个创新品牌

续 表

年份	内容
2015	2月10日,推出国内首个互联网概念酒店 IU 酒店 3月14日,在国内首创轻标准连锁酒店派酒店 4月9日,发布主打"新奢华主义"体验的 H12 酒店 4月30日,推出主打舒适生活、趣味社交的青年长租公寓品牌窝趣 5月12日,与中国青少年发展基金会合作推出体验式公寓 5月22日,与携程旅行网共同战略投资中国领先的移动酒店预订公司艺龙旅行网 5月29日,举办国内首个体验消费领域的极客大赛,并发布旗下专注体验消费领域的垂直孵化器 9月18日,铂涛集团接受锦江国际旗下上市公司锦江股份的战略投资 11月20日,集团互联网旅行电商品牌—铂涛旅行 APP 1.0 上线 12月9日,在酒店业首创新品时尚秀——"连接＋∞ 铂涛集团 2016 新品时尚秀"
2016	3月31日,铂涛联手欧洲知名奢华酒店集团——Althoff 酒店集团在亚洲推出了高端酒店品牌 Ameron 6月14日,铂涛与西班牙巴塞罗集团联合举办发布会,正式宣布巴塞罗(Braceló)这一享誉欧洲的酒店品牌进入中国

从发展历程看,自集团正式成立起,铂涛集团就格外钟情于多样化品牌的推出,然而"快"并不是铂涛集团在品牌上的所求,而是致力于打造"品牌洞察力"和"品牌创建能力"。铂涛集团试图捕捉到消费市场的信息,挖掘消费者的潜在需求,并清晰、直接地用产品和服务来跟目标人群沟通。2014 年,铂涛集团联席董事长兼首席品牌建构师郑南雁先生宣布了以"海洋创想"为名的战略:以"蓝海"寓意广阔的体验型酒店市场,以"风"寓意消费者的价值需求,以"船"比喻铂涛集团的各个酒店品牌,并描绘铂涛的愿景——从消费者需求和体验出发,创造会员平台与品牌创建平台两大战略平台的价值闭环,形成铂涛集团独一无二的体验品牌圈,为消费者创造美好的生活体验。

在 2013 年,由于国内改革推出戒奢政策,对高端酒店、餐饮造成较大的影响,很多酒店企业的营业额纷纷出现下滑,许多人认为中国的酒店业要不景气了。铂涛集团却有另一番看法。铂涛集团胡隽说:"我不认为酒店行业不景气,酒店是多层次、多元化的市场,从北上广深开始,可以分为一、二、三、四、五、六级市场;从酒店价位、档次上来说,有超五星、五星、有四星,还有提供有限服务的中端酒店。酒店本身就是一个相对中长期的投资项目,而且是抗风险、抗经济波动比较强的一个产品组合。对我们这种创新型酒店集团来说,正逢其时,拥有巨大的发展机遇。"

酒店的市场空间一直都有,但是由于高端酒店有足够的利润,所以传统从业者不重视转型,或者提供新的产品给客户的冲动并不如新进入者。即便他们在理论上遇到了非常大的问题,但不愿意放下身段去改变原有的理念和思维。原有的靠投资金额来抢占市场份额的时代,已经没法玩转中国酒店市场,而在之前的环境下,可能因政府等要求,出现了一些开发商被迫做酒店的情况,经营起来也比较艰难。

铂涛集团副总裁、发展事业部负责人黎鹏先生认为:"随着我国大众旅游和商务出行住宿需求的快速增长,酒店业态具有坚实的市场基础和广阔的产业创新空间。从目前的情况来看,经济型酒店面临产品老化、成本上升的发展瓶颈,普遍遭遇营利下滑的困境。与此同时，随着中等收入阶层的崛起，顾客消费水平的提高，高性价比、略带设计感的中端酒店产品刚好可以满足该部分群体的消费升级，住宿个性化需求增大，中端酒店正在迅速崛起。铂涛集团是中国最具创新影响力的企业之一。面对挑战，铂涛集团也做好了充分的准备，努力为消费者量身打造更多他们喜欢的酒店个性与风格。"

为了充分展示铂涛集团的雄心和对多样化市场需求的回应，铂涛集团甚至以"时尚秀"的方式诠释了独立品牌的个性。2015 年 12 月，"连接＋∞铂涛集团 2016 新品时尚秀"在广州保利世贸博览馆拉开帷幕。浪漫复古的咖啡工厂、唯美梦幻的南法花云、时尚宠爱的都市秀场……5000 平方米的超大豪华展馆里，云集了铂涛集团旗下包括喆啡、丽枫、希岸在内的 18 个独立品牌，瞬间将观众带入到了一个个超乎想象的体验场景，用"创意"与"生活"重新诠释了酒店的定义。

（资料来源：铂涛集团官网，http：//www.plateno.com/和 http：//www.sohu.com/a/121448116_164895）

问题：

1. 案例中提及了酒店市场的哪些不同的细分方法？

2. 案例中的铂涛集团主要对市场采用了什么细分方法？

3. 你认为铂涛集团采用了怎样的目标市场覆盖模式以及怎样的市场战略？表现在哪些方面？

第七章
立地生根：市场定位

引导案例及开篇思考

住宿需求的多元化成为市场不可逆转的潮流，各类标准和非标准化的住宿设施如雨后春笋般涌现。怎样才能够迅速切入市场、引发市场共鸣，拓出一片新的天地？诗莉莉的回答是"我们希望用诗莉莉的蜜月之火，点燃酒店行业的另外一片天""成为非标度假住宿领域的一只'独角兽'"。

诗莉莉，做度假精品酒店的"独角兽"

诗莉莉创始人兼 CEO 许鑫明出生于 1989 年，常被称为"半个 90 后"。他大学期间就创办了服务学生群体的旅行社，为在校大学生提供团队出行咨询和服务。当时他便看到了"80 后""90 后"年轻群体的消费潜力。毕业后，许鑫明在深圳创办了"莫默"客栈，1 年时间开了 3 家连锁店，开始进入民宿领域创业。

许多人都提及，民宿经营的是"理念和情怀"。许鑫明在众多"情"之中，选中的是一个普通人都将经历并且人人都会向往的情感——爱情，并将其命名为"泛蜜月"。"我们把酒店场景化，为"80 后""90 后"新一代新婚夫妇和恋人提供一个浪漫场景。在这里，每一个属性都是情感联系，闺蜜、情侣、夫妻通过情感联系在一起。"由此，诗莉莉的品牌定位——"浪漫情怀、'80''90'、度假"跃然纸上。

这样的市场细分和品牌定位，为其品牌营销和推广运营明确了方向。诗莉莉在酒店规划时，占据着大理、泸沽湖等景区内最美、最稀缺的自然风光，借助别致的设计，来营造浪漫蜜月的氛围，呈现其"爱与美"的品牌特质。从酒店设计上，诗莉莉选择国内较为新潮与个性的优质设计师或设计公司，将"爱与美"的理念与年轻人喜爱的设计元素相结合，融入每一家线下门店中。从社会化营销层面来看，"90 后"占主体的诗莉莉团队，更加热衷于围绕品牌主题，通过线上线下的热门活动来维系和扩大用户社群。例如，邀请摄影大咖开展线上线下的摄影讲堂、酒店拍摄、主题外拍等活动；基于用户群体特性，举办相亲交友活动等。在服务体系方面，许鑫明认为正是诗莉莉"爱与美"的品牌感召力，让众多酒店一线的员工在服务中融入了更多的亲切感。目前诗莉莉酒店中求婚策划、举办婚礼等服务，正是基于优质服务的场景而产生的附加业务。

根据许鑫明的介绍，诗莉莉 2016 年全年平均入住率达 90%，RevPAR（revenue per available room，指每间可供出租客房产生的平均实际营业收入）达 800 元，在各大 OTA 平台中的用户点评也保持在 4.8 分以上(满分 5 分)。无论是从营销数据还是服务口碑来看，诗莉莉品牌均得到了用户的广泛认可，这也得益于公司"爱与美"品牌理念与形象的贯彻。

也许正是这种正确的方向感和良好的市场表现，2016 年 4 月，诗莉莉获得了投资人李驰及其团队的 3000 万元 PRE-A 轮融资，加上 2016 年 11 月本轮经纬中国的 1 亿元融资，诗莉莉在资本力量的推动下正逐渐向"快车道"靠拢。"截至 2016 年底，诗莉莉仍有 30 个待开业项目，并已扩张至江浙地区的精品度假酒店市场中。"许鑫明称，在资本的帮助下，诗莉莉将加快开店速度，预计 2017 年仅云南市场就将新增 50 家门店，并将加快在江浙市场的拓展。

诗莉莉将 2017 年主题定位"产品年"，接下来将会围绕"泛蜜月"精品酒店、"爱的美宿馆"生活美学体验空间、"爱的乌托邦"文旅小镇这三条产品线，打造更多优质的酒店住宿产品。目前诗莉莉正筹划的一项名为"爱的美宿馆"的系列酒店项目，计划邀请 99 对新婚夫妇参与众筹，联合珠宝等相关跨界品牌，尝试打造一款概念性的酒店产品。"爱的乌托邦"项目被许鑫明称之为"爱情事业版"的 Club Med，以旅游小镇的形式，围绕"爱与美"为主题不断填充更为丰富的元素，如婚纱拍摄地、"爱情"主题博物馆、相关主题商业市集等。而"爱的田园牧歌"项目则是以农场式主题度假酒店概念为主。这在许鑫明看来，是诗莉莉迎合年轻一代文化、个性、情感、体验等多方面消费诉求的创新尝试。

(资料来源：案例改编自 http：//m.traveldaily.cn/article/read/112054)

? 思考

1. 案例阅读完后，你对诗莉莉品牌是否产生了深刻的印象？它的最明显特征是什么？
2. 你觉得诗莉莉的优势特色可以被复制吗？为什么？

第一节 市场定位的基本理念

一、市场定位的含义

现代市场经济的高速发展，使得消费者面临一个有着"爆炸"特性的消费环境，成千上万的不同产品(产品爆炸)，无孔不入的企业和产品的广告信息(广告爆炸)，多媒体渠道带来的不可计数的资讯(信息爆炸)，使消费者时时处于信息超载的威胁中。消费者越发倾向于处理和接受简单、简洁以及更加有序的信息。这是《定位》一书的作者给我们所描述的现实环境。美国营销学家艾·里斯和杰克·特劳特也因此在 20 世纪 70 年代提出了一个对于营销界有着战略性影响的营销新理念——定位。

所谓定位(positioning)，是指企业根据竞争者在市场上所处的位置，针对顾客对该类产品某些特征或属性的重视程度，为本企业产品塑造与众不同的鲜明的形象，并将这种形象生动地传递给顾客，从而使该产品或品牌在消费者心目中占有特定的位置的战略性活动。

概念揭示了定位的根本目标：抢占消费者心目中的独特位置。消费者会按照他们所了解和熟悉的属性将产品进行描述、排序,并在大脑中分配不同的区块,存储不同的产品信息。能否占据其中显著的位置就直接决定了品牌和产品为消费者所选择的可能性。可以说,消费者心目中的品牌位置,预示着企业在市场中的位置。定位的核心活动是"创造差异",是针对消费者的心智特征,为企业找到差异、传播差异,将产品品牌与消费者特定的联想紧密地结合在一起,从而形成差异化的形象。

二、定位对于营销的重要意义

定位对于企业营销目标的实现有着显著的影响,尤其在企业确立自己的市场地位、企业的营销活动的整体运营和赢得竞争优势方面能发挥独到的作用。

(一)占据市场地位的先导武器

定位是通过"与众不同"来影响消费者的心智。典型的例子是,许多可乐的消费者在没有看到品牌的情况下,都无法识别出可口可乐和百事可乐。但是在直接显示品牌的情况下,两种可乐各自的品牌忠诚者则纷纷认为自己所选择的可乐有更好的口感和品质,并且会产生其他的一些感受,例如百事可乐的忠实消费者们认为自己是年轻的,可口可乐则认为自己在追求经典。这种差异就是在可口可乐和百事可乐在定位传播中形成的影响。

企业从"独特"和"差异"的视角出发,便能在营销活动过程中避免在"同质"的属性上投入不必要的资源,更多地集中于"个性"的创造,从而使得消费者对于品牌的识别度、认知度更高,也就顺理成章地在市场中占据了应有的位置。因此,定位可以说是企业占据市场地位的先导武器。

(二)营销组合策略的指挥棒

企业在营销活动中需要对营销组合进行设计和计划,在计划中回答许多类似于产品应该如何改进、价格应该怎样确定、怎样更好地设计广告和开展促销活动这样的问题。不少企业将这些问题分而置之,以致无法形成更强的合力,甚至产生相互的冲突。但是,如果企业明确地表达自己的定位,便能够围绕这个定位来指挥营销组合要素,使得所有的要素在运用时都能够强化这个定位,便可以有效避免营销组合中的矛盾冲突。经典的"王老吉"案例中,企业围绕"去火"这一核心的功能定位,在广告中强调"怕上火喝王老吉",在包装上用"红罐"展示"火热",在使用场景上强调"火锅""烧烤",形成了强大的营销合力。

(三)帮助企业形成竞争优势

独特的、不可复制和难以模仿的资源或能力是企业竞争优势的基础。企业一旦形成了明确和有效的定位,就意味着在消费者心目有了特定的形象和地位。这种形象将会影响消费者对于产品品质的感知和判断,影响消费者对于品牌的态度,进而对购买行为产生影响。由于特定的形象在消费者心目中具有排他性(即一旦这个形象被某个企业率先采用,那么其他企业就很难取而代之),很难被模仿和复制,因此,有效的定位实际上可以成为一种资产和较持久的竞争优势。

第二节 市场定位的步骤和方法

定位的活动围绕如何在消费者心目当中创造具有优势的差异这个问题来展开,整个过程由寻找优势差异、合理评估和选择差异、展示差异和有效沟通三个步骤来完成(见图 7-1)。一些工具能够帮助企业来完成市场定位的任务,这将在本节的第四部分展开介绍。

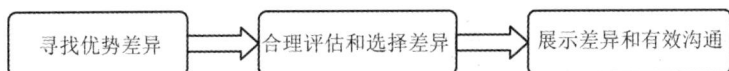

寻找优势差异 → 合理评估和选择差异 → 展示差异和有效沟通

图 7-1 定位的步骤

一、定位的基础: 寻找优势差异

以竞争对手为比较对象,审视自己有什么"人无我有"或者"人有我优"的独特之处,并且考察这种独特之处是否可以成为"优势",这就是寻找优势化差异的过程,也是定位的首要工作。旅游企业、旅游组织或者旅游目的地等营销主体,可以通过产品和服务内生的特性,以及外在的人员、形象、销售渠道和用户群体等方面去寻找差异。

(一)产品和服务差异

产品和服务是企业为消费者的需求问题提供的特定解决方案。不同企业的产品和服务在解决的主要问题、解决问题的能力、效果和方式上存在差别。因此,产品或者服务的特色、卓越的性能、品质的高度一致性、可靠性和独有的设计风格等都可以成为优势差异。

1. 特色

所谓特色通常是指产品所具有的核心效用以外的一些附加的功能,这些功能能够带来独特的价值。旅游目的地的特色大多与其特有的资源环境相关联,例如,某度假区拥有特殊富含特定矿物质的温泉,某海滨浴场的淤泥因为富含某些微量元素,使得他们宣称能够达到特殊的美容、延缓衰老或治疗疾病的功能。这些特殊的功能就令该度假地与众不同。湖北恩施主打的"富硒"旅游,就是典型的特色旅游产品。旅游企业也可以通过自我设计和创新来实现有特色的产品和服务。如启迪案例 7-1 所述。

启迪案例 7-1

睡眠酒店:特色服务造就的非凡

本杰明酒店位于曼哈顿市中心,是一家历史悠久的商务旅游酒店,帮助住客解决睡眠问题是其招牌。

本杰明酒店的特殊枕头、充满薰衣草芳香的浴室以及 Spa 和按摩中心都为客人更快进入梦乡做了精心准备。酒店安装了隔音玻璃,并将客房都设在 5 楼以上,从而有效地隔离了道路噪音,而电子噪音屏蔽仪还阻隔了店内闹钟的声响。此外,客房内设有特别定制的床垫,还提供十多种不同类型枕头供顾客选择。为了保证客人的睡眠质量,酒店还专门增设了"睡眠管家"(sleep concierge)职位,它的职责就是用各种方式提高顾客的睡眠质量,让客人不再为失眠烦恼。目前酒店已有四名专职的"睡眠管家",这也成为酒店的招牌之一。

当然,舒适睡眠的价格自然不菲。金女士在酒店住了7天,共支付4000美元费用。据酒店管理人员介绍,房费随季节浮动,节假日会有所上调。但酒店做出了如果顾客无法入睡可不支付房费的保证,还是让不少人慕名而来。

2. 性能

性能是产品和服务中的属性或要素所能够达到的水平。消费者对于某一类产品通常都有一些基本的要求和期望,相互竞争的产品也因此必然有一些共同的属性。如果某个旅游地或旅游产品在关键的一些属性中,能够超越竞争对手,做到最好,这也能够成为一个优势差异。对于酒店产品来说,清洁、卫生自然是基本的需求,但是如能做到"碾压"他人的水平,自然也可以此作为自己的优势。

旅游地的"性能"优越性,可以表现在旅游地的资源品位在同类资源中显得突出,例如山的海拔高度最高、湖泊体量最大、植物品种最为丰富、森林的负离子浓度最高等。也表现在一些软性的环境中,例如,最"安全"的地方,最适宜人居的城市等。旅游饭店则可能在客房的舒适度、餐饮的丰富程度等硬件方面和服务的准确性、及时性、安全性等方面形成自己的优势。注重细节已经成为旅游行业乃至服务行业中提高服务"性能"的重要表现。

3. 一致性

服务性产品的异质性特征,给产品品质的稳定性带来了很大的挑战。若消费者在不同时期购买的产品具有不同的性能,消费者将产生评价困难。比如说,一家餐厅的菜肴口味,有时极佳,有时却不如人意,这就给消费者评价和选择带来障碍。如能始终保证产品和服务品质的水平,使产品的设计和使用与预期标准相吻合,便具有较高的一致性。一致性不仅能充分体现企业的管理水平,也可以成为企业吸引顾客的优势。正如实践中有些企业通过宣称"品质始终如一"来赢得顾客。

4. 可靠性和承诺

可靠性对于有形产品来说是在既定的使用期内保持不坏的可能性,它是以产品使用功能不受到损害为界限的。对于无形的服务来说,可靠性是不出现服务失误的比率。因为具有无形性的特征,服务性产品的可靠性往往更依赖于坚定有力的服务承诺来传递。如启迪案例7-2所述。

启迪案例7-2

无地沟油承诺

食品卫生和安全问题是近年来大家持续关注的问题。国务院办公厅2017年4月印发《关于进一步加强"地沟油"治理工作的意见》,明确提出要社会各界联合起来,杜绝"地沟油"流向餐桌。阿里旗下的本地生活服务平台"口碑"在2017年5月发起"无地沟油"行动,全国已有近4万餐饮商家在口碑平台自主承诺不使用地沟油。对于平台上的餐饮商家,一旦承诺绝对不使用地沟油，其口碑在线店铺会被打上"无地沟油"的标志并重点推荐。"无地沟油"行动发起之初，顾客在发现餐厅使用地沟油后，可以通过口碑客服热线进行投诉。而益海嘉里与口碑平台"无地沟油"行动合作，提供专业的优质检测，使得"无地沟油"承诺更为可信。

5. 设计风格

设计风格是指产品在外观设计中的全部元素的组合，以及由其体现出的独特个性。许多有形产品都依靠独特的外观设计风格赢得特定的消费群体，例如，苹果电脑和哈雷·戴维森机车。旅游产品的核心产品是服务，但是服务往往依托一定的设施和特定的环境，也有特定的服务流程，设计风格就可以体现在这些环境要素和服务要素上。例如，酒店的建筑外观和内部装修直接体现了酒店的个性，许多主题酒店因为有着独特的设计风格而令人印象深刻。迪拜的七星级帆船酒店，就有着非常独特的外观设计，犹如一艘扬帆远航的船，让人过目不忘。

（二）人员差异

异质性是服务产品的重要特征，主要是由于员工和顾客之间的相互作用以及伴随这一过程的所有变化因素所导致的差异。因此，旅行社、酒店等即便设计了同样的服务流程和服务规范，但经由不同的人员提供也会产生不同的效果。年轻男性服务员象征效率和自信，长者具有稳重的气质，而女性则带来温和和细腻的服务感。正因如此，旅游目的地和旅游企业在服务人员上独特的选择也可以形成差异。如启迪案例 7-3 所述。

启迪案例 7-3

各色各样的迎宾

迎宾是酒店当中担任客人迎来送往职责的员工，他们经常是酒店客人接触到的第一岗，决定了顾客对酒店的第一印象，因此成为酒店当中非常重要的一个岗位。许多酒店通过选用不同类型的迎宾来体现酒店的与众不同（见图 7-2）。

最普遍的迎宾类型是高大帅气的小伙子，他们反应敏捷、动作迅速，体现着现代酒店的服务效率。但有一些酒店则另辟蹊径，独树一帜。

图 7-2　不同类型的酒店迎宾

国际假日酒店集团管理的广州"文化假日酒店"的迎宾就曾由一位身着黑色燕尾服、具英姿飒爽的女性担任，受到客人的欢迎，并引起了媒体的报道。

欧洲也有一些具有悠久历史的酒店的迎宾都是在职许多年的年长者，不仅让人感到亲切，而且体现出酒店的文化和历史。济南有一家大酒店曾经登报向社会公开招聘了几位学识渊博、气质高雅的离退休的长者担任迎宾，这些老人面目慈祥、热情礼貌、微笑服务，赢得了社会的赞许和广大顾客的好感，起到了良好的广告效应。

当然，一些酒店为了展示自己的"国际性"，也会选用外国人来担任迎宾。"印度门童"就是最常见的外国人迎宾，并且似乎成了国际化酒店的一个重要的标识。

（三）形象差异

形象是消费者对于产品或者品牌的感知、认识和评价的综合印象。企业可以通过标识设计、特定的事件的举办、特定的广告诉求以及代言人的选择等来形成形象差异。

标识是形象的视觉系统，将企业的价值观、历史、代表性的特征运用一些视觉要素表现出来。这些色彩、形状、线条等会对消费者的感知产生影响。由于旅游产品的不可移动性和无形性，许多旅游地为了传播自己的独特的形象，都进行了形象标识的设计。

旅游企业和旅游地也可以用特定的代言人来传播自己的形象。由于晕轮效应或者移情作用的存在，旅游者可能将代言人身上具有的个性和特点"移植"到某个旅游地或者旅游企业上，或将对特定名人或明星的喜爱扩散到她所代言的产品上。当然，选择代言人要非常谨慎，好的代言人能够恰如其分地展现旅游地的特征，并使得旅游地与消费者更加贴近。

旅游地特定的节事活动也不失为传播旅游地形象的强有力的手段。例如，宁波东钱湖将湖泊休闲节作为当地重要的形象宣传手段，杭州的 G20 峰会强有力地将杭州的整体形象推广到全世界面前。如启迪案例 7-3 所述。

启迪案例 7-3 🔍

各地旅游形象代言人

刘若英代言乌镇，以其娴静温婉的特质，恰如其分地展示和传达了乌镇水乡的婉约和宁静。2006 年，孙俪成为丽江的代言人，她处女作《玉观音》就是在丽江拍摄的，紧接着《一米阳光》在丽江拍摄并在全国热播。孙俪坦言：丽江是我一辈子都想生活在那里的地方，在丽江完成了人生的第一个角色，我对这片土地有着故乡般的眷念。我要追寻角色的足迹，完成我心灵的回归。

一些明星也担任国外旅游目的地的形象大使。淡如菊静如蕾的徐静蕾散发出来的神秘与纯净的气质，与印度洋上的岛国斯里兰卡之间显得异常合拍。她的代言，让斯里兰卡变得更加令中国游客神往。

（四）渠道差异

人们对于不同的销售渠道有不同的感知和评价，这种评价也会传导到销售的产品之上。高端渠道出售的商品,比较容易让人认同它的档次和身价;反之,通过低端的渠道出售高档的产品,会让人产生不信任感,或导致产品形象的贬值。通过新兴的渠道进行的产品的销售,会让感觉企业比较时尚;而通过传统渠道进行销售,则可能表现产品比较经典或者守旧。一些景区仅接受网络预订,否则无法购买门票;一些酒店只通过官网销售;一些旅游目的地建设自己的"品牌专卖店",都可以让人感觉到它们的与众不同。

（五）使用者的差异

如果企业选择的目标市场非常特殊或者经过调查发现自己的使用群体有着明显的特征,是其他竞争对手都没有注意或没有重视的目标市场,那么对于目标市场的选择本身就形成了一种差异。企业只需要明确地将其服务的对象,或者说产品的潜在使用者描述出来即可。例如,奥地利有一家专门为老年人服务的超市,名为"50＋",雇佣的都是老年人做服务员,提供许多老年人的便利服务。劳斯莱斯汽车使用者中 2/3 的人都拥有自己的公司,每个人都有多处房产,50％的人都有艺术收藏,平均年龄在 50 岁以上。因此,该品牌与其他豪华品牌的汽车,如宝马、奔驰就产生了差异。当然,在旅游行业也同样可以有类似的做法。例如,上海有一家专门为带宠物的人服务的餐厅,名为"陪它来此",甚至也有专门的宠物旅行社。费希尔岛,被佛罗里达的豪华住宅开发公司定位成"经营者的放松乐园"也是同样的道理。

二、定位的选择： 合理评估和选择差异

企业发现自身在产品、人员、形象、渠道等方面的差异时,并不意味着企业已经塑造出自己独特的形象,因为,并不是所有的差异都适合成为企业的定位基础,也并不是在企业的定位中应该展示所有的差异。营销者需要对备选的优势差异成为定位的可行性进行谨慎的评价和判断,而后才能将那个方面的差异作为塑造个性的基础。

（一）选择的依据

图 7-3 展示了对备选差异进行筛选的一般过程。在这个过程中,旅游企业或旅游目的地从消费者、竞争对手和企业自身三个角度去评价差异成立的可能性。

首先,定位的最终目的是为了让消费者认同企业的与众不同,采取购买行为或形成购买的倾向。因此,差异选择首先需要考虑消费者对差异点的认同、理解和接受程度。所选择出来的差异必须是消费者在产品或品牌决策时所重视的属性,而不是无关紧要的差异。否则,企业的定位将无法对消费者产生足够的影响力。

其次,选择优势差异时需要充分把握竞争对手的行为。根据消费者的心智和记忆规律,一旦有竞争者率先使用了某个差异作为定位,并且被消费者认同和接受,那么后续竞争者再想要以同样的差异来赢得消费者就非常困难。比如说,佳洁士在美国市场上是以防蛀作为其牙膏的主要定位的,然而,在中国市场上,高露洁公司一开始就选择了"防蛀"这个定位,佳洁士作为后进入的品牌虽然想夺回这个定位,但是却没有能够成功。因为消费者心目中已经牢牢地树立起了"没有蛀牙——高露洁"这个联结,要想打破它非常困难。因此,在选择差异时,要充分考虑是否已经有竞争对手在同一个方面树立了明确的形象。

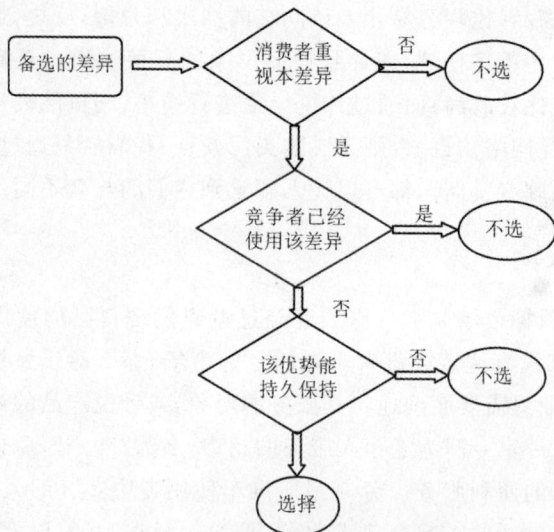

图 7 - 3 差异选择判定的流程

最后,在选择差异时应该充分考虑差异优势的持久性,或者说在多长的时间内不会被竞争对手超越,或者为其他更优秀的属性所替代。定位的塑造和传播需要投入很多的时间、资金和精力,不可能朝令夕改,因此一旦选择,可能会长时间的产生影响。而如果定位的优势差异很容易被竞争对手超越,就可能成为被竞争对手攻击的弱点,顾客可能也就因此流失到竞争对手那里去了。

(二) 可行差异的特性

上述评价和选择的过程能够保证,被选择的优势差异具备以下主要特征,并能够成为定位的基础。

1. 独特性

这个属性能够让旅游者或潜在消费者产生直接联想,与本企业的产品品牌联系在一起。应确保竞争对手不具备这样的属性,或本企业提供这种属性的方式是与众不同的。

2. 重要性

这种差异是旅游者体验和评价中的重要因素,对旅游者的决策产生重要影响。缺乏这个属性的优秀表现,可能使消费者直接拒绝这个产品或者服务。

3. 决定性

这个差异能够成为影响消费者选择的因素。有时候,一些产品的属性非常重要,但是却不能对消费者的选择产生影响,因为消费者认为竞争品牌在这个特征上非常接近,不具有区分度,以致在选择时并未将其列为主要的标准。例如,清洁是顾客对酒店非常重视的一个属性,但是高星级酒店在清洁方面都做得很成功,因此顾客在选择高星级酒店时可能更多地考虑服务和人性化。

4. 可沟通性

寻找差异的目的并不是为了向自己证明,而是为了让消费者接受。因此,所选择的差异应该是目标顾客群体的知识结构背景下,能够完全接收和理解的。

5. 持久性

持久性强调这种差异点不仅是企业拥有先发优势，而且具备防御的能力，难以被攻击的。当然，由于企业和它的竞争对手都在动态变化中发展着，因此，差异的持久性还取决于企业内部相关资源的投入和对差异的维护活动是否有效。

总体来说，一个有效的定位必须是能够承诺顾客能够得到的利益、建立起顾客的期望，并展示与竞争对手不同且更好的解决方案，而非一个空洞苍白的口号。

三、定位的沟通：展现差异和有效沟通

差异化形象的塑造和传递是定位活动的最后一步。许多企业错误地认为，差异化形象的塑造只依靠宣传促销活动，然而事实上，企业自身的这种差异化要被顾客了解、熟悉、认同并且喜爱，可以并且应该通过所有营销组合要素来体现。一家将自己定位在"服务细致入微"的酒店，必然在客房设计上充分考虑顾客的需求细节、在服务中强调以观察为基础对顾客提供个性化服务；把销售也当作是服务的过程，充分重视销售渠道的设计对旅游者的便利性。当然，在宣传的广告中也需要生动地展示酒店的"细致入微"的细节，从品牌的名称、精彩的广告语、合适的传播者等，都要精细化处理。任何一个环节对定位产生偏离都有可能使得整体的形象产生缺失，或失去顾客的信任。

为了避免消费者在理解企业定位时产生偏差或误解，企业在如何传播形象时，应该更多地站在消费者的角度，用顾客的思维方式去理解自己的差异。在旅游业中，不少企业或旅游目的地直接采用体验营销的方式，来使得消费者对本企业产品的差异产生亲身的体验，而后借由他们的嘴巴（word of mouth）去进行形象的传递，这是一个很有效的方法。具体的营销沟通和宣传促销的问题还将在本书的第 11 章进行论述。

四、定位的主要工具

定位不是一个依赖直觉或灵感就能够完成的工作，在定位的过程中如能恰当地运用以下的工具，能够帮助企业更准确的思考和确定自己的定位。

（一）排比图：对比描述相互竞争的产品或品牌

排比图是直观描述相互竞争的产品或服务在重要的属性上的表现和差异的重要工具，它能够帮助分析出不同产品品牌的相对优势和劣势。图 7-4 中所示的是对某个地区的不同品牌的五星级酒店的排比图。

图的左侧需要列举出顾客对于五星级酒店这种产品最重视的属性（如位置、环境、服务、硬件等）并且按照属性的重要性排列。在这个过程中，企业需要赢得顾客的参与。通过顾客调查的方式来确定属性的种类，给属性的重要性程度评分，还需要顾客对不同酒店的以上方面的属性进行评分。

图 7-4 上方所列的 A、B、C、D 表示 4 家不同的酒店。当然，企业也可以根据自己的需要删减或增加参与对比的品牌的数量。图中用 1~7 分的刻度来衡量各酒店在不同属性上的表现优劣。将不同品牌的各属性得分点连接成折线，就得到了不同酒店的品牌特征线（即图中的 A、B、C、D 四条不同的折线）。

不同竞争者的品牌特征线的分离和差异程度,可以很明白地显示出不同竞争者的优势特征。如图7-4中显示,A酒店的环境舒适度和硬件的完善程度较为突出,B酒店在服务水平上较有优势,C酒店在服务水平、硬件完善度、价格合理性上都超过了其他的竞争对手,D酒店在环境舒适度方面有相对的优势。

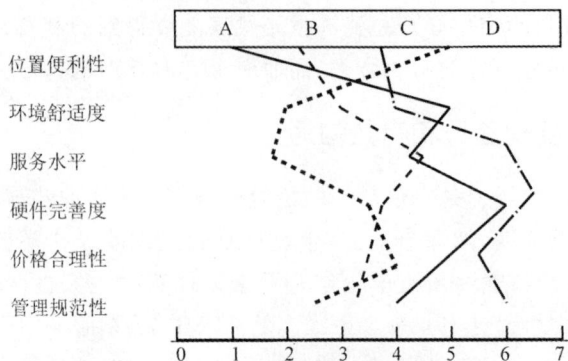

图7-4 4个五星级酒店的排比图

(二) 象限分析:描述不同属性的重要性及表现

象限分析法是帮助描绘某个特定的品牌、企业或者旅游目的地的比较全面的表现的方法。如图7-5所示,象限分析法需要描绘许多不同属性的重要性程度以及该分析对象在这些不同属性上的表现(满意度)。

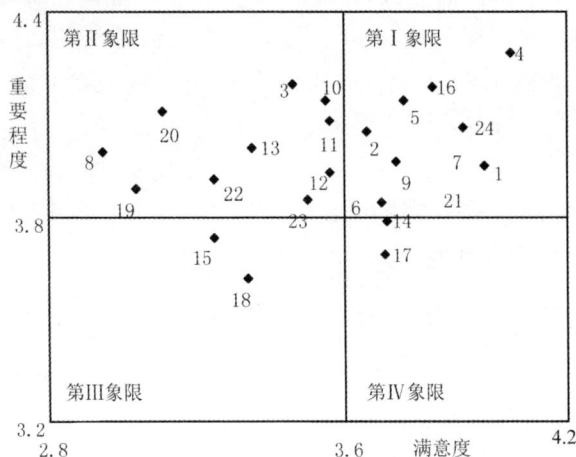

图7-5 井冈山旅游地各属性重要性—满意度分析

注:各标号代表的属性如下:1.自然景观;2.红色文物的展示;3.革命精神的体现;4.革命遗迹、遗址的维护;5.革命遗迹、遗址原貌的展现;6.当地的特色文化;7.祭奠革命英雄的活动;8.革命精神的体验活动;9.以红色文化为主题的节庆活动;10.导游的解说服务;11.游览线路的安排;12.旅游咨询服务;13.景点工作人员的服务水平;14.交通工具的卫生舒适性;15.特色餐饮的提供;16.住宿设施卫生舒适;17.交通工具的舒适性;18.旅游商品有特色;19.旅游商店的信誉;20.公厕/公共休息场所的设置;21.通信/银行/邮政等基础设施完备程度;22.各景点的拥挤程度;23.当地居民的友好程度;24.游览环境的卫生状况。

资料来源:林巧,戴维奇.红色旅游者动机实证研究——以井冈山景区为例[J].北京第二外国语学院学报,2007(3).

与排比图一样,象限分析同样需要顾客的参与,无论是重要性还是满意度,都是根据顾客的意见得出。如果用里克特5分量表对满意度和重要性程度进行衡量,并将满意度和重要性程度作为横纵坐标值,在图中可以绘制出一点用于表示某个特定的属性。图7-5中,共有24个点分别代表24个不同的红色旅游目的地属性。

分析者依据研究的需要和科学性的要求,在重要性程度和满意度程度上各选择一个分界(如图7-5中用3.8分来区分重要性程度,3.6分用来区分满意度程度),则可以将平面切分成4个不同的象限。位于不同象限中的属性,有不同的特征。

图7-5显示的第一象限的属性是井冈山最让游客满意的属性,同时也是最重要的属性,可以构成井冈山优势定位的基础。第二象限中的属性,则是井冈山应该着力改变的属性,否则他们将大大地影响井冈山作为红色旅游目的地的竞争力。第三象限是那些并不是很重要又表现不太突出的属性,我们可以对其投入有限的关注。第四象限则是那些不太重要,但该地表现很突出的属性,可以起到锦上添花的作用。

象限分析法可以帮助我们明显地区分属性的重要性及其表现,但是很难显示出哪些属性最能够区分于不同的竞争对手,即无法显示属性的重要性和独特性。

(三) 感知定位图:多个竞争品的市场地位的描述

如果能够展示竞争对手在当前市场当中占有了怎样的地位,我们就可能寻找到自己的市场机会和定位的空间。感知定位图就具有这样的作用。描绘一张感知定位图需要两个步骤:首先,利用判别分析这一统计技术来考察不同属性对区分不同竞争对手的作用,也就是要选择出最能够将竞争对手区别开来的属性。然后,根据竞争对手在判别属性上的表现,在图中标出它们的位置。

图7-6中是根据顾客对主要的连锁快餐店的感知所描绘的感知定位图。图中的横轴和纵轴是根据判别分析识别出来的最能区分竞争对手的两个属性——位置便利性和干净整洁度。图7-6中的点标识的是根据消费者的感知所确定的主要的连锁快餐品牌在市场中的位置(每个黑点表示一个品牌)。从现有品牌的总体分布看,在干净整洁方面能做到突出的还比较少,位置便利而又干净整洁的则更加稀有。那么A快餐店可以力争在干净整洁上做得更加出色,这样把自己的位置从A移动到A′,而后选择干净整洁作为它的定位。

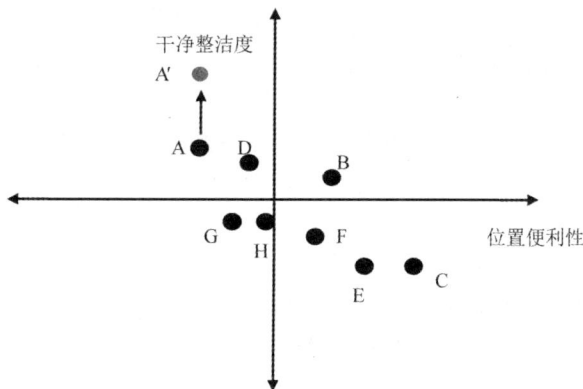

图7-6 快餐店感知分析

当然,如果通过判别分析寻找出不止两个区分属性,而是三个或三个以上,也可以在感知图中增加属性,将该图转化为三维图甚至多维图。

第三节　旅游定位的常用策略

一、主体性定位

从营销主体角度进行的定位是旅游企业和旅游目的地从经营目的和宗旨的设定、生产的产品类型、所生产的产品的类型选择,以及在市场中所处的地位和想要占领的位置等角度来进行市场的定位。这种定位不仅有是企业对自己营销目标的描述,也能够帮助消费者理解企业追求什么、在做什么,并因此将企业与竞争对手区别开来。

(一) 目的定位

目的定位是企业向消费者传播自己生产的目的,或满足的需求类型,以帮助消费者增加对企业的认识,并判断是否符合自己的需要。例如,Wingate 旅馆提出"我们为商人而建,你所在的任何地方都舒适和自由";某些酒店将自己定位成一个专业的会议协助者;一些旅游目的地声称自己是"上海的后花园"等。

(二) 类别定位策略

类别定位的主要理由是消费者擅长并乐于将产品进行分类,企业将自己定位于某一个特定的产品类别中,有利于消费者记忆和理解。并且,如果企业能够定义一个全新的产品类别,就能够成为这一门类中的领头羊,占据难以替代的优势地位。一个非常经典的案例是七喜饮料在上市的时候将自己定位为"非可乐",从而大获成功。而酒店业也有类似的例子。在星级酒店竞争非常激烈的情况下,喜达屋集团(Starwood)将旗下的"W"酒店将自己定位为"生活方式酒店和精品酒店",从而与一般的酒店区分开来,成为这个类别酒店中的代表。

(三) 品质—价格定位策略

档次是消费者在选择时经常考虑的问题,企业也经常将档次定位与目标市场战略配合使用。决定产品档次的一个重要因素是价格。价格暗含了许多信息,也能够指示产品的品质,因此也成为定位的重要工具。许多高档的连锁饭店集团致力于保持高房价,甚至在争夺某个地区最高的价格,并以此来彰显自己的至尊地位。某些经济型酒店,则直接打出具有冲击力的价格,作为他们的定位,例如,"全国统一 99 元"。

当然,在更多情况下,价格会与品质一起往往对许多的购买者的决策起到决定性的影响。顶级的酒店和服务往往用顶级的价格,这是一种典型的优质—优价的组合定位;优质—低价则是在消费者心目中的超值之选;质价相符让消费者感到满意。

二、竞争性定位

有时企业在定位时主要考虑与竞争对手之间的实力对比，并将定位作为应对竞争的重要工具。根据企业定位中表现出对竞争对手的不同态度和与对手的不同关系，竞争性的定位策略可以分成避强定位、比附定位和对抗性对位三种。

（一）避强定位

避强定位的指避开强有力的竞争对手，或者避开竞争对手已有的强势定位，在无竞争的市场部分定位的策略。这种定位的优点是能够使企业远离其他竞争者，以新鲜新奇的形象在该市场上迅速站稳脚跟。避强定位往往造就"第一"，比较容易获得成功。例如，"白加黑"作为第一个将感冒药分成白天和夜晚使用，避免了在药效上与强劲竞争对手泰诺等的正面冲突，从而大获成功。

（二）比附定位

比附定位就是攀附名牌的借势定位策略。企业通过各种方法和同行中的知名品牌建立一种内在联系，使自己的品牌迅速进入消费者的心智，占领一个牢固的位置，借名牌之光而使自己的品牌生辉。

比附定位常见形式有三种。第一，甘居第二。就是明确承认同类产品中另有最强品牌或最正宗的产品，而自己只不过是第二。这种策略会使人们对公司产生一种谦虚诚恳的印象，相信公司所说是真实可靠的，这样消费者对这个品牌的印象会更深刻。同时还不知不觉中将自己挤到了紧随领先者之后的位置上。第二，攀龙附凤。也就是将自己与本类别中最具地位或代表性的品牌相联系，说明自己与之相似，或者在某个特定区域内相当于这个品牌的地位。例如，苏州乐园开业之初就以"东方迪士尼"为品牌定位，以"迪士尼太远，去苏州乐园"为宣传口号。上饶三清山在旅游发展最初曾经用过"小黄山"的称号来加速自身的形象传播。第三，进入高级俱乐部。公司如果不能攀附第二名，也可以利用模糊数学的手法，借助群体的声望，把自己归入高级俱乐部式的品牌群体中，强调自己是这一群体的一员，从而提高自己的形象和地位。例如"江南六大古镇""某某地著名十景"等是旅游业内常见的手法。

当然在比附定位中，参照对象的选择是一个重要问题。一般来说，只有与知名度、美誉度高的品牌作比较，才能借势抬高自己的身价。

（三）对抗性定位

对抗性定位也叫"迎头定位"，是企业与市场上实力较强的竞争对手采用针锋相对的定位，从而使自己能够吸引竞争对手的顾客，扩大自己的市场份儿。一般来说，采用对抗性定位的企业有两种可能：第一，企业认为与竞争对手的正面冲突是不可避免的。第二，企业找到了竞争对手的关键的弱点，或者在竞争对手选择的定位方面，具备了超越的竞争对手的实力，从而动摇了竞争对手的基础。例如西式连锁快餐汉堡王在与麦当劳进行对抗性定位时，直接做出广告"牛肉在哪里"，意在讽刺竞争对手牛肉比较少。维萨信用卡与美国运通公司竞争时的做法是，展示所有不接收运通公司只接收维萨卡的地方。

三、消费者定位

企业也可以站在消费者的角度上,针对消费者的需求和动机,选择能打动消费者的定位诉求。根据与消费者沟通方式的不同,定位主有三种方法:利益定位、情感定位和文化定位。

(一) 利益定位

利益定位是强调服务或产品的某些属性和特点能够给消费者带来怎样的利益,这种利益是其他的竞争的品牌所不能提供,或者没有明示的。航空公司可以定位在经济性,也可以定位在安全性,还可以定位在准点性;酒店可以定位在其与众不同的服务上,如可以像丽思·卡尔顿酒店那样定位在高贵的品质和细致入微的管理。旅游地的选择更加多样,每一种独特的体验都可以成为一个利益定位。例如,乌镇将自己定位为"最后的枕水人家"。由于利益定位往往追求独一无二的特色,因此有时会成为独特卖点(unique selling point)。

(二) 情感定位

如果说利益定位是通过理智因素与消费者进行沟通的话,那么情感定位则是与消费者进行情感的交流。旅游目的地、酒店都可以展示自己带给旅行者的亲切、欢乐、温情、舒适、激动兴奋等情绪和情感反应,从而帮助自己吸引旅游者。例如江西著名的旅游目的地婺源采用广告词"梦里老家",形成一种亲切感,引起旅游者的向往。凯悦酒店曾用"俘获心灵"的标语,并用微笑的员工来体现自己的感性诉求。值得注意的是,情感定位一般来说比利益定位更加具有主观性和无形性的色彩,可能是一种联想和想象。因此,情感定位在运用和传播时更需要借助一些客观的线索来体现。

(三) 文化定位

文化定位是旅游业中常见的定位方式。由于旅游活动本身是一种文化活动,许多文化活动、文化现象和文化渊源都能够形成独特的吸引力,因此,旅游目的地使用文化定位不仅有利于创造独特性,也有利于传播。例如,宁波宁海作为徐霞客的首游之地,在旅游发展中有独特地位;丝绸之路和海上丝绸之路成了串接许多经典景区的主线。绍兴的旅游口号"跟着课本游绍兴",则充分利用了鲁迅先生的文章在文化教育中的重要影响力。文化定位在主题酒店和餐厅中也经常运用,例如,雅鲁藏布大酒店是以藏文化为主题的博物馆酒店;泰国北部道家养生花园则是以道教养生文化为主题定位的。

以上三种角度的旅游营销定位策略并非是相互排斥的,在许多情况下,一个好的定位,往往能够融合或者满足多个角度的定位。

四、定位的更新

(一) 定位更新的理由

这是一个变化的时代,市场在变化,顾客的价值取向、消费偏好,企业的经营环境、竞争格局等都在变化。这个时候,如果企业一味地沿用原来的市场定位和品牌定位,不与时俱进,企业的品牌就有可能逐渐由强转弱。因此企业在产品创新、促销创新等具体营销要素创新之时,对市场定位也进行更新。定位需要进行更新包括以下一些具体原因。

1. 原有定位出现错误

一般来说,企业定位经过一段时间的宣传期后,就可以感受到定位的效果的好坏。如果旅游者或潜在的旅游者对企业产品或品牌的认知度上升很慢、市场对产品反应冷淡,企业销售情况与预测差距太大,这时企业就应该进行市场定位的分析,是否定位的选择出现了错误。如果是,那么就应该进行重新定位。

2. 原有定位已不符合企业发展新态势

随着企业或组织的发展,或者由于外界环境的变化,企业的目标市场可能会进行调整,企业的产品组合会发生变化,那么原有较为狭窄和专注的定位可能会成为制约企业或组织发展的因素,影响企业对新新的市场的开拓。我国的黄酒品牌古越龙山现在的主要消费群体是中老年人,为了维持现有消费者,并获取新一代消费者的青睐,古越龙山一改以前仅仅停留在物化表面上和传统文化上的品牌诉求,将品牌重新定位为"进取的人生、优雅的人生——品味生活真情趣"。在旅游行业里,旅游地或旅游景区最初在知名度不高或者辐射力不强时,可能定位在区域性的"华东第一山""浙江第一峰"等,但随着等级的提升,其目标市场可能扩大到全国时,就可能要采用更能吸引全国市场的定位。

3. 原有定位优势已不复存在

在竞争态势的演变过程中,企业或组织所具备的优势可能会丧失,而建立在此优势上的定位也就会削弱品牌竞争力,这个时候你的品牌往往会成为竞争对手的攻击对象,企业如果仍死守原来定位不放,就会在竞争中处于被动挨打的地位,最终丧失市场。在这样的情况下,企业应对品牌进行重新定位。例如,某主题公园可能定位于它拥有华南最大的摩天轮,但是当其竞争对手引进了一个更大规模的摩天轮时,它就无法再坚持这个定位了。

4. 顾客价值取向和消费偏好发生变化

起初,企业或组织的定位是正确的,但是,随着时代的变迁,消费者的观念发生变化,他们所追求和重视的属性发生了变化,企业原来所定位的关键利益就可能失去了原有的效力。也需要进行定位的调整。这种情况在市场中是最常见的。许多著名的企业和品牌都有过类似的经历。如宝洁公司刚进入我国时,旗下品牌"飘柔"最早的定位是二合一带给人们的方便以及它具有使头发柔顺的独特功效。后来,宝洁在市场开拓和深入调查中发现,消费者最迫切需要的是建立自信,于是从 2000 年起,"飘柔"品牌以"自信"为诉求对品牌进行了重新定位。旅游业也是如此。在我国酒店业发展之初,一些酒店以提供最齐全的一次性住客用品,从而带给客人极大的便利为定位,宣称"只需要带上你自己"即可。然而,随着环保和低碳意识的影响,不少受过良好教育的消费者认为这实际上造成了对环境不利的影响。于是,不少酒店开始撤出客房"六小件"的配置,并将定位转向"只提供您最需要的"用品上了。

(二) 定位更新的方式

针对以上不同理由所进行的定位更新和调整表现出三种不同的形态：重新定位、定位升级和定位拓宽。

1. 重新定位

当企业发现原有定位错误,消费者对于现有定位的属性产生反感,或者自己的定位优势被超越和取代时,企业需要对定位进行彻底的变革,即重新定位。一个重新定位并获得巨大成功的经典案例来自于万宝路。万宝路公司在涉足香烟的最初,其目标市场是女性烟民,因此,他们对于香烟的定位是温和——"像五月一样温柔"。然而很快他们就发现这一定位并没有给他们带来多少销售量,更谈不上竞争优势。于是他们很快就放弃了这个"带有脂粉味"的品牌,而通过选用西部牛仔作为代言人去建立一个充满阳刚男人气息的新品牌,并大获成功。在旅游业也有类似的例子。纽约的希拉格饭店将一家走下坡路的老酒店重新定位成"别致的时髦饭店",曼哈顿东方集团将旗下原来的二星级的贝弗利饭店重新定位为四星级,并更名为本杰明饭店,都获得了成功。

2. 定位升级

定位升级是指对原有定位的提升。当企业或组织发现自己原有定位中的属性、利益是具有相对竞争优势的,也是得到消费者重视的,但由于越来越多的竞争对手所进行的营销活动,削弱了消费者对于本企业定位的感受力和敏感性时,企业可以在原有定位的基础上,通过提炼和增加自己定位的强度,使得定位更加突出,更富有影响力。例如,杭州淳安千岛湖,以其秀美的著称,吸引游客。但是随着湖泊型旅游地的竞争加剧以及淳安旅游产业的转型升级,千岛湖的定位从原来的"千岛碧水画中游"的观光型的定位,转变到了"第一秀水"的定位,虽然依然以风光秀丽作为最大的卖点,但是目标已经从观光升级到了观光和度假并行的新高度。

3. 定位拓宽

原有定位在原有的目标市场上是行之有效,但是,企业增加了新的目标市场时,原有定位中的属性、利益、情感描述可能过于狭隘。这时候,企业或者组织往往需要对定位进行拓宽,而非全盘否定原有的定位。定位的拓宽可能意味着需要在保留原有形象的同时,增加一些新的属性,并与原有的属性融合起来。例如,专营高档度假酒店、度假业务的集团地中海俱乐部(Club Med)最早选择新婚人群和单身人群市场,但是在发展过程中,逐渐重视家庭度假市场,他们在保留了原有的一些吸引力因素(全包价的最便利的度假)的同时,通过设计专门的儿童度假课程,解放一起来度假的父母,从而树立了更全能的度假产品供应商的形象定位。

(三)定位更新的注意事项

由于定位的更新受到原有定位的一些影响,因此,定位更新可能比全新的定位还要艰难。启迪案例7-5展示了日航亚特兰大饭店重新定位的过程。

启迪案例 7-5 🔍 ···

日航亚特兰大饭店的重新定位

当日航亚特兰大饭店在巴克黑德(Buckhead)区域开张时,周围已经有丽思·卡尔顿饭店、威斯汀饭店、大使套房饭店和假日饭店等私家大型的饭店。城市和该区域正面临着出租的困境,影响了所有饭店的经营。丽思·卡尔顿饭店的出租率最高,约为 75%,单间价格 140～180 美元，日平均房价为 120 美元。威斯汀饭店的出租率为 55%，日平均房价是 100 美元。其他饭店更低。日航饭店将房租定在 135～185 美元，定位直接针对丽思·卡尔顿，并将它看作唯一的对手。一年后，饭店的出租率仅为 35%，酒店进行了打折，但情况并没有得到好转。

总经理说，"饭店没有正确的定位，只关心同丽思·卡尔顿饭店的竞争。我们只向顾客提供我们想要的，而不是顾客想要的东西"。日航饭店必须进行重新定位，目标是成为该地区豪华饭店中的"价值领头者"。日航饭店因此将房价下降了 15 美元，比丽思更低，同时却提高了饭店的档次。从而鼓励很多新的尝试性的消费者。饭店还开始经营周末包价，行政楼层 125 美元/间，行政套房 139 美元/间，附赠侍从停车和在餐厅用餐的一张 20 美元的信用卡。由于找到了正确的利基市场，进行了适当的定位，日航饭店成为主要竞争者中增长最快的饭店。与去年同期比，出租率增长了 18%，收入增长了 24%。而最大的竞争对手同期则分别增长了 10% 和 16%。

（资料来源：节选自罗伯特·C.刘易斯等.饭店业营销领导：原理与实践[M].大连：东北财经大学出版社，2005）

案例向我们展示了，在进行重新定位时，应该更加仔细和深入地考虑以下方面的问题

第一，明确目前的地位。在决定如何去你想去的地方之前，知道你现在的位置很重要。在试图改变消费者的感知时，就必须了解他们现在感知到一些什么。他们的感知也许与我们的理解大相径庭，而这有可能就是我们定位失败的原因。

第二，重新决定你想要的定位。这需要对市场和竞争对手进行彻底和客观的研究，避免沉浸在自己的幻想或偏见当中。

第三，定位的改变不是一个单独的行动。在定位的同时，要让消费者了解，我们不仅是口头上的说法发生了变化。要确保顾客感受到我们的产品发生了改变，而且现在的产品对他们来说是一个更有吸引力的选择。因此，重新定位往往意味着营销组合的全面调整。

第四，对新定位要重新进行评估，不要用自己的期望代替消费者实际的感知，不要重蹈覆辙。

本章小结

关键术语

市场定位　排比图　象限分析　定位图　竞争性差异　比附定位　对抗性定位　利益定位　文化定位　定位更新　定位升级　定位拓宽

内容提要

定位是营销战略中的关键要素。它是营销主体根据竞争者在市场上的形象和地位，针对目标客户群体对产品（或服务）的某些特征或属性的重视程度，为产品或者品牌塑造个性化的鲜明形象，并有效地传递给顾客，并让其在消费者心目中占有特定位置的活动。定位

的本质是树立差异化形象,故而,定位的基本过程是由寻找优势差异、合理评估和选择差异,以及展示差异和有效沟通三个基本的环节构成。

旅游企业或者旅游目的地的差异可以从核心产品和服务流程、人员、形象、销售渠道和产品服务使用者群体等方面去寻找。评判这些差异是否能够成为合适的定位,需要考察这些差异能否为目标顾客所重视、是否已经被竞争对手使用,以及差异是否有持续成为优势的能力。换言之,选择出来的差异必须具备独特性、决定性、可沟通性和持久性。

旅游营销定位的策略通常有主体定位、竞争性定位和消费者定位三种类型。从主体角度来看,营销者通过传递旅游企业的独特的经营目的和宗旨、特有的产品的类别或市场中的特殊位置来形成独特个性。从竞争角度看,可以选择回避针锋相对的竞争、给竞争对手迎头痛击,或者借助竞争对手的形象提升自己等不同的方式。从消费者的角度看,旅游企业可以通过向消费者表明为其提供的独特利益,或者与消费者产生情感共鸣,又或者共同分享某种特定的文化和价值观。在定位的过程中,可以借助排比图、配比图、象限分析法、知觉图等工具来选择合理的差异。

当旅游企业或者旅游目的地原有的定位在新的市场环境、竞争对手的变化和自身的发展变化中失去了原有的效用或者变得不再合适的情况下,营销主体可以并且应该重新定位或采取升级、调整等方法进行定位更新。定位更新需要小心处理原有定位在消费者心目中形成的影响。

课后练习

1. 为什么定位有助于企业的营销活动?

2. "定位的本质是在消费者的心目中占领位置",这种说法正确吗? 为什么?

3. 旅游目的地可以从哪些不同的方面去寻找自己的差异?

4. 怎样的差异才适合作为旅游企业的定位? 请找一家当地的景区,分析它为自己选择的定位是否合适,并说明原因。

5. 尝试使用排比图来比较当地两家民宿或主题乐园,并为他们做出各自的定位建议。

6. 讨论竞争性定位和消费者定位两种策略的适用条件,并举例说明。

案例讨论和延伸思考

从"淘宝旅行"到"飞猪",改变了什么?

旅游电子商务如同一块诱人的蛋糕吸引了大大小小众多的进入者。1999 年 5 月,艺龙成立于美国德拉华州,定位为城市生活资讯网站;1999 年,携程以商务旅游者为服务对象,从酒店起家;2008 年,驴妈妈以攻周边自由行相关服务为起点;2006 年,马蜂窝以自由行和旅游攻略为主打;2004 年,同程旅游主攻景点门票。2010 年,阿里巴巴开始涉足在线旅游业,推出"淘宝旅行",阿里希望其能够在旅游上复制淘宝的成功经验,让酒店、景区、航空公司等服务商在淘宝开店,自己坐收佣金,然而,运行数年却不温不火。

淘宝旅行业务的几度更名

2014 年 10 月,淘宝旅行被分拆为阿里巴巴集团旗下独立品牌,更名为"阿里旅行·去啊"，同时阿里旗下航旅事业部升级为航旅事业群。当时，网络上就盛传淘宝旅行将改名为"飞猪"，阿里方面也的确注册了"飞猪"的域名，但最终却推出了"去啊"。

之后，阿里旅行动作不断，主要围绕酒店、景区、签证、机票推出的一系列"未来系"产品进行。2015年，阿里旅行依托支付宝用户的信用数据，发布放心飞、未来酒店和未来景区等未来系列产品，在酒店、景区、机票业务领域推出一系列创新服务模式，为上游供应商提供整体解决方案以增强旅游资源运营商互联网化水平，从而加速用户与供应商的连接效率，减免用户在线支付、退改等流程和环节，提升用户体验。

短短几年时间，阿里旅行迅速做大规模。易观智库发布的《2016年中国在线旅游市场年度综合报告》显示，按交易额计算，2015年在线旅游度假市场中，阿里旅行的交易占比达到28.1%。

2016年10月27日，阿里巴巴宣布，将旗下旅行品牌"阿里旅行"升级为全新品牌"飞猪"（Figgy），并称"飞猪"是面向年轻消费者的休闲度假品牌，与面向企业差旅服务的阿里商旅一起构成阿里巴巴旗下的旅行业务单元。从"淘宝旅行"到"阿里旅行·去啊"，再到"飞猪"，阿里巴巴旅游板块的几度更名让人不禁思考，"阿里在旅游板块到底在思考什么，又想要做什么"？

飞猪做什么？

阿里巴巴从来不缺想象力，他们把宣布更名这一重要战略举措的地方，定在了冰天雪地的芬兰。2016年10月27日，位于北极圈内的芬兰圣诞老人村，举办了一场极光音乐会，并在这场音乐会上宣布飞猪的诞生。"旅行、音乐、梦想……这些极光音乐会所代表的主题元素，恰是现在年轻人最为喜爱和向往的。互联网下成长起来的一代年轻人在为现实奋斗的同时，也敢于追求梦想、享受生活。"

同步发行的还有飞猪欧洲目的地战略蓝图，飞猪准备从线下到线上，多维度创新地深挖当地旅游资源。飞猪计划与欧洲诸国深度合作，一站式呈现各大热门目的地丰富的旅行资源，并在当地建设地面实体服务站，为中国游客提供中文服务。除此之外，大数据智能平台的在线高速处理服务和电话远程客服使飞猪提出"全球30分钟响应"的24小时服务标准成为可能。

在品牌升级为飞猪后，阿里旅行此前创新出来的业务线子品牌，如未来酒店、未来景区、未来飞行＋等"未来系列"将继续沿用。而支付宝的交易、授信、信用等服务在"未来系列"中起着至关重要的作用，也是最重要的支撑。

"飞猪"为了谁？

飞猪方面对记者表示：飞猪此次重点提出服务"年轻消费者"的经营理念，因为从数据上看，阿里的平台上83%的消费者是"85后"，因此服务对象的年轻化不仅是一个思路，而且是一个事实。每个人都有一颗年轻的心，飞猪期望为大家打开这颗年轻的心。

华美顾问集团首席知识官、高级经济师赵焕焱对时代周报记者分析，飞猪和阿里商旅共同组成阿里巴巴旗下的旅行业务单元，阿里产品系列化的举措，可以适应不同的细分市场——商务和年轻人的新潮旅游。而年轻人市场可以起到口碑宣传的作用，抓住趋势变化也是可取的。而当初淘宝也是先从年轻人着手，后来再推出了天猫，两者的道理相同。

"飞猪"终于站在台前，并将继续其平台运营模式。"我们的定位是服务平台，高效连接消费者和商家。而 OTA 的本质相反,是截断消费者和商家的联系,从中获得利润。"一年前的李少华就曾说:"不管是做 OTA 还是做 PMS(property management system,酒店管理系统)的,都说自己要做平台。但我觉得他们的平台都是伪平台。平台是要帮助平台上的商家挣钱的,这些人的平台都是自己要挣钱的。平台不应该以提高自己的利润为运营条件。"

"阿里采用了典型的平台打法,以阿里技术、数据、平台生态为依托,快速从产业链的标品切入,尽量多地连接行业资源,迅速积累酒店、非标住宿、大交通、小交通、景区等资源,除导入淘系流量外,阿里旅行同样注意流量入口的控制,如投资百程旅行网在签证上做卡位,同时为了弥补其实物电商的不足;阿里旅行也从内容黏性上做布局,通过几年的积累,阿里旅行形成了两大板块的产品线格局。在境内集中酒店、大小交通资源做商旅,在境外则升级品牌,下注"85后"千禧一代,赌消费升级年轻群体。"执惠旅游创始人兼 CEO 刘照慧在其公众号中写道。

背靠着阿里的强大支持,飞猪有着不小的野心。李少华写给团队的信中说道,"阿里旅行"全新升级为"飞猪",不是简单换一个名号。如果说,两年前启用"阿里旅行",是因为需要这个名头闯荡江湖,那么如今阿里旅行已长大成人,必须自己走上社会。"我们以不到1000人的团队,做到了在线旅行全球第四大的交易规模,我们也为自己在未来的几年定下了一个万亿小目标。"

(资料来源:https://www.sohu.com/a/202903952_199560)

问题:

1. "飞猪"的核心定位是什么?表现在哪些方面?

2. 从"去啊"到"飞猪",你认为阿里的旅游板块在定位上发生了怎样的变化?这种变化你认为是否合理?

第四篇

营销方案篇

第八章
旅游产品和服务设计

引导案例及开篇思考

　　传统上，人们理解的产品是指具有某种特定物质形状和用途的物品，是看得见、摸得着的东西。那么人们购买的旅游产品是什么呢？是旅行社的一条具体的线路？还是酒店正在销售的客房？显然旅游产品和上面所提及的"产品"概念有一定的区别。旅游产品是旅游企业满足市场需求的载体，是旅游企业营销组合中的重要因素。因此，每一个旅游企业都应致力于旅游产品质量的提高和旅游产品结构组合的优化，以更好地满足旅游市场需要，取得更好的经济效益。请看下面的案例。

亲子游产品：OTA 的新大陆

　　2017 年的"十一"假期即将来临，作为一个 10 岁孩子的妈妈，于红开始在驴妈妈和途牛等网站上搜寻适合带孩子去玩的旅游产品。途牛网相关负责人表示，"'十一'长假带有亲子设施的酒店和带有亲子活动的线路十分受欢迎"。而对于刚刚过去的暑期，多家旅游企业表示，亲子游已经成为增长最快的业务市场。

　　经过几年的发展，旅游企业对于亲子游市场的认知越来越清晰，而这种认知的进步也体现在对旅游产品开发上。"亲子游产品应当更加重视细分人群的需求，注重寓教于乐的亲子互动及体验，针对不同年龄段、不同兴趣爱好的儿童及青少年，设计体验性、互动性、社交性更强的产品。此外，高品质的亲子游产品可以考虑专属领队的培养，他们应当更了解孩子和父母的需求，在行程中起到更细致的服务保障和互动引导作用。"众信直客营销中心总监王振玥表示，众信旅游自 2015 年起就开始推出亲子细分产品，将亲子产品拆分为 0～3 岁低幼人群、3～6 岁学龄前儿童、6～12 岁低龄学生群体及 12～18 岁初、高中学生等，也分别针对各年龄层孩子的成长阶段定制不同的旅游体验。

　　中青旅遨游网游学部产品总监李航认为，一个优秀的亲子游产品应具有以下特点：首先，具有鲜明的特色，区分度高，与市场其他产品形成显著差异，在产品的设计上有独特的价值和辨识度，能精准切中预设用户的需求痛点。并非将孩子和家长一起带出去游玩一趟，就能称为一个亲子游产品。其次，在教育元素的赋予方面，能兼顾孩子和家长的真实需求，且满足不同年龄阶段的孩子和父母的不同需求。亲子游并不只是单纯对孩子具有教育价值，对父母亦然。亲子游的过程，是孩子和父母共同发掘自身内在的天赋和自我的美妙之旅，并在这一旅程中，体验人间最无私的情感——亲情的魅力。亲情是抽象的，但亲子游能将之具象化。如果能完美地体现这一点,将是一个优秀的亲子游产品。再者,相较常规旅游,亲子游对出行的安排应更贴心细致,在交通、住宿、饮食、安全预案、行程安排等方面安排周到,使家长和孩子双双获得完美的体验。

"遨游推出了众多有特色的亲子游产品,比如自然大师系列的观鸟之行。家长和孩子一同前往观鸟圣地,手牵手探索大自然的奇妙,探究人与自然的联系,并借助一系列精心设计的自然游戏、自然笔记、静视静听等课程引导孩子与家长沟通。"李航表示,未来,遨游游学将进一步捕捉亲子游用户真实的、多样化的需求痛点,在产品中赋予更多的附加价值,打造更符合人性规律的亲子游产品,也修炼更合理良性的商业模式。

在注重寓教于乐的环境下,途牛旗下的"瓜果亲子游"团队成员涵盖了产品规划师、教育顾问、亲子教练等在内的专业人士,在产品设计中融入教育、科技、动手、分享能力等更多元素。途牛相关负责人表示,"在亲子出游中,亲子教练成为增强用户体验的一个重要环节。为了提升亲子游用户出游体验,途牛持续开展面向全国招募亲子教练计划,预计未来亲子教练总数将超过1000人"。

驴妈妈旅游网"驴悦亲子"负责人表示,"'亲子游'最不能背离的便是'亲子'和'游乐'两大原则。亲子游是家长与孩子度过互动时光的最好方式,同时也应该是充满童趣与快乐的。在亲子游产品研发过程中,我们既要注重让家长和孩子享受玩乐,又不能忽视其附加的教育价值"。在2017年母亲节期间,驴妈妈打造了一场母亲节主题亲子活动,首次让妈妈成为亲子活动的主角,通过"角色互换"等活动,让孩子和爸爸们体验到妈妈们平时的辛苦,了解家务的繁重,懂得感恩。

国家放开二胎限制、经济水平的提升激发的消费升级以及现代人对育儿和教育的日益重视等多项因素,形成了亲子游市场的巨大潜力,再加上亲子游高频、高覆盖、高增长的特点,令这一市场具有广阔的发展空间。李航表示,目前中国的亲子游产品开发还处于摸索阶段,多数消费者无法清晰地表达自己的特定需求,对产品核心价值的提炼有待深化。

众信旅游直客营销中心总经理王振玥表示,目前市场上很多所谓的亲子游产品只是在原有传统观光游产品的基础上增加一两个动物园、儿童乐园等景点,亲子主题元素匮乏,父母与孩子缺少在旅途中的互动性和体验性。其次,亲子游产品的精细化程度较低。亲子游家庭消费者在消费决策中很难根据孩子的年龄、兴趣等特点方便直接地找到适合自己的产品。市场急需更加专注满足亲子家庭细分需求的产品出现。

"随着国家《研学旅行服务规范》的实施,更多有创意、有情怀的商家进入这一市场,相信会有更多更好的亲子游产品推向市场,这将促使行业结构升级。"李航表示。

? 思考

1. 亲子游产品面向的旅游细分市场有什么特点?

2. 亲子游产品和普通的观光旅游产品相比有何区别?

3. 一个旅游企业如何才能开发一个成功的亲子游产品?

第一节　正确理解旅游产品

消费者在日常生活中消费和使用着形形色色的产品,也被无数的产品所包围。从某种意义上说,能够满足消费者某种需求或者欲望并且用于交换的任何东西都可以成为产品。一部分产品具有物理形态,可以被察看和触摸,即有形产品;另一些虽不具有有形的实体,但也能够给人们带来某些体验或利益,例如一场音乐会、一部电影、一次家政服务,甚至也包括一些点子和创意。这些不同的产品可以按照不同的标准进行分类。从耐用性的角度看,一些产品比另一些产品有更长的使用期限,成为耐用品;其他产品成为非耐用品,或者易耗品。从消费者购买的状态上看,方便品是消费者经常购买,几乎不需要进行选择的产品;选购品则是需要做一些认真比较的产品;特殊品需要消费者在购买时付出特殊的努力;非渴求商品则是在通常情况下,无法自然诱发消费者需求的产品。那么,什么是旅游产品,它在产品的谱系中属于哪个系列呢?

一、顾客角度理解的旅游产品内涵

从旅游者的角度来看,整体旅游产品是旅游者付出了一定的时间、精力所获得的一次经历或体验;单项的旅游产品是旅行过程中,旅游者所体验到的吃、住、行、游、购、娱等不同方面的服务。

与其他产品一样,旅游产品的存在是因为它也能够满足人们的特定的需求或欲望。或者说,旅游产品是消费者解决生活中存在的某种问题的"解决方案"。值得注意的是,旅游产品能够满足的需求非常多样化,它可能帮助人们恢复身体健康、为人们增长见识、提供情感交流和沟通的机会、给平淡的生活注入新的色彩等。

"体验"性是旅游产品有别于其他产品的重要差异所在。从形态或者消费过程来看,旅游产品是非耐用性产品,甚至是易逝品;然而,旅游者如果能形成特定的体验,这种体验便能够在消费者心中留存较长的时间。从购买状态看,旅游产品显然不属于必需品,也不是非渴求商品,普通的旅游属于选购品,而高端奢华旅游产品则属于奢侈品。

二、企业和竞争角度理解的旅游产品整体概念

从顾客角度理解的产品揭示了产品的本质。但是企业通常还需要了解产品与产品的差异所在,并了解产品竞争所发生的方式,这就要求我们站在企业和竞争角度去剖析旅游产品的整体构成。如图8-1所示,旅游产品的整体概念可以用"五层次"来表述。

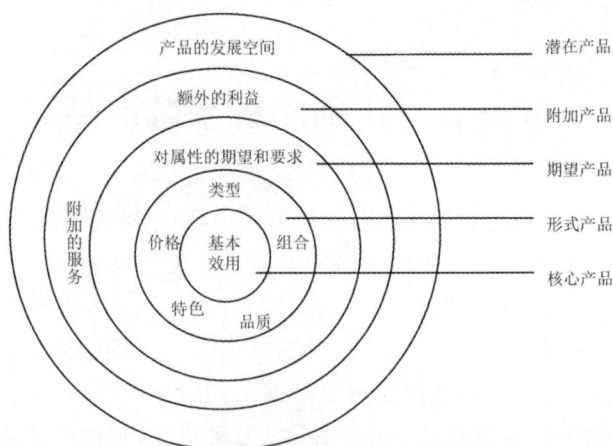

图 8-1 整体旅游产品的五个层次

资料来源：菲利普・科特勒,约翰・T.鲍文,詹姆斯・C.麦肯斯.旅游市场营销：第 6 版[M].谢彦君,主译.北京：清华大学出版社,2017

(一) 核心产品

核心产品是旅游产品能够为消费者提供的最基本效用和利益,也是旅游者需要购买它的最终理由。例如,旅游者购买航空产品是为了使自己便捷地实现较远距离的空间移动;入住饭店的客房是为了实现住宿休息;而购买旅游线路,则可能是实现一种差异化的体验。核心产品是旅游产品最基本的一个层次。

(二) 形式产品

核心效用和价值需要通过一定的载体来实现,这个载体就是形式产品。具有相同或类似核心效用的旅游产品在类型、旅游要素的组合方式、产品服务的品质、价格和特色等方面都存在不同的表现,并因此影响了核心效用的水平。例如,同样是住宿的功能,可以表现成经济型的客房、豪华的客房、帐篷和露营、乡村旅店等,他们不仅在住宿设计上有不同,在服务质量、价格水平等方面都有明显的差别。

(三) 期望产品

期望产品是旅游者在购买产品时期望得到的或者要求得到的与产品密切相关的一套属性和条件。例如,旅游者在入住四星级酒店时,期望得到清洁的床铺、舒适的灯光、24 小时送餐服务、便利的洗浴等。虽然期望产品是存在与消费者的心目中,但是,这种期望往往是旅游者从消费的体验、从对竞争对手产品的了解及从企业的营销宣传中得来的。他们对于形式产品在某些特定属性的表现予以了限定。

(四) 附加产品

附加产品是旅游者在购买产品时所获得的期望以外的各种利益,这些利益是产品的核心效用以外的一些附加的服务或额外的收益。美国学者克里斯托弗·H.洛夫洛克在其所著的《服务营销》一书中,对附加服务进行了归类,认为所有的附加服务不外乎八种类型:信息服务、订单处理、保管服务、开账单、咨询服务、招待服务、例外服务和付款。例如,旅游者在购买住宿产品时,酒店附送了城市的导游地图或者提供了当地游览的交通信息;预订时及时地处理顾客预订需求;为住店客人提供物品寄存、免费洗衣的服务;或者住宿房间时所看到的窗外的景色等。这些附加产品与核心产品一起构成了"服务之花"。

(五)潜在产品

潜在产品是指现有产品在未来的可能演变趋势和前景,是产品未来状态。对许多耐用消费品、电子类技术产品等而言,潜在产品往往是产品的可拓展性,例如,杀毒软件是否可以自动升级、电脑系统是否具有兼容性等。虽然,旅游产品都是一个即时消费的产品,但是不少情况下,旅游者也会关心它的未来发展可能性。例如,一些饭店集团采用会员制,会员们将会关心该酒店集团是否会在新的区域中拓展、旗下的酒店是否会更新改造、是否会引进新的娱乐设施、是否会升星级等。

以上五个层次构成了整体的旅游产品,他们整合在一起决定了旅游产品给顾客提供的价值以及能够满足需求的能力。旅游产品的整体层次概念,给我们分析产品之间的差异提供的更清晰的思路。在市场竞争中一般存在这样的规律,当某个行业处于起步阶段,产品与产品的竞争主要发生在核心产品和形式产品上;当行业逐步步入成熟阶段、竞争加剧时,产品与产品之间的竞争重心会越来越移至附加产品层面上;企业想要在未来的竞争中取得胜利,必须有效地把握住潜在产品的趋势。目前,我国的旅游行业正是处在日渐成熟和激烈的竞争中,因此,我们可以看到越来越多的消费者和企业更加重视附加产品的价值。

第二节　旅游产品生命周期

一、旅游产品生命周期及典型形态

产品生命周期理论认为,产品像人或生命体一样会经历不同的发展阶段,但是产品生命周期是某产品从进入市场到被淘汰出市场的全部运动过程。产品生命周期可以应用在三个不同的层面。首先,它可以指某个特定产品类别中的所有产品。例如,所有快餐店或者所有的全面服务型酒店。有时也被称为是一个产业的生命周期。第二,产品生命周期有时涉及的是某个特定品牌的产品,例如香格里拉。第三,产品生命周期最小的描述单位是针对某个特定的产品,例如旅行社的迪拜豪华度假线路。一般来说,产业的生命周期要长于特定产品的生命周期。通常我们在营销活动的产品管理中所提及的生命周期是对于特定产品的生命周期而言。产品能够给企业带来的收益通常与其生命的长短有明显的关联,因此,许多研究者都认同从生命周期的角度对单个产品进行管理。

（一）生命周期的阶段划分

一般产品的生命周期的各个阶段是以销售额和利润额的变化情况为依据来进行划分的,并可以参考销售增长率的大小和产品的普及程度来加以明确。例如,典型的产品生命周期阶段的划分如图 8-2 所示。

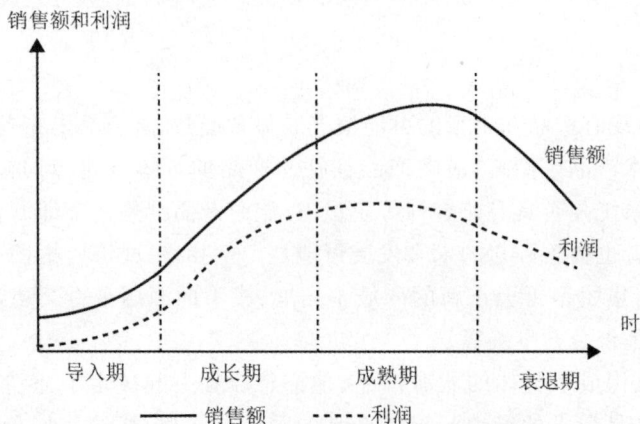

图 8-2　产品生命周期的典型阶段划分

资料来源:菲利普·科特勒,约翰·T.鲍文,詹姆斯·C.麦肯斯.旅游市场营销：第 6 版[M].谢彦君,主译.北京：清华大学出版社,2017

我们将产品刚投入市场,并且销售额很低,负利润或低利润的阶段称为导入期。通常导入期的销售额处于增长状态,但增长率比较低(经验数据是不高于 10%),产品的普及率比较低(经验数据是不高于 5%)。

销售额和利润同步快速增长时,产品往往处于成长期。通常产品的销售增长率在成长期内要高于 10%,而产品普及率则在 50%以内。

经过了快速的成长,产品一般会进入成熟期。成熟期以高销售额和高利润额为基本特征,同时销售额的增长率有所回落,降至 10%以内,而产品的普及率则不断攀升,趋向 100%。

衰退期以销售额和利润额的下滑为明显特征,销售增长率低于零,而普及率不再升高。

（二）旅游产品生命周期曲线的形态

虽然,产品生命周期都可以用导入期、成长期、成熟期和衰退期这样四个阶段来划分和描述,但是不同产品的生命周期在时间跨度上有很大的差别。有些产品的生命周期长达百年,而有些产品却可能在几个月内消失,甚至有些产品还没有成长就直接消亡了。除了图 8-2 中那样的典型生命周期形态外,旅游业中常常还可以观测到以下一些生命周期的形态,他们因为某种特殊的原因而偏离了典型的生命周期形态,如图 8-3 所示。

1. 持久型

如图 8-3a 所示,产品在进入了成熟期以后,维持非常久的时间,还未出现衰退的迹象。诸如故宫、长城、黄山、西湖等依托稀缺自然或人文资源所形成的景区(点),由于其不可替代性,故而在旅游市场上长盛不衰。

2. 再循环形态

如图 8-3b 所示,产品进入衰退期之后,在各种因素的作用下又进入一个新的快速成长阶段。例如,某些酒店在经营了较长一段时间后,出现了设备老化,出租率明显下降的情况。酒店通过重新装修,重新开业,激发了业绩的再次回升和增长。

3. 多次循环形态

如图 8-3c 所示,是指产品在进入成熟期以后,由于企业实施有效的营销策略,使产品销售量不断达到一个又一个高峰。例如,迪士尼乐园伴随着《冰雪奇缘》《复仇者联盟》《加勒比海盗》等影视节目和动漫产品的开发,相应地不断增加乐园中的卡通形象和游乐项目,并且不断在新的市场领域中扩展,从而使得其销售量能够出现一波又一波的增长。

4. 夭折型

如图 8-3d 所示,产品刚进入市场就被市场淘汰,也就是说直接由投入期进入了衰退期。这种形态的出现,多半都由于新产品的开发失误所造成。旅行社一些缺乏吸引力的新旅游线路,一些选址不当的饭店或者不合时宜的旅游新景点,都可能出现这种生命周期形态。

5. 早衰型

如图 8-3e 所示,产品顺利地经过了投入期和快速的成长期,但是成熟期维持的时间非常短。例如,湖南湘西永顺县的芙蓉镇由于 1986 年刘晓庆和姜文主演的电影《芙蓉镇》而蜚声中外,由于后期缺乏有效的产品开发和服务管理,致使其在后来的旅游浪潮中缺乏持续竞争力,很快就衰退了。

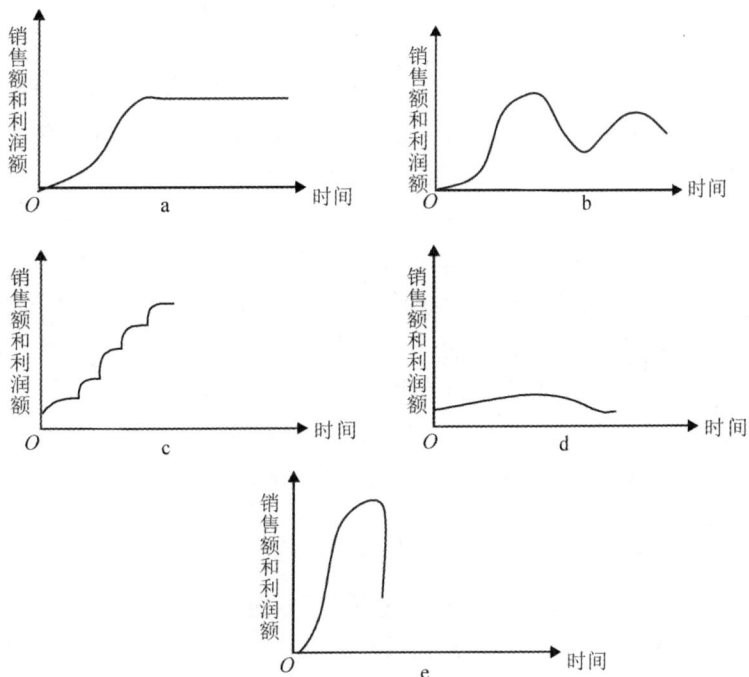

图 8-3 旅游企业生命周期的几种变异

以上不同的现象表明,产品生命周期虽然是一个客观存在的现象,但是营销活动能够对生命周期的形态起到明显的影响作用。合理有效的营销策略,能够使产品摆脱进入衰退的命运,出现诸如图 8-3a、图 8-3b、图 8-3c 所示的三种形态,给企业带来更多的收益。而失当的营销策略则可能使产品进入早衰,甚至夭折。正因如此,我们需要认真分析产品生命周期所处的阶段,并根据阶段特点采用合理的营销策略。

二、生命周期不同阶段的管理

(一) 导入期

旅游产品导入期是旅游产品刚进入市场的时期:例如,酒店和景点景区新开业、旅行社退出新线路、旅游目的地以全新形象面市。通常,消费者对于这些产品还不是很了解,只有少数追求新奇的旅游者来购买。由于销量小,产品的生产成本比较高;同时企业需要投入大量的经费进行市场宣传和消费者教育,费用非常高。正因如此,产品处于高成本和低利润的时期,也是一个比较艰难的时期。企业对导入期的期望是尽可能地短一些。

由于旅游产品的特殊性,旅游企业在导入期面临的问题可能与制造业并不相同。制造业的新产品可能经过了检验,便可进行分销。旅游产品却需要一边销售、一边检验、一边调整,因此,旅游产品的导入期有时也许非常长。

导入期的营销目标包括培育产品的认知、引导产品使用和在市场中有效传播产品的定位。根据企业对新产品的价格和促销投入的组合,可以将新产品的投入策略划分成四种类型。

第一,快速撇脂策略。即采用高价格和高促销结合的方式推出新产品。实行高价格帮助企业在单位销售额中赚取更高的利润。大量投入促销经费用于快速提升市场知名度,使消费者了解和熟悉产品,快速打开销路以占据市场。快速撇脂策略的使用有一定的限制条件:目标消费者对于产品的价值有比较高的评价,他们渴望得到产品并有支付能力;潜在的竞争对手比较多,新产品在市场可能马上就会面临其他产品的竞争;企业试图快速在市场中树立形象。

第二,快速渗透策略。这是一种高促销投入和低价格相结合的策略。采用这种策略能够降低消费者因高价引起的知觉风险,减少购买障碍;同时,高促销投入也加快了市场的接受速度。因此,快速渗透策略能够最快地打开市场,带来销售量的较快增长。但是,这种策略意味着企业在导入期中可能处于亏损或极低利润的状态,因为它意味着高成本和低利润率。企业使用这种方式管理新产品往往是因为:消费者对于价格相当敏感,潜在的竞争很激烈;但是市场潜量很大,企业可以通过扩大生产快速降低生产成本。正因如此,企业愿意先牺牲利润以占据市场。

第三,缓慢撇脂策略。采用高价格和低促销投入的方式推出新产品,对于企业而言可以在投入期降低推销费用,并赚取比较高的利润,回收资金。这种策略往往运用在市场规模比较小,难以获得规模效应时;购买者有很强的支付能力,并愿意出高价购买;潜在的竞争并不激烈,或产品拥有某种垄断性。例如,2016 年 6 月,俄联邦航天局表示将推出地球近地轨道飞行太空游,游客要通过医疗测试,进行一年多的准备工作,费用为每人 3000 万美元,迄今共有 7 名太空游客到过宇宙,他们均乘坐俄罗斯"联盟"号太空船完成轨道飞行。

第四,缓慢渗透策略。以低价格和低促销的方式推出新产品的主要思路是:通过低价格帮助消费者快速接收新产品,通过较低的促销投入以尽可能降低成本,保有一定的利润。当市场规模比较大,且消费者对于价格比较敏感,或存在一些潜在竞争对手,但威胁并不大时可以采用这一策略。

不少制造类企业的产品如果在导入期的效果不好,就可以在损失较小的时候就停止生产,但对于不少旅游企业来说,这点几乎不可能做到。如一家新饭店或者景点,如果导入期不顺利,并不能"停止"生产它,只能采用出售的办法来处理,或者与其他的企业联合经营。

(二) 成长期

导入期的幸存者可以进入成长期。在这个阶段,许多消费者对产品已经熟悉,越来越多的消费者开始购买,从而支持销售量的快速增长。同时,由于生产量扩张和管理经验积累所带来的效应使得成本能够快速下降,因此利润得以快速增长。与此同时,竞争对手开始仿制或者发起挑战。企业对于成长期的期望通常是"快",即销售量和市场占有率能够在尽可能短的时间内达到高峰。

不少旅游企业在销售开始繁荣和旺盛的时候,往往认为可以提高产品的价格或者对策略进行一些改变,以提高利润。例如,在餐厅里摆上更多的桌子以提高可接待的服务量,提高房价或减少一些额外的服务等。然而这种措施可能会使顾客与企业之间的关系发生了不良的改变。对成长期更为恰当的认识是:这一时期应该是产品在市场中的防御和巩固期,有必要对产品和消费者进行再投资。这些投资主要运用在以下方面。

第一,产品的改进。应该鼓励服务人员对目标顾客进行持续的关注,对他们的意见进行反馈,从而寻求更好的手段来服务于我们的顾客。包括改进工作流程、提高服务质量;增加附加产品、增加产品特色等。

第二,为成长期的目标顾客制订新的宣传广告。广告的重心应该从原来的提高知名度转向树立形象,说服消费者购买上来。

第三,寻求新的可能的市场。不要被眼前的繁荣所迷惑,要想企业销售能够不断突破,应该为产品寻找新的用户。

第四,分销渠道的拓宽和激励。应该增加新的销售网点或预订渠道,从而给顾客的购买提供尽可能大的便利。给分销渠道成员合理的激励手段,以保持他们的销售动力和热情。

此外,更加有渗透力的价格对于保持自己的顾客和应对不断增大的竞争压力也是一个必要的手段。

(三) 成熟期

进入成熟期的企业,产品处于良好的状态当中,产品定位已经明确、消费者对于产品的接受和认同度较高、销售量比较稳定、可能已经有了相当部分的忠诚顾客。许多企业在产品进入成熟期以后都觉得进入了收获的季节。因而与导入期和成长期不同的是,旅游企业对于产品成熟期的期望是越长越好。理论上说,某些产品的成熟期可以是没有期限的。

然而,在成熟期时,企业同样面临许多挑战。例如,饭店设备开始老化、家具磨损;乐园的游乐项目不再时尚,消费者失去了新鲜感;市场中出现的多样化的新产品开始吸引了消费者的目光。这些问题如果不能妥善的处理,产品将很快地进入衰退期。我们应该采取以下手段来防止衰退期的到来。

第一,改革产品。通过产品本身的改变来巩固顾客忠诚度是一个有效的手段。这种改变可以是质量的改进,例如服务效率的提高、个性化服务的增加等。也可以是产品定位和形象的改变。例如,酒店可以通过引入新的酒店管理公司,从而树立新的形象。

第二,市场改革。不要满足于原有的目标市场,可以通过发掘新的产品用途,以争取新的细分市场的顾客,或争取竞争对手的顾客。例如,酒店可以通过强化会议服务,从而大力拓展会议市场。

第三,营销组合的改变。通过价格和促销活动的组合运用,能够提高顾客的转移成本,或者对竞争对手的顾客产生吸引力;同时也能够带来一些新鲜感。

当然,有效防范某个产品进入衰退期的方法,是准备一个新产品备用方案。

(四)衰退期

当产品老化,销售量和利润下降,并且各种促销手段开始失灵时,产品就进入了衰退期。许多企业对衰退期的产品采用维持、撤退或收缩的策略。

当企业发现许多的竞争对手都已经退出市场,但市场对于产品的需求并没有完全消失的时候,可以保留部分产品生产能力,但不在该产品上进行过多的投资。这就是维持策略。

撤退策略则是停止该产品的生产,将生产能力转移到其他的产品上。一些饭店集团将自己旗下的某些品牌出售给另外的饭店集团,或者旅行社停止某条线路的经营,都是撤退策略的表现。

收缩策略则是企业全面缩小生产量,大幅降低销售费用,大幅度精简销售人员和销售渠道,只将企业的能力和资源集中在最有力的细分市场上,从而尽可能地提高利润。同时也为产品完全退出市场做好准备。

第三节　旅游新产品开发

对旅游市场来说,唯有变化才是永恒。旅游市场会不断产生新的需求,不断出现新的趋势。这些变化可能意味原有产品对市场需求的满足能力将被削弱,旅游者会寻求新的解决方案,即需要新的旅游产品。因此,不断进行产品创新成了旅游企业巩固和提升市场竞争地位的重要手段。

一、旅游新产品的类型

(一)旅游新产品的创新内容分类

营销学中的新产品是指在某些方面与老产品有明显的改变,从而在满足需求的能力上有所提升或者满足需求的方式上有所改变的产品。许多制造业的产品创新往往体现在新的材料、新的工艺、新的技术原理的运用等。在旅游行业中，由于旅游产品的提供有赖于特定的服务环境、提供服务的人员，并因服务流程的不同可能带来不同的效果，因此旅游产品的创新则有不同于制造业产品创新的一些新的内容。具体表现如下。

首先，旅游产品创新可以表现在新的服务项目的设立或新服务要素的增加。例如，某会议酒店增加会议侍从或会议金钥匙，为会议组织者提供贴身的对应服务，从而使其会议服务与众不同。

其次，旅游产品创新可以在服务流程中增加技术元素或者对服务流程进行重新设计。举例来说，入住登记是酒店最基本的服务项目，虽然基本功能都相近，但许多酒店在这个方面进行了创新。例如，凯悦饭店亦采用"一触即可"的自助登记系统；香港文华怡东在大厅里开设了一个为已经预订的商务散客和 VIP 客人办理入住手续的快速服务处；一些酒店在接机的车辆上开设了"移动总台"。这些做法都提高了入住登记的效率，并使自己与众不同。

其三，旅游产品创新可以是服务情境（或说服务环境）的重塑或改进。大多旅行社的门店并不大，许多旅游者在进行咨询或购买时，不得不忍受拥挤和等待。但一些旅行社尝试对此进行改变，打算将门店建设成像展览厅那样的豪华大厅，使得旅游者有充分的时间和空间进行思考、比较和选择，这也是一种服务的创新。

第四，旅游产品创新可以表现在服务人员的更新和素质提升。有些时候，服务人员素质的提升或形象的改变，往往也能给人耳目一新的惊奇感。

由此可见，旅游产品创新的机会也非常多，在创新形式和内容上非常多样，并不如一些企业所想象的那样难以实现。

（二）旅游新产品的创新程度分类

根据产品在市场中以及对于企业的新颖程度，新产品可以被划分成全新产品、换代新产品、改进新产品和仿制新产品四种不同类型，如图 8-4 所示。

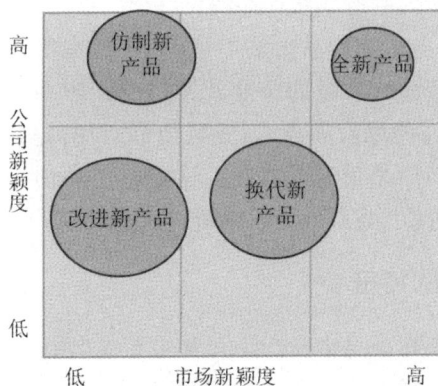

图 8-4 旅游新产品的类型

1. 全新产品

全新产品是指整个行业和市场中从未出现过的新的产品或服务，具有突破性的创新意义。例如 1855 年,托马斯·库克组织了从英国伦敦前往法国巴黎的旅游,这是第一次真正意义上的出国包价旅游;1955 年推出的迪士尼乐园是世界上第一个主题公园;20 世纪初的斯塔特勒饭店是第一个每个房间都带有卫生间的饭店,也是现代标准间的雏形;还有第一次针对特定旅游目的地的旅游线路,或者旅游业中出现的全新业态都可以算作是全新的旅游产品。

全新的旅游产品往往能够带动许多其他类型的旅游产品的开发,从而推动整个旅游行业的变革性的发展。因此,全新的旅游产品对企业乃至对整个行业都有非凡的意义。然而全新产品开发难度大,市场风险高,因此全新产品在整个新产品中占有的比例是最低的。

2. 换代新产品

换代新产品是由于局部采用了新的技术或新的服务流程,从而比旧产品更优越的新产品。之所以被称为换代新产品,是因为这种产品的出现,往往能够替代旧的产品,并导致旧的产品退出市场。例如,酒店采用的智慧门锁系统,游客可以用手机接收门锁密码,比起原来的电子门锁更为便捷、安全和美观。换代新产品对于市场和企业来说,都是中等程度的创新。

3. 改进新产品

改进新产品是旅游业中最常见的一种新产品类型。它是指在现有产品基础上,对产品质量、款式、功能、品种、包装形象等方面进行改进的产品。例如,酒店通过改进床品和客房布局,使其成为某种主题客房;旅行社在原有的观光线路产品基础上,引入了交友活动设计,推出了改进型的新线路。由于只是对原有产品进行调整,因此改进型新产品对于市场和企业自身来说,创新程度都比较低,创新难度相对来说也较小。但是,改进新产品同样能够提高产品对需求的满足能力。

4. 仿制新产品

仿制新产品是指对境内外市场上已经出现的产品进行引进或模仿,研制生产出在性能、质量等方面类似的产品。它对于企业来说有较高的新颖度,但对于市场来说,却经常不被视为一个新产品。例如,某些酒店餐饮模仿其他酒店成功的菜品推出类似的菜肴;某旅行社模仿竞争对手推出类似的旅游线路产品等。

在旅游行业中,由于大多旅游产品无法申请专利,因此比较容易被模仿。这造成了旅游业中大量存在的仿制新产品。大量的企业开发仿制新产品的主要原因是这种方式能够一定程度上规避新产品开发的风险和投入,并且能够避免消费者教育成本的投入,同时又能让企业一定程度上享受新产品带来的收益。这种新产品的存在有时对于企业的创新积极性会产生一定负面影响,减少整个行业的创新投入和创新产出。

二、成功的旅游新产品的特征

虽然许多的旅游企业正在投身于新产品开发的实践当中,但是不能否认的是新产品开发成本高,风险大,成功率同样不容乐观。出租率低下的新酒店、缺乏人气的新景区、餐馆中没有人下单的新菜品等都是失败的旅游新产品。

导致新产品开发失败的原因各不相同,例如市场分析不恰当、产品本身有缺陷、成本超出预期值、投放时间不当、销售力量、分销和促销组织的不好等,但成功的新产品基本都拥有以下特征。

首先,新产品必须符合需求和需求的发展趋势。新产品必须是针对市场中没有得到充分满足的需求进行开发。例如,智慧旅游是未来旅游发展的趋势,酒店、景区等旅游企业在开发和设计新产品时,就应该尽可能地采用智能化的硬件设备,智慧化的服务方式。其他的一些趋势还包括产品简单化、质感化、定制化、可再生性等。

其次,新产品与原有产品相比具有显著的优越性。这种优越性表现在它比原有同样或类似功能的产品具有更强的需求满足能力。例如,酒店如果提供更快更便捷的服务、更舒适的环境、更人性化的设计、更完美的服务,就具有优越性。主题公园引进最新最高档次的游乐设施,采用了最先进的排队管理系统,减少客人等待时间等也是优越性的表现。

再次,产品优越性的获取具有经济性。也就是说,顾客选购新产品所新增的成本要低于甚至是明显低于产品给他们带来的新增收益。否则,大多数顾客将宁可继续使用原有的产品,保持比较低的使用成本。

以上三个方面的特征仅能说明新产品为什么能在市场中获得成功。但是企业要借由这样的新产品获得成功,还必须保证产品能够有效地利用企业的现有技术和资源,产品的生产和销售成本能够得到有效控制、新产品能够强化企业的战略定位和市场地位等。正因为如此,成功地开发一个新产品绝对不是技术部门和研发部门独立能够完成的任务,企业的营销部门应该主导新产品的开发,并且为新产品开发的成败负责。

三、旅游新产品开发的步骤

有形产品开发的相关研究中普遍接受了新产品开发的八步骤论,我们发现这八个步骤同样适用于旅游新产品的开发。

(一)新产品的构思

构思也叫创意,是对新产品的设想。构思越丰富和多样,企业就越有可能开发出新产品。许多人认为新产品的构思来源于产品开发者的灵感,似乎是可遇而不可求的。然而实际上,新产品的创意广泛地存在于企业内外部的许多渠道中,并且创意的获得也是有一定科学方法的。

1. 创意的来源

在旅游行业中,大量的产品创意来自于游客的贡献。目前自助游已经蔚然成风,许多自助旅游者自行设计线路并独立实践,游后还将全部的旅游信息整理成"旅游攻略",发布在穷游网、蚂蜂窝等网站或论坛上。这种"攻略"实际上为许多旅行社开发新的线路产品提供的了创意来源。

其次,旅游产品的创意存在于销售部门、中间商和客户服务部门中。这些部门都能获得消费者的一些产品反馈信息,了解产品中的问题,获知原有产品的销售障碍等,从而形成对产品属性的一些判断和认知,并萌发一些旅游新产品的创意。

再次,竞争对手企业的动向通常也能够提供一些新产品的创意。仿制型新产品就直接来源于竞争对手,而针对竞争对手的弱点所进行的产品开发也是一种重要的创意思路。此外,旅游产品的开发者也可以通过各种媒体、新闻等来获得创意。

2. 产生创意的方法

营销人员搜集或寻找旅游新产品创意的方法主要有以下几种。

第一,问题分析法。问题分析法通过对已有的产品和竞争对手的产品进行研究分析,寻找其不足,并尝试对这些问题加以解决,从而形成新产品的创意。例如,一些经济型酒店研究星级饭店的客房配置的使用情况,发现星级饭店客房中的浴缸使用率非常低,同时又难以保洁和保养。因此,经济型酒店在客房设计时就删除了浴缸这个配置。问题分析法是形成改进型新产品和换代新产品的有效途径。

第二,强制关系法。将不同的事物交叉或者联系起来考虑是形成创意的重要思路。例如办公一体化机器最初就是将办公室的打印机、传真机、电话联合起来考虑所形成的。在旅行社的新线路开发和设计中,经常使用强制关系法,将不同的景点或者不同的旅游目的地串接起来,这些目的地可能在地理上比较接近、特征上相似或互补(例如江南古镇游),也可能是因为某些历史联系在一起(如丝绸之路、唐诗之路等)。

第三,形态分析法。列举该产品最关键的形态属性,并思考每个属性是否存在改进的可能性,从而形成新产品创新的方法。例如,对于某条旅游线路来说,最关键的形态属性是所需要的时间、价格、游览的景点数量和内容。因此,新的旅游线路产品的出现可能是在原有的线路的基础上调整了所需要的时间、游览景点的特征和数量,同时改变了价格。例如,我国假日制度的调整中取消了五一长假,但新增了端午、清明、中秋的,形成了若干个"小长假"。如此一来,不少旅行社都考虑将传统的长线旅游在所需的时间上加以控制和缩短,以形成适应小长假旅游需求的旅游线路。

第四,属性排列法。与形态分析法相似,属性排列法也需要将关键的属性列出来。此后,将各属性的不同表现同样可以列举出来,而后进行任意的组合,从而形成新产品的构思。例如,针对宁波一日游的设计,旅行社先列举出所有的旅游景区(点),而后进行任意的组合,并与现有的一日游相对照,判读哪些是目前还没有的组合,便得到了新产品的创意。

第四,头脑风暴法。将若干名专业人员、产品开发者或者旅游者等集合在一起,就新产品开发中的特定问题进行集体讨论。提倡鼓励,严禁批评,从而获得尽可能多的想象和构思。讨论完成后,将所有的意见进行分析和归纳,形成新产品的思路。头脑风暴法是各种创意活动中广泛使用的方法,不容易受到惯性思维的限制,比较容易形成突破性的创新构思。

(二) 筛选构思

筛选构思就是对大量的新产品构思进行甄别,将明显不合理或者可行性较低的构思筛除。在对构思进行筛选时,应该考虑三方面的因素:第一,该创意是否有潜在的需求;第二,要考虑该构思是否与企业的战略目标相适应,如市场定位目标、利润目标、销售目标等;第三,要考虑企业有无开发该构思的资源和能力,如资金能力、技术能力、人力能力等。

对构思的筛选要避免两种失误,一是误舍,即将有希望的新产品构思舍弃;二是误用,即将没有前途的新产品构思付诸开发。不论是误舍还是误用,都会给企业造成重大损失。因此,必须从本企业的实际出发,根据企业的具体情况决定取舍。此外,企业应该将所有的构思能够形成一个创意库,分类存储各种不同的创意。因为某些创意在目前的条件下不具备开发条件,但随着企业的发展或市场的变化,创意的可行性会有所改变。

(三) 产品概念的形成与测试

所谓的产品概念是企业从顾客角度对这种新产品构思所进行的详细描述。产品概念的形成要求企业在构思的基础上,进一步思考这个产品是由谁使用、什么时候使用、他们从中获得怎样的利益,并将产品构思发展为能被顾客理解的,用文字、图形或模型予以具体描述的产品概念。通常情况下,一个产品的构思,可以形成多个不同的产品概念。企业可以根据产品对顾客的吸引力、可能的收益和竞争对手的情况对多个产品概念进行分析,并选择最佳的产品概念。如启迪案例 8-1 所述。

启迪案例 8-1 🔍 ·········

旅行社美容美体旅游新产品概念

鉴于女性旅游者已经成为旅游者中的重要组成部分,而爱美是女性的一个重要生活追求,因此,某旅行社形成了一个旅游产品构思,即女性美容美体旅游产品。旅行社将女性群体根据其对美容美体产品使用情境的不同划分成三个不同的群体:新婚女性婚前美容、女性在就业前的职业准备和职业白领女性的年度活动。相应地旅行社发展出三种不同的旅游产品概念,具体如下。

一是为即将结婚的女性在婚前 1 个月左右的时间提供美容美体旅游产品,使这些女性能够成为"最美丽的新娘",并作为一个单身的纪念之旅。

二是为即将毕业,并准备进行角色转变的大学生提供的美容美体产品,使他们能够更加自信地迎接各种面试,获得工作,或者更快地适应工作环境。

三是为白领女性提供一年一度善待自己,给自己的容貌和身体进行"充电"的旅行活动,帮助白领更加自信地投入工作,迎接挑战。

鉴于大学毕业生在支付能力上受到一定的制约,与该旅游产品所需要的较高费用不符合,旅行社排除了第 2 种可能性。第一种产品概念在观念和费用上可能最容易被接收,但是由于准新娘可能时间上比较紧张,而且新婚时马上就要蜜月旅行,因此可能还是有比较大的阻力。因此,将第 3 个旅游概念确定为本次开发时的旅游产品概念,并在此基础上进行了产品内容的设计和价格的预测。

概念测试是将成型的新产品概念到其目标顾客群体当中去进行检验,从而帮助企业了解顾客对这个概念是否理解、是否认同、是否有购买意愿;顾客对该产品的竞争产品或替代产品如何看待,产品是否具有优越性;顾客对产品的价格等方面的属性有何要求;新产品概念是否需要进行调整等。有效的概念测试能够在正式开发前就发现新产品可能存在的问题,从而避免盲目进行新产品开发所导致的高成本和高风险,因而是新产品开发过程中非常重要的环节。但是在营销实践中,真正进行概念测试的企业比较少。

(四) 制订营销计划

企业在选择了最佳的产品概念后,应该制订初步的产品营销计划。该计划一般包括三部分内容：第一，描述目标市场的规模、结构和行为，产品的定位、销售量和市场占有率，产品投放市场后开始几年的利润目标等。第二，描述新产品的最初的价格策略、分销策略以及第一年的营销预算。第三，描述预期的长期销售额、目标利润，以及在不同时期的市场营销组合策略。当然，这个营销计划还要需要在后面的不同阶段中进行修改和调整。

（五）商业分析

商业分析也就是新产品的财务可行性分析，是在营销计划的基础上，对新产品销售额进行预测，并推算成本与利润。只有那些在财务上具有可行性的新产品概念才能进入真正的产品开发设计阶段。在新产品的商业分析中，需要借鉴过去同类产品的销售、竞争情况、对相似产品的市场地位等情况进行考察，并预计出最理想和最不理想情况下的表现。

（六）产品开发

产品开发阶段是将产品概念转交给研发部门进行开发，实现产品概念转化为具体的产品的阶段。在旅游业中，拥有独立产品研发部门的企业很少，常常需要借助外部的力量。例如，在饭店业，新产品的开发是饭店建筑设计师的任务；景点景区可能需要借助园林设计师等的工作来实现。而在旅行社，新产品的开发活动形式是"踩线"。如果开发和设计出的产品具备了产品概念中所列举的属性，并且能够在预订的成本范围中生产出来，这个产品就是可行的。

（七）市场试销

试销是将研发出来的产品投放到特定范围的市场中进行实际的销售试验。其目的在于观察市场中的真实反应，而后酌情对产品或销售政策等进行调整。例如，酒店在正式开业前通常都要进行试营业、景区（点）也可以有试营业期，旅行社可以在特定范围内先进行新线路的试销。

在新产品试销阶段应该注意选择恰当的试销范围、试销时间，并注重收集使用率、市场普及率即消费者对于产品各方面的反馈意见。在旅游行业中，试销期的决策显得非常重要。对于饭店来说，设置较长时间的试营业期（如 6 个月）有利于充分的收集资料，以充分了解市场，并对服务进行改进和调整。而对于旅行社来说，可能没有试销期或者非常短，因为产品的可模仿性非常强。

（八）新产品商业化

新产品商业化即新产品的大规模生产和投放市场。对于旅游饭店和景区来说，试销和商业化阶段通常没有明显的时间分割，因为生产和消费是同时进性的。

四、旅游新产品的扩散

新产品扩散是指新产品进入市场，并被市场中的目标顾客群体中的大部分所接收的过程。从企业的角度来说，新产品扩散是新产品推广活动的结果。正如前面所说，新产品失败的原因很多情况下是由销售不当或销售不利所造成的。因此,即便一个非常受到市场认可的新产品也应该注重推广问题。

(一) 新产品特征对新产品扩散的影响

新产品被市场接纳的时间长短与产品的以下特性有关。第一,新产品的优越性。产品的优越性越明显就容易被市场所接收。第二,新产品的适应性。新产品与人们的消费习惯、需求特征越吻合,产品的扩散速度就越快。第三,新产品的简易性。当新产品的使用方法比较简单,且易于认知的时候,新产品的扩散速度越快。例如,傻瓜相机的普及比专业相机所用的时间要短得多。第四,新产品的可试用性。消费者对于新产品的采用通常会经历五个重要的阶段:认知、兴趣、评价、试用和正式采用。试用与采用之间的距离最近,关系最直接。如果顾客能够试用新产品,则距离正式购买就越近。因此,许多企业在推广时采用免费试用的方式,以期顾客能够直接进入到试用阶段,而不是逗留在前三个阶段。

除了新产品本身的性质外,新产品的购买成本、产品购买风险的大小及与该产品相关的社会价值观念等也对新产品扩散的速度产生影响。

(二) 购买者与新产品扩散

在新产品的市场扩散过程中,不同消费者由于社会地位、消费心理、产品价值观、个人性格等多种因素的影响,对新产品的接纳和采用过程有明显的差异。根据罗杰斯的观点,顾客对于新产品采用的速度不同,大体可以分成五种不同的类型,如图8-5所示。

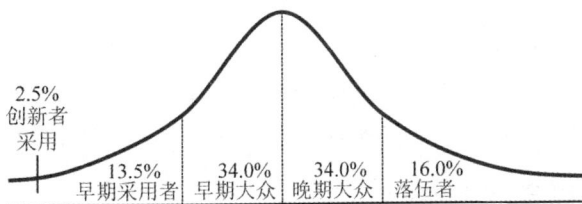

图 8-5　新产品采用者类型

资料来源:E.M. 罗杰斯.创新的扩散:第5版[M].唐兴通,郑常青,张延臣,译.北京:电子工业出版社,2016

1. 创新采用者(innovators)是市场先驱

通常他们受过高等教育,经济宽裕,社会地位较高,并且富有个性,性格活跃,勇于革新冒险,在消费中很少听取他人意见。

2. 早期采用者(early adopters)

一般也接受过较高的教育,年轻富于探索,对新事物比较敏感,并且有较强的适应性,经济状况良好。他们对早期采用新产品具有自豪感。这类消费者经常会成为群体中的意见领袖。

3. 早期大众(early majority)

接受过一定的教育,有较好的工作环境和固定的收入;对社会中有影响的人物、特别是自己所崇拜的"舆论领袖"的消费行为具有较强的模仿心理;他们不甘落后于潮流,但由于他们特定的经济地位所限,在购买高档产品时,一般持非常谨慎的态度。他们经常是在征询了早期采用者的意见之后才采纳新产品。

4. 晚期大众(late majority)

较晚跟上消费潮流的人,其工作岗位,受教育水平及收入状况往往比早期大众略差;他们对新事物、新环境多持怀疑态度,对周围的一切变化抱观望态度;他们的购买行为往往发生在产品成熟阶段。

5. 落伍者(laggards)

这些人受传统思想束缚很深,思想非常保守,怀疑任何变化,对新事物、新变化多持反对态度,固守传统消费行为方式。因此,他们在产品进入成熟期后期以至衰退期才能接受。

一般来说,在某个新产品的全部目标顾客群体中,创新采用者和早期采用者数量较少,而早期大众和晚期大众则占很大的比重。不同类型采用者的加入和退出,其结果就形成了产品的生命周期。

由于不同顾客的不同心理,在新产品的推广过程中,企业宜采用移动目标法,即在新产品推广的最初,要针对创新采用者和早期采用者的心理特征来进行推广,而后针对早期大众的模仿心理,最后要针对晚期多数和落伍者的保守和求稳的心理来加以推广。

第四节　产品组合及优化管理

企业为了保持产品在市场中的活力,分散经营风险,往往都不会只经营单一的产品,而是经营多个规格、不同种类的产品。因此对于企业来说,成功的经营往往不在于一个产品的成败,而取决于整个产品组合的盈利能力。

一、产品组合相关概念

所谓的产品组合是指一个企业提供给市场的全部产品线和产品项目的组合或结构,即企业的业务经营范围。产品组合是由产品线和产品项目所构成的。产品项目是指不同品种、规格、质量和价格的特定产品。产品线则是指满足同类需求的密切相关的产品所构成的产品类别。不同企业的产品组合在内容和结构特征上有巨大的差异。有些企业的产品组合产品异常丰富,类别多样,结构复杂。例如英国的维珍集团,旗下有唱片、航空、饮料、金融、铁路、婚纱等产业,几乎包括了国民生产部门的几大类。但是有些企业的产品组合显得比较单纯,品牌涉及得比较少,产品项目也很有限。为了很好地描述不同企业的产品组合,我们用宽度、长度、深度和关联度这四个方面来衡量。

产品组合的宽度是指一个企业的产品组合中所拥有的产品线的数目。它反映的是企业产品的类别跨度。产品组合的宽度越大,说明企业经营的多元化程度越高。一些大的综合型旅游集团,通常有比较宽的产品组合,启迪案例8-2中的景域集团就是其中的代表。

启迪案例 8-2 🔍

景域国际旅游集团三大业务板块联动发展

景域国际旅游运营集团(简称景域集团)已经成为国内具有一定实力的综合性旅游集团,截至 2017 年已连续 5 年入选"中国旅游集团 20 强",旗下分设景域目的地运营集团、驴妈妈集团和景域旅游智慧经济集团三个二级集团。

景域集团目的地运营集团由全资子公司和控股、参股公司组成,包括帐篷客、景域虹之汤、景域袁家村、黄山关麓村帐篷客、开化花牵谷、建德江南秘境、中景联旅游投资、都江堰御庭、重庆境界、武隆景乐和马鞍山濮景等公司。驴妈妈集团下辖驴妈妈兴旅国际旅行社、驴妈妈国际旅行社、游霸国际旅行社、驴途信息科技、飞驴湾特制旅游和全国各地子公司及广州、北京、成都、菲律宾长滩分公司。其中,驴妈妈旅游网是国内知名综合性旅游网站,提供景区门票、度假酒店、周边游、境内游、出境游、大交通、商旅定制游等预订服务,在景区门票、周边游、邮轮等品类处于行业领先地位。

景域旅游智慧经济集团由奇创旅游规划、景域旅游营销、鲸鱼文创、上海同育建筑设计、浙旅奇创规划、黄山全域旅游研究院和奇创北京分公司等构成。

景域集团旗下还设有景程文旅融资租赁、景域房地产建设、华策景域影视等板块,互补、互融、互动,为旅游产业贡献巨大能量。

(资料来源:http://wemedia.ifeng.com/22594758/wemedia.shtml)

产品组合的长度是指一个企业的产品组合中产品线所拥有的产品项目的数量。例如,万豪国际酒店集团(Marriott International)旗下包括 Ritz-Carlton(丽思·卡尔顿)、St. Regis(圣·瑞吉)、JW Marriott(JW 万豪)、Luxury Collection(豪华精选)、Sheraton(希尔顿)、Renaissance(万丽)、Courtyard(万怡)等 30 多个酒店品牌,代表不同等级和风格的酒店产品项目。

产品组合的深度是指一个企业产品线中的每一产品项目有多少个品种。以旅行社为例,它们的每个特定旅游目的地的产品形成一个产品项目(如云南游),而在每个线路中的不同规格就形成了不同的品种(例如,云南 5 日游、6 日游,品质游、舒适游等)。有些旅行社的品牌更加丰富,有些旅行则社可能一个目的地只经营一、两个品种。

产品组合的相关性指各条产品线在最终用途、生产条件、分配渠道或其他方面相互关联的程度。启迪案例 8-2 中景域集团虽然有三个二级集团,但从功能来看,形成了从旅游规划、旅游投资到目的地运营,再到 OTA 输送游客(旅游营销)的整体运营,形成了全产业链的竞争力。也有一些企业所涉及的产品线相互之间的关联度很小,虽然不能共享某些资源,但是能够更好地分散经营风险。

二、现有产品组合的评估与分析

产品组合的评估和分析是深入分析现有产品组合中不同产品线和产品项目对于企业的贡献,评估产品组合在市场中的竞争力,从而了解整个产品组合的营利性、合理性和发展性的活动过程。产品组合的评估分析是制订产品组合优化策略的基础。

（一）销售额和利润构成分析

要了解不同产品项目和产品线对于整个企业的贡献程度，以及他们在产品组合中的地位和作用，最直接的方法是分析销售额和利润的百分比情况。如图 8-6 所示，某企业的有 4 条不同的产品线 A、B、C 和 D，也显示了根据最近一个年度或季度的数据，各条产品线所产生的销售额和利润额占全部销售额和利润额的百分比。可以看出，在该公司的产品组合中，产品线 C 带来最大的销售额，并出现了提供了最多的利润，是最重要的一条产品线。

企业也可以针对每个具体的产品项目来进行同样的分析，以明确特定产品项目对产品线贡献的大小，或者某个产品项目对于整个企业的贡献的大小。

销售额和利润额分析数据来源于销售系统和财务系统，操作起来比较简单。但是，这种分析只能评估过去和现状，只能分析产品在企业中的地位，并没有反映不同产品在市场中的竞争力，也无法表现产品的未来发展。因此，我们还需要借助下一步分析更深入地评价产品和产品组合。

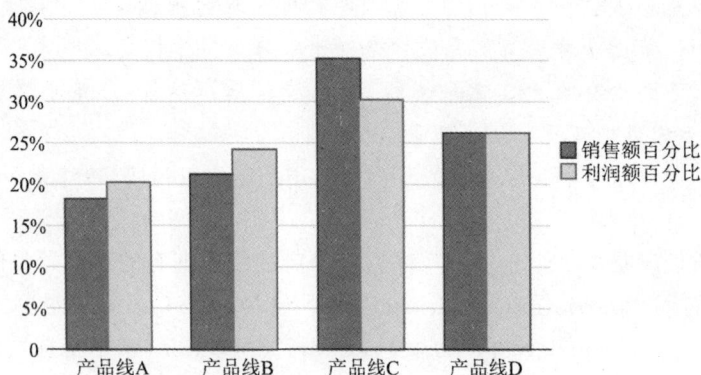

图 8-6　产品线销售额和利润额分析示例

（二）产品市场地位分析

由美国波士顿咨询公司所提出的占有率—增长率矩阵（也称波士顿矩阵）是评价产品市场地位的常用的方法。矩阵运用产品的市场占有率和销售增长率两个指标，将企业所有的产品项目划分成四种不同产品类型（见图 8-7）。

图 8-7　波士顿矩阵

明星产品是目前市场占有率很高,并且销售增长速度也很快的产品。市场占有率高,一定程度上表示该产品在同类竞争产品中具有优势地位,而增长速度快则意味着产品还处于快速成长期。对于这样的产品,为了保持其在未来的市场继续拥有优势地位,则需要对其采取发展战略,也就是要大力投资加速它的发展。

金牛产品是市场占有率高,但销售增长速度较低的产品。一般来说,这样的产品已经进入了较为成熟的阶段,且在产品竞争中占有优势。对于金牛类产品,企业应该对其采取维持和收割的战略,即尽可能地保持现有地位,加快现金回流,提高盈利。并将所获的现金用于支持其他项目的投资。

问题产品是销售快速增长,但市场占有率还比较低的产品。由于该产品还处于快速的成长期,因此,在市场中有两种走向。有可能随着销售量的增长,在市场中的占有率随之提高,形成市场优势,并成为新的明星产品;也有可能竞争对手的销售增长也很快,该产品无法在市场中占有优势,慢慢地变成瘦狗产品。对于问题产品,我们无法很快地做出决定,因此,还需要一定的时间等待和观望,并谨慎评估该产品成为优势产品的可能性。

瘦狗产品是市场占有率和销售增长率都比较低的产品。这说明产品缺乏竞争优势,未能有效成长,或者已经进入衰退期。这类产品可能会影响整个产品组合的盈利能力,故而应该果断地采取撤退战略,将其淘汰,并将资源转移到其他的优势产品上。

四种不同类型的产品在产品组合中发生的影响和作用是不同的。一般来说,金牛产品提供现金流,提供明星产品和问题产品发展所需要的资金;明星产品意味着企业未来的市场竞争地位。企业可以根据自己的产品在四种类型中的分布情况来判断现有产品组合的合理性和营利性。比较理想的状态是,企业拥有较多的金牛产品和明星产品,少量问题产品。反之,如果企业中瘦狗产品过多,缺乏明星产品和金牛产品,则是一种对企业非常不利的状态。

与波士顿矩阵一样,由通用电气公司创造的 GE 矩阵也用来评估产品或产品线的市场地位,但是 GE 矩阵采用行业吸引力和产品线竞争力两个指标来区分不同的产品。由于行业吸引力综合考虑了行业的市场规模、市场增长率、毛利率、竞争强度、技术要求等各方面的因素,而产品线竞争力则通过产品线的市场份额、市场增长率、质量评价、品牌信誉、促销效率、生产能力和效率、研发能力等因素综合评定得来,因此,GE 矩阵被认为更加切合实际。

根据 GE 矩阵,所有产品被分成 9 个不同区域,如图 8-8 所示。右上角的三个区块行业吸引力和企业产品线实力都处于高的状态,企业应该采取积极增加投资,加速发展的策略。左下角的三块区域,行业吸引力比较低,企业的产品线本身的竞争力也不强,因此主要采用收缩策略或者放弃策略。中间的三个区块则应该保持相对稳定的投资,力求保持盈利或提高盈利水平。

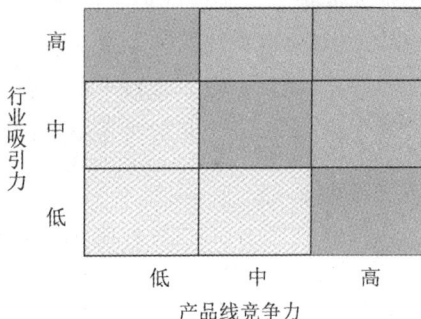

图 8-8 GE 矩阵

三、旅游产品组合优化策略

在上述分析的基础上,旅游企业对产品组合进行调整,以期提升产品组合的整体盈利能力的方法,就是产品组合的优化。产品组合的优化可以从产品组合的宽度、长度以及产品线的更新等几个不同的角度取进行,形成不同的优化策略。

(一) 产品组合拓宽或剥离

在产品组合中新增一条甚至多条产品线,能够增加产品组合的宽度,并拓宽企业的经营范围。采用产品线拓宽策略的情况一般有以下几种:第一,发现自己原有的产品线面临比较大的竞争压力,盈利能力在降低;第二,在市场中发现了新的行业机会;第三,新的产品线能够增强原有产品线的竞争力;第四,企业的经营实力提升,要实施多元化战略时,企业就可能拓宽产品组合。例如,深圳华侨城集团是以主题公园为起点,随着企业的发展,将产品线拓展到主题饭店和经济型酒店领域。两条产品线相互配套,相辅相成,增强了企业的综合竞争能力。

反之,如果企业发现自己的资源紧张,或者产品组合中一些产品线盈利能力非常有限或对企业产生不良影响;又或者企业想要转向专业化经营,提高专业化程度时,企业就有可能剥离一些非主导的、不盈利的产品线。

(二) 产品线延伸或缩减

一般来说,企业原有的产品线可能在某个市场中处在特定的位置上。如果企业通过增加一些新产品项目或减少产品项目,从而改变某条产品线原有是市场定位,就是进行产品线的延伸或缩减。

产品线的延伸通常出于以下一些考虑:第一,丰富产品线,以便满足企业目标顾客的扩大。第二,填补产品线中的空缺,起到防御竞争对手攻击的作用。第三,现有产品定位的空间影响了盈利水平,延伸有利于增加盈利可能。第四,企业想要改变现有的形象定位。

如果企业原有定位于高档市场,而后在产品线中增加中低档产品项目时,称为向下延伸。向下延伸时,企业可以利用高档品牌的产品声誉,吸引购买力水平较低但对原有品牌知晓和了解的消费者,例如小米公司推出了红米手机品牌。启迪案例 8-3 就是向下延伸的实例。反之,当企业在原有定位与中低档的产品线中引进高档产品项目时,就实施了向上延伸策略。企业积聚了一定实力之后,想要提升企业的整体形象时,可以采用这一策略。当然,企业也可以同时向两端延伸。

同样,如果企业发现现有的产品线过长,导致了整体盈利能力降低;或者致使品牌形象模糊不清,降低了企业的特色,企业也可以对产品线进行缩减。

启迪案例 8-3 🔍

万豪国际酒店集团在中国的产品线延伸策略

2016 年 2 月 16 日,万豪国际酒店集团(以下简称万豪集团)与东呈酒店集团签署独家发展协议,将在中国内地市场推出定位中档的"万枫"酒店品牌。根据该协议,为万豪集团目标在 5 年内开发 140 家万枫酒店,预期其中 100 家将于 2021 年前启用。

万豪集团在华发展多年,但一直以丽思·卡尔顿、圣·瑞吉、豪华精选、JW 万豪等多个豪华酒店品牌在中国市场运作。然而随着其竞争对手雅高、洲际甚至是一路坚持全豪华线路的希尔顿都先后在华推出了中端或经济型品牌后,万豪也开始将目光转向了中端市场。

2016 年开始了中国酒店业的 3.0 时代——中档酒店时代开始被提及,越来越多酒店集团开始在中档酒店领域开疆拓土。这几年中国酒店市场的两头高端和经济型酒店都整体下滑,入住率和房价每况愈下,市场竞争愈发激烈,反而是此前相对空白的中端市场受到投资者欢迎,且回报期也相对较短。因此各大酒店业者,比如希尔顿、锦江、华住、雅高等都纷纷发力中端酒店市场。

万豪本次引入的"万枫"酒店定位中档酒店,为万豪国际全球分布第二广泛品牌,在中国主要以"90 后"的年轻一代商旅消费者为服务人群。据悉,2017 年 7 月第一批万枫酒店已经在南宁、济南、太原和长沙等地集中开业。

酒店集团纷纷转战中端市场,看中的无疑是中产阶级的消费。按照麦肯锡的预测,到了 2022 年,中国中产阶级将占到城市人口的 75%。这部分人群对住宿品质有一定要求,不满足于简陋的经济型酒店,但又迫于经济压力无法承受高端酒店的价格,于是就有了与全季、和颐这类升级版的 7 天、如家类似的酒店。

就连向来专注于高端市场的国际连锁酒店集团也开始行动了。希尔顿全新推出了面向年轻人的"Tru"品牌,针对 100 美元以下的中低端市场,洲际集团也宣布将推出类似的新酒店品牌,以豪华酒店著称的特朗普酒店集团也在不久前宣布将推出两个价格定位于三、四星的品牌 American Idea 和 Scion。

高端市场增长乏力也是促使酒店集团开始重视中端市场的原因之一。研究公司 STR 在 2015 年的调查数据显示,高端酒店在入住率和平均每晚房价方面的增长已经落后于中端酒店,后者在 2015 年这两项数据分别增长了 2% 和 6%。而科尔尼管理咨询公司预测,到 2022 年,中国的中档酒店需求将增长 56%。

鉴于对中国中端酒店市场的看好,万豪也做出了涉足该领域的决策。万豪国际集团亚太区总裁兼董事总经理施康瑞表示:"中国是万豪国际在亚洲发展最快的市场。随着中国中产阶级可支配收入的增长,消费型经济稳步发展,消费者对高品质中档酒店的需求也逐步增多。"

思考:万豪国际酒店集团的做法属于哪种延伸?该集团为什么会采取这种策略?

(资料来源:案例改编自 http://news.hexun.com/2016-02-18/182307243.html)

(三)产品线更新

企业也可以在产品组合的宽度和长度都不进行调整的情况下,对产品组合进行优化。主要的做法是对现有产品线进行更新。在制造类企业中,产品线的更新通常意味着引进新的技术和设备,以增强自己的竞争力。而在旅游行业中,企业可以通过革新服务提供的流程、增加标志性的特色服务,或者引进先进的管理公司或管理技术,从而提高生产运营效率。不少本土的酒店在一段时间的经营之后,为了增加对于外宾的吸引力,往往会通过委托管理或特许经营的方式引进国外的酒店品牌或管理公司,以改变形象。例如,杭州的梅苑宾馆在许多年经营之后加入了最佳西方(Best Western)酒店联盟,增强了具国际化特征。这是酒店内产品线更新的一个例子。

第五节　旅游品牌管理

一、品牌的内涵和作用

品牌在其获得现代的营销意义之前,就已经广泛地存在于各行各业中。早在手工业发展还远未达到现代化生产的时代,陶器、布艺、酒坊、鞋匠铺就开始运用一定的招牌、名称和图片来帮助顾客认识自己、记住自己与其他同类生产者之间的区别。19世纪的工业革命后,大机器工业基础上产生的大规模标准化生产使得产品种类和数量大幅扩张,生产商和经销商们需要选择一个更有效力的产品名称——简单、易记、新颖,以便在随之而来的广告的浪潮中帮助自己进行宣传和营销,促进产品的销售。在这一时期产生了一批具有较强知名度的品牌,如可口可乐、福特、奔驰等。随着这些重量级品牌及其公司如日中天地发展,品牌的营销意义也就日渐明晰起来,它在营销中所发挥的作用也与日俱增。

(一) 品牌的内涵

著名营销学者菲利普科特勒和美国市场营销协会(AMA)将品牌定义成"名称、专用名词、标记、标识、设计,或是上述的综合,用于识别一个销售商或销售商群体的商品与服务,并且使它们与其竞争者的商品与服务区分开来"。这一概念充分地说明了,品牌与品牌名称、品牌标识或者商标之间并非是对等关系。塑造品牌远远不是选择一个好的名字或者设计好的标识、注册一个受法律保护的商标这么简单。

在许多的企业将她们的品牌塑造成"明星"之后,品牌与产品的关系已经进入了更为亲密的关系。在市场中,大量出现了"象征性消费"的购买者,她们在消费过程中明显地表现出品牌追逐的行为特征,甚至可以说,她们购买的目标物在其心里更明确地显现为某个品牌而非某个产品。国际著名的品牌学专家凯文·莱恩·凯勒曾掷地有声地提出:"品牌就是产品,但是它是加上其他各种特性的产品。"品牌不应该被视为产品的附属品或者外生品,品牌化也不是在产品生产完成或者销售出去以后所要进行的锦上添花的一项工作。一些学者因此从消费者选择行为的角度出发,认为品牌是消费者购买产品所能获得的一系列利益的承诺,这些利益包括理性的、情感的、可视的和无形的利益。

鉴于旅游产品的无形性,从消费者获得的承诺的角度能更好地诠释旅游品牌的内涵,即旅游品牌是企业向消费者传递的系列承诺的组合,当且仅当消费者能够识别品牌名称所传递的承诺,并通过体验或信息沟通认同了承诺及其带来的利益,品牌才能够真正成为企业的资产,才能为企业带来价值。

(二) 品牌的作用

品牌对于营销的重要意义已经被许多实践者和研究者所认同。对于旅游企业而言,品牌是在消费者心目中树立形象和差异化的捷径;品牌在非价格竞争策略中能扩大市场区隔;可以降低市场营销费用,构建消费者对本企业产品忠诚度;品牌是旅游企业成长的重要标识,是旅游企业竞争力的重要体现;此外,品牌也构成企业巨大的无形资产。

二、旅游品牌要素决策

正如前面所说,品牌的可识别的部分仅仅是品牌冰山的一角,对其起到支撑作用的是各种品牌要素。所谓的品牌要素是企业可操控的,并且有助于形成特定品牌联想和品牌形象的营销变量的总和。换句话说,企业在营销活动中,选择和塑造出支撑品牌形象的品牌要素,品牌要素被消费者接纳后,就形成了品牌认知和品牌联想。品牌化活动与品牌形象的形成之间的关系如图 8-9 所示。

旅游品牌要素的选择是旅游品牌化的关键问题。品牌要素在决策时应该从尊重消费者对旅游产品的知觉规律,从旅游者最关注的属性和特征中加以选择,确定自己的品牌要素。例如,笔者在关于饭店品牌的有关研究中提出饭店品牌的六大基本要素(见表 8-1),可以作为饭店品牌要素选择的一个参考范围。而在旅游目的地的吸引力和形象的有关研究中显示:旅游地的空间位置、旅游地的物质环境特征、旅游地的软环境(文化氛围、文明程度、安全性等),以及旅游吸引物的特征和程度等构成了旅游目的地的品牌要素"仓库"。

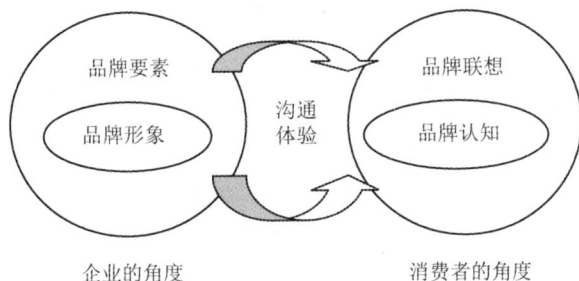

图 8-9 品牌要素、品牌形象、品牌联想和品牌认知之间的关系

值得注意的是,旅游品牌要素的决策,并非是一个被动的选择的过程,在很多情况下,品牌要素在企业的各类营销活动中可以被创造出来,并与产品等融合为一体。例如,饭店品牌中的区位特征,则是在饭店筹建的选址过程中完成,与饭店的建设融合在一起;饭店的品牌个性要素,实际上与其最初的目标市场的选择密不可分。

表 8-1 饭店品牌六要素

序号	要素类别	主要内容
1	区位和外部环境	交通区位条件、周边自然资源、所处区域经济文化、周边配套设施
2	设施和服务项目要素	设施的完备性、运行是否良好、现代化程度以及设施的便利性
3	氛围、主题和文化要素	饭店建筑外观特点、饭店创造的氛围、饭店的历史、主要顾客群体的行为
4	交互性要素	服务响应速度、员工的态度、员工服务技能、技巧和水平
5	价格要素	价格水平、价格政策、价格变化特点
6	目标群体与品牌个性	目标群体的选择、目标群体的自我概念、品牌个性

三、旅游品牌策略

有关品牌的策略,实际上是企业进行的品牌系列化决策的结果。如图 8 - 10 所示,旅游企业在品牌策略的选择时,会面临以下决策内容。

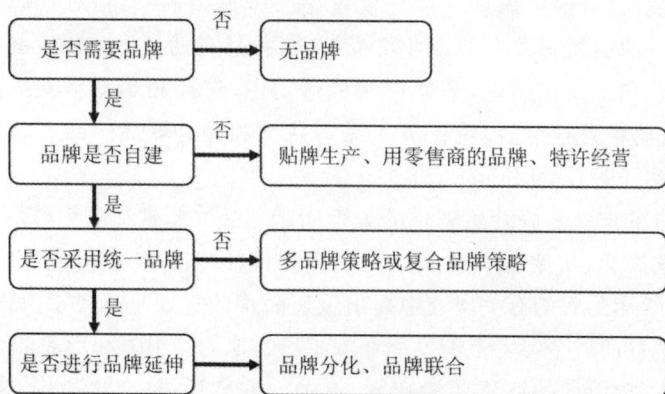

图 8 - 10　品牌系列决策

(一) 品牌化策略

品牌化策略也称品牌有无策略,是指企业决定是否给其生产销售的产品规定品牌和商标。实行品牌化策略可以扩大品牌产品知名度,吸引更多的品牌忠诚者,提高品牌产品的竞争力,便于订货管理。但是使用品牌也增加了产品成本费用,如促销费用等。

非品牌化也称无品牌,是 20 世纪 70 年代西方国家一些企业为节省包装、促销费用而对一些产品不设计品牌和商标,这类产品大部分是超市经营的价格低廉、包装简单的产品。在旅游行业中,大多数企业都采用品牌化策略。但是诸如家庭旅馆等规模小、资金有限的经营者可能是无品牌的。

(二) 品牌使用者策略

品牌使用者策略涉及企业对品牌所有权的决策。如果企业决定自建品牌,就称为企业品牌,或生产者品牌。例如,金陵饭店集团、开元旅业、华侨城等本土旅游企业集团都采用自建品牌。自建品牌一般来说,需要较长时间来进行品牌的塑造和创播,面临持续的资金投入和品牌创建失败的风险。

为了快速地获得品牌和品牌带来的效应,企业也可能借用强势的中间商品牌,或者租用其他企业的品牌。特许经营是酒店中最常见的租用品牌的方式,全球十大酒店集团基本都采用了特许经营的方式来出让品牌的使用权。借用他人的品牌虽然减少品牌建设的风险,但是却无法形成自己的品牌资产。

(三) 品牌统分策略

当企业进行自己的品牌建设时,往往需要决定是对其全部产品是使用统一品牌,还是使用个别品牌或复合品牌。

统一品牌是指企业所有产品都统一使用一个品牌。如索尼公司所有产品都统一使用"SONY"这个品牌。统一品牌通常使用在企业所生产的产品性质和档次比较统一、面对的目标顾客群体比较一致的情况下。统一品牌的优点是促销费用少，但是产品相互之间有牵连效应，即一种产品出现问题会殃及其他产品的信誉和企业声望。

个别品牌（也称多品牌战略）是指企业为各种不同的产品分别使用不同的品牌。绝大多数的国际旅游饭店集团都采用了多品牌战略。因为这种品牌战略能够清晰地区分产品质量和档次，保持品牌声誉和独立性，使得消费者能够进行对位的选择。该策略的缺点是成本高，每一种品牌产品都需要投入大量的广告等促销费用。

复合品牌策略则是企业联合使用企业品牌与某个产品的品牌并用。使用这种品牌的优点是既能借助企业信誉与形象优势，又能突出各种品牌的独特魅力。例如，浙江省开元旅业集团旗下的四星级酒店称为开元酒店，五星级酒店则称为开元名都。

(四) 品牌扩张策略

品牌扩张策略是随着企业的发展和产品线的变革，对品牌进行发展的策略。品牌延伸是品牌扩张的常见策略，即企业利用其成功品牌的声誉推出改良产品或新产品的策略。品牌延伸的优点是有利于新产品顺利进入目标市场，降低市场导入费用和促销费、降低市场风险，加快新产品市场定位；有利于品牌效应的递增与强化，促使品牌增值。但是，品牌延伸会将现有产品的特征和特性的认知移植到新产品上。因此，当新产品与原有产品缺乏共性时，使用这一策略，往往会产生品牌冲突，甚至影响原有品牌的形象。

当企业旗下的不同产品差异性越来越明显，则企业可能会选择给其中的一种产品或者新产品确定一个新的品牌。这就是品牌分化。品牌分化往往给企业带来多样化的形象，从而提高对不同市场的吸引力。如启迪案例 8-4 所述。

启迪案例 8-4

朗廷酒店的品牌分化策略

自伦敦朗廷酒店于 1865 年开业起，朗廷品牌一直散发着历久不变的欧洲豪华酒店传统。酒店经典优雅的气质，令客人恍如置身闹市中的世外桃源，员工恰到好处的细腻服务则给予客人一份亲切的感觉。朗廷酒店坐落于全球主要城市，以追求显赫尊贵享受及顶级豪华酒店服务的客人为对象。

随着全球业务的发展和中国市场的拓展，朗廷酒店集团在 2009 年对其下的酒店品牌进行了新的演绎。分化出朗廷和朗豪两个针对不同目标市场的品牌。朗廷依然坚持着原有的优雅品质和细腻的服务。

朗豪则是朗廷品牌较年轻化的演绎，流露着时尚优雅的特质，为客人提供触动感官的服务。其充满刺激动感的创新服务，能捕捉客人的五官，启发无限想象。朗豪品牌成为一种爱好冒险、追求趣味及心境的年轻客人的首选。

在宣传品的设计上"朗廷"品牌以童话故事为主题，表达品牌的浪漫及魅力。相反，时尚的"朗豪"则被描绘为一个游乐园,透过简洁且强而有力的文字,以及富感染力的图像带出酒店及其顾客自我的一面。

品牌联合往往在两个强势的品牌间发生兼并或收购的时候发生。为了保持对原有两个品牌的忠诚顾客的吸引力,或者使得新品牌兼有原来两种品牌的优势时,就会将两个品牌联系在一起形成新的品牌。不少酒店在进行委托管理的时候,都会将原有酒店名称与受托方的名称联合在一起,就是这个道理。

本章小结

关键术语

旅游产品　旅游产品生命周期　旅游新产品　产品组合　产品组合深度和长度　产品线延伸　旅游品牌　品牌化策略

内容提要

产品是满足消费者某种需求或者欲望并且用于交换的任何的东西。旅游产品通过经历或体验的方式满足了旅游者的特定需求,属于服务型产品。一个完整的旅游产品,通常可以被划分成五个不同的层次:基本功能和功效构成的核心产品;功效的具体承载物构成了形式产品;顾客期望的属性和利益构成了期望产品;附属在形式产品上的额外的服务或利益构成了附加产品;产品对未来发展趋势的预测和兼容性则是潜在产品。产品的竞争会在这五个不同的层次上展开。

特定旅游产品进入市场到退出市场的过程就是产品的生命周期,这个过程通常被分为导入期、成长期、成熟期和衰退期。但是,不同产品的生命周期在各阶段的时间长短上有明显的差异,这种差异不仅源于产品和市场本身的特性,也源于企业对生命周期是否进行有效管理。有效的生命周期管理应该根据各阶段不同的特点,采用不同的营销组合方式,从而达到投入期"短"、成长期"快"、成熟期"长"和衰退期"转"的目标。

旅游新产品是应对顾客需求和竞争变化的有力手段。旅游新产品的创新可以表现在服务项目或要素的新增、服务流程的更新、服务情境的重设和服务人员的改变等方面。新产品根据新颖的程度可以被分为全新产品、换代新产品、仿制新产品和改进新产品。新产品开发一般遵循 8 个基本步骤:新产品的构思、筛选构思、产品概念的形成与测试、制订营销计划、商业分析、产品开发、市场试销和新产品商业化。

产品组合是指一个企业提供给市场的全部产品线和产品项目的组合或结构。合理的营销策略应该使得整体的产品组合有更强的竞争力和获利能力。企业需要在对产品线的销售和利润贡献、产品线和产品项目的市场地位进行评估的基础上,对产品组合的宽度、长度、深度,以及产品线的特色方面进行调整和优化。

品牌是名称、专用名词、标记、标识、设计的综合,是消费者购买产品所能获得的一系列利益的承诺。品牌用于识别一个销售商或销售商群体的商品与服务,并且使它们与其竞争者的商品与服务区分开来。品牌已经日益成为旅游产品的一部分,也是影响产品竞争力的关键力量。在旅游产品或企业的品牌化过程中,应该对旅游品牌由哪些要素构成进行深入的思考。在旅游企业发展过程中,有关品牌的若干个决策形成了一个决策系列,包括品牌化决策、品牌归属决策、品牌统分决策和品牌扩张决策。

课后练习

1. 以你所在的学校为依托,设计一个高校旅游产品。

2. 选择一个著名景点,搜集它从开业以来的旅游接待人次情况,分析它的生命周期走势,并为他们提出产品改良的建议。

3. 你能找到境内外其他旅游企业的例子来解释产品组合的诸多概念吗?

4. 品牌资产与财务意义上的资产有何异同?

案例讨论和延伸思考

"私人订制"旅游产品如何叫座又叫好?

2013 年底冯小刚的电影《私人订制》上映,电影中毫不吝啬地给了苏州大篇幅的镜头。然而这些"私人订制"的情节并不只是出现在电影里。

2015 年 10 月底,来自无锡的王女士一早就和同伴来到拙政园,享受了一次"园林主人"的生活状态,"这算是'私人定制'的特色游园项目,每次限 20 人以内,定价每人 188 元。我们是通过网上预定,主要是孩子对古典园林特别感兴趣"。据悉,自从 2015 年 4 月拙政园推出该项目后,短短 6 个月内已有近 800 位游客体验了"蝉噪林愈静,鸟鸣山更悠"的诗境涤荡的园林。

作为中国四大名园之一,拙政园是苏州存在的最大的古典园林,全园以水为中心,山水萦绕,厅榭精美,花木繁茂,具有浓郁的江南水乡特色。花园分为东、中、西三部分,东花园开阔疏朗,中花园是全园精华所在,西花园建筑精美,各具特色。园南为住宅区,体现典型江南地区汉族民居多进的格局。园南还建有苏州园林博物馆,是国内唯一的园林专题博物馆。

如此丰厚内涵和艺术魅力的园林自然成为游客必去的景点之一,公开的数据显示,单是平时的小长假,拙政园的入园人次也在几万人。今年十一期间,拙政园的"景区游览舒适度指数"也是在"较拥挤"的阶段。

入园人数的增长给园林遗产的保护和管理造成了较大的压力,以门票收入为主、靠客流量拉动的园林经济亟须转型。

"现在散客化的时代,需求是多样的,有些散客希望能够静下来,享受慢下来的生活状态等,这也是我们在开园之前推出'私人订制'旅游重要原因",拙政园管理处副主任夏文亭表示,"这是'拥堵'出的一种商业模式,我们是想让游客真正把苏州园林带回家。"

"私人订制"特色游园产品就是在原有票价基础上增加了很多配套服务,例如专属导游讲解服务、园内专车服务、特色饮食服务以及专属私人空间开放服务,这一系列服务都是原有门票基础上的附加服务，但总的票价事实上更优惠，且享受的服务更多，体验更好。

2015年"十一"期间，苏州共接纳游客643万人次，较去年下降5％，但游客消费总收入则增至73亿元人民币，同比上升了8％。

目前，拙政园讲解组有二十多名导游，经过严格考核，从中选出3名"金牌导游"。园林的内容也在逐渐增加，比如见山楼项目。见山楼是拙政园岛池中体量最大的建筑，在二楼透过窗子观赏园景，别有一番情致。此前这里并不对外开放，而现在游客提前12小时预约后，可以在正常开放时段进入园内的见山楼二楼非开放区域，品茶、听琴、读古籍，从而深入品味拙政园，更全面地了解苏州的传统文化。当然，这个环境中也可以开个小型会议。

苏州旅游局旅游促进处副处长钟涵一表示，目前苏州各个园林都在根据自身不同特色来打造不同的私人订制产品。

被称作"小园极则"的网师园也已面向企业和个人推出个性化、形式多样的特色游园项目，内容包括在每年古典夜园活动期间，游客可通过"私人订制"，在下午五点半闭园后至夜园七点半开园前两小时内游园。此外还有小姐楼、撷秀楼等场所可作为会谈场所；殿春簃、中部花园等地可用于文化交流、特色展会等。

留园则探索推出了日间"品花茶、看花道、感受留园花样年华"的全新古典园林深度游方式，并得到了买家团、北美考察团等多家国外会奖旅游中心的青睐。

除了苏州，北京等地的知名景区与博物馆也已开始探索"私人订制"旅游产品。

"但我个人认为园林式的博物馆更适合做此类产品，因为对于苏州人来说，园林是一种生活。"苏州知名导游顾凤娟表示。

目前享受"私人订制"的人群大多分为三类，一是摄影爱好者，二是园林文化爱好者，三是私人接待，此类人群多为对生活品质有一定要求的游客。苏州园林探路高端旅游市场，不仅是古城旅游升级发展的必然要求，也是古典园林由苏式生活"文化标本"演变为苏式生活"文化载体"的重要途径。

要让这种园林生活变得鲜活，还需要发现"园林魅力"的眼睛。世界顶级奢侈品牌阿玛尼就曾选择在拙政园发布了一款名为"苏州·牡丹"的高级定制香水新品。主办方曾表示，之所以选择拙政园，一大重要原因是拙政园的听雨轩、兰雪堂、海棠春坞、倚虹亭等各类园林建筑精品，非常适合开展精品高端的会务活动。

除了承办精品发布会外，苏州园林更是促进跨国合作的合适平台。1993—1994年，在网师园小姐楼上，中新双方就苏州工业园区合作项目展开了数次会晤、谈判、商榷，网师园由此成为苏州工业园区的孕育地之一。

有业界专家认为，苏州园林探路高端旅游，必须注重品牌"软实力"。也就是要在经营中有效识别目标市场，不仅为之量身订制旅游产品，更要为之提供符合其身份的高端品牌，除此之外，还必须注重旅游产品谱系开发，苏州园林要根据自身的历史、文化及现实条件，差异化、体系化地打造系列高端旅游产品。

"对苏州来说，私人订制旅游正处于起步阶段。"夏文亭表示，苏州园林未来的发展方向就是以各园林景区内涵为基础，进行整合分类，根据不同人群和个体游客的需求，把静态的文旅资源、不同类型的文化元素转化为园林会奖旅游的"文化套餐"。

（资料来源：案例改编自 http：//www.21cbr.com/article/25321.html）

问题：

1. 拙政园等苏州园林为什么要开发"私人订制"旅游产品？

2. 这种"私人订制"旅游产品是不是一种旅游新产品？为什么？

3. 这种"私人订制"旅游产品的创新的成功之处在哪？

4. 旅行社、酒店还有其他旅游景区是不是可以向苏州学习来开发这种"私人订制"产品？

第九章
旅游价格策略

　　价格是营销组合中唯一产生收入的因素,直接影响着企业的获利能力;价格也是营销组合中最活跃的因素,它是一把双刃剑,价格的有效使用可以成为与竞争对手斗争的有效武器,使用不当则会伤害自己。因此,我们说定价既是一种微妙的艺术,也是一种需要战略性思维的考量。请看下面的案例。

华住酒店集团推出"汉庭优佳"全新品牌

　　华住酒店集团(以下简称"华住")在连续发布了一系列中档酒店发展计划后,又开始大刀阔斧升级旗下经济型酒店品牌"汉庭"。2017年4月27日,华住正式推出了汉庭的"豪华版"品牌汉庭优佳,同时位于上海西藏南路的首家汉庭优佳直营店也正式开业。实际上,近年来,一方面经济型酒店的利润率不断下降,另一方面迫于市场升级经济型酒店都在进行品牌升级。然而,在业内人士看来,作为三大经济型酒店之一的华住近来频繁加码中档酒店,除了力图在中档酒店市场跑马圈地外,也同时希望在与如家、铂涛等酒店集团的竞争中能够拔得头筹。

　　据了解,汉庭优佳定位在汉庭与全季之间,算是中档酒店的入门级。与传统的汉庭酒店风格相比,汉庭优佳风格清新,配有艺术画廊,还设置了24小时咖啡吧、自助入住退房、24小时免费行李柜、自助打印登机牌、自助洗衣房、智能电视、外带早餐等服务。定位稍高的汉庭优佳酒店定价也比普通汉庭酒店高30%左右。

　　在市场消费升级的趋势下,国内经济型酒店集团早就开始在中档酒店市场"跑马圈地"了,很多经济型酒店品牌也正在面临着同质化和利润低的状况。

　　华住CEO张敏表示,与10年前不同,现今酒店的客户需要的更多,不仅仅是能够洗澡、能够睡觉。实际上,华住旗下各酒店品牌不断升级是为了应对更多新的消费者和整个消费群体越来越高的要求。

　　但是由于各家经济型酒店都在升级,而推出汉庭优佳的意义在于房间改造节省成本的同时提升房价。一位从事过经济型酒店的相关负责人表示,经济型酒店也不能随意转为中高端品牌,比如房间的大小从18平方米改为25平方米比较麻烦,汉庭酒店由于硬件条件的限制不适合升级为漫心或者全季这类酒店,而适合改成升级版的汉庭优佳,而且能够升级存量项目,增加收益。

张敏认为,全季单间客房投入在 10 万～12 万元,而汉庭优佳则在 8 万元左右。如果是汉庭升级改造成汉庭优佳则单间成本在 4 万元左右,这样能在节省成本的同时提升房价。同时,对于加盟商来说,汉庭优佳的房价虽然将比汉庭高出 100 元/间左右,但成本只高出 10.00％,所以对加盟商来说,毛利率更高、回报周期更短。

业内人士表示,租金(含水电)和人工是经济型酒店集团面临的两大主要成本,对华住、如家这些以经济型酒店起家的酒店集团来说,随着租金、人工等成本的上涨和消费需求的升级,一方面是经济型酒店盈利能力越来越低,另一方面,加盟商回本期越来越长、利润率越来越低,这都意味着巨大体量的经济型酒店亟待升级和更新。

2014 年时,曾有媒体指出经济型酒店利润非常微薄,而根据一些公司的财报计算,实际上甚至每一间客房每天的利润只有 5.32 元。

据华住最新发布的 2016 年年报显示,目前华住旗下拥有中高端酒店 456 家(包括雅高特许经营的美居、宜必思等),占全集团比例 13.83％。在华住去年新开业的酒店中,中高端酒店占到了 29.00％,正在筹备中的酒店也有 40.00％为中高端品牌。中高端酒店比例的上升带来的直接影响就是 RevPAR(每间可供出租客房的平均收入)的提升,华住全年的 RevPAR 为 157 元,上涨 2.70％,平均房价(ADR)为 185 元,比去年同期增长 3.30％。其中,中高端酒店的 RevPAR 和 ARD 分别为 251 元和 296 元,增速远高于经济型酒店。

张敏曾在分析师电话会议上表示,四季度 RevPAR 能够实现 5.70％的增长率得益于汉庭品牌的升级,目前有 31.00％的汉庭酒店已经升级为"新品汉庭"品牌。

虽然汉庭"升级版"的推出让业界眼前一亮,然而对于未来能否达到市场预期则并非一路平坦。有分析人士指出,在华住未来推行的政策中,加盟商是否愿意付出费用进行升级仍然存在不确定因素。此外,也有酒店人士认为,Airbnb、途家等共享经济等新业态,以及精品、民宿、短租等非标住宿的蓬勃发展,进一步压缩了经济型酒店的生存空间,加上加盟店在服务上无法管控,卫生、安全等问题不断出现,也让传统汉庭在内的经济型酒店都面临着亟待转型的局面。

(资料来源：http://www.p5w.net/news/travel/201705/t20170504_1783133.htm)

❓ 思考

1. 华住集团为什么要推出"汉庭优佳"这个新品牌?

2. 你认为汉庭优佳酒店定价比普通汉庭酒店高 30％左右是否合理? 为什么?

3. 请收集华住、如家和铂涛三大集团上一年度年报数据,比较分析不同品牌产品的 RevPAR 和 ADR(average daily room rate,日平均房价)对集团收益的贡献。

第一节　旅游产品定价的制约因素

所有需要在市场上出售的产品,都需要为自己确定一个价格。从经济学研究的角度上看,产品的价格是由供给和需求共同决定的。如果回忆一下自己曾经到自由市场中购物的经历,就会发现实际上最终成交的价格受到以下几个方面因素的制约:成本、顾客感知、竞争和其他因素的限制。

一、成本对价格的影响

与任何其他的产品一样,旅游产品在生产和流通的过程中需要耗费的一定数量的物化劳动和活劳动,它们就构成了旅游产品的成本。由于企业的经营从最终来看是要追求利润的,而企业的价格只有在补偿生产经营耗费的基础上才会产生一定的利润,因此成本通常成为价格制定时的下限。从长期来看,如果价格低于平均成本,企业就难以生存。因此,企业如果不了解成本,就无法进行合理的价格制定。然而,对成本的理解,并不只是简单地了解成本的水平,还需要进一步了解成本的构成,或者说产品的生产成本的变化与销售量的变化之间的关系。

根据所发生的成本是否随着销量变化而变化,可以将成本分成固定成本和变动成本两个部分。固定成本是那些不随产量变化而变化的成本费用,例如,酒店筹建过程中的土地费用、建筑成本、装修费用、设备购置、管理人员的人工费用等,无论酒店是否出售了客房或者餐饮产品,这些成本都已经投入或必须花费,不随产量变化而变化。变动成本则是那些与产量相关,会与产量的变化呈一定比例变化的成本。例如,客房中的一次性客用品、客房的水电费等,当客房没有销售出去时,这些费用是不会发生的;每多销售一间客房,这些费用就按一定的数额增加。不同行业的固定成本和变动成本的比例结构有很大的差别。酒店和主题乐园等通常在建设时就投入大量的成本,属于高固定成本比例的行业;而旅行社由于并不需要太多的设备、场地,因此初期投入比较小,而变动成本的比例比较高。

变动成本和固定成本对于价格的影响力是不同的。从短期来看,变动成本是价格的最低限。因为只要销售价格高于变动成本,就能够产生边际收益,这个收益可以用来补偿固定成本的投资,而销售价格低于变动成本,则不仅无法收回投资,还会造成更大的亏损。然而从长期来看,如果,企业的销售价格一直低于变动成本和固定成本构成的总成本,那么企业就会一直处于亏损状态,难以为继。

二、顾客感知对价格的影响

从顾客的角度看,价格是他们获得商品时所应该付出的成本。消费者在进行决策时,也需要衡量自己的成本和收益,只有当他们认为自己的收益大于成本时,他们才会接收这个价格。因此,顾客所感受到或者认知的产品价值成为价格的上限,当价格高于这个上限,消费者就不会产生需求。反之,认知价值超出价格越多,顾客的需求强度也就越大。如启迪案例 9-1 所述。

启迪案例 9-1 🔍 ………………………………………………………………

订制旅游为何叫好不叫座

2014 年 6 月中旬,重庆市民夏女士打算带刚刚结束中考的女儿出去旅游,但让她发愁的是,价格适中的线路不好玩,好玩的线路不便宜。

"我本来想带女儿去台湾旅游,之前问的台湾环岛 8 日游是 4000 多元/人,但 8 天时间要走 22 个景点,感觉太累了。现在旅行社推荐的台湾亲子 6 日游倒是很不错。保留了常规跟团游里的阿里山、日月潭两个景点,增加了参观台湾南北两所大学、教小朋友做凤梨酥、逛大型原住民主题游乐园等项目,很适合带女儿一起去玩。但后者时间要少 2 天,价格却要高出近 2000/人,我感觉有点贵了。"夏女士说。

夏女士中意的这条台湾亲子游线路是一条订制旅游线路,由于量小、标准化程度不高、资源稀缺,订制游的售价比普通跟团游上浮了不少。也正因为这样,这些诱人的订制出游线路,面临着收客的尴尬。重庆黄金假期国旅总经理刘胜卫认为,订制游每个环节都在整合资源,人力和时间成本比普通产品高得多。高昂的制作成本决定了其售价,这是目前市面上订制游产品绕不过的一道坎。

(资料来源:http://travel.sina.com.cn/china/2014 - 06 - 17/0913266216.shtml)

不同顾客对于同一个产品的认知价值是不同的,他们的认知价值受到对于产品的认识、同类产品价格的比较以及自身的支付能力的影响。但是对于企业而言,大多数顾客或者整个市场对于产品的认知价值比个别顾客的认知价值更加重要。需求的价格曲线能够较好地描述整个市场的认知价值的情况。如图 9-1 所示,需求曲线 D 上的每一点都对应着在一定价格上的需求水平,例如 P1 的价格上,需求量为 Q1,也就是说至少有 Q1 数量的消费者所认知的产品价值是高于 P1 的。一般情况下,价格越高,需求越低。

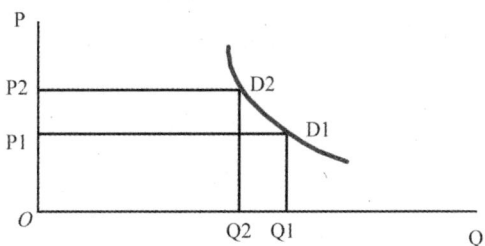

图 9-1　需求曲线与需求弹性

需求的价格弹性是市场对于产品价值认知的另外一个重要的反应,也是对价格制定产生重要影响的因素。所谓的需求价格弹性是价格发生单位比例变动时,需求随之变动的比例的大小,需求变动的比例越大,就越具有弹性。不同产品的实际需求弹性有很大的差别。具体说来,有以下的一些效应机制能够影响产品的需求弹性。

第一,独特价值效应。当某个产品具有独特性或异质性时,顾客对价格的敏感性会降低。近年来,许多依托世界自然文化遗产的风景名胜区或景区虽然不断提价,但市场需求依然很旺盛。因为产品越稀缺,越容易让消费者认同它的价值。

第二,替代品认知效应。消费者对该产品的替代品了解得越少,就对价格越不敏感。

第三,价格—质量效应。对于某些产品来说,由于消费者不具备鉴别能力,或者信息缺乏时,往往将价格作为质量的指示器,认同价格越高、质量越优。这样的情况下,价格敏感度就会降低。

第四,必需品效应。顾客对一个产品的必需程度越高,价格敏感度就越低。当然,随着生活水平和人们认知的变化,顾客对于必需品的认知也会发生变化。例如,现在越来越多的消费者认为旅游在生活中的重要性增加了。

第五,库存效应。一个产品越能够储存,其价格敏感度越高。

第六,成本分摊效应。当购买产品的支出一部分由其他方面来分摊时,价格敏感度就低。这也是为什么商务旅游者往往对价格不敏感的原因之一。

第七,支出效应。当购买本产品的支出在总的消费支出中所占的比例越小时,价格的敏感度就越低。

三、竞争对价格的影响

以上的成本因素和顾客认知价值限定了价格的范围,但两者并不能决定最后的价格。能够起到最后确定作用的,往往是竞争因素。当顾客对某些竞争产品产生相同或非常接近的价值认知时,他们往往倾向于选择价格更低的品牌。因而企业不得不在定价时充分考虑竞争的影响。

竞争因素中首先是本行业内的市场竞争类型。根据市场竞争程度的不同,我们可以把市场分为完全竞争、完全垄断、垄断竞争和寡头竞争四种类型。在完全竞争的市场条件下,同种产品有许多生产者,产品的同质性强,每个企业的产量在销售总量中所占比重很小,任何企业要想提价都非常困难,而降价则会导致整个行业的价格下滑。完全垄断的市场条件,市场由一家企业垄断,企业没有竞争对手,企业往往能够通过供给量来控制市场价格。垄断竞争的市场条件下,同类产品在市场上有较多的生产者,市场竞争激烈,但由于产品存在着差异性,使少数拥有某些优势的企业可以创造一种独特的市场地位,对价格有一定的影响力。寡头竞争的市场条件下,少数企业共同占有大部分的市场份额,价格在很大程度上由寡头们协议或者默契决定,个别企业难以单独改变价格。

除了行业内的竞争,替代品的竞争也是企业在定价时需要考虑的。当外出就餐的成本增加时,消费者可能采用自带食物的野餐来替代;当旅行社长线旅游产品价格上涨时,消费者可能选择在周末进行自驾车的休闲游。

竞争博弈的结果是,消费者不仅考虑自己直接在产品上支付的成本,还要考虑多个选择之间的相对成本的高低。

四、其他因素对价格的影响

在大多数情况下,价格的制定是一个市场行为。但由于市场经济在发展过程中会产生某些无法自我完善的弊端,政府有时通过运用经济、法律、行政的手段对市场进行宏观调控,甚至需要直接对市场价格进行宽严程度不同的管制。常见的调控手段包括限价、价格听证制度、税收调节以及信息引导。限价是最直接的价格管制形式,有防止恶性竞争、保护卖方利益的最低限价,也有防止垄断和暴利的最高限价的作用。资料链接 9 - 1、资料链接 9 - 2 显示的是与景区(点)价格有关的一些政策规定。

资料链接 9 - 1 🔍

旅游景区(点)借助价格听证会调整价格

2015 年是国家发改委规定的旅游景区票价三年一调整的"解禁"年,全国一批 4A 级以上景区宣布涨价或即将涨价。以四川省为例,碧峰峡野生动物园计划将票价从 150 元调至 180 元,上涨幅度达 20%。有业内人士认为,只要有景区带头,其他景区的票价便有涨价的"冲动",以应对三年来包括人员工资在内的各种成本的上涨。

如今景区每过三年就涨价,早已不再是新闻。留给老百姓和广大游客的答案只能是,什么时候涨以及涨多少。更让人感觉无力的恐怕是,如果相关制度不变,当下一个三年到来抑或是六年之后,我国各景区的门票价格仍然会不停上涨。结果只能是,无休止的景区涨价,让老百姓的旅游支出成本将越来越高。

造成景区价格不断上涨的根本原因在于,公共资产的营利化,旅游资源的公司化以及地方政府追逐 GDP 和利润的最大化;直接原因是,在价格形成的机制上,当下我国政府有关部门制定了不合理的"景区门票政府定价制度"。因为是政府指导性定价,所以旅游市场长期处于半计划半市场的状态之中,三年涨价只是对于政府不合理定价机制的一种反馈。

具体来说,我国景区政府指导定价制度形成于 2007 年。当时,发改委发布了《关于进一步做好当前游览参观点门票价格管理工作的通知》。除了明确了"旅游景区门票价格的调整频次不低于三年"之外,还规定了"三年后的涨幅":门票价格在 50 元以下的,一次提价幅度不得超过原票价的 35%;50~100 元的,一次提价幅度不得超过原票价的 30%;100~200 元的,一次提价幅度不得超过原票价的 25%;200 元以上的,一次提价幅度不得超过原票价的 15%。

自 2013 年 10 月开始实施的《中华人民共和国旅游法》(以下简称《旅游法》)又明确规定了"听证会"程序,具体内容是,"利用公共资源建设的景区的门票以及景区内的游览场所、交通工具等另行收费项目,拟收费或者提高价格的,应当举行听证会,征求旅游者、经营者和有关方面的意见,论证其必要性、可行性"。因此,景区涨价是报批发改委和物价部门还是通过开听证会走民主程序,就有了两种说法。

虽说我国的听证会制度并不完美,"逢听必涨"的故事也听了多遍,但听证制度却是起码的一个可以通向公平正义的程序。没有程序正义,从来不会有结果上的正义。因此,严格落实《旅游法》中所规定的听证会制度,应该是当下旅游部门、发改委和物价部门必须要做的重要工作。

(资料来源:http://www.rmzxb.com.cn/c/2015-09-06/570640.shtml)

资料链接 9 - 2 🔍 ··

景区"降价听证会"不妨再多些

一说到物价听证会,很多人的反应就是:要涨价了。但是 2017 年 3 月中旬在湖北进行的一场有关 5A 景区清江画廊景区门票价格以及交通项目价格的听证会上,物价部门通过成本监审,准备降低清江画廊景区的票价。

这些年,听证会对公众而言早已不是个陌生的概念,很多市民也踊跃报名成为公众代表。但不得不承认的是,在多数情况下,听证会几乎"约等于"听涨会。尤其是在旅游景区的门票听证会上,近年来很多地方大大小小的景区门票都水涨船高。湖北这一 5A 景区主动"听证降价",还是值得大大地点一个赞。

湖北这一景区降价的听证会,也给我们带来多重启示。

其一,就听证会这一协调机制而言,涨价或降价都不是最重要的事情,而是在听证过程中,充分公开信息、听取各方意见,找到公众利益的最大公约数。比如在湖北这一次听证会中,公开了企业成本、利润率等作为降价依据。而景区运营方则表示收回投资成本要到 22

年以后,还有的代表则考察发现全国有 175 个 5A 景区票价都在百元左右……各方信息公开透明,便于每位听证代表做出独立的选择。实际上,与很多人想象的不一样,降价也并没有"一致同意":这次听证会中,就有三分之一的代表投了反对票。一个有效的听证机制,正是要达到"真理越辩越明"的目的。

其二,具体到旅游产业上,门票经济正在逐步被全域旅游的思路代替。现在,不少景区走上降价之路,甚至干脆免票开放,而做强吃住行玩购的一体产业链,正是发展思路越来越清晰的体现。反过来,高价门票把游客吓跑了,最终受损的还是当地旅游业,丽江古城和凤凰在这方面都有前车之鉴。有研究表明,旅游产业链效益约为门票价值的 7 倍,包括食宿、交通、购物及间接创造的社会财富。换言之,如果游客门票消费 1 元,那么用于其他的消费的支出则在 7 元左右。此前杭州取消西湖门票,正是抓大放小的典范。当地相关部门负责人称,每个游客在杭州都多逗留 24 小时,杭州的年旅游综合收入便会增加 100 亿元,西湖免费后更多的人愿意来杭州,游客逗留时间延长带动了杭州的服务行业,为杭州创造了大量的就业岗位和经济效益。此外,做好文创产业,也能填补门票降价后的收入损失,甚至延伸出新的产业亮点。比如故宫门票长年维持旺季 60 元、淡季 40 元的"良心价",但去年一年文创产品销售额破 10 亿元,文创产品已达 9000 多种。如果更多景区都把花在门票上的心思,多放在文创产品上,对形成全域旅游的良性循环大有裨益。

湖北这一景区的"降价听证会"希望能改变更多从业者和管理者的思维,算大账、算长远账,让旅游产业的发展早日迈过门票经济的老门槛。

(资料来源:http://news.xinhuanet.com/city/2017-03/25/c_129518072.htm)

综上所述,影响价格的因素来自于许多方面,图 9-2 汇总了影响价格制定的主要的因素和影响方式。

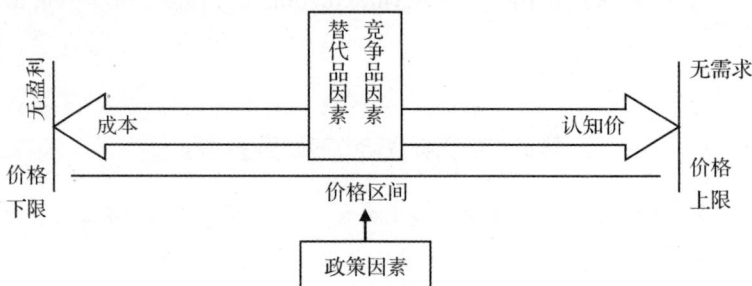

图 9-2 价格制定的制约因素和影响方式

第二节 定价目标的选择

明确定价的目标是企业制定价格和选择价格策略时的必要环节,是选择定价方法时的重要依据,也是避免定价的盲目性和短视性的关键活动。由于定价是企业诸多营销要素中的一种,是为企业整体营销目标的实现而服务的,因此,企业的定价目标必须服从于企业总体的营销目标,同时要与企业其他的营销要素相互配合。合理地选择定价目标需要深入地分析市场环境特征、明晰企业的营销战略和营销目标,并深入思考定价在战略中能够发挥怎样的作用以及发挥作用的方式。根据实践的经验,旅游企业或组织的定价目标主要有以下几种类型。

一、追求利润最大化

当一个企业期望获取最大限度的销售利润或投资收益时,需要相应的价格措施的配合。对利润最大化的追求,通常要使得定价能够在涵盖成本的基础上还有所收益,但这并不意味着一定要采取高价。当一个企业的产品在市场上处于某种绝对优势时,如有专卖权或专利,或者突出的卖点时,实施高价可以帮助获得高利润。但是,当竞争相对来说比较激烈时,高价格可能会导致顾客的流失,销量的减少,也会影响总体的利润水平。

从理论上说,企业可以通过需求曲线和成本曲线的预测,从而计算出可以获得最大利润的价格。然而,由于市场中存在企业可控因素以外的一些环境因素,因此,能够使得利润最大化的价格是很难严格地计算出来的。一般来说,企业选择的是满意的利润水平。

二、销售量与市场份额

销售量和市场占有率是衡量企业经营状况和产品市场竞争能力的重要指标。由于价格对于需求通常有直接的影响,因此一般地说,为了保持或扩大市场占有率,许多企业经常采用价格手段,制定出对潜在消费者有吸引力的较低价格,以开拓市场、吸引竞争对手的顾客,扩大销量和市场份额。因此,在以扩大销售量和市场份额为目标的企业中,经常采用的是渗透定价方式。这可能导致短期利润的减少,但能巩固市场份额,意味着企业在较长时间内占据了优势的市场地位,使得企业从忠诚顾客身上获得更丰厚的回报。日本汽车企业进入美国市场时,就采用了这种策略。

三、应付或防止市场竞争

这一类定价目标是指企业将价格作为应对竞争或者防止竞争的手段。在大量的市场中,竞争对手相互的影响是比较显著的,其中又以价格更为敏感。需要提醒的是,为了防止和应对竞争的价格,并非一定都是低价和价格战。为了打击竞争对手、对竞争对手进行反击时,企业可能会有意识地降低价格,也可以通过较低的价格形成壁垒,以防止其他新企业的进入。但是,也有些企业为了防止竞争,会有意识地保持价格的稳定,与行业的整体水平基本保持一致。

在应对和防止竞争的定价目标下,应该注意避免引起恶性的价格竞争,或者制定出不被市场认可的低价。旅行社的激烈竞争曾经一度导致某些旅行社出现了"零团费"或者"超低价团"的出现,例如"450元港澳5日游"。这种不合理的价格直接的结果是产品质量极低,长期来看并不能帮助企业赢得市场,赢得竞争。

四、树立和改善企业形象

鉴于许多消费者认为价格与产品的市场档次定位、产品的品质和品牌等方面存在正向的关联,因此企业也可以有意识地运用价格来树立和改善企业的形象。在中国的白酒行业中,五粮液和茅台对于市场地位的争夺,就经常地表现在价格的比拼上。但是他们的价格比拼,不是比谁更低,而是比谁的价格高。因为一定程度上,谁的价格最高,表征了谁是中国市场上最高档的白酒。在豪华酒店的竞争中,也可以看到类似的情况。当然,要使用价格作为企业形象的传播器,企业必须保证良好的质量,也即质价要相符,否则会让消费者产生失望和被欺骗的感觉,反而影响了企业的形象。

第三节　定价的基本方法

企业为了实现其定价目标,就要采取适当的定价方法。根据定价依据的不同,定价的方法通常可分为三大类:成本导向定价法、需求导向定价法和竞争导向定价法。

一、成本导向定价法

成本导向定价,是企业在定价中,主要依据企业的成本水平和特点来进行价格的制定的方法。具体有以下一些运用。

(一)盈亏平衡定价

损益平衡点又称保本点,是盈利为零时的经营时点。所谓的盈亏平衡定价就是使得销售收入能够刚好抵减生产成本费用的一种定价方法。根据盈亏平衡定价法制定的价格就市企业的保本价格。其计算公式如下:

$$盈亏平衡价格=单位产品总成本/(1-营业税率)$$
$$=[(固定成本/销售量)+单位变动成本]/(1-营业税率)。$$

【示例 9 - 1】

某饭店有标准间 500 间,全年总固定成本额为 4380 万元,客房单位变动成本为 100元,预期年均出租率为 80%,营业税率为 5%,按照盈亏平衡定价法制定的价格如下:

$$P=[43800000/(365×500×80\%)+100]/(1-5\%)$$
$$≈421(元)。$$

(二)成本加成定价

这种定价方法就是在单位产品成本的基础上,加上预期的利润额作为产品的销售价格。售价与成本之间的差额即利润称为“加成”。其计算公式如下:

$$产品价格=单位产品成本 ×(1+加成率)。$$

【示例 9 - 2】

宁波至桂林双飞四日游经济团价格制订时采用成本加成定价法。假设加成比例为 5%。

本条线路的总成本= 双程机票+三晚(准三星)酒店住宿费用+景点首道门票+四正三早餐费+导游人员工资成本+景区间交通+固定成本和费用=1150(元);

线路的价格＝(1＋5％)×1150≈1208(元)。

与成本加成定价法相近的一种方法称为目标收益定价法,这种方法通常是对整个企业的投资收益或利润总额确定一个目标,使得定价能够实现这个目标。我们需要将总收益分摊到每个销售的产品上即可。这种方法在酒店运用较多。具体公式如下:

产品价格＝[(总成本＋利润目标)/(1－营业税率)]/销售量。

(三) 边际收益定价

上述的定价方法都是以总的生产成本和费用进行计算,边际收益定价法中,主要是以单位变动成本为基础,以边际收益来确定价格的方法。具体公式如下:

产品单价＝单位变动成本＋边际收益。

边际收益定价法使得产品的价格有着更大的变动和调整的空间,企业往往用在生产能力过剩、竞争对于激烈、提高市场占有率的时候。

以上的这些成本导向定价法具有以下一些优点:第一,计算简便,且利于核算;第二,根据成本制定价格,消费者可能认为比较公平,而企业也有利于满足自己的利润要求。正因如此,这种定价方法广泛地运用于各行各业。当然,成本定价法只从个体的成本情况出发,忽略了竞争状况和消费者的需求,使得企业既定的利润目标可能无法在市场中实现。

二、需求导向定价法

需求导向定价法,是根据市场当中消费者对于价格的理解和接受程度来确定价格的方法。需求导向定价与成本导向定价的思维过程恰好是相反的(见图 9－3)。需求导向定价的具体方法主要包括市场倒逼定价、理解和心理价值定价、产品比较定价法。

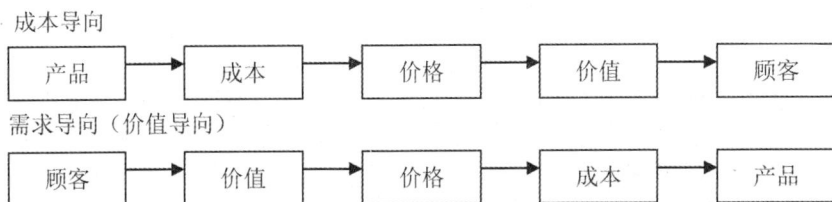

成本导向

| 产品 | → | 成本 | → | 价格 | → | 价值 | → | 顾客 |

需求导向(价值导向)

| 顾客 | → | 价值 | → | 价格 | → | 成本 | → | 产品 |

图 9－3　成本导向与需求导向的定价方法比较

资料来源:Thomas T. Nagle, Reed K. Holden.定价策略与技巧——获利性决策指南[M].北京:清华大学出版社,2001

(一) 市场倒逼定价

市场倒逼定价法,又称为反向定价法,是指企业根据产品的市场需求状况,通过价格预测和试销、评估,先确定消费者可以接受和理解的零售价格,然后倒推批发价格和出厂价格的定价方法。企业将根据市场需求价格来控制生产成本,这种方法在日本的许多制造性企业中加以运用,许多分销渠道中的批发商和零售商多采取这种定价方法。旅行社也可以加以运用。针对某个特定的旅游线路,旅行社可以通过消费者调查了解他们所愿意支付的范围,而后对住宿、交通、餐饮等进行不同的组合,挑选成本可以达到要求的组合,而后将这个组合的线路按照消费者愿意支付的价格推向市场。如资料链接 9－3 所述。

资料链接 9－3 🔍 ···

Priceline：反向定价法成就商旅"大佬"

提起 Priceline 或许很多中国消费者并不熟悉，但经常出游的中国游客都知道在线预订网站 Booking、Agoda 等，而这些网站其实都隶属于 Priceline，作为国际 OTA 巨头、美国最大的基于 C2B 商业模式的旅游服务网站，Priceline 的业务涵盖机票、酒店、租车、旅游保险等诸多旅游服务内容。

从 1998 年创立至今，Priceline 已经成为全球最大的 OTA 企业，目前旗下拥有六大主要品牌 Booking.com、priceline.com、Agoda.com、KAYAK、rentalcars.com 及 OpenTable。2016 年，Priceline 的营业收入已经达到 107 亿美元，净利润超过 23.3 亿美元，市场规模是中国最大 OTA 企业携程的 5 倍。

Priceline 的成功可以归功于它独树一帜的"Name Your Own Price"策略，这是一种 C2B 的反向定价模式。Priceline 模式的原理是，产品越接近保质期使用价值就越小，从机票或者酒店行业来看，临近登机或者入住的实际价值变小，一旦飞机起飞或者客房空置超过夜里 24 点价值便会为零。而 Priceline 网站让消费者报出要求的酒店星级、所在城市的大致区域、日期和价格，Priceline 从自己的数据库或供应商网络中寻找到合适价格的房间并出售，返回一个页面告知此价格是否被接受，之后进行交易。目前"租车""旅游保险"也包括在业务之中。

当有些商务散客既需要控制预算而又有高性价比的住宿需求时，这种由消费者定价的独特模式就起到了作用。反向定价的具体操作即由客人报出城市、时间、入住酒店标准和愿意支付的价格，比如一名商旅客人需要一家定位为五星级的酒店，为此愿意支付 100 美元一夜的价码，这个产品还需要包含早餐，当商旅客人将这个信号发出后，就等待是否有商家接单，一旦接单则客户在线支付，那么对于客户而言，就得到了性价比颇高的酒店产品。

而在让商旅客人得到实惠的同时，酒店业者也得到了商业价值。旅游业是一个淡旺季非常分明的行业，当处于淡季时或平日客房未满时，闲置的客房价值无法被体现，与其空闲，还不如将这些客房低价出售，这样既可以提升酒店入住率，也可以增加客房收益。因此，Priceline 的反向定价等于为酒店业者打开了吸引购买"尾单"客房的客源，将酒店客房收益率最大化。同时，商旅客源要将信用卡信息提交后才能提交购买条件，这种交易是不可反悔、不可取消的，因此对酒店而言是一笔直接交易，即便最终该客人并未入住，酒店方也已经收到了款项且无需退回。

此外，Priceline 上没有报价信息，商旅客人只知道最终成交价和星级、地理位置，这种方式起到保护酒店方的作用，毕竟过低的价格会拉低酒店的品牌定位，对一些高星级或看重品牌定位的酒店而言，不能公开过低的价格销售，但其实这类酒店也需要将闲置客房售出，Priceline 这种不公开酒店报价信息的反向定价模式也保护了酒店品牌，算是"里子和面子"都顾及到了。

（资料来源：http://tech.ifeng.com/internet/detail_2014_08/20/38384830_0.shtml）

···

（二）理解值定价

所谓理解值定价法，是根据消费者对商品价值的理解程度来决定商品价格的一种方法。其关键在于企业对消费者理解的商品"价值"有正确的估计。如果估计过高，定价超过了消费者的价值判断，消费者就会拒绝购买；如果估价过低，定价低于消费者的价值判断，消费者又会不屑购买；只有当产品定价同消费者的价值判断大体一致时，消费者才会乐于购买。采用理解值定价法时，企业并非完全处于被动地位，而是可以在充分了解消费者对商品理解值的基础上，尽可能地采用多种手段去影响消费者对商品价值的理解。理解值定价时，企业也常常运用一些心理定价策略。

尾数定价策略，是产品定价时，不取整数而取尾数的定价策略。例如，旅游线路的价格经常表现为1499、1168等这样以8、9为结尾的价格。这种定价策略往往给消费者以便宜感和信赖感，从而利于扩大销售。

声望定价策略，是利用消费者仰慕名牌商品或名店的声望所产生的某种心理来制定商品的价格。一般把价格定成高价。因为消费者往往以价格判断质量，认为价高质必优。像奢华级别的酒店就可以采用这样的定价方法。

习惯定价策略，指按照消费者的需求习惯和价格习惯定价的技巧。一些消费者经常购买、使用的日用品，已在消费者心中形成一种习惯性的价格标准。这类商品价格不宜轻易变动，以免引起消费者不满。对于一些经常出差的商务旅游者来说，经济型酒店的价格就应该是相对稳定的。

（三）产品比较定价法

产品比较定价法是以某种同类产品的价格为基准，根据消费者对于本企业产品与该产品的属性和质量的差异理解，从而制定出价格的方法。这个方法往往需要有经验的消费者的参与和配合才能完成。

【示例 9-3】

某4星级酒店试运营结束后，要给客房确定价格。他们要请了光临本店的顾客填写问卷，回答以下两个问题：第一，本酒店与A酒店（即本地一家老牌4星级酒店）的主要差异体现在哪些方面；第二，这些差异对于本酒店提供的产品的价值有怎样的影响。根据消费者的回馈，他们得出下面的表格和数据。

与 A 酒店的主要差异	价值
地理位置更加优越	+10
硬件设施更加完备	+15
周边环境更优美	+5
服务水平相对不足	-15
差异价值的合计	+15

由于A酒店的标准间牌价为688元，故而该酒店对自己标准间的定价为708元（688+15＝703，但是为了满足顾客追求吉利的心理，特以8为尾数）

需求导向定价方法最明显的优势在于价格的市场接受度高、接受速度快，不容易形成购买障碍。但是，对于某些产品，由于消费者缺乏必要和充分的信息，往往对于产品的价值无法做出准确的判断。直接按照需求进行定价，可能会造成企业无法补偿其成本和支出，无法获得合理的利润。

三、竞争导向定价法

这是指以市场上竞争对手的价格为依据，随市场竞争状况的变化来确定和调整价格的定价法。这种方法具有在价格上排斥对手，扩大市场占有率的优点。一般可分为以下几种形式。

（一）随行就市定价法

随行就市是指与本行业同类产品的价格水平保持一致的定价方法。适用随行就市定价法的产品，一般市场竞争较充分，供求相对稳定，且市场上已经形成了一种行业价格。采用这种方法的优点是：可以避免挑起价格战，与同行业和平共处，减少市场风险。同时可以补偿平均成本，获得适度利润，易为消费者所接受。因此，这是一种较为流行的保守定价法，尤其为中小企业所普遍采用。随行就市有时也能表现为直接跟随市场中的领先者的价格。

（二）竞争比照定价法

这是指根据本企业产品的实际情况及与对手的产品差异状况来确定价格的方法。这是一种主动竞争的定价法。一般为实力雄厚、产品独具特色的企业所采用。

它通常将企业估算价格与市场上竞争者的价格进行比较，分为高于竞争者定价、等于竞争者定价、低于竞争者定价三个价格层次：（1）高于竞争者定价。在本企业产品存在明显优势，产品需求弹性较小时采用。（2）等于竞争者定价。在市场竞争激烈，产品不存在差异情况下采用。（3）低于竞争者定价。在具备较强的资金实力，能应付竞相降价的后果且需求弹性较大时采用。

（三）投标定价法

投标定价法是一种供应商根据招标方的规定和要求进行报价的方法。例如，政府在举办大型会议或展览时，需要大量的客房，这时可能采用招标的方式来进行。各个酒店就必须根据自己的条件，提出产品设计方案、服务规格，以及制定价格。由于招标方在选择企业时，非常重视价格的因素。因此，在投标定价的过程中，为了提高中标率，往往要制定一个非常有竞争力的价格。投标企业必须对同行业各企业的实力、经营状况有所了解，为自己确定一个合理的利润期望，才能得出一个合理的价格。

以上三种类型的定价导向，考虑的主要因素各不相同，也各有利弊，适用于不同的市场和竞争环境，企业应该根据实际情况进行综合的判断和考虑。当然，也可以采用多重方法进行价格的制定。

第四节 旅游产品定价的策略

如前所述的,旅游产品价格的制定只是旅游营销组合要素中的一个方面,是为了达到营销目标,并提升企业长期和整体的盈利能力,因此价格的制定必须有旅游营销活动的其他方面的配合。鉴于此,旅游产品的定价策略可以从四个角度去探讨:与产品联动、与细分市场联动、与购买行为联动和与产品组合联动的定价策略。

一、与产品联动的定价策略: 生命周期定价

生命周期定价是指企业按照产品所处生命周期不同阶段的不同特点,对产品的价格进行制定和调整的策略。

(一) 投入期定价

投入期是新产品刚刚进入市场、市场知名度不高,销量比较小的阶段。定价策略对于新产品能否及时打开销路,占领市场,最终获取目标利润有很大的关系。新产品的定价策略一般有以下几种。

第一,撇脂定价策略。这是指在新产品上市之初,将价格定得很高,尽可能在短期内赚取高额利润。当产品创新程度很高,具有非常突出的优越性或者稀缺性,市场上完全缺乏竞争,且产品的消费具有某种符号性的象征意义时,比较适合采用撇脂定价的方法。例如,旅行社推出一条全新的出境旅游线路;线路涉及一个新的旅游目的地时,往往会采用撇脂定价。这种定价方式的优点在于利润高,能够帮助企业快速收回产品开发的费用,并且形成较大的利润空间,给价格的下行调整留下了余地。但是,撇脂定价限制了消费的需求,不容易在较大规模的市场中运用。因此,在运用该方法的时候必须从三个角度仔细思考:公司产品本身、竞争对手和用户。首先,产品本身必须是能拥有定价权的产品;其次,考虑竞争对手不能在短时间内超越自己,做好应对策略;最后,用户群体不是对价格敏感人群。

第二,渗透定价策略。这是指在新产品上市之初,采用低价策略,利用价廉物美吸引较多的消费者进行尝试,迅速占领市场,取得较高市场占有率的定价方式。例如,一些新的酒店在开业试运营之初,往往采用市场推广价,从而吸引顾客的关注。渗透定价策略比较适合运用在潜在市场较大,消费者对价格比较敏感的市场条件下。较低的价格比较利于快速占领市场,并对竞争者产生阻止进入的作用。渗透定价的不足在于,新产品开发的投资需要较长时间内才能回收,且价格变动和调整的空间比较小。

第三,满意定价策略。这是一种折中的定价策略,是将新产品的价格定在高价和低价之间,并力求使得消费者感觉到价格与产品是相匹配的,同时又使企业能够从这一定价上获得一定的利润。从一定程度上说,这种定价方式试图让企业和消费者都能够满意。然而,一些企业认为这种策略过于保守,没有形成新产品的鲜明性格。

（二）成长期价格调整

随着新产品在市场中被消费者接受，销售量快速增加，产品进入了成长期。由于成长期往往伴随着竞争产品的增加和消费者对于产品品牌的态度的变化，因此，价格也要进行调整。

一般来说，在成长期内，企业对于新产品所采用的高价和低价都要逐步转化为一个正常的价格，即销售收入能够补偿成本，并提供一定水平利润的价格。原有利润率很高的撇脂定价，为了应对竞争而有所下降。例如，旅行社的新线路在推广了一段时间之后，都会出现价格下降的态势。原有的渗透定价在获得了品牌知名度和市场份额之后，可以在增加附加价值的基础上上调价格。当然，也可能因为企业生产成本的下降，继续维持原有的渗透定价策略。

（三）成熟期的价格

进入成熟期的产品，在市场中的销售量比较稳定，但市场竞争还在加剧。企业如果发现自己的产品具有了特定的品牌地位，则可能采用整体上保持稳定，对于部分的消费者（可能是忠诚消费者，或是想要开发的新的细分市场）采用更加具有吸引力的低价。同时，根据竞争的情况，做好价格调整的准备。

（四）衰退期的价格

由于市场上出现了更新换代的产品或新的替代品，本产品在市场中的销售量下降，利润也开始下滑，产品开始出现被市场"辞退"的迹象，产品就进入了衰退期。为了充分挖掘产品在最后阶段的经济效益，通常企业会采取低价格策略，从而力求扩大产品的销路。甚至一些企业大幅度降价以驱逐其他的竞争对手，从而增加自己的市场份额。

二、与细分市场联动的定价策略： 差别定价

价格策略可以用来体现企业对于市场的细分，并用于满足不同细分市场的需求。差别价格体系就是企业根据不同消费群体的要求来构建的价格体系。所谓差别定价是指企业以两种或两种以上不同成本费用的比例差异的价格来销售一种产品或服务。典型的差别定价有以下一些不同的形式。

（一）顾客细分差别定价

顾客细分差别定价是企业把相同的商品或服务按照不同的价格卖给不同细分市场。典型的例子是旅游景点景区，他们对于学生、老年人、军人、幼儿收取较低的价格；某些景点对于本市居民与外地游客收取的门票价格也有所差异。此外，饭店的自助餐对于儿童收取的价格与普通客人相比也较低。

顾客细分差别定价主要是考虑到不同的消费者对于产品的需求强度不同，使用程度不同，支付能力也不同，因此对于他们实行差别定价，能够使得产品对不同市场都能产生较大的吸引力。

（二）产品形式差别定价

产品形式差别定价是企业按照产品的不同型号、不同式样、不同形象，甚至不同的包装来确定不同的价格，并且这些产品价格之间的差额和成本之间的差额是不成比例的。例如，广州某旅行社推出的泰国 6 日游的旅游线路分三个档次，低价线路 800～1600 元，中档线 1600～2500 元，最高档次的"高品保"五星豪华团的价格则为常规中档价格的 2 倍。但从成本增加上看，可能只有 1000 元的差异。根据产品形式进行差别定价，区分出了追求实惠和追求形象的不同消费动机，并分别加以满足。

（三）地点差别定价

企业对处于不同位置或不同地点的产品和服务制定不同的价格，即使每个地点的产品或服务的成本是相同的。例如，2016 年 G20 峰会期间，张艺谋导演的一台《最忆是杭州》的山水实景演出惊艳世界，2017 年 5 月，杭州市政府决定《最忆是杭州》恢复开演。由于不同的位置观看演出的效果有差异，它的票价体系就非常复杂，普通观众席 360 元/位，贵宾席（VIP 席）400 元/位，尊宾席 680 元/位，画舫区席 680 元/位。

（四）时间差别定价

时间差别定价是指对于不同时段、不同季节的同样产品，收取不同的价格。这种差别定价广泛的运用在旅游的各个行业中。例如，许多旅游景区（点）通常都实施淡旺季两种价格，九寨沟景区在旺季时，门票价格为 310 元/人，在淡季时门票价格调整为 160 元/人。旅游酒店对于提前不同时间预订的客人实施不同的价格；航空公司的价格不仅有淡旺季的区别，在临近起飞时时候通常还有特价机票。时间差别定价可以帮助企业平衡淡旺季需求，避免资源的闲置或者超负荷运转。当然，在某些旅游景点景区，不同的季节呈现给旅游者的是不完全相同的景象和体验，产品有某些程度的差别，这是旅游业内的一个特殊之处。

从客观的角度来看，差别定价不仅能够帮助企业更好地满足不同消费者，还能够帮助企业获得尽可能多的收益。但是差别定价实际上是价格歧视，并不是所有的市场和所有的企业都适合使用。实行差别定价必须具备以下条件：市场可以被划分成不同需求程度的细分市场，且不同市场之间是相互分离的；价格的差异不会引起消费者的不满和抵制；在不同的细分市场中不存在可以被转卖的可能性和条件。不能达到这些条件的差别定价，不仅无法达到增加企业利润的目的，反而可能引起市场混乱，影响企业的声誉。

三、与购买行为联动的定价策略： 价格折扣定价

价格折扣策略是指销售者为回报或鼓励购买者的某些行为，将其产品基本价格调低，给购买者一定比例的价格优惠。这时，价格成为企业改变和塑造消费者购买行为的一种激励和强化手段。根据企业鼓励的行为的不同性质，价格折扣可以划分成以下几种类型。

（一）批量折扣

由于旅游产品的不可储存性，销售量对于旅游企业来说非常重要。大批量的购买往往

有利于提高企业的销售量,因此旅游企业往往愿意根据顾客的不同购买批量给予不同程度的价格优惠。例如,景点景区给予旅行社门票的折扣程度是根据旅行团人数的多少来制定的。饭店也经常给一些团体订房者一定程度的优惠。这些优惠包括更大幅度的价格折扣、满 16 赠 1(即购买 16 间房,赠送一间免费房)等。

(二)重购折扣

重购折扣主要用于鼓励顾客重复购买,以培养忠诚顾客。重购折扣是饭店里较为常见的一种价格折扣方式。

(三)季节性折扣

与时间差别定价一样,季节性折扣的主要目的也是为了鼓励淡季消费,以免产生闲置。与差别定价不同的是,季节折扣的操作更具有灵活性,可以根据当前的状况进行直接调整。

(四)现金和付款折扣

现金和付款折扣主要是为了鼓励采用现金支付或者按时付款的行为。由于信用卡的支付方式,往往需要企业支付手续费,因此一些企业希望通过现金的方式进行交易,以减少交易成本。他们可以对采用现金支付的大额交易给予一定程度的优惠。

在与一些组织购买者进行交易时,企业往往是先提交产品和服务,而后才进行收款。及早收回应收账款能够减少本企业的资金占用,提高资金的流动性,对企业很有益处。因此,企业往往采用某些优惠政策来促使购买者早日还款。例如,在交易 1 周内付款,可以获得 3 个点的折扣;而 1 个月内付款,可以获得 1 个点的折扣。

(五)价格折让

企业在特定促销期间可能采用让价优惠。例如,2017 年 10 月期间,途牛网推出了 11 周年庆主题促销活动,向用户发放优惠券,有百元机票优惠券,有酒店优惠券,还有新用户专享优惠券,顾客如果在途牛网订购旅游产品,通过使用优惠券就会产生价格折让。

此外,某些特定的产品(例如残次品、样本、积压品等)也可以根据具体的产品情况进行价格折让。例如,酒店的客房出租率很高时,有时应顾客的要求可能将某些维修房间也用于出租,但是可能在价格上做出一定的让步。或者,酒店没有预留客人所需要的房型,可以相对优惠的价格出售一个高一级别的房间给客人,以便将客人留住。旅行社推出的一些包机旅游产品中,由于临近时间节点,收客还有空余的情况下,可能会采取"甩卖尾单"的方式,以较低的价格折扣销售同样的线路产品,以避免损失。

总体上看,折扣价格策略具有很强的灵活性,可以根据企业实际的销售情况,在一定的时间内,针对不同的促销群体,制定不同的折扣价格。通常价格折扣的策略能够成为促销活动的一部分,或者成为忠诚顾客管理的有效手段。

四、与产品组合联动的定价策略: 组合定价

对于一个企业而言,整体产品组合的获利能力比单个产品的获利能力有更重要的价

值。同时产品之间的相互关联和相互影响，也必然使得企业在产品的定价时，应该在产品组合的平台上进行价格的制定。根据企业产品组合的特点和结构，企业可以采用不同的产品组合定价策略。

（一）产品线分级定价策略

当企业有较长的产品线，并试图用这条产品线上的产品来满足多个不同层次消费者需求时，应该根据不同的质量和档次，结合消费者的不同需求和竞争者的产品情况，来确定不同的价格。分级定价策略的优势在于不同档次的产品满足了不同消费者，利于增加销售；同时也便于消费者进行对应的选择。本书中曾经提到过的汉庭酒店集团，对旗下三个品牌的酒店就实行了分级定价的策略。

产品线分级定价策略是否成功与价格档次的多少以及不同档次间的差距有密切关联。分档过多，差距过小，使得分档没有起到应有的区分作用；而差距过大，容易失去部分中间区的顾客。

（二）捆绑定价策略

企业常将几种产品组合在一起，制定一个整体的价格，进行捆绑销售。捆绑销售在大多数情况下都具有一个特征：捆绑后的价格比单独购买这些产品的总价有一定幅度的优惠，因此能够吸引消费者进行购买。捆绑定价给消费者带来一定优惠，也给企业带来很大的好处，因为他们往往能够增加消费者一次购买的金额，从而达到扩大销售额的目的。

将哪些产品捆绑在一起是企业实施捆绑定价时应该考虑的主要问题。第一种情况是，企业可以进行相关产品的捆绑，比如说沐浴套装将沐浴所需要的系列产品进行捆绑，对消费者产生购买的便利。旅游目的地的景点套票就是这种情况的典型表现。例如，绍兴推出古城旅游通票，价格140元/人次，包含了鲁迅故里（免费）、东湖、兰亭、大禹陵、沈园、沈园之夜、周恩来纪念馆、蔡元培故居、大通学堂、青藤书屋、秋瑾故居、徐锡麟故居、绍兴博物馆（免费）这13个景区（点），以上收费景区（点）门票单买的总和是288元/人次。

第二种情况是，将新老产品进行捆绑，利用老产品的带动作用促进新产品的推广。旅游目的地在设计自己的旅游线路产品时，经常考虑将一些新开的景点串接到传统的线路里面去，也是出于这种目的。第三种情况是将旺销产品与相对平淡的产品进行捆绑，利用旺销产品的带动力，推动其他产品的销售。例如，饭店可以将其客房产品、餐饮产品和某些娱乐项目进行捆绑销售。当然无论是哪种情况，都要考虑到消费者是否对与硬性捆绑产生抵触心理。更稳妥的做法是，除了捆绑定价之外，也有单独的定价，以便提供给消费者比较自由的选择。

（三）附属产品定价策略

某些时候企业生产具有连带互补关系，必须配套使用的产品。例如，相机和胶卷，刀架和刀片、饮水机和桶装水等。许多企业的成功经验表明，对于主产品制定低价以吸引消费者购买，同时将附属产品定高价，是一个获取长期利润的好方法。这种策略就是附属产品定价策略。一般来说,主产品往往整体价值比较大,需要支出较多的费用;而附属产品属于多频率购买的易耗品,价格比较低廉。由于支出效应的存在,消费者通常对于主产品的价格比较敏感,而对附属产品的价格不太敏感。但是,使用附属产品定价策略有一个重要的限制条件,那就是消费者购买了企业的主产品之后,必须使用企业的附属产品,不能选用其他的代替,否则这种定价策略就是无效的。旅游业中也有附属产品定价策略的成功例子,如启迪案例 9-2 所示。

启迪案例 9-2 🔍

天台县运用附属产品定价策略

2017 年 5 月 11 日,浙江省天台县宣布浙江天台山国家 5A 级旅游景区取消国清景区门票,免费开放。国清景区成为近 5 年来浙江省首个取消门票的 5A 级旅游景区。

坐落在国清景区内的国清寺是佛教本土化第一宗"天台宗"的发祥地,也是日本、韩国"天台宗"的祖庭。国清景区也因此成为游客游天台山的必到之地,每年门票收入在 2000 万元左右。

天台县此次推出取消门票政策,主要是为了迎接"大众旅游"时代的到来,用全域旅游理念丰富旅游产品、延伸旅游链条、拓宽旅游领域,引领旅游业发展。天台县目前各地正在巧做旅游文章,景点、乡村休闲点成倍增加,多数都免费向游客开放,有效拉动了当地旅游和产业的融合,带动了经济发展。天台县南屏乡南黄古道景点经过开发后取消门票,去年游客量达 50 万人次,当地农民通过农家乐经营、农产品售卖,年收入达到上千万元。

像天台国清景区这样免收门票,吸引更多的游客,从而带动其他相关旅游消费,拉动整个旅游经济发展的思路,是一种典型的附属产品定价,也即招徕定价法,是一种"拿芝麻换西瓜"的做法。比起一些旅游地不断地提高景点门票的做法,无疑高明许多。

(资料来源:http://news.163.com/17/0511/13/CK5KEB6E00018AOQ.html)

(四) 两步定价策略

顾名思义,两步定价策略就是在价格制定的时候分两步走。游乐园式的主题公园经常采用两步定价法,首先收取入园的基本门票费,并可以免费享用其中的一些游乐项目;等消费者进入园后,对某些特定的项目收取第二次费用。

采用两步定价法主要是由于消费者对于主题公园内不同的项目的偏好和使用程度是不同的,如果完全采用统一的价格,容易让消费者感到不公平和不划算;但是完全按照对项目的使用情况来收费,容易造成大量的固定成本投资难以回收的状况。两步定价则能够比较好地解决这一对矛盾的问题,给予消费者充分的选择自由。

以上只是常见的组合定价方法,在实践中,可能有某些企业的产品组合非常复杂,有多元化的产品线,产品线很长也很深,这样就可能需要综合考虑和运用多重的组合定价方法,也不排除运用一些创新的组合定价方法。

第五节　旅游产品的价格调整

企业在确定了产品价格后，仍需要根据环境和市场形式的变化，对既定价格进行调整。调价策略就是指企业根据客观环境和市场形势的变化而对原有价格进行调整的策略。旅游行业内的许多企业的价格的调整频率都非常高，酒店、航空公司都是每天调整价格，并将价格调整作为其收益管理的一部分。

一、价格调整的主要原因

价格的调整有两种类型，一种是主动的价格调整，即企业在竞争中对某些产品的供求状况、自身条件的改变、所处环境的趋势已有较准确的预测，为了取得竞争的主动权，企业主动调高价格和降低价格。另一种是被动的价格调整，即当竞争对手率先进行了价格调整时，企业为了保护自己的地位和对抗竞争对手进行的价格调整。促成企业进行主动的价格调整的原因有许多，表 9－1 中列出了旅游企业进行价格调整的基本原因和示例。

表 9－1　主动价格调整的原因和示例

	原因	示例
提价	产品生产成本提高 产品供不应求 品牌发生调整或品质发生变化	● 由于地接成本上涨，旅行社调高了泰国游产品的市场报价 ● 每到黄金周，热点旅游城市的酒店就提高房价 ● 景点景区经过改造，从 3A 变成 4A 景区，门票价格相应上调
降价	成本费用降低 产品供过于求 期望提高市场占有率 产品线增加新项目	● 旅游黄金周过后，旅游线路的价格普遍跳水，因为机票、住宿的价格下调，使得旅游线路总体成本下降 ● 由于政务消费的减少，高星级酒店供给过剩，普遍面临出租率明显下滑的趋势，因此许多酒店都将房价下调 ● 某地区有新的酒店开业，现有酒店为了稳固或提高市场占有率，进行降价促销 ● 酒店集团新建高星级酒店，于是对原有的老酒店价格下调，以便维持客户，并给新酒店定价预留一个空间

二、主动价格调整的策略

（一）影响调价效果的因素

恰当的价格调整，能够帮助企业赢得市场或争取竞争的主动权，但是价格调整是否能够取得预期的效果，并不以企业的意志为转移，而是受到以下两个方面的影响。

第一，消费者对价格变动的反应。无论价格调整的目标是什么，消费者是否能够认可和接受产品的价格变化都是衡量价格调整成功与否的标志。因此,企业应该在价格调整之前,对消费者的反应进行预测。包括消费者是否会感知到价格的变化;如果感知到价格的变化,他们是如何看待的;价格调整是否会影响消费者的购买等。以价格下调为例来说,下调的幅度如果没有达到一定的程度,不会引起消费者的注意;当消费者感知到价格下调时,可能会认为价格下降标志着品质的下降,或者产生价格会继续下调的预期而保持观望态度。这就可能使企业通过降价来拉动销售量增长和市场份额提升的目的无法达到。

第二,竞争者对价格变动的反应。与我们正在关注竞争对手一样,竞争对手也在关注着我们的行动,并随时保持反应。而竞争者的反应直接决定着企业价格调整策略的效果。当竞争者的策略保持不变时,企业降价可能会起到扩大市场份额的作用;而当竞争者也随企业同幅或更大幅度降价时,企业降价的效果就会被抵消,销售利润也会不如调价前。同样,在企业调高价格后,如果竞争者并不随之提价,那么企业就有可能丧失部分市场份额。鉴于此,企业应预先根据竞争对手的市场地位、竞争对手的财务状况、消费者的忠诚度等方面进行分析,以便估计竞争对手的反应。

(二) 价格下调的策略和技巧

价格下调时,主要应确保价格调整的确能够起到促进消费者购买和增加购买量的作用。其基本的技巧如下。

第一,确定适宜的降价幅度和范围。降价的幅度是价格下降的程度。它不宜过大,也不宜过小。过小不能起到刺激消费的作用,过大容易引起消费者的猜疑。降价的范围是在企业的产品中,实施降价的产品的类型和数量的多少。可以分为全线降价和部分降价。全线降价容易造成比较大的影响力,而部分降价通常可使降价商品起到一个招徕的作用。

第二,选择合理的降价时机。旅游企业要根据自己产品销售的年度分布规律以及竞争的态势来选择合理的降价时机。在淡季即将到来之前进行降价、在竞争对手新产品即将投入市场之前都是比较好的降价时机。当然,降价也要考虑到自己的财务状况。

第三,直接和间接降价方式的选择。降价方式可以分为直接降价和间接降价。直接降价是直接在原有的价格上向下调整,表现成削价销售。间接降价则有赠送、返款、回馈等多种形态,主要是通过增加消费者获得的价值,达到相对价格下降的目的。例如,旅游纪念品商店打出"100 元买 110 元"的促销旗号,虽然商品价格本身没有调整,但是对消费者来说就等于是一种变相的降价。

第四,降价的信息沟通。为了使得降价能够消费者了解,同时又避免产生降价的各种不良联想或误解,企业必须充分做好与消费者的沟通工作,不仅要告知降价的幅度和形式,还应该充分地传达降价的理由和时间限制。例如,酒店为了庆祝 10 周年,真情回馈客户,在店庆日的这一周,对所有的客房进行 8 折销售。

(三) 价格上调的策略和技巧

许多企业在实践的过程中都体会到价格具有一定的刚性,"降价容易,涨价难"。这个现象的主要原因是,一方面需求价格曲线告诉我们,大多数产品的需求都是随着价格上涨而降低的。另一方面,消费者在过去的价格中培养出了对该产品价值的判断,而价格的上调往往让消费者感觉成本增加,而价值没有发生变化,因此产生抗拒。当然,这并不意味着企业不能进行提价。相反,在旅游行业中,价格上调无论在景点景区还是旅行社,都是很常见的。成功与否的关键在于要在提价的同时,提高消费者对于产品的价值判断或降低消费者对价格变化的敏感度。

一方面,企业可以采用变相的提价手段,进行间接的提价。例如,餐厅在成本上升的时候,不直接改变价格,而是在菜品的分量上做小幅度的调整。某些酒店在价格不变、甚至在价格下降的情况下,取消了客房里的商务早餐券,或者将双份早餐改成了单份早餐,这样实际上降低了每个客房的营业成本,相对提高了价格。

另一方面,企业可以在上调产品价格的同时,对产品进行一些改变,如形状、材质、包装以及附属的服务等,从而增加消费者可获得的价值。

三、被动价格调整的策略

当竞争者率先调整了价格时,企业就必须对此加以回应。但企业在被动价格调整时,不应该盲目地跟着竞争对手走,而必须首先全盘摸清竞争对手调价的意图和原因、价格调整是临时的还是长期的以及竞争对手的财务状况。此外,企业对于自己的经济实力、顾客的构成情况以及其他竞争对手的可能反应也要进行分析和预测,并根据综合分析的结果做出以下选择。

第一,按兵不动。当企业认为自己的消费者对价格并不敏感,自己的消费者构成中有相当多的忠诚顾客,同时竞争对手的价格变化并非是攻击性的,而是由于自身的成本变动引起的短期的价格变化,那么企业可以按兵不动,静观其变,或者在短期内进行其他类型的促销及产品质量改进。

第二,同步调整。一般来说,企业发现竞争对手的价格变化是由于全行业生产成本的变动或者供求关系的变化所引起的,预期这种价格会持续较长的一段时间,甚至代表了一定的趋势,那么企业为避免顾客的流失,可与竞争对手同步调整。

第三,报复性调价。当竞争对手的价格调整是意在抢夺市场份额,企业的消费者对价格比较敏感,而企业的经济实力与竞争对手相比更强时,可以采用报复性的价格调整,即降价幅度比竞争对手更大。

第四,全面调整营销组合。当企业认为自己现有的产品在市场上具有比较好的形象,或者说形成了比较固定的档次定位,而企业部分顾客对价格较为敏感且在竞争对手价格下调时会流失时,企业可以在自己的产品线中增加或创造一种新的价格较低的产品或品牌,而原有的品牌保持不变,甚至提升价格。这样做,企业可形成一个多层次的与竞争对手比拼的全面产品线。

本章小结

▪▪▪ 关键术语

顾客认知价值　定价目标　成本导向定价法　需求导向定价法　竞争导向定价法　价格折扣定价

📋 内容提要

价格也是影响需求的重要力量,也是影响企业盈利的重要因素。旅游产品的价格受到企业生产成本、顾客认知价值、竞争产品和替代产品的种类和价格的影响,有时也受到一些政策因素的影响。企业综合分析各种因素的影响,明确自己的定价目标,选择合理的定价方法,形成具体的定价策略,是企业定价活动的基本过程。企业的定价目标主要包括利润追逐、销售量和市场份额的追求、应对或防止竞争的考虑,以及树立或改善企业的形象。根据定价中的主导思想和主要考虑的因素的差异,定价方法可以分为成本导向定价、需求导向定价和竞争导向定价。

作为营销要素中的一种,价格策略在制定和运用中,应该充分考虑与企业营销战略的一致性,并应该与其他要素进行配合。企业可运用生命周期定价,来影响产品的生命周期;运用差别定价,实现对不同细分市场需求的满足;通过价格优惠策略,来影响消费者的购买行为;运用组合定价策略来提升整体产品组合的获利可能。

价格是最富于变化性的营销要素。企业可能出于自身的需要进行主动的价格调整,也可能在应付竞争中进行被动的价格调整。为了保证价格调整能起到应有的效果,企业在主动的调价前应该充分考虑消费者对于价格调整的反应,以及竞争对手会对此采取怎样的行动。在此基础上,慎重地确定调价的幅度和范围,选择调价的最佳时机,设计合理的调价方式,并与消费者进行充分的信息沟通。在被动的价格调整中,应该充分分析竞争对手价格变动的动机、原因和持续时间等因素,并在此基础上选择合理的应对之策。

📝 课后练习

1. 调查某家酒店的价格体系,分析其差别定价或者优惠价格是如何制定的。

2. 调查你所在的城市的 4A 级景区的门票价格,比较相互间的价格差异,并分析价格差异产生的原因。

3. 设计一条 3 日游的主题旅游线路,分别运用成本导向定价法和需求导向定价法来给你设计的旅游线路产品定价。

🔍 案例讨论和延伸思考

"越卖越贵"的西贝

如果你经常去万达广场、印象城之类的商业综合体,一定会发现此类商业综合体在业态的选择上会越来越"倚重"餐饮,在竞争激励的餐饮行业中,有 1 家企业独树一帜,成了行业标杆。

这家企业就是越卖越贵的西贝莜面村,"西贝"是西北菜的谐音,是一家以"草原的牛羊肉,乡野的五谷杂粮"为特色的餐饮企业。西贝成立至今已有 27 年的历史,但西贝以连锁餐饮品牌企业的身份真正在全国发力,却是在 2010 年之后。2014 年以来,西贝整体开店节奏进一步加快,2014、2015 和 2016 年的新开门店数分别为 20 家、53 家和 70 家,截至 2016 年,总体规模超过 200 家门店,2016 年实现营业收入 30 亿元。

一般的餐饮企业希望自己研发的菜品越多越好,而你翻开西贝的菜单,会发现其中一共只有 45 道菜。原来 2014 年下半年,西贝内部确定了"非常好吃"战略,全公司只要是与"好吃"有关的服务和资源一律加强,与"好吃"无关的就减掉。从店面、菜单、产品研发到厨师队伍建设,都被纳入这一战略之中。更重要的是,西贝总裁贾国龙一鼓作气将原来菜单上的 100 多道菜,先是精简到 66 道以内,后又减至 45 道。贾国龙对员工解释说,这是为了便于集中力量调试提升菜的品质,向着"道道都好吃"的目标进发。随着菜单的精简,西贝菜单价出现了明显攀升,客单价从原来的平均 50～60 元/人提高到了平均 80～90 元/人,从大众点评的用户上传评论数据可以看到消费者普遍认为西贝并不便宜,可即便如此,还有很多人心甘情愿排长队等餐。

西贝认定的主力消费群体是年龄在 30 岁以上,而且一年家庭收入至少要有 40 万元的消费群体,"在这个水平之上的,都是西贝的忠实消费者"。说到自家的菜贵,贾国龙告诉记者,他就是认定了中高价路线,所以作为销量第一的菜品——一份面筋的定价是 32 元。

"草原羊要比育肥羊(每斤)贵两块钱,这看起来好像没有贵多少,但是大部分餐饮企业的食材是猪鸡鱼,牛羊肉的成本已经是猪鸡鱼的三倍!"贾国龙对记者解释说,菜价贵的直接原因是成本高,西贝选用的食材以及菜品的制作工艺,一直导致成本居高不下,菜价不低,但净利其实不高。西贝的菜单上,百分之六七十都是牛羊肉类菜品。主料价格贵,已然是没法改变的现实。而贾国龙的固执,也表现在对选材始终不肯放低要求上:羊必须是内蒙古的草原花脸羊,牛肉却放弃了口感柴的内蒙古牛,选择了香味和嫩度都好的澳洲牛肉。

"我承认我们贵,我们面筋可能贵 10 块钱,但你去我们的中央厨房看看,面筋的底汤不是醋酱油调的,那样是便宜,我们可是用了七八种蔬菜水果熬出来的。"

西贝一方面已经成为具有消费垄断性的品类代表,同时又脱离了用户对于西北菜的低价心理预期,这样的品牌往往有更高的定价主动权,业绩几乎不会受到宏观经济波动的影响,具备抗通胀能力。贾国龙特意去鼎泰丰吃饭,体会"小店模式"。鼎泰丰一笼汤包的价格可以卖到 40～50 元,客单价通常在百元以上,但门前排队等位的客人仍旧络绎不绝,翻台率也颇高。后来,鼎泰丰成了贾国龙颇为推崇的中式餐饮品牌。

2016 年,西贝计划在 30 亿元营收的基础上,拿出 1 个亿用于广告营销投放,贾国龙要展开用户筛选,觉得价格贵的人,那就不要来了。通过连续不断的营销活动,"一次叫来 10 个人,走掉 5 个嫌贵的,但还能留下 5 个感觉味道好还感觉价格无所谓的",最终只要能把那些喜欢西贝、又接受其定价的顾客留下来,这就够了。

事实上,贾国龙很不看好同行的低价策略,认为中国的市场竞争,由于消费者的不成熟导致商家的不成熟,最终的结果只能是劣币驱逐良币。"你没发现吗,中国没好东西了,有钱人都跑到世界各地去了。但是去日本买电饭锅便宜吗?不便宜。马桶盖便宜吗?不便宜。"说到这里,一向直来直去的贾国龙的情绪显得有点激动。

很多餐饮人都有这样的体会:不敢随便涨价,即使各种成本都在上涨,也要撑到无法再撑下去的时候再小心翼翼调整价格。为什么西贝对涨价有恃无恐?背后的原理就在于:价格是一个品牌的顶层设计,贾国龙打造西贝这个品牌的目的就是要实现高价。从顾客角度来看,他们是通过价格看价值的,这跟餐饮老板的思维恰好相反。做老板,习惯根据价值来定价格:好东西要卖得贵一点。但顾客是反过来的:贵的东西就是好的。

为印证顾客"贵的就是好的"这种思想，西贝可谓是内功外功兼修，不偷懒、不取巧，下足了功夫：小而美的店面、少而精的菜单；邀请全世界的大厨和美食家参与西贝菜品研发；搭建西贝传统手工美食大师平台；打造精益求精的优质原材料供应体系。

在营销方面，从2012年《舌尖上的中国》"黄馍馍进城开卖"到2014年《舌尖2》后600万买断"张爷爷的手工空心挂面"，再到西贝莜面走进联合国，这一套组合拳下来，不仅赚足了眼球，也让顾客感觉这钱花得值。理解了这种"超过顾客预期"的理念，就不难理解西贝天天排队，顾客趋之若鹜的原因了。这与海底捞等企业如出一辙，成功的企业，背后的逻辑总是惊人的一致。

（资料来源：案例改编自 http：//www.cy8.com.cn/cyrw/110310）

问题：

1. 西贝在产品定价上的目标是什么？
2. 西贝采取了什么样的产品定价策略？为什么？
3. 你认为西贝采取的产品定价策略是否合理？

第十章
渠道构建与管理

引导案例及开篇思考

　　如果你想要去旅游,需要订购一个旅游产品,你会选择什么样的方式购买?是在当地找一家旅行社寻求服务?还是去携程、途牛、美团等OTA(online travel agent 在线旅行社)上下订单?顾客购买产品总需要有一定的途径,这种途径就是企业的分销渠道。正是通过各种各样的分销渠道,一个旅游企业的产品和服务销售才能做到"无远弗届,不可限也"。然而,对旅游企业来说,构建分销渠道并在后期管理好分销渠道并非易事,请看下面案例。

美团遭遇宁波酒店"下架"

　　刚进入2017年时,美团有点"烦"。1月份美团就因佣金问题与浙江宁波的一些连锁酒店闹出不快,甚至一度遭遇全线"下架"。这对想要"撸起袖子"大干一场的美团来说,显然不是什么好消息。

　　元旦刚过,美团就遭遇了宁波某酒店的"公开下架"。该酒店集团在宁波当地颇有名气,属于中低档连锁酒店。该酒店表示其会"取消与美团合作",并希望消费者选择该连锁酒店的自有渠道预订房间。

　　据了解,双方产生纠纷的原因就出在"佣金"问题上。所谓"佣金",就是类似美团这样的平台扮演类似"中间人"介绍生意的角色,当交易达成,商家会返还部分酬金。

　　"作为平台,当然希望收取高佣金,而商家则希望降低佣金,二者的目的,都是为了自身获得更多收益。此次美团和酒店之所以'闹辩',就是因为美团觉得自己平台够大,有足够吸引力,想提升佣金。"一位酒店业内人士王先生说。

　　"以酒店行业为例,美团是新型的平台,在拓展期,肯定会许诺酒店一些比较低的佣金。"王先生表示,而现在,美团想通过提高佣金来追求盈利,但不是所有的酒店都会买账。"下一步,可能会有更多不满的酒店明里暗里与美团较劲。"

　　虽然到了2017年1月23日,上述酒店已与美团和解,重新在美团平台上出现。不过,打开美团APP,记者还是发现:被标注为"高档型"的天唯艺术酒店,在该平台上显示为"满房"状态;中低端型酒店龙华商务宾馆,也显示为"满房"。同时,搜索宁波5星级以上或4星级以上区间的酒店,将预定日期设置为1月23日—1月24日,显示"满房"状态的至少也有10家以上酒店。但记者拨打上述显示"满房"的酒店电话,除了天唯艺术酒店电话显示为空号之外,其他酒店通过电话仍然可以预定,酒店工作人员表示"仍有空房"。

"宁波地区的确有部分酒店通过在后台设置'满房'的状态来表示对佣金上调的不满,以此来终止与美团的合作,"美团方面对记者回应称,"目前,美团的佣金比例处于8%～10%,酒店佣金的比例,我们仍远低于行业整体情况。美团仍会与酒店商家继续保持良好合作。"

不过,从公开资料上看,不仅是宁波的酒店,从2016年开始,不断有消息传出,其他一些地区,如武汉、杭州、厦门等地也有不少酒店和其他餐饮娱乐企业均因佣金上调问题对美团表示不满,甚至公开"出逃"。这些信息与美团的上述回应显然"有出入"。

互联网分析人士认为,美团与部分酒店合作的不愉快并不会造成"连锁反应",因为酒店相对来说还是松散的组织,各家酒店会根据自己的利益来选择合作伙伴,佣金可以部分转嫁到消费者身上,对酒店来说也不会有太大损失。

王先生则认为,商家与美团的合作闹掰,与美团模式存在关联。"美团起源于团购,本地化客户居多,实际的市场增量有限,当地的酒店自然不愿意接受太高佣金。"王先生分析,虽然从量、活跃度等方面,美团有实力,但在模式上,确实存在"短板"。王先生认为,美团最近提高佣金的做法,同样与其希望整体盈利有关,"'烧钱'这么多年,美团一直无法盈利,投资者希望尽快改变这种不断'烧钱'却无法盈利的状况"。

（资料来源：案例改编自 http：//www.redsh.com）

？ 思考

1. 为什么酒店会选择美团网这样的企业作为自己的分销渠道？
2. 案例中的酒店与美团网在经历了一段时间的合作后,为什么会"分手"？
3. 对酒店来说应该如何来选择或者构建自己的分销渠道？

第一节　什么是分销渠道

一、分销渠道概述

简单地说,分销渠道是链接企业和他们顾客的路径,是产品从生产企业转移到消费者手中所经历的所有个人和组织所构成的链条或网络。

无论渠道的形态如何变化,他们都共同遵循以下特点：第一,渠道是以生产者为起点,以最终消费者或者用户为终点的。这意味着任何的渠道都是有方向性的,必须指向企业的目标顾客群体所在的位置。第二,判断组织或个体是否是渠道成员的标准在于他们是否帮助实现产品向最终消费者的转移。这就清楚地说明了,渠道成员之间是相互依存的关系。第三,渠道中涉及独立于生产企业的组织或个体。这种独立性对于分销渠道的管理是一个更为复杂的过程。

由于旅游产品的特殊性,旅游分销渠道还具有另一些值得关注的特点。首先,旅游产品的构成非常复杂,因此,旅游产品的供给者常常是多重的。其次,旅游产品本身是无形的,因此,在旅游分销的渠道中,被转移的往往只是使用权。这使得旅游企业在分销渠道中的"物流"需求与制造企业完全不同。旅游的分销渠道中,旅游产品的转移要以最终购买者向旅游目的地运动为前提。最后,旅游产品的生产和消费的同一性使选址成为分销渠道策略中的重要问题。

在实践中,分销渠道常常被看作是一种战略性的竞争资源。一方面是由于分销渠道并非一朝一夕可以建成,因此无法被简单地模仿和复制;另一方面,分销渠道是消费者购买的出入口,对分销渠道进行控制和拦截,就能够对竞争对手进行有效的防范和打击。

二、分销渠道的作用

(一) 渠道存在的理由

为什么生产企业不直接向所有的终端消费者出售他们生产的所有产品和服务呢?我们可以从需求和供给两个方面去寻找原因。

营销渠道的存在简化了消费者的搜索工作,降低了搜索成本。在大部分情况中,生产者和消费者并不存在于同一个地理空间中,如果没有渠道的存在,消费者无法了解到哪里去购买他们所需要的产品或服务,而企业也很难将产品传达到顾客手中。这种现象在市场经济的全球化趋势中则显得更加突出。此外,渠道成员对商品起到分拣的作用,他们能够将不同的产品按照消费者所需求的类型来进行分类,这极大地便利了消费者的选择。

从生产者的角度看,营销渠道的存在减少了生产者需要与顾客接触的次数,减少了搜寻、谈判和交易的成本。图10-1中比较了3个生产商直接销售和通过中介销售时产生的接触次数和交易成本的差异。在直接销售的方式中,三个生产商要直接将产品销售给10个顾客,分别需要接触10次,一共需要要30次的接触。而通过一个中介(一个中间商)进行销售,每个企业只需要与中间商接触一次,中间商与顾客接触10次,总共接触

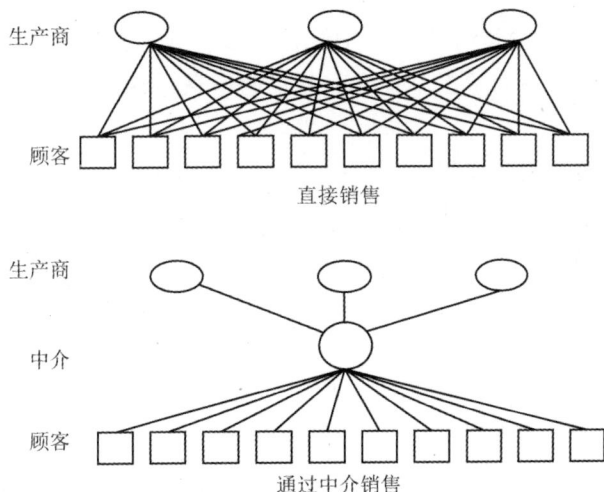

图 10 - 1　通过或不通过中介销售的接触成本比较

13次。无论是对于生产者来说,还是整个行业来说,中介的出现都大大减少了接触的次数。

不仅如此,由于分工的专业化,生产企业将销售的职能独立出去,让更有经验和专业知识的分销商来执行销售的职能,能够提高销售的效率。

(二)渠道的作用

企业在促进和实现产品销售的过程中,通常涉及几个方面的"流",例如产品的流动、信息的流动、货币的流动、服务的流动、风险的流动等。这些"流"有些是显性的,例如产品、货币和服务,有些流动是隐形的,例如信息流动、风险流动。这些流的方向也存在差异,产品、服务的流动是自上而下,从企业到顾客的;货币的流动是自下而上,从顾客到企业的;而信息的流动则是双向的。

图10-2显示了生产者、中间商和消费者之间的"流"的情况。分销渠道对于企业的具体作用,则可以通过对于以上这些"流"来体现。

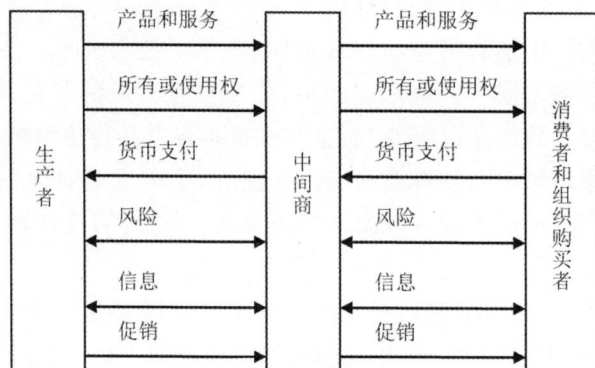

图10-2　分销渠道的功能

资料来源:李先国,杨晶.分销渠道管理:2版[M].北京:清华大学出版社,2014

1. 信息作用

由于营销渠道成员可能与消费者更加接近、对市场更加熟悉,因此,营销渠道能够帮助收集市场中有关顾客、竞争对手及其他参与力量的信息,帮助传播企业想要传达给消费者的信息。

2. 协助促销、促成交易的作用

营销渠道能够执行促销活动计划或直接策划促销活动,积极充分地与顾客沟通,尽力达成有关产品价格和其他条件的协议,从而最终促成消费者购买。在某些特定的情况下,生产者甚至不具备执行销售的能力,而渠道中介则成为其中的主导。

3. 风险承担作用

营销渠道成员在执行渠道任务或者达成自己的目标的同时,往往能够在库存、货币等方面分担生产企业的部分风险。

4. 物流作用

实体产品的销售往往涉及产品实体的转移和储运工作,这些工作也可以有渠道成员来完成或辅助完成。

中国有句俗话叫"酒香也怕巷子深",在当代市场经营环境中,如果没有良好的分销渠道和庞大的营业网点,即使旅游企业拥有再好的产品和服务,也不能保证产品价值的顺利实现。随着互联网技术的发展,越来越多的旅游企业开始利用网络手段在生产地以外的地区增设分销网点,从而让自己的目标顾客能够便捷地预订或购买到他们的旅游产品,所以全球分销系统(global distribution system,简称 GDS,)和中央预订系统(central reservation system,简称 CRS)目前在旅游行业中得到普遍运用。设立分销系统的根本目的,就在于通过降低旅游者的购买成本,来达到扩大销售和增加营业收入的目的。只有通过强有力的旅游分销渠道,才能成功地将潜在的市场需求转化为实际的购买行为,让旅游产品的价值得以充分实现。如资料链接 10-1 所述。

资料链接 10-1 🔍 ··········

全球分销系统

全球分销系统(GDS)是一种计算机化的预订系统,它可以看作是旅游代理商和其他接待业产品分销商的产品目录。这套系统首先是由航空公司为了扩大销售量而开发的。在互联网之前,GDS 为供应商和最终用户提供一种全球化的链接方式。随着互联网的发展,他们为顾客开发了网络化的解决方案。一个分销服务的提供商在酒店的中央预订系统(CRS)和 GDS 之间建立链接。规模较小的连锁酒店和单体酒店可以通过预订服务建立链接。目前全球最主要的四个 GDS 是 Amadeus、Galileo、Sabre 和 Worldspan。其中 Amadeus 是旅游预订系统的领头羊,它的网络涵盖了 75000 家旅行社、500 家航空公司和 78000 家酒店。

第二节　旅游分销渠道的成员

从广义上说,营销渠道的成员包括生产商、渠道中介和终端用户。生产商是分销渠道的发起者,是产品或服务的提供者;终端用户是产品的购买者、使用者。他们之所以被看作是渠道的成员,是因为他们都在一定程度上承担了某些营销"流"的作用。从狭义上说,分销渠道成员专指渠道的中介,也被称为中间商。

与其他行业的中间商一样,旅游中间商是指从事转售旅游企业产品的活动,并具有法人资格的经济组织或个人。旅游中间商的主要作用是在旅游目的地提供各种的旅游零售服务,方便旅游者购买;为旅游服务供应商和其他旅游中间商拓宽分销网络;为旅游者提供与旅游有关的各方面的专业意见。此外,旅游中间商还具有特殊的产品设计职能,即将不同的旅游单项产品联结和组合成特定的旅游线路供消费者选择。

与制造企业的中间商一样,旅游中间商的形态也是多种多样的,包括了如旅游经纪人、旅游服务商、旅游批发商、旅游经销商、旅游零售商、旅游代理商、旅游销售队伍、旅游销售代表等。我们可以从不同角度对旅游中间商来进行划分。

一、旅游批发商和零售商

按照中间商在流通过程中所处的环节不同可以将他们分为批发商和零售商。旅游批发商是指向其他渠道中介（如次一级的批发商或零售商）销售产品，以提供进一步转售或者加工的商业企业。旅游零售商则是直接针对最终消费者进行销售的组织或者个人。二者在购买的特点、主要的功能和表现形式上都有差别。

（一）旅游批发商

对于旅游目的地而言，旅游批发商一般是从事批发业务的旅行社或旅游公司。按照国际旅行社分工体系来看，批发商旅行社从事地面各项服务的整合活动，因此往往大量地订购交通运输企业、饭店、旅游景点等企业的单项产品，将其编排成不同的包价旅游线路，然后批发给零售商，但是并不直接面对最终消费者。但是在中国，旅行社现有的分类体系是按照业务范围和业务内容将旅游行社划分成国内社和国际社，并没有完全形成垂直分工体系，故而许多旅行社兼营批发和零售的业务。旅游批发商与旅游零售商相比，具有交易频率低、每次交易数量大的特点。

（二）旅游零售商

1. 零售商的概述

零售商面对的销售对象包括个体旅游者、家庭旅游者、购买旅游产品用于消费的企业、机关团体等。零售商是分销渠道的最后一个中间环节，也是旅游价值链上的最后一个环节。在这个环节上，旅游产品进入了消费领域，其价值得到了实现。零售商的这种地位决定了它在旅游商品流通的过程中承担多重的作用。首先，旅游零售商必须对市场进行分析研究，与消费者进行充分沟通，以促成交易的实现。其次，零售商直接与消费者接触的过程中，要提供多重服务。例如，信息咨询服务、订制化服务、购买过程中的服务（如分期付款的信用服务）、后续服务等。最后，零售商直接执行与旅游供应商的沟通、协调的功能，以便旅游产品的生产能够顺利地进行。

2. 零售商具体类型

与批发商相比，旅游零售商的数量众多，且分布非常广，它们分散在全国甚至全世界各地的最终消费市场中，和最终顾客保持密切的联系。同时，承担旅游产品零售业务的组织或个体的类型比批发商更加多样化。以下介绍一些具有旅游业特色的零售商类型。

（1）旅行代理商

旅行代理商是一种传统的旅游零售商的类型，他们负责为形形色色的顾客提供预订服务。通常，他们会积极地寻找公司和会议客户，并提供比较全面的服务。旅行代理商预订的主要产品是航空公司、饭店和汽车租赁。据统计，在美国有3300多家旅行代理商，在加拿大有5000家旅行代理商，他们的销售总额达到1120亿美元。欧洲和中东地区有54000多家旅行代理商，销售额达到1370亿美元。

（2）旅游专卖店

与有形产品的零售业一样，旅游业中也有专卖店。旅游专卖店是指专营某个旅游地旅游产品或线路的零售商。专卖店必须对其专卖的旅游目的地的资源、开发和产品特色情况进行深入的研究，设计丰富的旅游目的地线路，并能够在特定的客源地市场为客人提供其所需要的旅游产品。通常情况下，旅游专卖店设在旅游主要客源地，而非旅游目的地，资料链接 10-2 中描述的就是客源地的旅游专卖店。早期的旅游专卖店主要是由旅游目的地联合旅游客源地的实体旅行社来开设的，早在 2006 年，青海省就和广之旅合作，云南省和南湖国旅合作，在广州推出"青海旅游专卖店"和"云南旅游形象店"，这种模式不但方便游客出行，而且有助于相关旅游目的地提升形象，还能帮助旅行社增加客源，受到了市场肯定。2014 年以后，随着 OTA 的崛起，越来越多的旅游目的地也将自己的旅游专卖店开到网上，如资料链接 10-3 所描述的情况。

资料链接 10-2 🔍

宁波"旅游专卖店"模式受关注

2014 年 10 月宁波举行了 2014 年旅行商合作大会，会上，宁波"旅游专卖店"模式引发与会者的关注和热议。

深圳市福田区福民路知本大厦，是深圳卓悦国际旅行社所在地，门前的宁波旅游广告格外醒目。这是 2014 年 5 月刚开业的一家宁波旅游专卖店，一开业便受到深圳游客的青睐。专卖店负责人介绍，该专卖店对深圳游客力推一批深度游精品线路，其中包括普陀山及名人故里 6 日游，普陀山、江南水乡及杭州湾跨海大桥 7 日游，浙江全景 8 日游等，这些线路都安排了普陀山、蒋氏故里溪口、天一阁等景点。在 2014 年宁海开游节期间，宁波旅游部门还针对深圳市场推出了"宁海开游""东南佛国"等 7 条特价线路，吸引了不少游客。

这样的宁波旅游专卖店，在全国各地还有很多。除了成都、武汉、南昌、重庆、香港等国内城市，还在韩国首尔和新加坡设立了宁波旅游专卖店，已带动游客 20 多万人，有效地拓展了远程市场。

作为一种新的旅游推广模式。一方面，宁波旅游部门须向各旅游专卖店提供最新的旅游产品、资讯、酒店、景区优惠政策等信息，另一方面，旅游专卖店除将应邀来宁波进行线路考察外，还有义务在其旅行社和旗下门店摆放宁波旅游宣传资料，在旅行社网站推介宁波旅游线路和产品，制作宁波旅游推介电子页面，在当地媒体上刊登宁波旅游线路广告等。

"宁波旅游专卖店，是将商业代理营销模式引入到了旅游行业的一种尝试，通过旅游专卖店，还能把宁波景区、酒店等企业的市场优惠政策进行有效整合，不仅有利于旅游产品的推广，还能很好地展示宁波的旅游形象，实现互利共赢。"宁波市旅游局副局长陈刚说。

（资料来源：《钱江晚报》，2014 年 10 月 17 日）

资料链接 10-3 🔍 ···

余杭旅游旗舰店在同程官网正式上线

2017年9月22日,由杭州市余杭区旅游局与同程旅游合作开发建设的余杭旅游旗舰店在同程旅游平台正式上线。该旗舰店是一个集余杭旅游目的地品牌形象、旅游产品展示和预订的专题网页于一体的综合展示平台。主要分为目的地形象展示、旅游咨询、游在余杭、宿在余杭、逛玩余杭、食在余杭、品游余杭、乐在余杭、交通指南等九大板块。目的是为广大游客通过观看余杭旅游宣传片对余杭旅游资源和产品有一个生动、直观和全面的了解,加深对"休闲美丽之州"旅游品牌的认识。再通过具体的旅游产品展示,为游客提供多元化选择,个性化订制,一站式预订的服务体验。

目前,余杭旅游旗舰店已涵盖了西溪湿地、杭州双溪漂流、天都公园、彩虹谷、杭州薰衣草庄园等景区、四星级以上宾馆及部分特色酒店等旅游企业的产品和线路。广大游客可登录同程旅游官网,从旅游局合作频道和景点首页进入余杭旅游旗舰店预订余杭景点的优惠门票、酒店的客房和精选旅游线路套餐。

余杭旅游旗舰店的正式上线,可进一步提升余杭旅游品牌形象,适应当前游客出游自助化、散客化和互联网+的趋势。此次项目也是同程旅游在目的地营销策划、主题IP打造上的新尝试,探索线上流量推广与线下活动推广联动的新营销,通过打造和赋予目的地更多"内容",来增强余杭对游客的吸引力。

(资料来源:http://news.xhby.net/system/2017/09/22/030748754.shtml)

(3)旅游超市

旅游超市是拥有较丰富的旅游产品(包括单项和整体旅游产品),并以顾客自选的形式提供给顾客的旅游零售商形态。旅游超市拥有一般旅行社共有的一些功能,例如信息和咨询服务、产品设计、服务整合等,但是他们与一般旅行社的差异在于顾客在旅游超市中拥有更大的选择自由度。旅游超市根据旅游者自行选择的交通方式、住宿、餐饮和娱乐项目,组合成订制化产品。因此旅游超市非常适合于散客和自由行的旅游者。如资料链接 10-4 所述。

资料链接 10-4 🔍 ···

旅游超市"重庆旅游天地"开业

2013年4月16日,由重庆旅投集团打造的重庆首家大型客源集散旅游超市"重庆旅游天地"正式开业迎客。市民可在重庆旅游天地获得境内外的旅游线路咨询、旅游产品购买、租赁汽车、机票酒店预订等全方位的"一站式"服务。

重庆旅游天地位于渝中区民生路283号重宾香格里拉大酒店商务大厦裙楼内,是由重庆旅投集团投资5000万元打造的集旅游会展、旅游产品展示、旅游车流人流集散、旅游信息服务、旅游商品交易等功能于一体的综合服务平台。游客可预订长江三峡游、重庆一日游、两江游、境内游、境外游等全线旅游产品。

目前,重庆旅游天地为游客设立了"旅游信息发布平台""旅游信息网络服务区""旅游专线咨询台""旅游咨询服务特别号码96960"等信息咨询渠道,方便重庆市民和外地游客查询旅游信息。此外,重庆旅游天地还将在香格里拉大酒店设立"旅游直通车始发广场",成为重庆一日游、周边游、市外游的始发站。届时,游客参观游览重庆将更加方便。

(资料来源:http://cq.qq.com/a/20130416/000119.htm)

（4）网络零售商

网络零售商是自网络普及以来快速发展起来的一类旅游零售商。他们借助网络技术和电子支付手段,开展饭店、景点景区、旅游航空等产品的在线预订和销售活动,从中获取佣金以及其他的收益。网络中间商本身有许多不同的类型,他们在经营的业务范围和方式上各具差异。

携程、同程、去哪儿、途牛、驴妈妈、飞猪这些企业都是目前我国著名的旅游电子平台或旅游网络零售商,其中携程的情况资料链接 10-5 有详细的说明。以上都是覆盖全国或全球的第三方的网络中间商,是网络零售商中的典型代表,有时也被称为在线旅行社（OTA）。

某些旅游目的地建立自己的电子商务网站,为本地的酒店、景点景区等产品提供网络销售的帮助,也成了网络零售商的一种类型。此外,一些单体的饭店为了获取竞争优势,结成了饭店联合体,并共同享有一个中央预订系统,其成员在每次预订业务完成后也需要支付一定的费用。例如,最佳西方（Best Western）是一个拥有统一名称的联盟,其成员来自 76 个国家或地区的 4000 家独立的公司,他们共享客源和分销渠道。这也是网络零售商的一种重要形式。

网络零售商与传统的零售商相比,具有显著的成本优势,且不受地理范围的制约,因而获得了快速的发展。目前,网络零售商很大程度上替代了传统旅行代理商的作用,并使得旅游企业和组织的分销成本得到很大节约。根据艾瑞咨询发布的中国在线旅游报告显示,2016 年中国在线旅游市场交易规模达 6026 亿元,并且,在线分销占全国旅游市场总额的比例已经超过了 60%。这意味着网络中间商在旅游分销中的地位和作用已经无可争议。如资料链接 10-5 所述。

资料链接 10-5 🔍

携程:中国最大的旅游网络中间商

当 1999 年 5 月,梁建章、季琦、沈南鹏、范敏共同创办携程旅行网（下称"携程"）的时候,或许他们四个人都没预料到携程现在的形态。他们在 18 年前创办的小网站,已经成为一个市值超过 100 亿美元的庞然大物。通过频繁的资本运作和并购,携程几乎垄断了国内 OTA 市场。

携程于 2003 年在美国纳斯达克上市,作为中国领先的在线旅行服务公司,携程旅行网成功整合了高科技产业与传统旅行业,向超过 2.5 亿会员提供集酒店预订、机票预订、度假预订、商旅管理等的全方位旅行服务。目前,携程旅行网拥有国内外 60 余万家会员酒店可供预订,是中国领先的酒店预订服务中心。携程目前每日酒店预订量达可以达到约 70 万间。携程旅行网新近还推出了"国际酒店"功能,可预订多个国家的酒店,方便快捷。在机票预订方面,携程旅行网是中国领先的机票预订服务平台,覆盖国内外所有航线,并在 43 个大中城市提供免费送机票服务,每月出票量约 150 万张。携程旅行网的度假超市提供数千条度假线路,覆盖国内外众多目的地,并且提供从北京、上海、广州、深圳、杭州、成都六地出发的旅游线路,是中国领先的度假旅行服务网络,每月数万余人次提供度假服务。根据携程发布的财务报表数据显示,2016 年携程的营业收入达到 192 亿元,成了中国最大的在线旅游中间商。

(资料来源: https: //baike. baidu. com/item/％E6％90％BA％E7％A8％8B/3148245? fr＝aladdin)

(5) 其他专业中介

除了以上所介绍的零售商类型之外,还有一些机构和组织也能够承担旅游产品零售的功能,如会展公司等。这些公司销售旅游产品并不直接获取佣金,因此与一般的旅游零售商存在一定的差别。此外,旅游业不同产品的供应商有时候也存在一定的客源互送、联合销售的合作,因而也在某些时候扮演了零售商的角色。

二、旅游经销商和代理商

按中间商在销售产品前是否拥有所经营的旅游产品的使用权来划分,中间商可分为经销商和代理商。经销商泛指拥有旅游产品使用权的批发商和零售商。代理商是不拥有旅游产品的使用权,仅受委托人委托来代理旅游产品的销售业务的中间商。

(一) 旅游经销商

旅游经销商的基本特点是:第一,经销商拥有产品的使用权,独立自主地开展商品购销活动,独立核算、自负盈亏。第二,经销商必须拥有购买旅游产品使用权的流动资金。第三,经销商因为购买了旅游产品的使用权,因此承担了一定的经营风险。第四,旅游经销商的利润来源于旅游产品购买和销售价格之间的差额。

(二) 旅游代理商

旅游代理商的出现或存在是由于旅游企业推销能力有限,或者无法寻找到合适的销售对象并与其进行接触。因而,旅游代理商实际上从事的是一种"服务性"的工作,而非经营性的工作。一方面,旅游代理商为旅游企业提供产品的销售服务,另一方面,旅游代理商也为旅游者提供旅游产品的购买服务。为了提供这种服务,旅游代理商往往在特定市场中有着广泛的社会关系网络,并有着灵敏的信息嗅觉。与旅游经销商不同的是,旅游代理商并不获得销售利润,而是从代理业务中赚取一定数量的佣金。因此,旅游代理商不承担旅游产品销售的风险。

旅游代理商根据其业务特点的不同,也可以划分出不同的类型。例如,饭店的销售代表,是负责在某个特定的市场区域内销售某个饭店产品的代理人形态。独立的饭店代理人,则是专门推销代理许多不同饭店产品的独立的经营机构。区域旅游代理是代理旅游目的地在主要客源市场的促销和销售活动的机构。另外,旅游经纪人通过为供需双方提供信息,给双方牵线搭桥,以提供促成交易的机会,并获取佣金。他们甚至不用投入精力去促成交易,只需提供信息。

以上不同类型的旅游中间商具有不同的功能和特点,旅游企业在设计和管理分销渠道时,应该充分考虑这些特点,并加以合理的选择。

第三节　分销渠道的设计

一、渠道设计的原则和框架

在分销渠道的管理实践活动中,我们能够看到企业面临许多的困惑。例如,渠道的销售能力弱,不能符合我们的销售需要;渠道的销售不错,但运营成本很高;渠道的协调控制非常困难等。这些问题,往往都与渠道的设计不当有着密不可分的关系。那么,怎样才是好的渠道呢?以下给出了合理分销渠道的基本原则。

(一)适应性原则

从顾客的角度来看,旅游渠道的设计直接影响了他们获得产品的便利性和及时性。因此,旅游企业在设计分销渠道时要满足适应性原则,也就是说分销渠道要适应目标市场的需要。从范围上看,分销渠道应该能够覆盖到所有的目标市场,同时能够与目标市场购买特点和需要相适应。从企业的角度来看,分销渠道是旅游产品流通的路径,要与企业产品本身的特点相适应。分销渠道从结构和类型上看,应该与产品的物理、化学特性、产品的定制化特征等一致,并尽可能体现产品的定位。

(二)经济性原则

分销渠道能够通过促进销售、开拓市场等活动给企业带来收益,但是另一方面,渠道成员的选择、渠道的协调活动和渠道的激励等管理活动也会产生成本。好的分销渠道应该体现出它们的经济性,即通过渠道产生的收益要大于管理渠道所产生的成本。这意味着企业在设计分销渠道方案时,必须比较不同的渠道所带来的溢出价值的大小。

(三)可控性原则

分销渠道成员能否准确地执行企业的价格、促销等策略直接关系到企业营销目标是否能够实现。然而分销渠道包括很多不同的利益主体,这意味着他们的行为与企业目标之间可能产生分歧,不一定能够按照企业的意愿来行事。合理的营销渠道应该是企业能够对其进行有效控制,并达到协调一致的状态。

(四)稳定和发展原则

动荡的渠道不仅带来很高的渠道管理成本,还会影响企业的形象以及渠道的销售力。因此,企业在设计渠道时应该考虑这个渠道框架的稳定性。但是,企业的目标市场和经营范围可能随着企业的发展而变化,也将对渠道提出新的要求。这要求企业在设计分销渠道时,应该注意给分销渠道保留一定的弹性和发展性。

为了使设计的渠道达到以上的目标,渠道的设计可按照图 10-3 所示框架进行。

渠道需求分析		渠道结构方案确定		产品约束因素
目标市场确认 服务产出需求分析	→	渠道的长度 渠道的宽度 渠道的多元化程度	←	竞争对手的渠道选择
				中间商特性
				企业能力

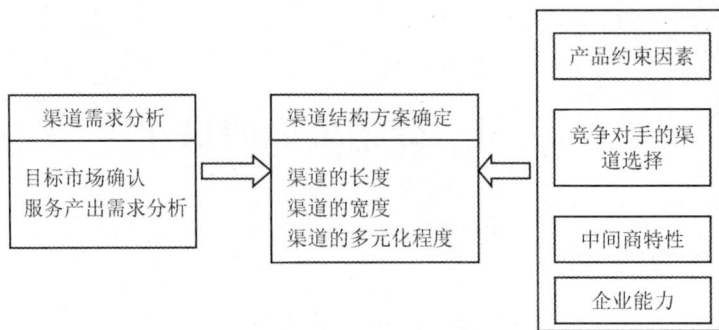

图 10-3 渠道设计的框架

二、渠道需求分析

与其他的营销活动管理一样,渠道的设计也要从目标顾客开始。为了设计出一个能够满足甚至超越顾客需求的渠道,渠道的设计者和决策者必须首先来理解顾客对于渠道的本质需求。也就是说,这时的需求分析不是去了解顾客需要消费什么产品,而是顾客怎样去购买或使用产品和服务。

(一)目标市场的确认和细分

要分析顾客对于渠道的需求,首先必须回到企业营销战略中再次明确企业所选择的是什么样的目标顾客群体。在此基础上,根据他们所接触的媒体范围、所购买的相关产品以及经常使用的购物渠道等特征,将目标顾客群体进行再次细分。例如,本地旅游者与外地旅游者在渠道的使用上有差异,青年旅游者与老年的旅游者在接触的渠道和媒体方面有差异。当然,此时的细分是一种经验型的细分方法,不同的目标市场是否真的具有渠道需求上的差异还需要在下一步进行分析。但是,在目标市场确认的时候,应该要避免一概而论的错误倾向。

(二)渠道准则的确认

渠道准则是指消费者在选择渠道时注重的渠道所具有的属性和能够达到的服务水平,这往往是企业的分销渠道所需达到的服务产出结果。一般来说,旅游者或组织对于渠道的基本要求体现在以下几个方面。

第一,批量拆分。虽然企业的产品或服务是大批量生产或制造的,但是最终客户可以在渠道中购买和他们所想要购买的数量,并且通常情况下终端客户购买的数量很小。这时须要求分销渠道能够将产品和服务批量拆分成单个或少量的购买单位。当分销渠道做到将产品或服务尽可能小的拆分时,顾客就能够简便地实现自己的购买。一般来说,拆分得越细小,分销的成本就越高。为了区别不同类型顾客对批量拆分的需求,大多数旅游企业对组织旅游者和个体家庭旅游者的销售渠道进行了区分,以便于给批量购买者以特定的优惠,将分销所降低的成本回馈给批量购买者。

第二,空间便利性。空间的便利性能够降低消费者的交通要求和搜寻成本,从而给消费者带来间接的收益。许多学者将饭店和餐馆的成功第一要素确定为"选址",这就说明了空间便利性对于消费者来说非常重要。

第三,等待时间。等待时间是消费者在订购和收到商品(或服务的购买凭证)之间所必须等待的时间长短。如今的消费者越来越受到时间的约束,因此他们也变得越来越没有耐心。等待时间越长,对消费者来说意味着越不方便,或者说会增加消费者心理上的焦虑感。大多数公司或企业都力争提供即时的商品或旅游产品的购买凭证(如机票、门票、饭店的预订的确认函等)。网络技术在这方面提供了极大的帮助。

第四,产品品种和可选择性。许多消费者在购买动机产生后,并不直接做出选择。他们往往会到中间商的店铺(或虚拟的店铺)中再进行选择和比较。这时,渠道中产品花色品种和产品类型的多样化,能够给消费者的比较和挑选带来便利。对于制造商的企业而言,更广泛的产品范围,意味着更多的库存和更多的资金占用。但是旅游产品的无形性使得库存问题无法对旅游中间商造成困扰,但广泛的产品范围意味着更多的信息沟通、协调和管理难度的增加,也会提高管理的成本。

第五,针对性服务的可获得性。对于许多旅游者来说,分销渠道是一个获得信息、专业化意见和建议,以及提供旅游相关指导和服务的场所。分销商所能够提供的这些服务是否具有个性化或者说针对性,也是旅游者在渠道评价时的重要准则。

虽然以上五个方面都是旅游者所注重的渠道属性特征,但不同的旅游者对于这五个方面的关注程度存在差异,且不同的细分市场还会有一些具体的要求。旅游企业需针对自己的目标顾客群体进行渠道准则的相关调查,以便确定企业的分销渠道在哪个方面做到最好,以及选择哪种渠道中间商类型来达到自己的目标。启迪案例 10 - 1 展示了如何进行渠道准则评价的调查。

启迪案例 10 - 1 🔍 ·····························

某饭店的推广渠道需求调查

某新建饭店对其目标顾客群体进行渠道需求的调查。调查分为两步来进行。首先,企业选择有代表性的目标顾客群体进行了深度的访谈,从而确定了他们最关注的渠道的属性(即渠道准则)和他们相应的权重。

而后,他们通过问卷调查的方式,要求顾客按照这些属性对酒店常用的几种推广渠道类型进行了评价。问卷数据分析汇总成了表 10 - 1。表格中的 2～7 列是不同渠道的得分情况,每个渠道的最高总分为 100 分,各属性的最高分为 100×权重。

表 10 - 1 某饭店推广渠道调研结果分析

渠道准则描述	权重	预订电话	携程网	酒店的网站	航空公司	旅行社
便利性	0.20	20	19	16	15	14
等待时间	0.20	18	20	13	17	14
个性化建议	0.15	15	12	8	9	11
可选择性	0.15	13	15	10	9	10
购买的可调整性	0.10	8	7	7	7	6
价格优越性	0.20	15	16	15	14	14
合计	1.00	89	89	69	71	69

根据以上的调查结果,该酒店的顾客群体对于旅行社和酒店网站的评价相对比较低。因此,酒店在分销渠道选择时决定不自建网站,也不在旅行社里进行推广,注重与携程网的合作,并加强免费预订电话服务。

(三) 渠道习惯和渠道偏好分析

一般来说,我们认为消费者在购买特定类别商品时会有共同的或者相似的渠道偏好。因此,企业可以想方设法地了解消费者在对同类产品进行选购时最常用的渠道、最偏爱的渠道(即渠道偏好和习惯),从而为企业的渠道设计或者调整提供参考。表 10-2 是渠道习惯与偏好调查问卷中部分示例。

表 10-2 渠道习惯与偏好调查问卷示例

	我已经通过这个渠道购买	我还没有,但是有可能通过这个渠道购买	我绝对不会通过这个渠道购买	如果有这个渠道,会通过它来购买
销售代表				
旅行社				
会展公司				
专业订房网				
航空公司				
专业销售公司				
旅游代理				

从表 10-2 可以看出,渠道偏好和习惯分析比渠道准则的分析更加直观。我们在进行渠道偏好和习惯调查时,可不仅限于本企业产品现有的销售渠道类型,还可以引入竞争对手所采用的渠道类型,甚至可以引入一些新型的渠道,从而帮助我们拓宽渠道类型和中间商的选择范围,并且为渠道的创新提供思路。

三、渠道制约因素

旅游者对渠道的需求是设计渠道中的指导性因素,但渠道的结构设计还受到诸多其他因素的影响,包括产品因素、竞争因素、中间商企业自身因素,甚至还有一些外部政策环境因素等。旅游企业应该对这些因素进行评估,以便对渠道方案进行评估和修正。

(一) 产品因素的制约

产品因素对于渠道的制约作用主要通过旅游产品的类型和档次、旅游产品的生命周期、产品的订制化要求等方面体现出来。产品的类型可以从不同角度去划分,在当前旅游市场中常见的旅游产品可以分为观光产品、度假产品、探险体验型产品等。每种类型又可以被化分成不同的档次。由于产品的类型和档次直接影响他们所供给的目标市场的差异,因此对于渠道有直接的影响。观光旅游产品适应面较广,消费者较多,因此采用间接渠道比较适宜。而类似体验探险类的旅游产品,因为目标顾客群体比较小,则较多地采用直接的人员销售。

产品所处的生命周期阶段对于渠道也有重要的制约。一般来说,旅游新产品在市场知名度较小时,往往需要重点突破几个重要的中间商,采用较狭窄的分销渠道;而随着销售量的增长,就需要补充新的分销商以扩大消费者的接触面。进入衰退期时,则可能收缩分销渠道,只保留最有销售能力和获利能力最强的分销商或者渠道。

旅游产品的需求表现出较强的个性,也就是说旅游产品的订制化程度要求比较高,尤其是一些度假产品、体验产品。在这种情况下,生产企业要与消费者进行互动的交流,并保证企业对消费者的不同需求进行及时的响应。正因如此,旅游企业更依赖于较短的渠道。

此外,在许多时候旅游单项产品的销售取决于它们能够与其他产品组合成整体产品的能力。例如,一些景区附近的饭店的产品销售与景区的客流量有密切的关系。这就意味着,某些旅游单项产品必须选择与之有关联的单项产品相同的渠道去进行销售,以提高被选择的机会。

(二) 竞争因素的制约

竞争者的分销渠道对于企业的渠道选择也有重要的影响。他们对于企业的渠道影响应该一分为二地看待。在很多时候,由于顾客对于多样化选择的要求,使得竞争对手的产品需要出现在同样的渠道当中。这时,企业与竞争对手在渠道中就形成了一种合作的关系,有时甚至出现了竞争对手共建分销渠道的做法。例如,全球五个著名的连锁酒店集团希尔顿(Hilton)、凯悦(Hyatt)、万豪(Marriott)、六洲(SixContinents)和喜达屋(Starwood)联合起来成立了TravelWeb,该在线预订引擎将会提供最低在线房价,并且可以作为酒店房间批发的交换站。

另一方面,当竞争非常激烈时,避开竞争对手已经使用的分销渠道,另辟蹊径,往往能够给自己树立独特的形象,并争取更大的获利机会。例如,某景区发现自己接待的游客中,大学生人数占了很大的比重。因此,他们撇开在旅行社中与其他景点景区的竞争,直接到高校寻找学生代理,帮助销售景区产品,起到了很好的效果。

(三) 中间商的制约

旅游中间商性质、功能、交易成本、形象及经营的范围等因素对于企业分销渠道有着直接的制约作用。市场中现有的中间商的水平、性质、数量是否能够达到企业需求的标准,直接影响到渠道的建设,影响到中间商是否能承担分销的各种职能。同时,中间商直接面对顾客销售企业的产品,一定程度上关系到企业的形象。如果企业发现现有中间商在服务质量等方面不能达到要求,可能会被迫选择直接进行销售。

中间商的交易成本是影响渠道设计的重要因素。从根本上说,交易成本是信息收集、产品展示、顾客洽谈、市场监督等与产品销售相关的活动中所形成的成本。不同的分销渠道在销售过程中产生的交易成本是不同的。企业应该对交易成本进行分析,以帮助做出中间商类型的选择。

(四) 企业自身因素的制约

企业自身的资源、能力、条件和经营战略对渠道决策也有制约作用。首先,旅游企业的产品组合特征对于企业的分销渠道策略产生影响。比如,若旅游产品线较长、较深,就比较容易适应供应商的需要,采用的分销渠道可以较短。其次,企业自身的声誉、品牌影响力等直接影响到中间商的合作意愿以及企业在分销渠道中的控制力。例如,同样是主题公园,迪士尼乐园因为有很高的市场知名度和需求吸引力,因而对于旅行社组织的团队就没有太大的依赖感,不容易受制于中间商。相反,国内许多主题公园,因为本身市场号召力不够强,便需要依靠旅行社去打开市场,扩大市场影响,这就使企业在渠道中处于被动的状态。第三,企业的资源及战略对于分销渠道的选择也产生巨大的影响。目前国内许多饭店都感受到了中间商对自身利润产生了影响,但是由于直销或建设自有网站需要大量的资源、技术,因而没有办法建设自己的系统,仍然依赖于网络中间商的分销渠道。

四、渠道结构的确定

在几个关键要素分析的基础上,企业就可以对自己的渠道结构方案进行设计。渠道结构是渠道当中不同类型的成员数量和相互关系所形成的状态。渠道的结构取决于三个方面的因素:渠道的长度、宽度和多元化程度。

(一) 渠道的长度

渠道长度是渠道结构设计中首先要考虑的问题。所谓渠道的长度是指产品从供应商传递到最终消费者手中所需要经过的中间环节的多少,也称为渠道的层级。所经过的中间环节越多,渠道就越长。图 10-4 所示的是旅游产品达到消费者手中的不同路径和渠道的层级表现。当企业直接向消费者出售旅游产品时,中间不经过任何其他环节,被称为零阶渠道。当企业经由零售商向旅游者出售产品时,中间经过了一个环节,被称为一阶渠道。以此类推。由于零阶渠道没有经过中间商,因此被称为"直接分销渠道"。其他的渠道形式都被称为"间接分销渠道"。

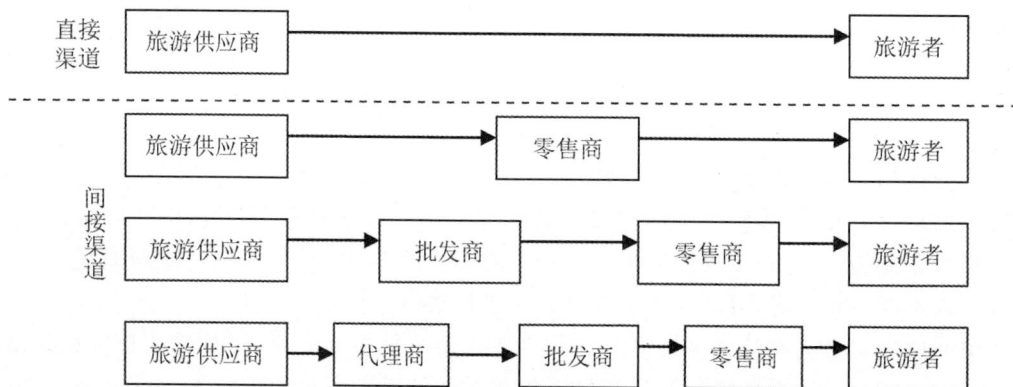

图 10-4　旅游渠道的层级

渠道的长短对于渠道的销售力、控制力、销售成本等方面都会产生不同程度的影响。表 10-3 中对长短渠道的几个方面的特点进行了比较和概括。首先,长渠道比短渠道更加容易形成广泛地市场覆盖,并且由于中间商之间的分工明确,能够充分形成专业化的优势。旅游产品的目标市场在地理范围上分布比较散,旅游企业要完全凭借自己的力量来完成销售往往比较困难。例如,本土酒店要吸引国际旅游者时,就难以直接进行销售。因此,旅游产品的分销渠道一般都会多多少少地借助中间商的力量。

其次,间接渠道比直接渠道流通成本更高。这主要是因为每个层次的中间商都需要有一定的利润或佣金,这就使得产品的产销之间的利润空间被分割成好几个部分,留给供应商的利润空间就比较小了。

再次,从与消费者的信息沟通来看,间接渠道使得供应商与消费者之间缺少直接的对话,因此信息的直接沟通比较少,或者说信息沟通和传递需更长的时间。由于旅游产品的设计、开发等活动都与消费者需求信息的了解和获知有着直接的关系,因此,许多的旅游企业都保留了自己直接向消费者销售产品的这种形式,以便保证与最终客户进行直接的对话。如饭店的总台销售、景点景区门口的门票销售点等。

最后,从控制性来看,采用直接渠道时企业对于渠道的控制力最强,因此在产品的价格稳定性、促销针对性和执行的有效性上最有保障。相对来说,渠道越长,企业对整个渠道的控制力就越弱。而且中间商的实力越强,企业对于中间商的依赖程度越大,企业在价格方面的话语权就越小。企业在确定渠道的层级,或选择直接渠道或间接渠道时要综合考虑以上方面的差异。

表 10-3　直接渠道与间接渠道的比较

	市场覆盖面	流通成本	与消费者的关系	渠道的控制力
直接渠道	狭窄	较低	紧密	强
间接渠道	广泛	较高	疏远	较弱

(二) 渠道的宽度

在明确了渠道的长短后,企业需要来选择同一层级中旅游中间商的数量,也即渠道的宽度。一般来说,企业在分销渠道的宽度决策中形成了三种主要的类型:密集型分销、独家分销和选择性分销。

1. 密集型分销

密集型分销是指在某个特定区域中选择尽可能多的中间商,保证旅游产品与旅游目标市场有最大的接触可能。密集型分销经常表现在企业拥有大量的零售商,并在目标客源地市场中拥有很高的"铺货率"(即产品最大可能地进入所有可能销售旅游产品的零售商)。密集型分销的最大优点在于可以极大地提高旅游产品在特定市场中的展露程度,提高消费者对旅游产品的知晓度,便于消费者的购买。然而,由于中间商数量众多,不免引起相互之间的竞争,也因此有可能造成对产品价格和促销失去了控制力,使得渠道的管理成本很高。此外,过度暴露的产品也可能很难树立高品质的形象。因此,密集型分销往往适合那些目标市场范围广、市场规模大的大众型的旅游地或旅游产品。

2. 独家分销

独家分销是指企业在某个特定市场区域内仅选择一家最适合的中间商销售其产品。独家分销能够鼓励中间商的积极性，能够充分降低渠道管理的难度和费用，并且能够对中间商的资格条件进行严格的审查和挑选。然而，独家分销意味着企业将该区域所有的产品销售都交付给一家中间商来经营，具有一定的风险。在多数情况下，企业倾向于限定独家分销企业的经营范围，并与中间商形成战略同盟关系。一般来说，独家分销适用于一些针对专门用户的特殊产品。例如某些游艇、高尔夫旅游产品，可能会通过选择俱乐部来进行独家分销。

3. 选择性分销

选择性分销是指企业在特定区域中只选择那些具有较强支付能力、丰富推销经验以及较高服务品质和品牌形象的旅游中间商来推销和销售自己的产品。它是介于密集型分销和独家分销之间的渠道形态。选择性分销在保证所需的展露频率和市场覆盖范围的同时，具有相对比较低的分销成本，以及相对较强的可控性。这种类型的分销渠道适合于一些具有一定品牌形象的产品，也适合一些新的旅游产品的生产企业。例如，一些新的旅游景点建成后，在其主要的目标市场，一般都会采用选择性分销渠道，借助当地最有影响力的旅行社来推广自己的产品，以保证在较低的分销成本情况下，获得比较好的市场效果。

（三）渠道的多元化程度

渠道结构中的另一个重要因素是渠道中包含的渠道类型的多少，即渠道的多元化程度。如果企业的所有产品都由自己直接销售，或者在不同的市场区域内都采用同样的间接销售渠道，就成为单一渠道。反之，如果企业根据不同区域的需求，分别采用不同的渠道形式去销售产品，就称为渠道的多元化。多元化渠道能够扩大产品的覆盖面，迎合不同区域市场的需求，使得销售更加灵活和有效。但是，多元化渠道比较容易形成各种渠道冲突，渠道的协调控制成本比较高。

在旅游业中，可以大量见到多元化的分销渠道。例如，景点景区大多针对散客采用直接销售，而对于团队旅游者则主要通过旅行社来进行销售，也有一些景点景区与酒店进行合作营销，通过酒店促销其产品。这显然是多元化的渠道。大量饭店也采用多元化的分销渠道，如启迪案例 10 - 2 所述。

当企业对渠道的以上三个方面进行了选择，并形成了若干个渠道结构方案之后，应该再次根据适应性、经济性、控制性和稳定性几个方面进行评估和比较，以做出最后的选择。

启迪案例 10 - 2

饭店重新设计分销渠道

君来华邑大酒店是华东某著名旅游城市的一家五星级酒店，该酒店地段优越，设施完善，服务优良，一直以来深受市场好评。经过几年经营，君来华邑大酒店已经形成了比较固定的销售模式，总台接待员针对走入的散客进行销售，饭店销售部主要针对本市的大的企业客户和政府部门进行营销和销售，饭店还自己建设了具有预订功能的网站，能够为在全国各地的潜在顾客提供预订服务。

此外，由于饭店定位在入境旅游客人和高端商务散客，因此饭店与本市几家国际旅行社签订了销售合同，通过它们来为酒店赢得国际游客。同时，还在本市机场的国际航班的到达厅里建立了一个客房销售代理点。

然而随着2012年底中央出台了"八项规定"，酒店迎来了前所未有的"政府退订潮"，导致酒店在2013年的营收出现了大幅度下滑。经历了一年的震荡以后，君来华邑大酒店的市场营销总监陈中奇决定在2014年开始重新设计酒店的分销渠道。

首先他仔细列举了酒店目前可以采用的销售渠道，刨去政府订单外，酒店目前还有旅行社等代理商、酒店品牌网站直销、电话预订、GDS（global distribution system，球分销系统）和OTA、移动终端APP等新兴渠道可供选择。到底该如何来设计酒店未来的分销渠道呢？陈中奇决定要做好以下四个方面的工作。

首先要分析顾客需要的服务产出水平。这一步酒店管理层必须清晰认识到自身酒店的定位。上面列举的这些不同的分销渠道分别能哪些客户？什么样的客户才是酒店未来真正的目标客户？通过这种方式来找出重点培育渠道选项。

其次要建立渠道目标和制约。一般来说，渠道目标的设计应适应大环境，酒店可依据对顾客需求的识别来细分市场，从而界定不同类型的分销商在执行酒店预定任务时的优势和劣势。有效的渠道计划要决定服务于什么市场细分和在各种情况下都能应用最好的渠道。例如，在政府会议接待萎缩的情况下，酒店的线下渠道应开始重点培育企业间合作，线上渠道应充分利用携程、去哪儿等OTA以及淘宝飞猪、移动终端APP等新兴渠道，同时，继续拓展酒店网站的自有直销渠道，打造合理的多元化渠道。

再次，识别主要的渠道选择方案。多元化的分销渠道的管理工作是一项挑战，酒店管理层肯定希望每种渠道都能准确地达到各自不同的细分市场，同时还要满足客房分配成本的最小化。当这一切不能够如愿的时候，渠道之间会产生冲突，甚至会增加酒店运营成本。要解决这个矛盾，酒店营销人员必须根据酒店运营数据，分析出三个维度的指标：适合本酒店的分销商类型、所需的分销商数目和每个渠道成员的条件及其相互责任。有时候，由于酒店运营成本、渠道商过于霸道或其他困难，酒店无法利用主渠道，不妨选择较为温和的渠道商或非常规渠道（例如微博、微信、酒店管家、短租、last-minute等新兴渠道），其优点是，在酒店最初进入这些新兴渠道时，酒店遭遇的市场竞争程度较低，同时这些渠道有较强的发展趋势。

最后，对主要的渠道方案进行评估。酒店要用经济性、可控性和适应性这三个标准来对渠道进行评估。每种营销渠道都会导致不同的销量和成本，这就要求酒店营销团队时常关注渠道数据，并汇总分析，比较发现较为方便的低成本渠道，然后可通过奖励等形式引导顾客转变到低成本渠道上（比如运用客户积分制度，估计常客从OTA预订向官网预订转变）。就如同万豪、希尔顿等外资品牌酒店一样，能在不减少销量或降低服务质量的前提下，成功使得越来越多的顾客转向官网预订，从而获得渠道优势。

按照这样的思路，陈中奇决定重新做一份君来华邑大酒店分销渠道设计分析报告，并递交酒店总经理，希望能在之后的经营分析会上得到整个酒店高管团队的同意。

第四节 分销渠道的实施和管理

分销渠道设计完成后,企业则要面临分销渠道的建设实施和管理工作,以保证分销渠道的工作效率能够达到预期的设计目标。这个管理过程主要从渠道成员的选择和职责界定、渠道成员的评估和激励、渠道冲突与管理,以及渠道的调整与变革几个方面进行。

一、渠道成员的选择和职责界定

(一) 中间商选择的标准

选择合适的中间商并确定他们在渠道中的具体职责是分销渠道建设的第一步工作。旅游企业要根据分销渠道设计的方案,以及该方案对于中间商数量和所要达到的任务目标来确定中间商的选择标准。一般来说,在选择中间商时应该综合考虑中间商的能力、信用与声望、发展状况和发展态势,以及资金条件等各方面的因素。

能力主要指中间商的市场推广能力和销售能力。可以通过中间商的销售人员的数量和素质、他们在一定时期内销售的其他产品的业绩来进行判断。例如,考察旅行社的销售能力,可以根据他们一年内的组团接待人次数来进行判断。

信用与声望是中间商在经营过程中与其他企业的合作信誉,对旅游者服务质量,以及在业内所形成的形象和声誉。我们可以通过一些行业内的评比以及中间商所获得的荣誉等方面来加以判断。例如,全国百强旅行社等。

发展状况和发展态势是中间商发展的历史背景、现在的发展阶段以及未来的发展潜力。由于分销渠道的发展性与旅游企业的发展性密切相关,因此在选择中间商时,要注意评价中间商持续发展的可能性。

中间商的资金等条件,影响到中间商对企业的偿付能力和风险承担的能力,也会对旅游企业的经营产生影响。因此也是中间商选择的重要标准之一。

当然,要找到各方面都非常突出的中间商也是一个非常困难的任务。旅游企业在选择中间商的时候应该根据自己渠道的策略和中间商所扮演的角色,对以上标准的具体要求进行调整。例如,在密集型分销中,对于零售商要求要比独家经销时低一些。

应该注意的是,与中间商的合作是一个双向选择的过程,中间商对于企业也有选择的权利。一般来说,中间商也倾向于选择实力雄厚、有品牌有影响的旅游企业。这意味着旅游企业要想获得优质的中间商,就必须提高自己的吸引力。如果自身的影响力不足的话,就需要通过优惠的合作条件、良好的服务和价格让利等方式来提高吸引力。

(二) 渠道成员的职责界定

在建设渠道时,就明确界定不同成员的职责是实现对渠道有效控制的一个重要环节。渠道成员的职责界定包括明确说明不同中间商所服务的市场范围、在整个渠道中所扮演的角色和承担的主要功能,以及渠道成员具体的权利和义务。例如销售强度、绩效与覆盖率、平均存货水平、对客服务水平、服务补救与赔偿的处理方法以及对企业促销与训练方案的合作程度等。渠道成员的职责界定往往通过协议或者合约的形式来进行双方的沟通和确认。

二、渠道成员的评估和激励

根据安妮·T.科兰等的观点,赏罚权是渠道权力产生的重要类型。生产企业通过合理的赏罚能够提高对于渠道的控制力,也能够提高渠道的工作效率。因而评估和激励渠道成员,是企业分销渠道管理中的重要内容。

(一)渠道成员评估

通常所说的成员评估主要指对渠道成员的绩效或业绩进行定期的评价。渠道成员的绩效或业绩最直观的表现是他们的销售量。然而,直接用中间商的绝对销售额来评定他们的努力程度和业绩是有失公允的。因为不同的中间商面临的市场环境因素和变化有所差异。比较合理的评价方法有两种。

第一,评估中间商的销售额达成率,而非绝对的销售额。企业应该通过调查了解不同区域的销售潜力,并定期为中间商发布销售配额,即应该达到的销售额目标。在销售期过后,将中间商的实际绩效与其销售配额相比较,确定目标的达成程度。

第二,将每一中间商的销售绩效与上期的绩效进行比较,评定其销售额的提升速度与整个销售额的提升速度的差异,高于平均速度的为绩效良好。当然,这一方法必须充分考虑不同区域经济变动和消费需求变化,对于那些因整体市场环境变化所导致的销售绩效降低的中间商,要充分理解,避免绝对化的倾向。

如果要更加全面而负责任地评估分销渠道成员的表现,除了销售量之外,还应该充分考虑销售量背后的成本因素。例如,同样市场区域中的两个零售商 A 和 B,他们的销售额相同,但是 A 的大量销售量发生在企业进行大力促销期间,而 B 的销售额则主要发生在非促销期间。这样,同样的销售量,A 中间商的单位销售额的成本就比 B 要高,给企业带来的利润就比 B 企业要低。

除了业绩之外,企业还应该考虑渠道成员在合作性、开拓性等其他方面的表现:如中间商是否能够按照企业所确定的价格策略进行销售、是否能有力的执行企业的促销计划、是否愿意保持比较高水平的存货、能否在新产品推广等方面给予较大的支持等。

(二)激励

中间商并不总能保持旺盛的销售热情和市场开拓的动力,在其销售过程中也经常会出现这样那样的问题,例如,不重视某产品的销售、不认真分发宣传资料、不认真了解产品的信息、无法给顾客提供充分的帮助、不及时将市场信息提供给供应商等。这就需要旅游企业充分重视对中间商的优惠和奖励政策,采取妥善而有力的奖励措施。如启迪案例 10-3 所述。

对中间商进行激励的手段丰富多彩,总体上来说可以分为物质激励和精神激励两种类型。物质奖励主要是通过对完成或者超额完成目标的中间商进行返利、给予更低的价格折扣、提供奖励旅游、免费赠送某些产品、提供额外的市场促销经费等手段来实现。精神激励则可以通过中间商的排序和评级、挂牌、延长合作时间等方法来实现。

启迪案例 10-3 🔍

山西重修旅游奖励政策

为尽快把山西省建设为文化旅游强省,把旅游业培育成战略性支柱产业,山西省在2017年10月中旬颁布了新修订的旅游奖励政策,对"引客游晋"旅行社进行奖励。

政策对"引客游晋"旅行社的奖励分为接待累积奖、大宗旅游奖、百强旅行社奖3类。接待累积奖方面,一年累积接待境外过夜游客200人以上的,每人每晚奖励30元;一年累积接待外省过夜游客3000人以上的,每人每晚奖励10元;组织山西人游山西过夜游客一年累积3000人以上的,每人每晚奖励3元。大宗旅游奖有包机奖、专列奖、大型团队奖等。百强旅行社奖是指,山西省旅行社首次进入全国百强旅行社的,一次性奖励100万元。

该政策自实施以来,有效刺激了山西省旅游地接市场,拉动了旅行社地接业务,增强其搞活市场、提升旅游基础服务的主动性,有关旅行社积极拓展对外联络渠道,在地接业务接待方面主动性明显高涨。

(资料来源:http://www.cnta.gov.cn/xxfb/jdxwnew2/201710/t20171011_842184.shtml)

在制定奖励制度和政策时,企业必须根据中间商的心理特点和需求特征来选择恰当的激励时机和激励手段,要避免激励过度或激励不足的两种情况。当生产者给予中间商的优惠条件超过其合作与努力水平所需付出的成本时,就会出现激励过度的情况,其结果就是产品销售量提高,但利润反而下降。反之,如果当生产者给予中间商的条件过于苛刻,以致中间商大量努力后仍然无法获得奖励,中间商则往往选择放弃努力,这样便出现激励不足。其结果是销售量下降,利润也减少。所以,生产者必须确定应花费多少力量以及花费何种力量,来鼓励中间商。

此外,激励制度还应该做到公正和透明,并且应该严格地执行,否则再周详的激励制度设计也会失效。

三、渠道冲突与管理

渠道冲突是组成分销渠道的各成员、组织之间的一种矛盾、不和谐的状态。渠道冲突是渠道中的一种正常状态,或者说是不可避免的现象,它们在某些时候对于渠道产生不良影响,某些时候却是渠道发展所必需的力量。对于渠道冲突的有效管理要求企业能够充分理解渠道冲突的主要来源,分清渠道冲突的不同类型,衡量和评价渠道冲突的程度,并采取合理措施来解决和驾驭冲突。

(一)渠道冲突的来源

渠道冲突的产生绝大部分是由于渠道成员在以下几个方面的差异性。第一,目标不兼容。每位渠道成员的目标体系都与其他成员不同,这种差异在所有的行业、所有的渠道当中都是存在的。因而目标差异所带来的冲突存在于生产商和供应商之间,也存在于不同的中间商之间。一个典型的例子是供应商和中间商都追求利润的最大化,为了达到这个目的,供应商倾向于给中间商更高的价格、更多的销售任务和更低的津贴。相反,中间商则期望从供应商那里获得更低的价格,获得更多的销售支持,保持更少的库存。这样一来,二者之间的矛盾冲突便很难避免。

第二,对现实的理解不同。每个中间商以及生产企业对于产品的认识、对于目标市场的需求特征和竞争的关键因素等都有自己的认识,并会依赖这些认识去指导他们的一些行为。然而,由于在渠道当中所处的位置和所承担的功能的不同,他们往往很少关注整个价值链,而是关注到某个片段。这样一来,差异便不可避免。当中间商和生产企业所处的文化环境和市场环境不同时,这种差异更加被放大。

第三,职责冲突。每个渠道成员都有自己的职责或者业务活动。当一个渠道成员对自己的领域工作没有很好地完成,或者试图介入其他中间商的领域时,冲突就不可避免。举例来说,在为了加深对市场的理解而需要进行市场调研时,供应商和中间商都倾向于认为这是对方的职责领域。当旅游产品出现问题、顾客出现投诉时,中间商通常认为这是生产企业的问题,应该由生产企业进行补救或补偿,生产企业则产生相反的认识。

第四,市场范围冲突。产生渠道冲突的另一个重要原因是渠道成员为了同样的业务、同样的顾客展开竞争。虽然有不少的企业在设计分销渠道时,尽可能清晰地界定各自的市场范围,从而形成一种排他性,然而仍然存在一些自然或者人为的越区销售行为(俗称"窜货")。这时,成员之间往往很难达相互理解。这种冲突在多元化的渠道当中更加常见,因为在多元的渠道当中,企业进入一个市场的途径往往有多个。

(二)渠道冲突的类型

根据渠道中发生冲突的双方的关系和地位的不同,渠道冲突可以被分成垂直渠道冲突、水平渠道冲突和交叉渠道冲突三种类型。

垂直渠道冲突通常发生在同一条渠道的不同层级的中间商之间。例如旅游企业和批发商的冲突、批发商与零售商之间的冲突等。垂直渠道冲突的最常见表现是双方对于价格的争议和对于成本的分担。

水平渠道冲突是指存在于渠道同一层级的成员之间的冲突。水平渠道冲突的经常表现是顾客争夺和区域价格的差异所形成的竞争。

交叉渠道冲突则是不同渠道、不同层次的渠道成员之间所产生的冲突。他们相互之间的冲突表现更加复杂和多样化。当另一渠道成员进行价格调整或某种市场行为影响了另一个渠道成员的利益时,这种矛盾冲突就发生了。

(三)渠道冲突程度的评估

虽然渠道冲突都表现了渠道中的矛盾,然而并非所有的渠道冲突都具有破坏性,甚至有些冲突是具有建设性的。那么如何对渠道冲突采取正确的措施,需要我们首先对渠道冲突的程度和性质进行评定。企业可以通过对渠道中四方面信息的收集,确定整个渠道冲突的程度。

第一,渠道中不同渠道成员需要面对的共同问题的数量。例如,存货、销售人员规模、广告投入、销售补贴、售后服务等。

第二,重要性。即以上共同的问题对于中间商而言的重要性程度。这可以通过直接询问中间商来获得。

第三,意见不一致的频率。即中间商相互之间在这些共同问题上产生分歧的频率,并了解意见不一致的原因。

第四,分歧的强度。分歧的双方对于这个问题的认识的差距有多大。

如果在一个渠道中观点的不同很少发生、争论的问题不重要或者双方在问题上的分歧并不严重,那么冲突的程度就并不严重。并且,如果渠道成员的冲突并没有导致他们的对立,或者损害他们之间的合作关系,而是利于他们更经常和有效的交流,利于反省和评价他们的行为,并敦促供应商设计和实施更加公平的激励方案或分配方案,那么这种冲突就属于功能性冲突。

(四) 渠道冲突的控制和解决

当渠道中的冲突产生了破坏性作用,阻碍了渠道整体利益的实现时,企业需要视具体情况在矛盾冲突产生的不同阶段采用适当的措施对冲突进行管理,从而减轻渠道冲突的不良影响。

在渠道中建立早期冲突的控制机制有助于减少或降低冲突发生的可能性。信息共享机制有利于减少因为沟通不畅引起的误解或观点冲突,是一种比较有效的前期控制机制。信息共享可以通过建设共有信息平台,确定中间商联系人制度,或者将人员互换作为一种常规的制度,以促使渠道成员能够充分理解其他成员的职责和困难。此外,在有关渠道的整体利益的关键问题和决策中,引入合议制度,能够使渠道成员相互间更容易接近,也使制定的策略更加容易获得支持。

当冲突处于显性状态时,企业和中间商可以采用协商、调解和仲裁三种方式进行解决。协商是矛盾冲突的双方进行正面的磋商,求得理解,避免冲突的尖锐化。调解是引入第三方,根据双方不同的利益要求,对双方进行调停。仲裁则是矛盾双方将纠纷交由第三方裁定,双方都接受第三方的裁决。

此外,生产商还可运用激励的手段,引导中间商共同提高销售或者开拓市场,并因此达成相互之间的合作,或者搁置相互之间的争议。这种类型的解决办法往往更具有创造性。

四、渠道的调整与变革

当渠道矛盾冲突频发,或渠道的管理成本或销售成本居高不下,制约了企业的盈利能力及整个价值链的价值实现时,原有渠道的合理性就值得质疑了。这时,我们需要对渠道进行调整和变革。

渠道的调整有两个不同的层面。较浅层面的渠道调整通过对渠道成员进行更换、删减、增加等措施来实现。这种调整不改变或较小幅度地改变渠道的结构。这种措施主要是针对渠道当中某些非关键性渠道成员无法有效执行渠道职责,并频频引起争端的行为而制定的。

深层次的渠道调整则是对整个渠道的结构进行改变,改变企业在渠道中的作用和地位,也改变渠道成员之间的相互关系。由于深层次的渠道调整具有较大的革新性,因此也可成为渠道变革。从目前国内旅游企业的发展趋势来看,旅游分销渠道的变革主要有以下两个值得关注的态势。

(一) 渠道扁平和多元化

旅游市场的竞争激烈使得市场进入微利状态,旅游企业更加需要减少中间环节,以保证自己的利润。为此,不少企业开始重新重视直接销售。如启迪案例 10-4 所述。

启迪案例 10-4 🔍 ··

对抗 OTA,国内酒店集团将直销进行到底

随着旅游电子商务的发展,中国的 OTA 开始崛起,并改变了酒店销售渠道原有的格局,无论是单体酒店还是连锁酒店都会寻求 OTA 导流,OTA 由于掌控了巨大的流量因而在面对酒店时逐渐掌控了主动权,众多酒店集团纷纷开始自建直销体系,寻求逃脱。

2016 年 12 月,"铂涛旅行"APP2.0 上线,消费者可通过铂涛旅行 APP 预订铂涛、锦江、维也纳三大集团旗下 32 个酒店品牌,覆盖全球 4500 多家酒店,总房量超过 45 万间。华住集团也在同期宣布全面发起"手机订房低价保证"活动,并承诺"差价双倍赔付",以确保会员通过官方 APP 和微信预订华住旗下酒店将获得最优的价格。这也是国内酒店集团首次推出类似的差价赔付承诺。

此外,部分体量偏小的酒店集团也开始抱团取暖建立直销体系。2015 年,君澜、岷山、格兰云天、书香等四家中高端酒店集团结成同盟,形成了一个拥有 150 家高端酒店,客房数 3 万间,覆盖中国主要商务和旅游目的地城市,会员总量达 500 万的联盟体。四家酒店集团负责人表示,建立属于自己的订房直销体系已经迫在眉睫。

而国外,诸如万豪、希尔顿、雅高等酒店集团也通过各种手段促进直销比例。雅高酒店之前收购了酒店技术服务商 FastBooking,他们希望提升自己的线上销售和营销技术能力,从而减少对 OTA 的依赖。

OTA 为酒店带来新顾客,酒店会员体系带来老顾客。OTA 和酒店对于需求市场的划分和功能定位注定了两者之间既相互竞争又相互补充,这也是如家、华住等巨头纷纷表示,在流量获取上会采取多种途径和方式的原因。酒店和 OTA 之间更像是"相爱相杀"的关系,谁都不能独吞需求市场,又都想掌握主导权,都想成为"甲方",这种争夺战应该会持续下去,成为一个此消彼长的过程。

要说明的是,酒店直销渠道模式创新,不仅是为了对抗 OTA,酒店间相互存在的竞争因素依然不可忽视。自从有了市场经济和商品间的交换,直销和分销的模式就随之出现了,直销和分销渠道的并存,正是市场中商品间交换的结果。我们不应把酒店直销模式的创新总是与对抗 OTA 等同起来,而是应该理性地看待这一问题。无论是直销渠道创新也好,还是酒店间"抱团取暖",组建直销联盟也罢,都不应该以摒弃分销渠道为目的,因为分销渠道的存在也是市场经济的需求。无论是经销商,还是代理商,都应看作是与酒店有着唇亡齿寒关系的商业伙伴。只有公平竞争、和平相处,才能营造双赢的局面,避免不必要的两败俱伤。

(资料来源:http://info.meadin.com/Industry/138827_1.shtml)

（二）战略联盟和纵向一体化

传统的分销渠道是相互独立的实体组成，渠道成员之间的关系是一种分割、分离的关系。正是这种分割造成了相互之间的冲突和摩擦，影响整体利益。企业和中间商之间形成战略联盟，将不同成员通过协议等手段更加紧密的联系在一起。这种战略联盟并非都由生产商来主导和支配。与国美、苏宁等超级大卖场相似的，在旅游行业中也有强有力的超级零售商，他们能够对整个价值链施加影响力，甚至主导价值创造。

纵向一体化是旅游企业或中间商整合上下游企业，从而实现生产与销售一体化的战略模式。纵向一体化的战略中，生产企业和销售企业的关系更加的紧密，他们的价值实现更加捆绑在一起。中国最大的旅游集团——首旅集团，就将酒店、景点景区、旅游租赁等生产企业与旅行社捆绑在一起。启迪案例 10-5 展示的是强势中间商向上游整合，实施一体化战略的例子。

启迪案例 10-5

OTA 向上游景区伸手

同程旅游网已经成立一家景区托管公司，此举意味着在线旅游企业已正式介入景区经营。

2015 年 11 月，同程旅游网 CEO 吴志祥在参加某论坛时透露，同程旅游网已经成立一家景区托管公司。此举意味着在线旅游企业已正式介入景区经营。这一新动向一方面说明线上线下实现了深度融合，另一方面则体现"旅游＋"互联网大趋势所带来的机遇。

2015 年，同程旅游网进军景区经营的力度颇大，专门设立了一个景区托管公司，目前已经和 100 多个景点景区签订了托管协议，其中，5A 景区 2 家，4A 景区 18 家，国家级旅游度假区 1 个，省级景区 3 个。

同程旅游网对景区的托管形式有两种：一种是营销权托管，比如河北京娘湖景区，另一种是承包权托管。除了在线上进行散客门票、团队门票、园区收费交通票等销售外，同程旅游还利用线上多种渠道的影响力，开展会员日等多种促销活动，帮助提升景区客流量和二次消费收入。

景域集团近来也是动作频频，2015 年 6 月 26 日，其获得中国苗王城 40 年特许经营权，这也是继湖州长兴图影湿地、南京高淳国际慢城后，景域集团签署特许经营权的第 3 家景区。

根据协议，景域集团旗下驴妈妈旅游网特许经营苗王城景区（4A 级景区）全部景区项目。景域集团将对景区进行全面升级改造，规划设计升级、品牌形象升级、投资运营升级、服务管理升级，在 5 年内把苗王城打造成国内外知名 5A 级旅游景区，成为铜仁市及武陵山区新模式标杆景区。

同程和驴妈妈之所以要介入景区运营，或许源于他们希望深度掌握资源。在业内人士看来，未来景区会从产品互联网化向产业互联网化过渡，景区将成为多产业融合和跨界的自然平台，成为商家互动的高级终端，因而各大旅游商都非常重视景区资源。

吴志祥表示，和景区的深度合作不仅是基于构造线上线下完整的 O2O 旅游产业链的需求，更是由于今年同程旅游网响应国家"互联网＋旅游"的政策，在全国范围内推动

"互联网＋目的地"的落地战略。合作达成后,同程旅游网将利用线上平台＋线下渠道等全方位的影响力,在智慧旅游建设、大数据共享、目的地品牌营销、景区运营托管、电子商务培训等方面帮助景区提升品牌影响力,抓住"互联网＋"时代的发展机遇。

景域集团董事长、驴妈妈旅游网创始人洪清华认为,旅游产业未来的 3 万亿元红利很大一部分入口在景区,O2O 升级时代,景区主导进程,呈现出"景区＋X"的多元化趋势。

未来在线旅游的"巨无霸",一定要拥有从单纯以渠道(或者说平台)能力为核心竞争力过渡到集资源控制力、渠道建立能力和目的地综合服务能力于一身的综合竞争力。在产品销售端与互联网深度融合的同时,景域集团也分别在"景区运营＋互联网"和"景区资本运作＋互联网"等方面进行实践。

（资料来源：http：//www.traveldaily.cn/article/96753）

本章小结

关键术语

分销渠道　旅游批发商　旅游零售商　旅游经销商　旅游代理商　OTA　渠道设计　渠道结构

内容提要

分销渠道在信息、促销、风险承担和物流等方面所发挥的作用,使其日渐成为影响营销成败的关键环节。所谓的分销渠道是链接企业和其顾客的路径,是产品从生产企业转移到消费者手中所经历的所有的个人和组织所构成的链条或网络。这些个人和组织因承担的作用不同,可分为批发商和零售商,或者经销商和代理商。

分销渠道的设计需要充分考虑旅游者对渠道的产出需求和目标顾客群体对于渠道的偏好。此外,还应该重视产品特性、竞争因素、中间商特性和企业自身因素对渠道的限制和制约作用。渠道设计决策要求企业确定和权衡渠道的长短、渠道的宽窄和渠道的多元化程度。合理的分销渠道应该具有适应性、经济性、可控性、稳定和发展性。

选择渠道成员,并明确界定他们的职责是分销渠道实施的重要环节。通常,在评估渠道成员的适合性时,要充分了解他们的能力、声誉、发展状况和资源条件。评估和激励是保证渠道成员的积极态度和整体渠道运营效果的重要手段。评估和激励都应该形成制度化,这种制度的设计应该充分考虑渠道成员的心理特点。

渠道冲突是渠道成员间矛盾、不和谐的表现,也是渠道中的一种常态。冲突可以分为垂直渠道冲突、水平渠道冲突和交叉渠道冲突。对于渠道冲突企业应该通过建立早期的预防控制机制、冲突中的协调排解机制来进行有效的管理。但当冲突升级或频发时,企业需要通过渠道的调整或者变革来改善这种局面。旅游业中渠道的发展趋势或调整方向主要表现在渠道的扁平和多元化,以及渠道的战略联盟和纵向一体化两个方面。

✎ **课后练习**

1. 选定一家旅游饭店,为它设计一个分销渠道方案;而后对该饭店进行实地调查,对比它的实际分销渠道与自己设计方案的差异,并思考其原因。

2. 走访一家景区,了解其销售活动是如何展开的。

3. 在"互联网+"时代背景下,你认为旅游分销渠道会出现一些什么样的新变化?

🔍 **案例讨论和延伸思考**

"旅游+新零售"该如何做?

你听说过"盒马鲜生"吗?这是一家专注于"吃"的全品类新零售电商平台,通俗地说,这是一家"未来超市",和市场上的其他传统连锁卖场、精品超市、生鲜电商等不同,盒马鲜生构建了"生鲜食品超市+餐饮+电商+物流配送"多业态融合体,被誉为是"新零售"代表,自2016年1月在上海推出首家门店以来,一直饱受业内关注和好评。

2017年9月初,中青旅遨游旅行宣布其首个新零售门店正式落户北京十里堡盒马鲜生超市所在的朝阳路新城市广场地下一层,并对后者较大的进出客流量寄予厚望。但记者连续两次实地走访发现,该门店冷清,有时还会处于无人管理的状态,大多时间成为超市顾客临时休息处。业内人士分析称,中青旅遨游旅行"傍"盒马鲜生主要是看中了新零售风口,同时盒马鲜生的用户群体也是中青旅遨游旅行的目标客群资源。但是,新零售多集中在鲜生和快消品方面,旅游属于相对低频消费,两者的差异化以及如何相互借力等问题待解决。

OTA平台同质化竞争不断,流量获取越来越难。许多OTA纷纷试水线下门店,"旅游新零售"的概念呼之欲出。中青旅遨游旅行也快速傍上"新零售"。中青旅遨游旅行盒马鲜生店位于超市主电梯口,几乎整个超市的进出客流量都要经过此家门店。不过,记者分别选择在周末和平日时段实地走访发现,盒马鲜生超市人气旺盛,但真正停留在门店咨询产品的顾客寥寥无几,门店布局与普通旅行社门店布局类似,配有桌椅、电脑和宣传手册,但门店时而处于无人管理的空闲状态。

开店之初,客流高于一般商超的盒马鲜生曾让中青旅遨游对线上线下转化颇有信心。中青旅遨游首席销售官韩杰曾对媒体表示,"目前无论是线上还是线下,获客成本都在持续攀升,如何吸引消费者也是决定零售业是否盈利的重要环节,希望能够借助盒马鲜生的高流量来减少获客成本,使得门店能够获得更好的利润"。与此同时,盒马鲜生年轻、有消费能力的中产阶级也是中青旅遨游旅行的目标客群资源。显然中青旅遨游旅行的逻辑是通过盒马鲜生与中青旅两种业态的融合,去导流更具消费能力的顾客。

同时,依靠新零售模式吸引大批消费者的盒马鲜生,让中青旅对"旅游新零售"野心勃勃。2016年马云提出了以线下与线上零售深度结合为特点的"新零售"模式是新的风口,比如无人超市、盒马鲜生等。中青旅遨游旅行盒马鲜生店在开业之初称是旅游行业在新零售模式中的一次试水,看中的是盒马鲜生的新零售模式发展,也是看中了在这样一个创新的模式下,将旅游门店进行新零售化的一个机遇。韩杰表示,中青旅线上和线下平台已经实现了资源整合,门店能够为用户提供价格透明的优质产品和高品质服务。与传统旅行社门店和OTA的线下门店相比,中青旅"线上+线下"的模式,可以让用户获取信息和选购产品时有更加立体化的体验。

实际上,旅行社门店开在超市已经不是新鲜事,早在2011年,中青旅与沃尔玛合作,门店开进超市;北京爱嘉途旅游网在家乐福、沃尔玛等超市内建立门店,经营模式为旅游超市。除此以外,随着线上流量的红利进入增长缓慢阶段,过去两三年,携程、同程、途牛、驴妈妈等都进行了线下门店布局,希望实现线上线下互相导流互补,用户到店可以感受场景化的体验,线下获客,线上交易。

有业内人士姜女士表示,新零售说白了是线上线下各自发挥优势,形成合力,代替传统零售的一种方式。线上旅行社做线下门店还不能完全叫作新零售,有些线下门店的用户、产品甚至服务流程上都没有太多差别,销售、咨询是主要的功能。其实,不再盲目追求线上流量,在线下寻找客源和入口是不错的选择,但是在这个过程中,企业应该充分利用不同渠道的优势去做服务组合,比如说电商渠道的优势在营销效率,而实体渠道的优势在于客户体验,为消费者提供一个整合性的用户体验。

姜女士认为线下门店成本也不低,需要富有经验的旅游销售人员来介绍产品,其次现在门店的装修风格也应趋于年轻、时尚,具有吸引力;当然很重要的一点是门店要有一些特别的线路和产品来触动消费者。这些都是旅游门店应该具备的东西,如果中青旅遨游旅行这一门店不加强体验,仅靠傍上盒马鲜生,恐难以分享"新零售"红利。

问题:

1. 中青旅遨游旅行为什么会选择在"盒马鲜生"这个超市内开设旅行社门店?

2. 中青旅这次新零售尝试并没有取得预期成果,你觉得主要症结在哪里?

3. 如果OTA向线下渠道拓展,你认为应该要做好哪些方面的工作?

第十一章
营销传播与沟通

引导案例及开篇思考

米尔顿·科特勒在谈到旅游营销时曾感慨"世界上只有中国一个国家在等待旅游者前来发现自己"。我们总说"酒香不怕巷子深",认为只要资源出众,就不怕旅游者不来! 对每一个旅游地或旅游企业来说,总有游客会"寻寻觅觅"过来,问题是,这个"寻觅"的过程需要多久? 想要缩短这个过程,唯一的答案就是大胆地"毛遂自荐"——积极地去开展营销传播。那么一个旅游企业应该采取什么样的方式来开展营销传播? 请看下面案例。

长隆如何玩转娱乐营销

在广州长隆野生动物世界的"东非草原"区有五栋小木屋,这里就是当年拍摄《爸爸去哪儿》电影时,五位爸爸和孩子们住过的小木屋。如今,每座木屋上都清晰地标注着这是当年谁住过的。当游客乘坐着观光小火车经过这里时,导游就会特别地介绍这几栋木屋的故事,引起小朋友们的特别关注。这个长隆野生动物园仅仅是长隆集团旗下主题乐园板块的五大乐园之一。

1989 年,创立的广州长隆集团目前拥有广州长隆旅游度假区和珠海长隆海洋度假区两大综合性的度假项目。依托广州与珠海两大项目,长隆集团成功地占据了粤港澳地区旅游的龙头地位。

在长隆集团市场部总经理熊晓杰看来,主题乐园和传统景区最大的不同就是,主题乐园必须要不断地推陈出新,不断地推出新项目和新活动,才可以维持客流的稳定,才可以保持主题乐园的活力。

相比于传统的旅游景点,国内的主题乐园在营销上也是更舍得"砸钱",长隆在营销上也是坚持"高举高打"的策略,除了多年来一直坚持在央视、凤凰卫视投放电视广告,其与顶级电视媒体和顶级的电视节目的强强联手,成为拉动长隆品牌效应的利器,而娱乐营销也成为长隆最擅长的营销手段。

最近几年,综艺异常火爆,优秀的娱乐综艺节目这一快车,已成为当下真正的稀缺资源。长隆借助娱乐因素做品牌推广并非满足于一个简单的冠名与赞助,而是打破传统思维,深度挖掘娱乐节目的广告价值。2012 年,浙江卫视的《中国好声音》成为当年最受欢迎的电视综艺节目,长隆集团抓住这个机遇与浙江卫视合作,在长隆欢乐世界推出 11 场巡演,这是《中国好声音》学员第一次在国内巡演,引起巨大的反响。

2013 年湖南卫视的亲子真人秀节目《爸爸去哪儿》异军突起,长隆集团又抓住机遇,与湖南卫视合作,拍摄贺岁片《爸爸去哪儿》的电影,全程在长隆野生动物世界取景,这部票房飘红的电影无意中变成了长隆的长版定制广告。长隆野生动物园将动物园实景与电影情节完美的融合起来,成就了大电影独一无二的剧情看点,也开拓了长隆原生广告的新平台。

2014 年长隆集团更进一步,与湖南卫视合作拍摄了国内第一档原创动物真人秀节目《奇妙的朋友》,李宇春、倪妮、胡杏儿等明星参与节目,这款真人秀节目可谓是为长隆野生动物园量身打造,真正实现了长隆与娱乐节目的高度融合。在开播最初的一周时间内,"长隆野生动物园"在百度搜索引擎上的周平均搜索达到了 9077 次的历史巅峰。

2015 年最火的综艺节目《奔跑吧,兄弟》也来到了长隆,2016 年浙江卫视的《挑战者联盟》和 2017 浙江卫视的《高能少年团》以及央视的《音乐大师课》也选择在长隆录制节目,长隆品牌得到持续曝光。

品牌营销的结果,就是让广州长隆旅游度假区成为热门的旅游目的地,让这个诞生不过 28 年的主题乐园在 2016 年吸引的游客数量达 2736.2 万人次,远超故宫、长城这样的经典景区,从而创造了"长隆奇迹"。

(资料来源:案例改编自 http://www.sohu.com/a/168423073 - 748672)

❓ 思考

1. 什么是娱乐营销?长隆集团为什么会选择娱乐营销?

2. 长隆主题乐园除了娱乐营销之外,还可以采取哪些促销方式?

3. 收集资料,试比较迪士尼、方特以及长隆三大主题乐园品牌在旅游营销手段上有哪些不同?

第一节 旅游促销概述

一、旅游促销的概念与作用

(一) 旅游促销的概念

在了解如何来开展旅游促销之前,我们首先要明白有关"旅游促销"的概念。一般来说,旅游促销是指旅游营销者通过各类媒介向潜在和现实的旅游者传递有关旅游企业或旅游地有关产品和服务信息,促使其购买相关旅游产品的活动过程。从这个概念中我们可以发现旅游促销从本质上来说是一种说服和沟通活动,是营销者和旅游产品潜在购买者之间的信息沟通。旅游营销者有意识地安排信息、选择渠道媒介,以便对特定的沟通对象的行为和态度进行有效的影响。当然帮助营销者和旅游者之间实现沟通的方式和途径是多种多样的,比如说,旅游营销者可以发布各类广告信息,向潜在购买者传播相关旅游产品的信息;可以开展各种营业推广活动,向其传递短期刺激购买的有关信息;也可以采用各种公关手段,树立或改善旅游企业在公众心目中的形象;还可以派遣一些推销人员,面对面地与潜在购买者进行沟通交流,了解其需求,及时改进并完善旅游产品或服务,从而拓宽产品市场。

(二)旅游促销的作用

对于旅游地和旅游企业来说,适时开展有效的旅游促销活动,对整体的旅游营销工作有着重要的作用。

1. 建立交互渠道,传递旅游信息

旅游促销活动如同一座桥梁,它是旅游企业和旅游者交互的信息渠道。它的开展,可以使旅游者更好地了解各类旅游产品和服务的信息;同时,也可以使旅游地和旅游企业更加了解旅游者对其产品或服务的意见和建议,及时改进其产品或服务,从而达到卖者卖其所有、买者买其所需的目的。

2. 引导旅游需求,刺激旅游消费

我们都知道旅游产品有消费需求弹性大、波动性强的特征,旅游企业可以在营销工作中充分利用这个特征,通过开展各种生动、形象、活泼、多样的旅游促销活动,来吸引更多的旅游者了解、认识甚至喜欢其旅游产品或服务,从而达到引导和刺激消费需求的最终目的。

资料链接 11-1 🔍

泰国旅游局借助文身进行旅游宣传

2015 年 11 月,昆明举办了的中国国际旅游交易会(CITM),参展的国家或地区多达 105 个,这个展会上大多数旅游地管理机构还在使用纸制的传单宣传自己,唯独泰国旅游局独树一帜,为游客带来一系列临时文身,原来这是一种带有二维码功能的临时文身贴纸,泰国给它取名叫"文身传单",文身贴纸的图案设计全部来源于泰国的文化以及著名的景点,不仅极具泰国特色,而且每张都十分精美。

但是选择文身贴纸仅仅是为了吸引眼球吗?众所周知,文身文化一直都是泰国神秘而独特的存在,在泰国,文身不只是简单的装饰,而是被赋予了宗教意义,是一种宗教文化传承,因此,此次泰国旅游局选择文身传单的方式并不只是单纯地出于新奇有趣的目的,更重要的是文身的形式本身就深深地打着泰国文化的烙印。

如果只是一个单纯的文身,还称不上多么清奇,但是如果这些文身还兼具二维码的功能呢?原来每个前来泰国展台观展的人只要贴上一个文身贴,就可以用手机扫描文身二维码,并看到一个泰国的旅游宣传短片。传统的传播方式融合了现代化的高科技技术,顿时让人觉得耳目一新,每款文身设计图案都对应着不同的宣传视频,进一步引导人们去探索图案背后的文化故事,更深地了解泰国的旅游信息。

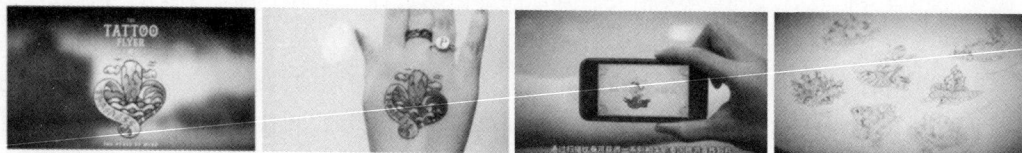

图 11-1　泰国文身宣传方式

这么酷的文身贴纸也引发了现场观展顾客的好奇,几乎每个人都心甘情愿的贴上了这些"文身传单",成了泰国旅游局行走的广告牌,成了展会最大的热门。据泰国旅游局宣称,在展会之后,中国赴泰国旅游比例增加了42%,而"文身传单"正是推动这次增长的一个重要因素。

(资料来源:http://www.traveldaily.cn/article/96014)

3. 突出产品特点,提升竞争优势

随着旅游地不断涌现,同类旅游产品的竞争也将会日趋激烈,特别是在争夺同质客源市场的情况下,如何凸显同类型旅游产品之间的细微差异,让旅游者辨认和选择就显得很困难。这就需要通过适当的促销活动,突出宣传本产品区别于同类竞争产品的特点,展示其特有的体验价值,才能加深旅游者对产品的了解和信任,才能在真正提升自我的竞争优势。

4. 塑造品牌形象,拓宽市场份额

由于旅游是一种高层次的消费与审美活动,通过生动而有说服力的旅游促销活动,往往可以塑造友好、热情、安宁、服务周到及其他人格化的良好旅游服务形象,赢得更多潜在旅游者的厚爱。旅游市场风云多变,一旦出现有碍发展的不利因素时,旅游地或旅游企业就可以通过一定的宣传促销手段,减少或改变旅游者对其的消极印象,重塑自身的有利形象,以达到恢复、稳定甚至扩大其市场份额的作用。如资料链接11-2所述。

资料链接11-2 🔍 ....

当城市巴士惊艳邂逅旅游宣传

2016年9月,一年一度的伦敦设计节顺利开幕,中国城市南京大放异彩,原来南京市在本次设计节期间举办了名为"南京周"的主题活动,南京市在伦敦的3路、23路、88路、149路等公交线路上,投放了30辆喷绘着南京城市旅游形象的广告巴士,这些行驶在伦敦的大街小巷的公交巴士,让更多的英国民众知道了一个中国城市——南京。23路赤红双层巴士是伦敦的象征之一,在这路公交巴士上喷绘的是南京市最美的风景。据悉,这是继2015年成功举办米兰世博会"南京周"活动后,南京市在世界知名城市的又一个旅游形象推广活动。根据南京市委、市政府的计划,在"十三五"期间,每年都会选择一个世界知名城市,举办"南京周"系列活动,面向世界持续讲好南京故事,推动南京旅游、南京文化、南京创意和南京企业走出去,提升南京国际知名度和城市美誉度,进一步推进对外产业交流合作。

(资料来源:http://www.pinchain.com/article/91906)

二、旅游促销的基本工具

(一)旅游广告

旅游广告已成为普遍的,高度大众化的旅游信息传播方式。一般来说,它是旅游企业

或旅游地出资,通过各种大众传播媒介进行有关旅游产品、旅游服务、旅游地形象的信息传播服务。

(二) 营业推广

营业推广又称为销售促进,它是一种短期内刺激旅游销售的活动。它是旅游企业在某一特定时期与空间范围内,运用各种短期诱因以鼓励旅游者积极参与各类旅游产品和服务的促销活动。如旅游展销会、旅游优惠券等。

(三) 公共关系

公共关系是指旅游地或旅游企业为了取得广大旅游者的信任和支持,在现有的内外部环境条件下,所采取的一系列决策和行动,以期为自身发展创造最佳的社会关系环境。这是一种通过树立自身的良好形象,来促进与公众良好关系的方式,如赞助、新闻报道、公益活动等。

(四) 人员推销

人员推销是指通过旅游企业销售人员直接与旅游者见面的形式,向旅游者推销相关的产品和服务,以便增加销售和预订的营销方式。销售人员通过这种与旅游者面对面的促销方式,向顾客传递产品和服务信息,尽最大可能唤起旅游者的消费兴趣,促成购买行为。

第二节　旅游广告

一、旅游广告概述

(一) 旅游广告的概念

我们的社会已成为一个"大人类小地球"的高度信息化的社会,我们的世界也已经进入"不见广告不购物"的后广告时代,一切都彻底信息化了。旅游业是一种事先看不见、摸不着,出售风景、出售文化和出售服务的特殊产业,广告更有着不可估量的地位和作用。作为促销手段的旅游广告,是指旅游目的地的国家和地区、旅游组织和旅游企业以付费的形式通过大众传播媒介做公开宣传,达到影响旅游消费者行为、促进销售相关产品目的的非人员促销方式。广告具有传播面广、表现力强和吸引力大的特点,并因此而成为促销活动中最活跃、最常用的手段。

(二) 旅游广告的作用

尽管各旅游企业使用广告的目的和方法有所不同,但旅游广告的职能作用主要表现在以下几个方面。

1. 传播旅游信息，扩大销售

广告最基本的作用就是传播信息。旅游广告能够帮助旅游消费者了解旅游企业的产品质量、功能、特点以及购买时间、地点、价格等信息，从而帮助引导旅游消费者的需求，影响其购买心理过程，刺激其购买行为，创造销售机会，最终扩大产品销售（见表 11-1）。

表 11-1　部分旅游地广告语

旅游地	广告语
上海	精彩每一天
浙江	诗画江南 山水浙江
河南	老家河南
山西	晋善晋美
安徽	美好安徽 迎客天下
江苏	美好江苏
泰国	Amazing Thailand（神奇泰国）
马来西亚	亚洲魅力所在
瑞士	世界的公园,瑞士,瑞士,还是瑞士
西班牙	Smile! You are in Spain（微笑! 你在西班牙）
埃及	历史的金库

2. 引导旅游消费，拓宽市场

目前，由于旅游市场上相关旅游产品种类繁多，并且以买方市场为主，所以旅游消费者的购买弹性较大、可选择性的产品很多，而在他们选择旅游产品的过程中往往会参考看到过的各类旅游广告。加大旅游广告宣传力度能够唤起旅游者新的消费意识，引导旅游消费者进行健康消费，从而拓宽旅游产品的市场。

3. 树立品牌形象，提高竞争力

旅游企业和旅游目的地不仅要树立产品形象，还要在公众心目中树立起品牌形象。这种形象的最终形成，除了要借助各种实质性手段（消费者购买与消费）外，还要依赖于沟通性手段（价格与促销等）的运用。通过广泛的广告宣传，可以在一定程度上赢得客户及各类公众的认知、认同和赞誉，从而不断培育和强化其企业及产品形象。如资料链接 11-3 所述。

资料链接 11-3 🔍

贵州旅游在美国加强形象宣传

近年来，贵州主动探索"走新路"，依托全域山地资源优势，做出了建设国际山地旅游目的地和山地旅游大省的新部署，连续两年举办了国际山地旅游大会，在国内外引起关注。2016 年初，贵州入选美国《纽约时报》推介的 2016 年世界上 52 个最值得到访的旅游目的地之一，理由为"贵州是原生态的中国山地部落"。4 月份，一部题为《相约未知地带——贵州篇》的纪录片在法国国家电视台热播。4月中旬,"来自多彩贵州的山地印象"旅游文化推介活动在美国举办,并策划了一系列贵州旅游宣传广告投放北美及国际市场,引起CNN高层重视并开展合作,获得美国及全球观众空前关注,引发一大波热议和向往。尤其是在2016年11月9日美国大选当天,借助美国大选期间特朗普广受关注的宣传效应,CNN插播贵州形象广告片30余次,特别是在美国大选第二、三辩论直播开始前的黄金时段播放2次贵州形象广告片,引起美国网友惊呼:这是一股"东方神秘力量",引来国内外一片点赞。12月6日,以"开放的中国:多彩贵州·风行天下"为主题的贵州全球推介活动在外交部举行,各国驻华使节、国际组织负责人、部分世界500强企业负责人、中外主流媒体纷纷出席。这些浓墨重彩的宣传推介,推动贵州旅游形象宣传迈上了新的台阶。

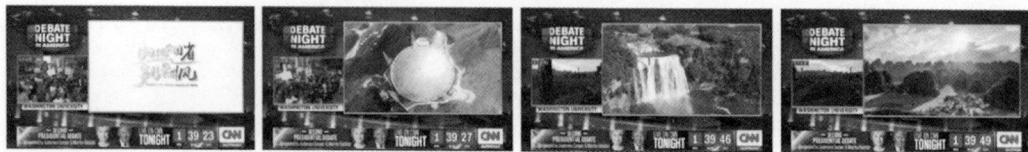

图 11-2 贵州在美国 CNN 播放的宣传片

(资料来源:案例改编自 http://news.sina.com.cn/o/2016-11-28/doc-ifxyawxa2994797.shtml)

二、旅游广告类型

(一) 告知型广告

告知型广告主要以介绍和宣传功能为主,是一种以向目标游客提供信息为主的广告宣传方式。这种广告往往适用于向广大目标旅游者介绍新的旅游产品和新的旅游服务项目,以触发潜在旅游者的初步需求,此外还可以宣传旅游地或旅游企业的市场地位及对旅游消费者采取的便利性措施,以树立良好的市场形象。如湖北省在2016年推出全新的15秒旅游形象宣传广告,用"游三峡,探神农,登武当,逛武汉,湖北欢迎您"的口号展示了湖北省的古典神韵和时尚色彩,并向广大游客宣传了湖北省的主要旅游产品。

(二) 引导型广告

引导型旅游广告可以分为进攻型和防守型两类。"进攻型"引导广告着重于突出旅游产品的优势特征和利益满足诉求,从而激发旅游消费者的选择性需求,鼓励其偏向于本企业旅游产品的购买,如华美达旅馆的"走出假日旅馆,走进华美达客栈";"防守型"引导广告则是着力于改变和消除旅游消费者对旅游产品(服务)的不利印象,抵消或削弱竞争对手的广告影响。

(三) 强化型广告

强化型广告往往通过不同的内容和信息呈现方式来促使旅游者保留对某种旅游

产品的记忆,主要用于旅游产品的成熟期,随时提醒旅游消费者保持对本旅游地或旅游企业及其产品(服务)的记忆(尤其在淡季),以获得本企业尽可能高的知名度;适时提醒旅游消费者记住购买的时机,购买的地点,以促使意欲购买者完成购买行为,并刺激老顾客重复消费的欲望。例如,炎热而漫长的夏季,电视上时时会出现的一幅画面:碧水蓝天下,一对浪漫情侣漫步在空旷的海滩上……去过大海的内陆游客看到这个镜头,心中会唤起美好的回忆。远离大海且没有去过大海的内陆消费者,就可记住或重新记住该产品。这时,有此消费兴趣的消费者有闲且有经济实力的话,就可达成新的或是重复的购买行为。

三、旅游广告的媒介选择

(一)旅游广告的媒介选择原则

一旦决定要投放旅游广告,必然会涉及一个关键问题:"选择什么媒介来投放?"在选择广告媒介时,宜进行综合性考虑:可以选择单一广告媒介;也可以根据时段选择不同媒介;还可以同时选择两种或两种以上的广告媒介实施交叉立体式宣传。但是选择旅游广告媒介有一个总原则需要牢记,那就是:在一定的广告成本支出情况下获得尽量好的广告传播效果;或者在获得一定的广告效果的前提下,尽可能地减少广告成本支出。

想要根据广告传播的内容合适选择媒介,必然要对目前旅游宣传中被广泛采用的主流媒介都有一定的了解,特别是了解它们各自的优缺点和适用范围,这样才能做到心中有数。

(二)主流旅游广告媒介及优缺点

对旅游业来说,传统的媒介有印刷类的报纸、手册和杂志等,电子类的广告有电视、电台等,户外墙体广告等也是旅游企业进行信息沟通的主要媒介形式。但蓬勃发展的互联网媒介和移动社交媒介也已经被越来越多地应用于旅游广告,形成了多种媒介并存于旅游广告的格局。旅游业常用的广告媒介如下。

1.印刷媒介——旅游线路、旅游交通等产品信息传播的主要渠道

虽然人们的阅读习惯在不断变化,但是传统的印刷媒体依然被酒店和旅行社等旅游企业广泛采用。目前许多旅游企业依然通过报纸和杂志这些渠道向广大旅游者推介旅游线路和旅游交通等产品信息。报纸受众面主要集中在城镇,读者群稳定,主要受众正是旅游产品主要的消费者或潜在消费者,曾经是旅游企业投放销售类广告的首选,然而随着移动互联网和移动新媒体的繁盛,传统报纸的阅读人群日渐流失,但中老年读者和部分上班族仍然是纸媒的忠实读者(见图 11-3)。此外,报纸时效性强,可信度高,使其在旅游形象推广方面仍有用武之地。杂志广告也被广泛应用于旅游企业,如飞机上的各类航空杂志及酒店、餐厅和会议中心的宣传册,集广告的艺术性、故事性及可读性于一体,以鲜明的个性主张和悦目的色彩吸引游客的注意力(见图 11-4)。

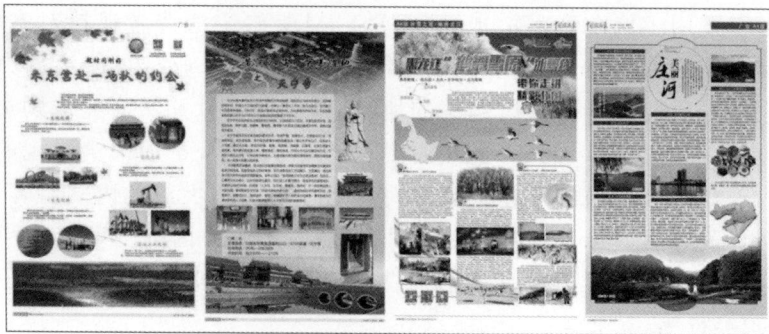

图 11-3　报纸旅游广告

图 11-4　杂志旅游广告

2. 电子媒介——旅游地形象宣传推广的重要表现形式

电视和电台是目前中国最普遍、最主流的大众媒体。广播媒介受众明确,传播速度快,信息量大,语言简单,听众可以有广阔的想象空间。随着有车一族群体的增多,自驾车游客的庞大市场潜力让许多旅游景区(点)纷纷选择在电台投放旅游广告来锚定目标市场,许多地方电台甚至专门推出了旅游节目,来帮助听众获取更多的旅游信息与服务。

对旅游企业来说,电视媒体往往是树立品牌、制造知名度或推行新理念的主要方式。对任何一个旅游地来说,电视广告视听兼备,冲击力和感染力强,观众能够"眼见为实",可信度高。因此,电视广告是旅游地形象宣传的最佳表现形式。目前,在旅游推广中较多地运用电视广告的是对旅游目的地进行概括性的形象宣传,通过一般片长在 30~60 秒左右的电视广告片,从视觉上生动地展现旅游地形象和旅游概念。

启迪案例 11-1 🔍 ....

新版宁波旅游形象广告登陆央视

宁波新版 30 秒旅游形象广告于 2016 年 7 月 1 日至 9 月 4 日在央视四套晚间黄金时段 20:00~20:30 内播出。此次投放覆盖多个类型栏目:周一至周五的《走遍中国》、周六的《外国人在中国》、周日的《中国舆论场》都插播了宁波旅游形象广告片,让全国的电视观众感受到宁波的魅力。

新版宁波旅游形象广告以"听宁波讲故事"为主线,将宁波众多独具魅力的旅游资源、自然风光与特色美食巧妙穿插其中,生动展示了宁波这座有着 7000 年文明史的书香之城开放、大气、精致的城市风貌,完整呈现了宁波的文化、美食、风景和气韵。画面涵盖四明山、东钱湖、天童寺、慈城、雪窦山、石浦渔港、郑氏十七房、天一阁、宁海森林温泉、方特东方神话以及宁波汤圆、年糕、三江口等经典宁波元素,邀请观众来宁波遇见另一个自己。

据悉,在本轮播映完成之后,宁波市旅游局还将继续利用好中央电视台这一主流传媒品牌,积极推广宁波城市和宁波旅游。

(资料来源:http://www.cnta.gov.cn/xxfb/xxfb_dfxw/csxw/nb/201607/t20160713_777503.shtml)

电视中的旅游广告除了展示优美的自然风光和风土人情之外,"明星效应"也是旅游地用来增强广告效果的重要方式之一。如 2016 年初上海市邀请胡歌出任上海旅游形象大使,在旅游宣传片中,胡歌化身"导游",带领游客坐观光巴士,在滨江大道散步,在浦江游船上讲故事,生动地展现了"四季上海·天天精彩"的主题。赵丽颖在 2017 年受邀成为河北省旅游形象大使;因出演《雷神》而闻名世界的克里斯·海姆斯沃斯成了澳大利亚全球代言人。旅游地邀请这些旅游形象大使拍摄旅游广告片,进行旅游宣传或旅游公关活动,目的在于凭借和利用名人优势和名人效应,为其进行宣传、促销,扩大影响,塑造品牌,树立形象,从而增强旅游目的地在旅游市场竞争中获胜的能力。

需要注意的是,"明星效应"是一把双刃剑,邀请"名人"拍摄旅游广告虽然具有较好的宣传效果,但所请名人的个人气质应与被宣传的旅游地的地脉特征相吻合,同时,但在拍摄广告时,要明确名人与广告内容的主次关系,以免发生"买椟还珠"的现象。

除了常见的旅游地形象广告片以外,目前还有旅游专题片、旅游专题节目、旅游电视杂志等多种电视广告形式。尤其是近年来,随着户外真人秀节目的崛起,越来越多的旅游地开始邀请节目组取景拍摄,进行"隐形植入",如北京灵水村、云南普者黑、黑龙江雪乡都因《爸爸去哪儿》成为热门旅游地。澳大利亚旅游局赞助《鲁豫的礼物》和《十二道锋味》,在节目中植入大量当地美景美食,激发了观众的出游热情。这种广告通过节目主持人或参与者的亲身体验,向受众展现旅游地的"食住行游娱购",形象地将游记与旅游文化相结合,模糊传统电视广告劝服性特点,在一定程度上达到旅游广告的互动效果。

3. 户外媒介

凡是在露天或公共场合通过广告表现形式同时向许多游客进行诉求,并且能达到推销旅游产品目的的物质都可称为旅游户外广告媒介。户外广告形式多样,有招贴广告、壁墙广告、广告牌、条幅广告、建筑物外广告、霓虹灯广告等(见图 11-5)。旅游广告经常采用的户外广告媒体有高速公路两侧的广告路牌、城市公交车和出租车的车身、公交站台、机场行李推车等,都是宣传旅游产品的好平台。此外,机场行李传送带和旅客过道也是投放旅游广告不错的选择(见图 11-6)。

图 11-5　甘肃、成都、宜昌、千岛湖形象广告相继亮相美国纽约时代广场(2016—2017)

图 11-6 "美丽中国"旅游推广出现在英国伦敦(2017)

4. 网络媒介——最佳的旅游广告形式和发展趋势

网络媒介又被称为"互联网媒体",是借助互联网这个信息传播平台,以电脑、电视机以及移动电话等为终端,以文字、声音、图像等形式来传播新闻信息的一种数字化、多媒体的传播媒介。网络媒介集报纸、广播、电视三大传统媒介的诸多优势为一体,被普遍认为是三大传统媒体之后的"第四媒体"。目前,搜索引擎、门户网站、新闻网站、社交网站与视频网站正在构成网络媒体的主流(见图 11-7、图 11-8)。

11-7 泰国的旅游网站

11-8 新西兰的旅游网站

　　互联网的普及和信息技术的发展正在深刻地改变人们的生活方式和消费观念,也改变了旅游企业传统的营销模式,所以有人说"信息时代,网络才是营销焦点"。和传统大众传播媒介相比,网络媒介有着许多独特的优势,如即时性、海量性、全球性、互动性、多媒体性等,而这些优势又恰恰符合了旅游广告传播的特殊要求。CNNIC 在 2017 年 8 月发布的《中国互联网络发展状况统计报告》显示,中国互联网用户已达 7.51 亿,其中 20~49 岁年龄段的互联网用户占比高达 66.8%,这与我国目前旅游市场的消费主体高度吻合。潜在旅游消费人群普遍趋向于将互联网作为收集信息的主要渠道,消费者的媒介注意力由报纸、电视向网络迅速转移,这是一个不容争辩的事实。近 80% 的旅游者在去目的地旅游之前都会选择上网查询旅游目的地介绍,景区环境、交通和服务情况。因此,网络媒介已经成为旅游广告传播的不二之选。

　　网络广告通常有两种形式。第一种是通过特定的网站发布广告信息,这是最常见的形式,旅游企业选择目标消费者到访频率较高的网站发布广告信息,并通知他们访问某个网站以得到更多资讯。这些网站可以提供高品质的图片、影像、音乐、信息查询系统、预订服务等。第二种形式是搜索引擎,旅游者通过搜索引擎来寻找相关的旅游信息,旅游企业就根据旅游者对搜索引擎的使用方式,将营销和广告信息传递给目标客户的方式。互联网用户对搜索引擎的依赖程度不断加深,也使得搜索引擎营销越来越受到旅游企业的重视。

　　借助网络,千千万万的草根阶层也可以在传播中发挥价值,如被誉为"中国最美的乡村"的婺源,这个美丽的封号就是来自广大网友欣赏了摄影爱好者发布的婺源照片后,自发给出的评价,借助于网络传播,这个封号也诱使了越来越多的旅游者前往婺源观光。因此,互联网必将成为旅游广告应用的最佳媒体及未来发展趋势。如资料链接 11-5、资料链接 11-6 所述。

资料链接 11-5 🔍

百度成旅游网络广告的首选阵地

　　2015 年 11 月 28 日,百度在温州旅游节上正式发布了《中国旅游网络关注度年度报告》,报告显示,"在百度平台上,每天关于景区等旅游相关的关键词平均搜索量达 2255.9 万次,每月的总搜索量超过 8 亿次"。互联网已成为旅游爱好者选择目的地的首选平台,旅游行业呈现出"无搜索不营销"的大趋势。

　　百度数据研究中心的统计显示,在爱好旅游的网民中,有将近 7 成的网民年龄在 20~39 岁这一区间,他们正是目前旅游市场消费最大的市场。这类人群有着不菲的收入,喜爱旅游并愿意在旅游相关的产品上尝试新鲜,而通过搜索获取信息正是这类人群的主要特征。

　　目前,中国旅游市场正在经历巨大的结构性调整:旅游产品日益商品化,旅游线路日益丰富化。因此,消费者在选择不同的旅游资源时,会利用网络了解所需,他们会习惯性地通过搜索进行不止一次的线路和价格的比较,还会预先了解旅游目的地的服务质量,会做好充分的准备。

　　搜索引擎在用户购买决策链中,已经占据了越来越重要的位置,81.8% 的消费者在购物决策中使用搜索。百度也成了旅游企业网络营销的首选阵地,势必在旅游市场发展中发挥关键作用。

　　（资料来源：http://www.mafengwo.cn/travel-news/197853.html）

资料链接 11-6 🔍 ···

谷歌推出旅游搜索新功能

2016 年 3 月 10 日,谷歌正式推出了一项名为"Destinations on Google"的旅游搜索新功能,这样用户就无须再使用其他旅游搜索引擎。要使用该功能,首先需在手机上打开谷歌搜索,输入想要旅游的国家或地区,然后输入"目的地"或"度假"关键词,谷歌就会给出一系列选择,包括航班时刻表和酒店价格等信息。旅游搜索用户还可以改变出行日期,以查看不同时段的价格变化。此外,还可以让谷歌根据旅游预算、人数和偏好等参数提供个性化的搜索结果。

国外互联网用户在收索信息时,通常会首选谷歌。但要筹划一次旅行时,通常会选择 Expedia、Kayak 和 TripAdvisor 等专业的旅游网站,而不是谷歌。通过"Destinations on Google"新功能,谷歌希望改变这一局面,尤其是对于那些喜欢在手机上处理一切事情的人们。在过去几年,谷歌一直在收集和整合航班和酒店信息。早在 2011 年,谷歌就推出了旅行机票比价搜索服务 Google Flights。2015 年,谷歌又强化了酒店搜索功能,允许广告主更详细地列明酒店信息,并允许人们直接从搜索结果中预订房间。

(资料来源:http://www.ebrun.com/20160311/168645.shtml)

···

5. 实物媒介——旅游广告宣传的有益补充

借助实物媒介开展旅游宣传也是一些旅游企业常用的广告形式。实物材料上通常印有鲜明的企业标识和名称,包括旅游企业的宣传手册、工作人员名片、销售材料、礼品或纪念品、纸杯、手提纸袋等,如旅行社将广告印制在旅行袋、旅行帽、徽章、纪念品上。酒店往往在提供的一次性用品、客房床品及餐厅餐具上打上企业的 logo 和名称。

表 11-2 对旅游业常用的几类广告媒体进行了概括,并简要归纳了各类媒体的优缺点。

表 11-2　主要旅游广告媒介的优、缺点

媒体类型		优点	局限
印刷媒介	报纸	阅读人群广泛,覆盖面大;地理针对性强;及时性强;可信度高;易于传阅	印刷质量较低,产品美感体现性不高;保存性差;旅游者受众针对性有限
	杂志	地理及受众选择性强;发行面广;编辑印刷精美,制作质量好;保存期长	出版周期长,实效性较差;费用高;专业性限制了读者人数
电子媒介	电视	信息到达率高;影音综合刺激,富有感染力,能引起高度注意;触及面广	成本高,广告信息干扰严重;瞬间即逝,观众可选择性差
	广播	大众化宣传,地理和人口方面的选择性较强;成本低,易于被旅游者接触	只有听觉效果,信息刺激手段较为单一;宣传时间比较短暂;吸引力不够强烈
户外媒介		对地区和旅游者的选择性强;抓住空白心理,被注意率高;强迫诉求性质强,可多次重复记忆;内容精简,易记;费用较低	信息容量有限,移动性差,观众选择性差,效果难以测评

续　表

媒体类型	优点	局限
网络媒介	不受时间、空间限制；易复制，易于修改和补充；制作和上网费用低；观众选择性强	被动地等待搜索，受电脑和网络普及程度影响
实物媒介	针对性强，消费者回忆率高，易产生二次流动传播，制作精美，价格相对较低	一般时效性短，容易过时；信息容量较为有限；用过后容易被旅游者丢弃

旅游企业在发布广告时，应充分考虑不同媒介在广告宣传上的优劣势，并应注重各种媒介的组合应用，以尽可能向受众提供立体化、多元化的信息。如在经济条件允许的情况下，旅游地应尽量借助电视媒体平台，有针对性地选择频道；以散客、商务或政务游客为目标市场的旅游企业，应高度重视网络这一新媒体；而对于目标市场明确、时效性较强的旅游产品，如旅游线路、旅游节庆活动等，则可利用地方性报纸发布旅游信息。

随着旅游广告投放的大幅度增长，单纯以景制胜的广告已很难打动消费者。因此，旅游广告不但要注重广告本身质量，力求突出目的地的优势资源和个性特征外，还应加强创意功力，使之从众多广告中脱颖而出。朗朗上口的广告语，对一则旅游广告能起到画龙点睛的作用。

（三）影响广告媒介选择的因素

1. 旅游者对视听媒介的偏好

不同的目标顾客有不同的媒介视听偏好。如高层商务旅游者与普通观光客对不同媒介类型的偏好、文化程度不同的目标顾客对媒介类型偏好等都会有所差别。

2. 旅游产品的功能和特点

旅游产品的功能和属性不同，其适宜的媒介也不同。例如，风景旅游点就宜选择杂志彩页和电视做广告，而不宜刊登在学术刊物上；快餐广告最好的媒体是电视。

3. 广告信息自身的特点

广告信息特点的不同会影响媒介的选择。如时效性很强的旅游销售广告就比较适合以报纸为媒介，而绝不适合以杂志为媒介。

4. 广告费用的高低

广告费用一般包括广告制作价格和广告媒介价格。与其他媒介相比，电视广告由于制作过程复杂，保存相对困难，所以制作成本会比报纸、电台、杂志高。另外，同一类媒介之中，由于有效受众数量的不同，价格也会有天壤之别。通常情况下，我们可以根据他们的"千人成本"来衡量他们的价值。

所谓千人成本（cost per thousand click，CPM）是指某一媒介发布的广告接触1000个受众所需要的费用，一般的计算公式是：千人成本＝（广告费用/到达人数）×1000。

千人成本可以明确的显示出在某一媒介发布广告的直接效益，因此常常作为评估媒介的重要量化标准。从理论上说，媒介的每千人成本低，企业宣传费用自然降低。

例如：宁波某旅行社在《东南商报》周五封底投放一次广告需要85000元，假设其有效受众数是500000，则《东南商报》的千人成本为170元；在《现代金报》投放同样的广告需要

130000 元,假设其有效受众数是 800000 人,则《现代金报》的千人成本为 162 元。很明显,这家旅行社选择《现代金报》投放广告比选择《东南商报》获得的效益高。

四、旅游广告投放策略

选择好适当的媒介之后,我们还需要决定广告在什么时间投放、投放时间长短和频率等方面的问题,也就是所谓的广告投放策略。最常见的广告投放策略主要有三种。

(一) 集中式投放

在特定区域、特定时刻及特定媒体总量的限制之下,广告投放能产生一种"挤出效应"。也就是说在广告版面或每天广告时间既定的前提下,某一家旅游企业占用量越大,其他企业对广告资源的占用量自然越小。我们可以看到每当"五一""十一"以及春节长假等旅游旺季到来之前,各大旅游地和旅游景区纷纷使出浑身解数,在中央电视台 4 套、9 套频道,《人民日报》海外版,凤凰卫视,湖南卫视,东方卫视等省级卫视,以及一些重要客源地的地方媒体上"集中火力"投放旅游宣传信息,这属于典型的集中式广告投放策略。

集中式的广告投放并非适合所有的旅游产品推广。只有产品信息相对透明、市场上同类产品竞争激烈,小打小闹的广告投放很难见效果的情况下,才可以考虑使用此策略。

(二) 连续式投放

连续式投放是指整个活动期间匀速地投放广告,没有太大变动。广告持续出现,不间断地累积效果,维持广告记忆度,持续刺激消费动机,行程涵盖整个购买周期。该方法一般适用于季节性和时间性不明显的旅游产品。如国内一些酒店喜欢在目标客户群体偏好的杂志上一年四季连续投放广告,有目的、有步骤地把产品信息传达给相关客户群,并利用这些媒体影响,提升产品的形象与知名度,为下一步市场推广铺平道路。

连续式的投放策略的优势在于细水长流般地将产品或者品牌渗透进消费者脑海中,使他们对产品的印象与好感持续增加。当然,这种投放策略需要旅游企业有较长远的广告预算,同时也要预防后进的竞争对手以高强度的广告投放进行包围及拦截。

(三) 间歇式投放

许多人认为,对于一些在旅游市场上知名度相当高的产品,已经无投放广告的必要。如杭州,已经众所周知且品牌形象良好,何必再浪费额外的广告费呢?但是,旅游广告投放除了传递信息和形象塑造两大功能外,同样承载着一个非常重要的功能,那就是旅游者情感唤醒的功能,这就是间歇式投放策略。

像杭州、厦门、成都等旅游城市,绝大部分的旅游者都耳熟能详,而且,其品牌号召力也非常巨大。但是,我们还能不定时地在许多媒介上见到这些旅游地的广告信息。这种间歇式的广告投放策略其目的显然不再只是产品本身信息的传达,而是更多地负担着唤醒消费者与产品之间的情感沟通的功能。从消费者的大脑记忆与情感遗忘程度曲线上看,在没有任何提醒的情况下,每隔三个星期的时间,消费者对产品与品牌的记忆度与情感度就会下降 2~5 百分点。如果企业在此时没有进行相关的广告投放,其他品牌的产品就可能乘虚而入。

从市场推广的角度看,间歇式的投放策略适合于产品的高度成熟期,消费者对旅游产品的记忆与好感只需间隔性的提醒,而无须密集地接触。而广告投放的间歇期的长短,则要视市场竞争的激烈程度而定。

表 11-3 对比了不同类型旅游广告的投放策略,希望对大家认识这个问题有启发。

表 11-3　各类型旅游广告投放策略对比

类别	策略运用		
	城市形象	景区/景点	会展/节庆
广告媒体	央视权威频道	央视为主,卫视为辅	央视为主,卫视为辅
广告行程	长期覆盖投放	旅游旺季前集中投放	会节前集中投放
广告周期	半年以上	一个季度	1~2个月
广告版本	30秒	15秒	5秒
广告费用	较高	较低	较低

(资料来源:http://wiki.mbalib.com/wiki)

合理地旅游广告投放策略有助于提高旅游广告促销效果,因此在投放旅游广告的过程中应针对旅游促销的目的和内容,策略性规划广告发布的时间和频度。对于新开发的旅游产品、旅游线路、节庆活动,以及季节性明显的旅游产品(如温泉、漂流)在旺季到来前的一段时间,可采取集中投放策略;而旅游城市或旅游地形象广告,则可采用间歇式投放策略。但在广告形式上应力求变化,使广告受众对其保留新鲜感。

五、旅游广告效果评价

(一) 信息传递效果的测定

1. 事前测定

广告宣传设计好后,可以进行事前检测。可将设计的广告在典型的旅游产品购买人群中进行测试,观察其能否记起广告及其内容、对传播的信息了解多少,广告信息及信息传递方式还存在哪些问题、对产品的态度是否有所改变。测试的方法主要有以下三种。

(1) 直接定级法

利用这种方法,测试人员向若干消费者提供几种不同的广告方案,让消费者予以品评。这种方法能揭示广告的吸引力以及它们对消费者的影响有多大。虽然它在测定广告的实际效应方面还不完善,但如果获得的评价很好,也能预示该广告的潜在效果。

(2) 综合测试法

让消费者观看或聆听一个广告组合,然后,请被测试者回忆所有的广告及其内容。这种回忆既可由测试者协助完成,也可独立完成。回忆的水平就表明广告的信息被理解和被识记的程度。

(3) 实验室测试法

利用仪器来测定消费者对广告的生理反应。如脉搏、血压、瞳孔变化以及排汗情况等。

这种测试能衡量广告引起注意的程度,但很难测量广告对信念、态度和意图的影响。

2. 事后测定

在广告播出之后通过回忆测试和认知测试进行广告效果测量。

(1) 回忆测试法

测试人员请一些看过某种杂志或某个电视节目的人尽可能回忆他们所看到的任何有关广告和产品方面的信息。回忆的分值就表明广告和产品引起注意和让人记住的力量有多大。

(2) 认知测试

由研究人员请受众(例如某一期杂志的读者)指出他们所看到的东西,并以此确定认知分值。认知的分值可以用来评估广告在不同的细分市场上的影响,并将本企业的广告与竞争者的广告相比较。

(二) 销售效果的测定

销售效果的测定,主要是测定由广告带来的企业销售额的增长额。这种测定很困难,因为销售额的增长不仅仅取决于广告,还会受很多因素影响。如经济发展水平、人们的收入水平、定价的合理性,以及其他促销方式(如人员推销、营业推广、公共关系等)的效果,等等。

第三节 旅游公共关系策略

一、旅游公共关系概述

公共关系(public relation)又简称为"公关",是指旅游地或旅游企业为了取得广大旅游者的信任和支持,在现有的内外部环境条件下,通过传播沟通、塑造形象、平衡利益、协调关系、优化社会心理环境,从而达到影响旅游者行为,为自身发展创造最佳的社会关系环境的科学和艺术。因此,现实中旅游企业和旅游目的地在开展旅游公关时都纷纷借助热点新闻、焦点事件、影视作品等非广告形式与旅游者进行沟通,进而吸引大众眼球。如启迪案例 11 - 2所述。

启迪案例 11 - 2 🔍 ┈┈┈┈┈┈┈┈┈┈┈┈┈┈┈┈┈┈┈┈┈┈┈┈┈┈┈┈┈┈┈

澳大利亚酒店的公关奇招

为了拉升淡季订房率,吸引更多商旅客户的注意,澳大利亚艺术酒店集团(Art Series Hotels)策划了一场名为"免费续夜"的体验活动。澳大利亚艺术酒店拥有 3 家五星级艺术主题酒店,每家都是受某个澳大利亚当代艺术家的启发而设计。

活动期限是从 2012 年 12 月 16 日至 2013 年 1 月 13 日。其间,凡是入住集团旗下 3 家酒店中的任何一位旅客,均可享受"免费续夜"服务。也就是说,只要没有其他客人入住,就无须退房,繁忙的旅客完全可以交一天房费(165 澳元,约人民币 1000 元),在酒店里想睡多久就睡多久。

提出这一创意的是墨尔本传播策划公司 Naked Communications,"延迟退房,让客人免费续住并不会给酒店造成任何损失,因为这些只是未售出的存货。我们希望以小博大,引起媒体宣传推广,酒店又不必自掏腰包。"对于这个点子,该公司创始人亚当·费瑞尔道出了创意的初衷:很多客人抱怨他们必须在上午 11 点前匆匆收拾行李退房。我们问酒店,既然没有其他人立刻入住,为什么还要设立这样的规定?结果没人能给出答案。我们似乎无意间发现惯性思维下的漏洞。于是,免费续夜的想法就此产生。对于那些乐不思蜀还想多留一会儿的房客,只需在活动期间的每天上午 8~11 点间"懒洋洋地"打电话到前台询问。酒店工作人员便会告知最晚退房时间,可能是下午 1 点或 3 点,倘若第二天没人住,那就意味着还能多蹭一晚。酒店官网称,活动期间,客人能够续住的天数没有上限。

（资料来源：http://www.ad-cn.net/read/1486.html）

旅游公共关系的实质并非自我吹嘘式的自卖自夸,而是借助于"第三方力量"来诉说每一个旅游产品独特的美,并通过媒体的"推波助澜"把这种传播效应无级放大。诸如此类借助于公关提高知名度,并树立旅游形象的景区和旅游目的地有很多。比如,山西的乔家大院凭借着张艺谋的《大红灯笼高高挂》和央视大戏《乔家大院》蜚声中外;湖南的凤凰古城凭借着沈从文的《边城》扬名天下;江苏的周庄依托着陈逸飞的名画《故乡的回忆》而成了无数人梦里的水乡;浙江的桃花岛依托金庸的成人童话而声震全国。所不同的是它们中有的是有意识的借助公关开展旅游营销,有的是无意识的,属于无心插柳柳成荫。

二、旅游公关的作用和优势

（一）公关能帮助旅游企业和旅游地打造知名度,更能塑造美誉度和旅游形象

凭借着公关活动,旅游企业和旅游地不仅能向旅游者传达"我是谁?""我有什么好?",而且可以传达"我为什么好?""我好在哪里?""你为什么要选择我?"等信息。比如周庄这个深藏于江南的古镇,在 20 世纪 90 年代初还不为人知的。但随着陈逸飞先生一幅《故乡的回忆》的油画在国外引起轰动后,美术界和摄影界便纷纷前往周庄写生、摄影,渐渐地引领无数人前来旅游、观光、休闲、度假,从而让周庄有"天下第一水乡"的美誉和品牌形象。事实上,在江、浙两省能和周庄相媲美的古镇有很多,但人们为什么会首选周庄?深层的原因是无数的人,特别是无数从事艺术工作的人在向人们传达着"周庄很美,周庄很值得一去"的信息。而不是周庄自己在说:"我很美,你们应该来。"

（二）公关借助于"第三方"媒体来传播,更容易获得旅游者的认可

开展旅游公关的过程中,企业或旅游地往往借助于新闻、事件等变相的宣传,含蓄的宣传方式有别于传统广告"我要你来买"这样直截了当的诉求目的,从而更能让广大的旅游者

接受。实际上现代社会广告铺天盖地，无孔不入的特征，让很多人对广告产生了一种本能的排斥和拒绝，甚至更有游客会认为"广告都是骗人的"之类的"厌恶情绪"，想要获得旅游者的信任和认可，就需要借助第三方媒介，让游客"自己去寻找去发现"他们感兴趣的信息，这样才更加能获得旅游者的认可。

去"香格里拉"旅游成为很多人梦寐以求的愿望，但塑造"香格里拉"梦幻般的世外桃源的形象，不是中国的香格里拉县，而是英国作家詹姆斯·希尔顿，因为他的小说《消失的地平线》。有很多人都知道滕王阁，不是因为它的广告，而是一篇名传千古的《滕王阁序》，虽然还有人并不知道滕王阁在南昌，但这并不妨碍他们都很想去领略"落霞与孤鹜齐飞，秋水共长天一色"的壮美。

（三）公关活动具有较高的新闻性，容易引发旅游者产生自发关注

公关活动因其独有的表现形式和传媒属性而能产生新闻性或炒作性。公关活动之所以威力强大，就在于它通常与新闻挂钩，传播性极强，经过各大媒体的争相报道，极容易形成病毒式传播，特别是在社交媒体时代，这种传播的服务和覆盖范围都是空前的。如启迪案例 11-3 所述。

启迪案例 11-3 🔍

一碗面条助景区上"热搜"

2017 年 10 月 5 日，国庆黄金周期间，河南洛阳栾川老君山景区被数千网友推上了"热搜"，成了"网红"。在 10 月 5 日当天，老君山景区在中天门广场支起 4 口大锅，现场赶制当地农村的特色糁汤面条饭，里面不但有新鲜的蔬菜，还有一个金黄煎蛋，并配上葱姜蒜等作料，每碗面条只收 1 元钱，现场没有售卖人员，只有一个收款箱，上面写着"1 元午餐，无人值守，自觉投币，自助找零"。这个"1 元午餐"活动，吸引上千名游客排成了数百米的长龙，争相品尝 1 元农家面，成了景区当天最为抢眼的"景观"。

在现场，许多游客对景区的这一做法表示由衷的称赞。来自安徽的游客许先生对记者说："一碗面条，一个煎蛋，不仅便宜、实惠，而且很好吃，给人的感觉很温暖。"

"这么多的人，这么长的队伍，这么井然有序，这么有耐心地去买一碗面，实在是超出了我平日的想象，完全颠覆了我对国内游客的认识，这说明我们的游客素质真的提高了！"来自河南郑州的李先生如是说。

游客郑先生表示，过去每到旅游旺季，听到看到最多的就是，"天价饭""天价鱼""天价菜"如何如何宰客，老君山景区的"一元农家面"是对这种宰客行为最有力的回击，是景区文明经营的具体体现。

景区负责人徐先生介绍说，这次国庆长假期间河南地区天气转凉，阴雨绵绵，想在山上能给游客做上一碗热腾腾的面条饭，让游客暖暖身子，本来这项活动打算在黄金周期间一直推出，后来由于天气原因只在 5 号当天做了一下。他称，2015 年该景区也做过类似的情况，当时提供的有免费姜汤。

据了解，当天总共卖出 1100 碗，但收回 1167 元，钱不但没少，反而多出 67 元。对于这种情况，有不少游客表示：虽然没有人看管，即便不投钱也没人知道，但他们给了我们充分

的信任,我们怎么还好意思不给钱偷吃呢? 也有游客表示景区为游客着想,而且饭菜还很好吃,为了不让做饭的赔钱,自己又返回去多投了一次钱。

该事件被网友在微博发布后,不到 3 小时,阅读量超过百万,并有 3079 条评论,数万网友纷纷点赞,表示这是暖心行动。

网友"随风":原材料加上人工费用,1 元 1 份午餐肯定赚不到钱;但这样做无疑让游客得到了实惠,同时也给景区树立了良好的口碑。游客多了,其他的消费收入无疑也会相应增加,给我大河南点赞。

(资料来源:http://zhangdian.eoeo.cn/news/newsshow - 88235.html)

(四) 公关有助于深层次传播景区旅游目的地形象和品牌内涵

借助于公关可以对景区进行全方位的传播,例如洛阳市旅游局在《中国旅游报》刊载的报告文学《丝路起点看洛阳》就把洛阳自然资源、历史沿革、历史文化、民俗风情,甚至洛阳对 5000 年中华文明所做的贡献等方面进行多层次、多方位、多角度的分析,从而树立洛阳的"千年帝都,牡丹花城"的旅游形象。

(五) 危机公关有助于消除旅游者的不满和误解,重塑旅游形象

对旅游企业和旅游目的地来说,出现危机事件是不可避免的,我们更应该关注的是如何降低发生危机事件的可能性以及当危机事件出现以后,如何及时正确地处理问题。受传统思维影响,我们很多企业或旅游地在面对游客的意外事件时往往采用"遮掩盖"手段或者通过给当事人"赔钱"以求息事宁人,正所谓"好事不出门,坏事传千里",随着互联网的兴起,个人言论逐步得以解放,很多游客在旅游过程中如果受到不公平的待遇,回来后可能会利用博客、QQ 空间、热门论坛来发表各种不利于旅游地形象的言论。这种言论有可能引起无数网民的跟风谴责,那样就会让旅游地形象大打折扣,甚至毁于一旦。能够解决这种问题的,唯有"公关"。例如,一份诚恳的声明,一封致歉信,或者说明事实真相的公告,就能消除那些不利的言论。如启迪案例 11 - 4 所述。

启迪案例 11 - 4 🔍

丽江旅游遭信任危机

2017 年 1 月,丽江女子被打毁容事件闹得沸沸扬扬。女网友"琳哒是我"深夜发微博,称自己在 2016 年 11 月 11 日在丽江某烧烤店就餐时,遭数名当地男子挑衅殴打,被碎酒瓶划脸毁容,男子离开时还抢走女子及同行人财物、手机,并扬言不怕警察,随便告。

网友们以微博为主要战场,几乎一边倒地向丽江有关官微发起了口诛笔伐。但丽江有关部门的官微,实力演绎了一次教科书式的失败危机公关,不仅没有挽回城市形象,反而助长了网友的谴责。

2017 年 2 月 10 日,"云南丽江警方"蓝 V 账号在官微上转发一条网络上抹黑被打女游客的传言,并在微博上指责受害人放荡、不值得同情的微博,同时@被打当事人。而丽江警方首先是在微博上称账号异常,随后又改变说法,称是微博值班民警的个人行为,已经对当

事人进行处分。

2017年2月25日,当有网友评论说"永远不会去的地方就是丽江"时,云南丽江市古城区委宣传部官方微博"古宣发布"竟回复:"你最好永远别来! 有你不多无你不少!"

事后,"古宣发布"在微博发布声明,否认自己发布了该条评论,称"截图之言并非我部所为,正在调查中"。一天后,"古宣发布"回应,对古城区委宣传部副部长和俭、外宣办主任李国璋采取停职检查,并进行党纪立案。

群情激愤之下,丽江的形象一落千丈,大众只会记得,丽江不仅处理不好游客被打事件,甚至官方公然"污蔑"受害者;承受不了网友们的负面评价,还公然"怼"网友。

(资料来源:http://www.opp2.com/46056.html)

三、旅游公共关系的运作

旅游企业的公共关系促销是通过策划一系列公共关系促销活动来实施的。因此,策划公共关系促销活动是旅游企业公共关系部门经常性的业务工作。通过公共关系活动,旅游企业达到传播旅游信息、与旅游者联络感情、改变旅游者对旅游企业的负向态度、引起旅游行为等目的;通过公共关系活动,在旅游企业与旅游者等公众之间进行广泛的联系,引导旅游者等公众潜移默化地接受旅游企业的政策、观点及旅游产品,树立旅游企业的形象,吸引新闻媒介的注意,以提高旅游企业的知名度和美誉度,逐步塑造旅游企业的良好形象。

(一)参加旅游展览(销)会

旅游展览(销)会是通过展台方式展示旅游资源、旅游线路、旅游设施及服务的一种公关专题活动,并可利用各种宣传手段(包括印刷宣传品、图片、实物、模型、录像、工艺品制作和文艺表演等)宣传推广旅游产品,同时可进行旅游业务咨询、旅游业务洽谈等活动。

(二)策划社会赞助活动

赞助社会活动或公益活动也是为旅游企业建立社会公众形象的一种重要工具。在使用这种工具时,旅游企业最佳的选择有教育、环保、体育、健康事业等主题,其效果亲切自然、易于被广大旅游者接受。它实质上是一种商业性及功利性不明显的软广告,并且沟通对象面广量大、有针对性。虽然不能直接带来产品的销售,但长远地看,它会改变人们对企业的看法,间接地促进品牌的声誉、形象以及销售等。常见的赞助类型有以下几种。如启迪案例11-5所示。

(1)赞助教育事业。

(2)赞助出版物。

(3)赞助旅游展览会和知识竞赛活动。

(4)赞助体育活动。

(5)赞助福利事业、慈善事业。

(6)赞助学术研究。

（7）赞助节日、庆典活动。

（8）赞助社区建设与活动。

启迪案例 11-5 🔍

携程赞助上海马拉松

2016 年 9 月携程旅行出现在了 2016 年上海国际马拉松赛（以下简称"上马"）的赞助名单中，这是上马首次与旅游类企业"牵手"合作。

一年一度的上马已经成为上海城市精神的最佳展现。每年的金秋十月，来自全世界各地的长跑爱好者汇聚在此，上马成了最为时髦的城中热事。

携程相关负责人表示，马拉松是一项最能展现城市精神与文化的大众化运动，作为一家土生土长的上海企业，携程有着来自于这座城市海纳百川、积极奋进的优良基因，同时，马拉松彰显的是挑战自我、超越极限、坚忍不拔、永不放弃的体育精神，这和携程的企业文化不谋而合。

据悉，2016 上海国际马拉松赛定于 10 月 30 日开跑，赛事路线也和往年有所不同，涵盖了更多上海的城市经典景观。"一场长达 5 个小时的马拉松把最能体现城市特点的景点和建筑串了起来，这正是上海向全世界发出的一张旅游邀请函。"携程相关负责人认为，马拉松赛事是最有效的城市宣传项目，有助于提升当地的旅游经济。携程希望通过此次合作，将城市精神和旅游资源变现为优质的上海旅游名片，进一步推动上海的城市旅游。

除了对赛事本身的赞助以及在城市旅游方面的支持，此次携程和上马的合作也为广大马拉松爱好者带来了切实的福利。

近年来，上马的参赛名额一票难求。虽然今年的参赛名额有所扩容，但今年的中签率仍不到 25%。作为此次赛事的官方赞助商，携程将拿出部分作为赞助商福利的上马参赛资格进行打包售卖，为没有中签的爱好者多提供一次机会。据悉，售卖将从 9 月 13 日开始，打包产品包括机票、酒店、当地玩乐等服务，携程希望爱好者们在健跑的同时，能够领略上海的城市之美。

在携程官网的相关页面上，携程还为爱好者们精心挑选出了更多适合跑步的目的地以及多条包含参赛名额的境外马拉松赛事的相关旅游产品。"从本质上讲，体育爱好者是一个庞大的社群，马拉松跑友是其中一个分支，我们把上马作为一次体育社群营销的试点，或许这对如何发展体育旅游会带来不少启发。"携程相关负责人坦言。

（资料来源：http://science.china.com.cn/2016-09/09/content_9024500.htm）

（三）举办记者招待会

新闻因为高可信度的特点而成为开展旅游公关的最主要工具，而演讲、记者招待会或新闻发布会也能提高旅游企业或旅游地的知名度。新闻发布会，是旅游企业为公布重大新闻或解释重要方针政策，邀请新闻记者参加的一种特殊会议。它是旅游企业广泛传播信息、吸引新闻界客观报道、搞好与媒介关系的重要手段。因此，记者招待会信息发布的形式比较正规,具有规格高、可信度高、内容严肃等特点。记者招待会有利于旅游企业与新闻界朋友的充分交流和双向沟通,对建立良好的舆论环境有着重大促进作用。

四、危机管理

在景区游人如织,门票收入节节攀升的同时,很多旅游地和旅游企业也不得不面对经营过程中的负面新闻,包括质量投诉、安全事故、导游违规行为或其他问题等。如果能未雨绸缪,事先做好防备措施防止此类事件的发生是最明智的。如果不得不面对的话,则应该用缜密的计划和积极的行动来处理这些负面新闻,降低不良影响。危机管理应该始于危机的预防,也就是在危机真正发生之前,而不应在事故发生之后被动地应对。

然而令人遗憾的国内一些旅游企业在发生危机事件时,都没有展开合理的危机公关,最后都是不了了之,甚至没有部门出来负责,更不要谈解决了。如 2013 年的青岛大虾事件、2017 年的丽江游客毁容事件、北京 798 颐和酒店女士被打事件等,这些事件充分暴露了国内旅游企业在处理危机事件方面意识不足,行动不力。

随着网络时代的发展,Instagram、Facebook、微博、微信朋友圈等社交媒往往主宰了舆情的走向,推动着事件的进程,三言两语间便是"积毁销骨,众口铄金"。因而,"危机公关"的概念也越来越为人所熟知。而作为生态"脆弱"的旅游业,社会治安、自然灾害、流行疾病等任何一点风吹草动,都会波及整个旅游市场。如何合理有效地进行危机公关,消除负面事件带来的危机至关重要。

借鉴国内外众多旅游危机公关方面的成败例子,我们可以从中总结出一些应对危机的"黄金法则",这也是旅游企业开展危机公关的重要原则。

(一) 及时快捷地跟媒体展开沟通

某一事件之所以被称为危机,并非事件本身的影响而是事件经过媒体传播以后引发的后续风波让管理者难以招架。特别是随着网络的普及,事件影响传播速度和传播范围大幅度递增。在传统的新闻周期中,稿件截止时间决定了旅游景区何时管理危机传播,但这种情况不复存在。过去企业若面临危机,至少会有一天的时间来做出回应。但是现在,博客、微信和网络新闻的传播速度比传统媒体要快很多,因而大幅缩短了旅游企业的回应时间。

鉴于此,相关旅游企业或旅游景区必须在事件发生后的第一时间做出回应,必须通过多种媒体来表达歉意。因为通过博客可以直接接触游客,最好的办法就是将公司的回应发布在官网上,并且允许博客撰写人进行转载,传统的媒体紧随其后。在非常时期,为了保持对网络信息的迅速反映,旅游企业可以考虑成立一个危机信息监控小组,全天候监测各类媒体上的相关信息反馈,以便企业迅速制定回应措施。

(二) 有诚意的道歉

出了问题,自然需要致歉,任何恢复声誉的关键点就在于道歉必须是可信的,有诚意的。有三个关键因素可以确保道歉起到作用:第一是必须由旅游企业负责人或旅游地旅游主管部门领导出来发布道歉信息;第二是必须及早拟出双方都能接受的问题解决方案;

第三是应考虑利益受到损害的游客提供补偿方案。在道歉中,旅游企业尽量不要表现出过于自我保护,推脱责任,需要直接面对问题,承认并平息问题,并且考虑进行补偿。当然也要根据错误的程度来调整你的回应,同时考虑到补偿和游客情绪上的反应。

(三) 平时注重信誉累积和形象保护

危机公关中有一个重要的经验:如果企业事先拥有良好信誉,在事实未经证实之前会被认定没有过错;反之如果事前公司声誉很差,那么在事实未经证实之前就会被认定有错。根据这一经验,我们可以发现平时"逐步积累大量的信誉"对于旅游企业经营而言非常有益。虽然目前旅游业并未建立任何相关实验数据,但是多参与希望工程捐赠、组织员工献血等公益行为,在一定程度上确实有助于预防危机。如启迪案例 11-6 所述。

启迪案例 11-6 🔍
从希尔顿的"双树旅馆事件"看危机公关

两位在西雅图工作的网络顾问——汤姆·法默(Tom Farmer)和沙恩·艾奇逊(Shane Atchison)在美国休斯敦希尔顿酒店的双树旅馆(Double tree Club)预订了一个房间,并被告知预订成功。

尽管他们到饭店登记的时间是在凌晨两点,实在是个比较尴尬的时间段,但他们仍然很安心,因为他们的房间已经预订好了。但在入住登记时,他们立刻被泼了一桶凉水,一位晚间值班的职员草率地告诉他们,酒店客房已满,他们必须另外找住处。这两位住客不仅没有得到预订的房间,而且值班人员对待他们的态度也实在难以用言语表达——有些轻蔑,这让人难以接受。甚至在他们的对话过程中,这个职员还斥责了客人。

这两位网络顾问当时离开了,然后制作了一个严厉的但又不失诙谐幽默的幻灯文件,标题是"你们是个糟糕的饭店"。在这个文件里记述了整个事件,包括与那名员工之间不可思议的沟通。他们把这个幻灯文件电邮给了酒店的管理层,并复制给自己的几位朋友和同事看。

这一幻灯文件立刻成为有史以来最受欢迎的电子邮件之一。几乎世界各地的电子邮箱都收到了这份文件,从美国休斯敦到越南河内,许多地区的人们都收到了这份电子邮件。这份幻灯文件还被打印和复印出来,分发到美国各地的旅游区。双树旅馆很快成为服务行业内最大的笑话,成为商务旅行者和度假者避之不及的住宿地。传统媒体的评论员们也将这一消息载入新闻报道和社论中,借此讨论公司对消费者的冷漠和网络对于公众舆论的影响力。

接着,法默和艾奇逊收到了 3000 多封邮件,大部分都是支持他们的。对此,酒店的管理层也迅速有礼而大度地做出反应。双树旅馆毫不迟疑地向他们俩道歉,并用两个人的名义向慈善机构捐献了 1000 美元作为双树旅馆的悔过之举。双树的管理层还承诺要重新修订旅馆的员工培训计划,以确保将此类事件再次发生的可能性降到最低。另外,双树旅馆的一位高级副总裁在直播网络上与法默和艾奇逊就此事展开讨论,以证明饭店认真对待此事。

(资料来源:http://travel.sohu.com/20090416/n263424098.shtml)

第四节　旅游产品人员推销

一、人员推销概念与作用

(一)人员推销概念

旅游人员推销就是指旅游企业从业人员直接与旅游消费者或潜在消费者接触、洽谈、宣传介绍旅游产品或服务,以促使其购买的活动过程。旅游人员推销是一种人与人沟通的方式,是旅游推销人员说服旅游者购买旅游产品的过程。在此过程中,实现旅游产品由推销人员向旅游消费购买者的转移,达到既做成交易、销售产品,又能满足旅游者需求、帮助他们解决问题的双重目的。

旅游企业的销售工作并不仅仅是营销部人员的工作,实际上是全体员工共同努力销售的结果,尤其是那些与顾客接触的一线员工或那些"营销大使",比如酒店前台接待、旅行社导游和餐厅服务员等。

人员推销是一种非常昂贵的营销方式,成本包括销售人员的工资、培训费、差旅费、娱乐费及办公设备费等。往往长时间的准备工作就是为了短短几十分钟的真正推销时间,即与顾客面对面交流的时间相对较少,而大部分时间都用来做准备及跟进工作。因此,这就更显示出了那部分真正与顾客接触的时间尤其"珍贵"。日常经营活动中对现有顾客进行推销虽说在酒店比较常见,但很多旅游企业更倾向于将人员推销用于能产生大量销售额的团体销售,如酒店针对会议团体、旅行社、航空公司等进行的推销或旅行社针对企业进行的奖励销售。人员推销也是餐饮承包公司获取新客户的主要方式。但这里我们主要以酒店为例讨论人员推销。

(二)人员推销的职能

1. 传递信息

通过人员推销直接与客源市场的客户和潜在游客面对面地交谈、详细介绍产品和服务、回答询问,能产生亲切感与信任感。在这种时候,推销员较之广告等更能引起注意。

2. 销售产品与服务

在客源市场,推销人员是企业的代表。推销人员不仅仅是将产品卖给顾客,而是有责任解释一切,包括介绍产品和企业的政策,在一定的权限范围内处理一些技术问题,如旅行线路的交通、项目、食宿安排,与客户商谈价格等。

3. 获取市场信息

在企业里,推销员又常被看作是顾客的代言人。他们最了解顾客喜好,最了解竞争对手和竞争对手的新产品、新战略等。这些信息反馈回来。对企业制定调整营销战略、实施计划、实行控制是十分有益的。

4. 提供服务

推销人员要向现实与潜在游客提供各种服务,包括回答咨询、给予技术协作、提供售后服务等。

(三) 人员推销的特点

1. 人员促销具有很大的灵活性

在推销过程中,买卖双方当面洽谈,易于形成一种直接而友好的相互关系,通过交谈和观察,推销员可以掌握顾客的购买动机,有针对性地从某个侧面介绍商品特点和功能,抓住有利时机促成交易;可以根据顾客的态度和特点,有针对性地采取必要的协调行动,满足顾客需要;还可以及时发现问题,进行解释,解除顾客疑虑,使之产生信任感。

2. 人员促销具有选择性和针对性

在每次推销之前,可以选好具有较大购买可能的顾客进行推销,并有针对性地对未来顾客做一番研究,拟定具体的推销方案、策略、技巧等,以提高推销成功率。这是广告所不及的,广告促销往往包括许多非潜在顾客在内。

3. 人员促销具有完整性

推销人员的工作从寻找顾客开始,到接触、洽谈,最后达成交易。除此以外,推销员还可以担负其他营销任务,如了解顾客的需求变化、顾客使用后的反应等。而广告则不具有这种完整性。

4. 人员促销具有公共关系的作用

一个有经验的推销员为了达到促进销售的目的,可以使买卖双方从单纯的买卖关系发展到建立深厚的友谊,彼此信任,彼此谅解。这种感情增进有助于推销工作的开展,实际上起到了公共关系的作用。

二、人员推销的形式

旅游行业一般采用三种人员推销方式:上门推销、电话推销、营业场所促销。旅游企业可以根据实际市场需要采取任意组合方式。

(一) 上门推销

即旅游企业指派专职推销人员携带旅游产品或服务的说明书、宣传材料及相关合同材料走访客户进行推销的方式。这是一种主动出击式的"蜜蜂经营法"。犹如哪里有鲜花(消费者),哪里就有蜜蜂(推销员)一样。这种最为古老,最为熟悉的推销方式,被旅游企业和旅游消费者广泛地认可和接受。这种方式推销方式的特点主要体现在推销人员主动向旅游者靠拢。因此,推销员同旅游者之间的感情联系尤为重要,要求推销人员既要有百折不挠的毅力,还要掌握寻找推销对象、把握恰当的推销时机、学会交谈艺术等推销技巧。

(二) 电话推销

电话推销是旅游企业的销售人员通过电话与旅游者进行沟通,最后直接或间接促进销售结果的推销方式。电话在旅游企业销售人员进行促销时充当了极为重要的角色。通过电话交谈,销售人员可以发现理想的促销对象,确定他们的旅游消费能力的和出游倾向。电话推销还可以用来做上门推销的预约,了解有关的背景情况,及时答复旅游者提出的有关问题,确认旅游者有关的细节等。

旅游企业使用电话推销的另一个重要方式是接受问询和预定。在今天,利用电话、传真和 Email 等方式接受信息查询和预定已经成为目前旅游企业进行销售的最普遍的方式。通过拨打 400 电话查询有关旅游产品和服务信息也是国际旅游业通行的服务方式。这就要求旅游企业加强对相关工作岗位员工的培训,让他们学会如何巧妙地利用电话向旅游者传递相关信息。

(三)营业场所推销

营业场所推销也被称为"柜台推销",是指营业员向光顾门店的旅游者销售旅游产品(服务)。这是一种非常普遍的"等客上门"式的推销方式。这里的营业员就是推销员,其职能都是与顾客直面接触,面对面交谈,介绍商品,解答疑问,促成销售。这种推销方式有两个主要特点:一是旅游者寻求旅游产品,主动地向推销员靠拢;二是营业场所的产品线路和服务种类繁多,花色、式样丰富齐全,便于旅游者挑选和比较。

三、人员推销的过程

(一)寻找顾客

旅游推销人员需利用各种渠道和方法寻找消费购买者,包括现有的和潜在的消费购买者,了解潜在消费购买者的需求、支付能力和购买权力,做出购买资格评价,筛选出有接近价值和接近可能的目标顾客,以便集中精力进行推销,提高成交比例和推销工作效率。

(二)接近前准备

旅游推销人员在推销之前,必须进行充分的准备。包括尽可能地了解目标顾客的情况和要求,确立具体的工作目标,选择接近的方式,拟定推销时间和线路安排,预测推销中可能产生的一切问题,准备好推销材料(如景区景点及饭店设施的图片、照片、说明材料、价目表、包价旅游产品介绍材料)等。准备就绪后,推销人员需要用电话、信函等形式向访问对象讲明访问的事由、时间、地点等,与准顾客进行事先约见。

(三)接近目标顾客

旅游推销人员经过充分准备和约见,就要与目标顾客进行接洽。接近顾客的过程往往比较短暂,在这极短的时间里,推销人员要依靠自己的才智,根据掌握的顾客材料和接近时的实际情况,灵活运用各种接近技巧引发和维持消费者对访问的兴趣,达到接近顾客的最终目的。

(四)推销面谈

接近与面谈是同顾客接触过程中的不同阶段,两者之间没有明显的绝对界限,本质区别在于谈话的主题不同。接近阶段多侧重于让顾客了解自己,有利于沟通双方的感情和创造良好的推销气氛,而面谈阶段往往集中在推销旅游产品、建立和发展双方的业务关系、促使顾客产生购买欲望。通常,推销面谈需要推销人员利用各种面谈方法和技巧,向消费购买者传递旅游企业及产品信息、展示顾客利益、消除顾客疑虑、强化购买欲望,让顾客认识并喜欢所推销的旅游产品,进而产生强烈的购买欲望(通常是用 AIDA 法则)。

(五)处理异议

面谈过程中,顾客往往会提出各种各样的购买异议,诸如需求异议、价格异议、产品异议、服务异议、购买时间异议、竞争者异议、对推销人员及其所代表的企业的异议等,这些异议都是顾客的必然反应,它贯穿于整个推销过程之中,销售人员只有针对不同类型的顾客异议,采用不同的策略、方法和技巧,有效地加以处理与转化,才能最终说服顾客,促成交易。

(六)成交

成交是面谈的继续,也是整个推销工作的最终目标。优秀的推销员,要密切注意成交信号、培养正确的成交态度、消除成交的心理障碍、谨慎对待顾客的否定回答、把握最后的成交机会,灵活机动,采取有效的措施和技术,帮助消费购买者做出最后选择,促成交易,并完成成交手续。

(七)后续工作

达成交易后,推销员就应着手履行各项具体工作,做好服务,妥善处理可能出现的问题。应着眼于旅游企业的长远利益,与顾客保持和建立良好的关系,树立消费者对旅游产品与服务的安全感和信任感,促使他们连续、重复购买,利用顾客的间接宣传和辐射性传导,争取更多的新顾客。

四、旅游产品人员推销的技巧

(一)开发新客户的技巧

1. 新客户来源

推销人员要善于挖掘企业现有的客户资源,学会利用现有的客户介绍未来可能的潜在客户。推销人员应设法从自己的每一次推销活动中,得到其他更多的潜在客户的名单,为下次推销访问做好准备。这是旅游企业寻找客户、取信顾客的最佳方法。它能避免推销人员的主观臆断性,可以较好地赢得潜在客人,而且更具有说服力。

2. 确定有影响力的客户

在某一特定的客户群中发展一些具有一定影响力的人物,利用该客户的威望和影响力提高旅游产品的声誉和市场形象,进一步把该顾客群里的组织或个人变成推销人员的新客户。

3. 寻找决策者

寻找团体或家庭中的购买决策者,是开发新客户的另一捷径。所以寻找客户时,尤其是寻找团体客户时,要设法搞清有权力的最后决策人和最能影响决策人的关键人士。对团体顾客而言,团体单位的采购人员、财务主管、经理的秘书往往不同程度地参与决策,他们的职务、地位、权威形成不同的影响力和说服力。对家庭而言,要分清家庭成员中使用者和购买行为的决策者。

(二)访问的技巧

1. 掌握相关信息资料

旅游推销人员在访问目标顾客前必须了解和掌握四个方面的内容:第一,要推销的旅游产品与服务的情况。第二,竞争者的相关信息。主要了解竞争对手的产品与本企业的产品的价值含量、可替代性程度、服务等方面的差别以及竞争对手产品的市场形象、目标客人类型、推销策略等。第三,潜在客户,辨别其是不是理想的推销对象。包括顾客的姓名、年龄、性别、职业、社会阶层、消费能力、影响力、兴趣爱好及家庭状况等。对团体顾客应了解团体的单位名称、规模、资信、职能、经营实力、市场形象、内部组织机构关系、决策者等。由于影响团体顾客购买行为的因素较多,加之团体顾客购买过程较注重合理性,因此,还须对其购买习惯、组织的发展历史、经营思想、购买目的、企业生产的主要方向等进行了解。第四,市场供需状况。主要是了解被推销的旅游产品供求关系现状,以及该旅游产品在不同地区市场上有何差异和市场供求的发展趋势等。

2. 选择适当的接近方法

接近方法适当可以很快和顾客拉近距离。"自然"是贴近顾客的基本要求,如果让对方感觉唐突或者冒昧,就会引起对方的反感导致洽谈失败。赞美、寒暄、提问、问候等都是很好的接近顾客的方法。

(三)提问的技巧

语言是推销人员打动顾客、取得推销成功的重要工具。语言如果使用得体,成功概率就非常大;反之则难免失败。因此,为了取得成功,必须综合运用多种提问技巧,包括选择式提问、征询式提问、反问式提问等。

五、人员推销的管理要点

(一)人员推销的规模和结构

1. 推销人员的规模

合理确定推销人员的规模,是人员推销管理的首要问题,确定推销人员规模的方法有两种。

一是销售能力分析法。通过测量每个推销人员在不同范围、不同市场潜力区域内的推销能力,计算在各种可能的推销人员规模下,企业的总销售额及投资收益率,以确定推销人员的规模。

二是推销人员工作负荷量分析法。即根据每个推销人员的平均工作量及企业所需拜访的客户数目来确定推销人员的规模。

2. 人员推销的组织结构

（1）产品型结构

即将企业的产品分成若干类，每一个推销员（或推销组）负责推销其中的一类或几类产品。这种结构适用于产品结构类型较多并且技术性较强、产品间缺少关联的情况。

（2）区域型结构

将企业的目标市场分成若干区域，让每个推销人员负责一定区域内的全部推销业务，并定出销售指标。采用这种结构有利于推销人员与顾客建立良好的人际关系，并且有利于节约交通费用。

（3）顾客型结构

按照目标客户的不同类型（如所属行业、规模大小、新老客户等）组织推销人员，即每个推销员（或组）负责向同一类顾客进行推销活动。采用这种结构有利于推销人员了解同类顾客的需求特点。

（4）综合型结构

即综合考虑产品、区域和顾客等因素，来组成推销人员队伍。采用这种结构时，每个推销员的任务都比较复杂。

（二）推销人员的选择、评价和报酬

1. 推销人员的基本条件

推销人员应熟悉企业产品情况，了解市场上同类产品的基本情况并能正确地进行比较和鉴别。

推销人员应熟悉企业情况，以便随时回答顾客的咨询。

推销人员应掌握市场营销的基本理论和技能，在市场上灵活地开展推销活动。

推销人员应认真学习并努力掌握各种政策法规，以便使自己的推销行为符合政策法规的要求，避免违法违纪的现象。

推销人员应具有胜任推销工作的个人素质。推销员在推销商品的同时也在推销自己。所以，推销员必须有良好的气质和职业素养，仪表端庄，热情大方，谦虚有礼，必须具有一定的沟通和社交能力，能够与各种各样的人打交道，善于倾听和说服；必须具有自我控制能力，无论遇到什么情况，都能沉着冷静，应付自如。

2. 推销人员的评价和报酬

对推销人员进行评价的主要指标是：销售量增长情况；毛利；每天平均访问次数及每次访问的平均时间，每次访问的平均费用，每百次访问收到订单的百分比；一定时期内新顾客的增加数及失去的顾客数目；销售费用占总成本的百分比。

推销人员的报酬主要有两种形式：一是销售定额制，即规定销售人员在一年中应销售多少数额并按产品加以确定，然后把报酬与定额完成情况挂钩。二是佣金制。即企业按销售额或利润额的大小给予销售人员固定的或根据情况可调整比率的报酬。佣金制度能鼓励销售人员尽最大努力工作，并使销售费用与现期收益紧密相连，同时，企业还可根据不同产品、工作性质给予销售人员不同的佣金。但是佣金制度也有不少缺点，如管理费用过高、导致销售人员短视行为等。所以，它常常与薪金制度结合起来运用。

第五节　旅游营业推广

一、旅游营业推广的概述

(一) 旅游营业推广的概念

旅游营业推广是指旅游企业在某一特定时空范围内,通过刺激和鼓励交易双方,并促使旅游者尽快购买或大量购买旅游产品及服务而采取的一系列促销措施和手段。其预期的效果是使旅游者产生立即购买或大量购买的行为。

由于旅游营业推广具有强烈的刺激性,比较容易获得旅游者的快速反应,因而会产生立竿见影的效果。它是一种辅助性的促销工具,是广告和人员推销的补充措施,同其他促销方式结合起来,会有明显的促销效果。

(二) 旅游营业推广的职能

1. 加速新的旅游产品进入旅游市场的进程

旅游产品与服务在投入旅游市场的初期,大多数的旅游者或目标消费者对其还没有足够的认识和了解,不可能立即产生积极的反应和强烈的消费欲望。然而通过一些必要的促销措施,能够在短期内迅速地为旅游新产品销售开辟通路。如免费旅游、特价优惠旅游、特价美食节、新旧产品搭配出售以及退款优待等营业推广方式是行之有效的措施。

2. 抵御竞争者的营业推广促销活动

有效地抵御竞争是旅游企业求生存、谋发展的必由之路。当竞争对手大规模地发起营业推广促销活动时,企业若不及时采取相对有效的促销措施,常常会大面积地损失已有的市场份额,坐以待毙。因此,营业推广是旅游市场竞争中对抗和反击竞争对手的有效武器。如采用免费赠品、折扣优惠、服务促销、联合促销等方式来增强旅游产品对旅游者的吸引力,以稳定和扩大消费购买群体,抵御竞争者的侵蚀。

3. 增加旅游产品和关联产品的销售

运用旅游营业推广促销手段,既可以通过购买馈赠、交易补贴、批量折扣、经销竞赛等方式来劝诱中间商更多地购买,并同企业保持稳定、良好的购销关系,促使其制定有利于旅游企业的经营决策;又可以加强对旅游消费者的刺激与激励。如用赠品印花、类别顾客折扣、旅游者竞赛与抽奖等方式来指明旅游产品新的利益,提高旅游者对该旅游产品的注意与兴趣,从而增加对旅游产品的消费,提高整体产品的销售额。

二、旅游营业推广的对象及类型

(一) 旅游营业推广的对象

1. 对旅游者的营业推广

针对旅游消费者的营业推广,目的是使有购买意愿的消费者尽快做出购买决定。包括鼓励现有消费者购买本企业的新产品、吸引更多的潜在消费者的购买兴趣,或争夺竞争对手的市场份额等。常采用的推广方式有赠送优惠券、各类小纪念品、有奖销售、会员金卡等。

2. 对旅游中间商的营业推广

针对旅游中间商的营业推广,目的是调动中间商的积极性,鼓励中间商大量购进并出售本企业的产品。常采用的推广方式有编制小册子、开展销售竞赛、让利折扣、推广津贴、举办和参加国际旅游展览会或博览会等。

3. 对旅游推销人员的营业推广

针对本企业的推销人员的营业推广,目的是调动旅游推销人员的工作积极性,鼓励推销人员多销售、开拓更多的潜在市场。常采用的推广方式有奖金激励、开展推销竞赛、组织奖励旅游、免费提供人员培训、技术指导等。

(二) 旅游营业推广的主要形式

1. 免费营业推广

免费营业推广是指向旅游消费者提供免费的物品或利益。在提供短程激励的营业推广领域里,这种营业推广刺激程度和吸引力强度最大,旅游者也乐于接受。包括赠品、免费纪念品和赠品印花三种。如资料链接 11 - 1 所述。

资料链接 11 - 1 🔍 ························

赠品印花

赠品印花是指在活动期间,旅游者必须收集积分点券、标签或购买凭证等证明(即印花),积累到一定数量时,则可兑换赠品;或者旅游者必须重复多次到某旅游企业消费,才能够收集足够的赠品印花。因此,很多人将赠品印花也称为积点优惠。

赠品印花最大的好处就是建立品牌忠诚度。由于旅游消费者想要获得赠品印花必须在参加完此项促销活动后继续保持后续的购买行为,这就为建立品牌忠诚度奠定了基础。此外,赠品印花有利于在同类产品中创造差异化,并能以较低促销成本取代高额的广告投入。

2. 优惠营业推广

优惠营业推广是让旅游企业以低于正常价格水平的价格向旅游消费者或经销商提供旅游产品。其核心是推广者让利,接受者省钱。优惠营业推广工具十分广泛,重点是运用折扣衍生出的多种推广工具,如折价券、折扣优惠、退款优惠等。如启迪案例 11 - 7 所述。

启迪案例 11-7 🔍 ···

2000 万丽水旅游消费券进杭城

2016 年 5 月,为了迎接 G20,丽水市向杭州市民派送总额达 2000 万元的旅游消费券,分别为景区消费券、民宿消费券各 1000 万元。杭州市民,通过手机号码归属地认证,单个用户最高可以获得 2000 元的消费券。领到消费券后,杭州市民可以在 7 月 1 日到 9 月 23 日之间前往丽水进行旅游消费,在丽水九个县市的 35 个景区和 109 家民宿均可享受优惠。

消费券的派送渠道分线上、线下两个渠道,分别发放 1600 万的微信卡券和 400 万的实体消费券。线上的微信互动游戏设置已经完成,分 6、7、8 月三个时段轮番进行,多玩多得,上限 1000 元,单个用户最多可获得 1000 元的门票券和民宿券各 1 张,总额 2000 元。线下派送有两个途径,一是从 6 月 14 日至 6 月 30 日的社区、高校、企业宣传推广活动,二是分布在杭城的 100 多家"丽水山耕"社区销售点,6 月 14 日起将开展"满 200 元丽水山耕农产品送 100 元门票券或民宿券活动"。

杭州市民只需关注丽水旅游官方微信参与"翻牌""找茬""朋友圈集赞"等简单易上手的小互动,便能赢取旅游消费券。

图 11-9 丽水旅游推广活动

(资料来源:http://news.163.com/16/0620/03/BPVLJA6S00014AEF.html)

3. 竞赛营业推广

竞赛营业推广是利用人们好胜、竞争、侥幸和寻求刺激等心理,通过举办竞赛、抽奖等富有趣味和游戏色彩的推广活动,引起旅游者、经销商或销售人员的参与兴趣,推动和增加销售。主要工具有旅游者竞赛与抽奖、经销商销售竞赛和推销人员的销售竞赛等。

4. 组合营业推广

(1) 联合推广

联合推广是指多家旅游企业联手进行旅游推广,以达到互利共赢得效果。举办旅游年是世界各国普遍采用的行之有效的联合推广方法之一。

（2）服务推广

通过售前服务、订购服务、代办服务、咨询服务、售后跟踪服务等多种服务形式,提高旅游企业的声誉,增加旅游产品的知名度和信任度,促成旅游企业市场渗透的顺利实现和更好地完善、更新旅游产品。

（3）包价旅游

包价旅游是旅游特殊推广方法,是各类营业推广工具的集成使用。包价旅游形式繁多,常用的有会议组合包价旅游、商务组合包价旅游、周末组合包价旅游、节假日组合包价旅游、目的地组合包价旅游、特别主题组合包价旅游等多种多样的形式。

三、旅游营业推广的过程

（一）旅游营业推广方案的策划

1. 确立旅游营业推广目标

旅游营业推广目标是从总的促销组合目标中引申出来的,表现为这一总目标在促销策略方面的具体化。确定旅游营业推广目标要回答"向谁推广"和"推广什么"两个问题。因此,营业推广的具体目标应根据目标市场类型的变化而变化。针对不同类型的目标市场,拟订不同的旅游营业推广目标。例如,针对旅游消费者而言,目标可以确定为鼓励老顾客经常和重复购买旅游产品,劝诱新的旅游者试用等;针对旅游中间商而言,目标可以确定为促使中间商持续地经营本企业的旅游产品和服务,提高购买水平和增加短期销售额等;针对旅游推销人员而言,目标可以确定为鼓励推销人员大力推销旅游新产品和服务,刺激淡季销售和寻找更多的潜在旅游者等。

2. 选择旅游营业推广方式

旅游营业推广目标一旦确定,就需要选择实现目标的手段和措施。旅游营业推广的方式是多种多样的,每种方式都有其各自的特点和适用范围。一般来说,一种营业推广方式可以实现一个目标,也可以实现多个目标。同样,一个营业推广目标可以由一种推广方式实现,也可以由多种推广方式优化组合实现。

3. 制定旅游营业推广方案

（1）选择营业推广对象

旅游企业可以面向目标市场的每个人施以刺激,也可以选择某些群体施以刺激。促销目标范围的大小,直接影响到营业推广方案的制定和最终的促销效果。

（2）选择营业推广媒介

推广媒介的选择主要是确定通过何种途径向消费者传递信息,如广告、直邮、广告传单等。各种推广途径所需费用不等,信息传达范围不同,旅游企业需要权衡利弊,进行费用与效益比较,选择最有效的推广途径。

（3）确定营业推广时机

营业推广时机的确定主要包括开始的时点和推广期的长短。时点的选择多根据市场销售情况确定,通常在销售淡季进行。推广期长短应该适中,推广期过短,可能无法实现重复购买,甚至许多潜在消费购买者还没有购买;推广期过长,又会引起开支过大、给旅游消费者造成长期降价的假象,无法促使他们立即购买。

(4) 分配营业推广预算

旅游营业推广是一项较大的支出,事先必须进行筹划,拟订推广预算。拟定推广预算通常有两种方法,一种是先确定营业推广方式,然后再计算其总费用;另一种是按一定时期内推广预算占总促销预算的比例来确定。

(二) 旅游营业推广方案的实施与控制

在旅游营业推广方案的实施与控制中,应注意和监测市场的反应,并及时进行必要的促销范围、强度和重点等调整,保持对促销方案实施的良好控制。因此,旅游企业要尽可能地进行周密的策划和组织,预测实施中可能产生的问题,并预先做好解决所有突发性事件的准备与安排。

(三) 旅游营业推广效果评估

对旅游营业推广活动的效果进行评估,是检验推广促销活动是否达到预期目标的唯一途径。评估效果既包括短期效果,也包括长期效果。但在很多情况下,长期效果的衡量,只能采用定性或定量预测的方法来判断估计,而且结果也较粗略。因此,效果评价多数侧重于短期效果的评估。尽管推广效果评估方法很多,但普遍采用的一种方法是把推广之前、推广期间和推广之后的销售情况进行比较,因为短期销售量的变化幅度是衡量旅游营业推广效果的最好依据。

第六节　旅游促销组合

一、旅游促销组合概念

所谓旅游促销组合,是指旅游企业为了实现其市场营销的战略目标,适当选择与综合运用旅游广告、旅游公共关系、人员推销以及旅游营业推广等各种可能的促销策略和手段,并将其组合成一个系统化、有机组合的整体,形成整体的促销攻势,以使旅游企业得以获取最佳效益,谋求长远稳定发展的谋略。

二、影响促销组合的因素

面对众多的旅游促销工具,营销策划人员应该如何入手,才能打出漂亮的旅游促销"组合拳"? 这有赖于我们对促销组合造成影响的因素有充分的了解,下面来介绍一下相关的影响因素。

(一) 促销目标

促销目标是影响旅游促销组合决策的首要因素。从前几节的内容中我们可以看到,每种促销工具——旅游广告、旅游公共关系、人员推销、营业推广——都有各自独有的特性和成本。旅游营销人员必须根据具体的促销目标选择合适的促销工具组合。

(二) 产品特点

一个好的旅游产品会涉及食、住、行、游、购、娱等多方面的内容,因而不同的产品之间,差异性很大,旅游者也会有不同的购买行为和购买习惯。因此,在制定促销策略时一定要充分考虑旅游产品的特点,从而来确定不同的促销组合,如对于人们熟悉的、简单的、价格较低的线路产品,可以以广告为主、其余策略为辅的促销组合;对于人们不熟悉的、复杂的、价格昂贵的产品,可以以人员推销为主、其余策略为辅的促销组合。

(三) 旅游产品生命周期

旅游产品在不同的生命周期阶段具有不同的特征,需要采取不同的促销组合。例如河北野三坡初期,促销目的是宣传产品的特性,使消费者了解以便下决心购买,因此促销的组合以广告为主、其余手段为辅。又如桂林山水,在国内外知名度很高,已经创出了品牌,成了吸引游客的拳头产品,处于成熟期,这时的促销目标是提高市场占有率,吸引潜在游客,促销组合采用以广告和人员推销为主,营业推广和公共关系为辅的策略。产品生命周期阶段与促销组合的关系如表 11-4 所示。

表 11-4　旅游产品生命周期阶段与促销组合关系

产品生命周期	促销目标	促销组合	产品
导入期	旅游中间商、旅游者了解产品	广告和公关为主	湘湖
成长期	提高市场占有率、增加旅游者信任	广告、人员推销为主	西溪湿地
成熟期	稳定客源,吸引潜在客源,提高市场占有率	广告、人员推销为主	西湖
衰退期	提高产品信誉、促进旅游者购买	营业推广为主	

(四) 旅游市场特征

市场特点也是影响促销组合决策的重要因素。市场特点受每一地区的文化、风俗习惯、经济政治环境等的影响,促销工具在不同类型的旅游市场上所起作用是不同的,所以我们应该综合考虑市场和促销工具的特点,选择合适的促销工具,使它们相匹配,以达到最佳促销效果。从市场特征看,老年人细分市场或妇女细分市场相对集中,可采用人员推销为主的促销组合;旅游者分布较广,则应采取广告为主的促销组合。如启迪案例 11-8 所述。

启迪案例 11-8 🔍
六月毕业游市场规模庞大,在线旅游促销战争夺"90 后"

高考结束后,说走就走的旅行成为绝大多数毕业生的首选。6 月 8 日紧张的高考一结束,预订旅游产品和咨询线路的人数猛飙一倍,毕业生们扎堆出游。

国内最大的在线旅行社携程旅行社从 2015 年全面开发毕业游市场,以争夺最具潜力的"90后"群体。根据估算,中国高考报名考生超过了942万人,按照人均3000元左右的预算来估算,毕业游市场规模将达近300亿元,是一个蓝海市场。从携程获悉,根据其发布的毕业旅游调查,毕业旅行的预算大部分集中在1000~5000元之间。预算1000元以下的占10%,1001~3000元的占43%,3001~5000元的占29%,5001~10000元的占15%,10001元以上的占3%。

为争夺千万级别的毕业生旅游市场,旅游网站不仅推出大量毕业游线路,在规模、形式、内容上,都远比传统旅行社丰富,并且针对毕业生推出最高立减数千元的促销活动。近日,携程宣布联合银行、全球旅游局全面升级暑期促销活动,包括第二人免单,泰国旅游减2000元,日本旅游最高减1500元,三亚旅游999元起,买一送一、美国加拿大旅游7999元起、最高减2000元等大力度优惠活动。据了解,携程集合了超过2000家旅行社的产品,目的地线路超过500种,天天都能出发。

（资料来源：http://www.cnfl.com.cn/2015/0611/34517.html）

（五）旅游企业特征

企业特征是指企业的规模、资金、市场覆盖率等。企业特征的差别决定了促销组合的差别。如旅游饭店,它的规模为90个床位,属小型饭店,资金有限,经营目标是接待小型旅游团体,则适用以人员推销为主的促销组合。

三、旅游促销组合策略的制定

（一）推拉策略

1. "推式"策略

即以直接方式,运用人员推销手段,把产品推向销售渠道,表现为在销售渠道中,每一个环节都对下一个环节主动促销,强化顾客的购买动机,说服顾客迅速采取购买行动。如旅游地的景区和饭店把产品推销到客源地的旅行社或如携程之类的旅游中间商,再由他们向目标旅游者进行主动推销。这种方式中,促销信息流向和产品流向是同方向的。因而人员推销和营业推广可以认为是"推"的方式。采用"推"的方式的企业,要针对不同的产品、不同的对象,采用不同的方法。

该策略适用于以下几种情况。

（1）旅游企业经营规模小,或无足够资金用以执行完善的广告计划。

（2）市场较集中,分销渠道短,销售队伍大。

（3）产品具有很高的单位价值,如特殊品、选购品等。

2. "拉式"策略

拉式策略就是旅游企业不直接向旅游中间商做促销,而是通过广告和公共宣传等措施直接吸引目标旅游者,立足于直接激发最终旅游者对购买旅游产品的兴趣和动机,促使其主动向旅行社或其他中间商去购买这些产品和服务,最终达到把旅游者拉引到本旅游地或旅游企业身边来的目的。购买这些产品的旅游者多了,零售商就会去找批发商,批发商觉得有利可图,就会去找旅游企业采购。采用"拉"的方式,促销信息流向和产品流向是反向的。其优点就是能够直接得到旅游者的支持,不需要去讨好中间商,在与中间商的关系中占有主动权。但采用"拉"的方式需要注意,中间商是否有良好的信誉及经营能力。这种策略适用于以下情况。

（1）对产品的初始需求已呈现出有利的趋势,市场需求日渐上升。

（2）产品具有独特性能,与其他产品的区别显而易见。

（3）能引起消费者某种特殊情感的产品。

（4）有充分资金用于广告。

"推式"策略和"拉式"策略都包含了旅游企业与旅游者双方的能动作用。但前者的重心在推动,着重强调了企业的能动性,表明旅游需求是可以通过企业的积极促销而被激发和创造的;而后者的重心在拉引,着重强调了旅游者的能动性,表明旅游需求是决定生产的基本原因。企业的促销活动,必须顺乎消费需求、符合购买指向才能取得事半功倍的效果。许多企业在促销实践中,都结合具体情况采取"推""拉"组合的方式,既各有侧重,又相互配合。

（二）锥形辐射策略

锥形突破是一种很有效的非均衡快速突破策略,它是指旅游目的地或旅游企业将自身的多种旅游产品排成锥形阵容,而以独有的、最具招徕力的拳头产品作为开路先锋（锥尖）,以求其像锥子一样迅速突破目标市场,然后分梯级阶段连带层层推出丰富多样的旅游产品。例如,河南省以少林拳、陈氏太极拳作为开路先锋,采用锥形辐射策略打入新加坡国际旅游市场。这种策略是以人员推销、营业推广为主,辅之以广告宣传的促销组合。

（三）创造需求策略

这是指旅游企业根据自身优势或特点,举办一些独具特色的旅游项目或活动,诱发、创造旅游需求的策略。这一策略在原有市场需求的基础上,引导消费者和潜在消费者购买本企业的产品。旅游淡季或不太知名的旅游景区、企业更宜采用这一策略。例如在当地举办独特的文化节、艺术节等活动吸引游客。创造需求策略可采用以广告为主,人员推销为辅的方法吸引客源。

本章小结

💬 关键术语

旅游促销 旅游广告 媒介 公共关系 危机公关 人员推销 旅游促销 推拉策略

💬 内容提要

旅游营销者可以通过旅游促销向广大旅游旅游者传递产品和服务信息,以促进其购买行为。旅游促销主要包含了旅游广告、人员推销、公共关系和营业推广等诸多方式。

旅游广告是促销的主要手段,想要取得良好的广告效果,必须要详细了解各类广告媒介的优缺点,目前旅游广告投放最多的媒介有印刷媒介、电子媒介、户外媒介、网络媒介和实物媒介。此外,旅游广告在投放时可以选择集中式、连续式和间歇式三种不同的投放策略,旅游广告投放以后需要按照合理的方法对效果进行评估。

旅游公共关系也是用来对旅游地和旅游企业进行宣传的有用手段,公共关系有别于广告,具有独特的优势,旅游企业可以通过新闻报道、赞助活动、事件公关以及参加旅游展销会等方式来开展公关活动,当遇到游客投诉或各类负面影响的事件时,应立即启动合理的危机公关措施。

人员推销是一种人与人沟通的营销方式,具有灵活性和针对性强等特征,人员推销有三种主要的方式:上门推销、电话推销、营业场所促销。完整的人员推销涉及先后七个不同步骤,并需要一定的技巧才能较好地使用这种促销方式。

旅游营业推广的对象可以是旅游者、中间商和旅游推销人员中的任何一类,其方式有免费营业推广、优惠营业推广、竞赛营业推广和组合营业推广多种类型;完整地营业推广包含了从策划到实施到评估的一系列流程。

实际的旅游促销中往往需要运用多种旅游促销策略组合,如何选择合适策略需要考虑多种因素,一般可以采用推拉策略、锥形辐射策略和创造需求策略。

课后练习

1. 为附近的某个景点景区设计一个针对暑假市场的促销方案。

2. 寻访一家酒店,查看他们近期所进行的促销活动,并评价其有效性。

案例讨论和延伸思考

英国等你来命名

如今,拥有一个中文名字在外国人中非常流行,不仅是个人,外国的名胜古迹和新鲜事物也需要一个耳熟能详的中文名。一般说来,外国事物的中文译名总是令人感到相当拗口,关于英国的许多中文译名也大多差强人意。而英国著名演员、神探夏洛克的扮演者Benedict Cumberbatch被中国人亲切地称作"卷福"(头发卷卷的福尔摩斯)。有感于中国人的创意,2014年12月初,英国旅游局在中国正式发起了"英国等你来命名"活动,推出了101个还没有响亮中文名的英国美景、趣事和奇物,正式邀请中国消费者为英国最受欢迎的景点和鲜为人知的"宝藏"提出更好的中文名建议,希望在这次全民头脑风暴中,产生无数最恰如其分、最机智风趣、最诗情画意、最令人浮想联翩和最值得铭记的中文名字。

这一活动耗资160万英镑,是英国旅游局迄今在中国推出的最大规模旅游营销活动。所选"待命名项目"覆盖了英伦三岛,包括皇家风尚、神秘奇趣、奢华购物、文娱庆典、文学电影、田园风光、自然奇观、历史文化、美食佳酿共九大主题。前英国驻华大使吴思田,明星胡歌、秦海璐、林依轮,超模刘雯,主持人李晨,作家马伯庸等明星名人还为九大主题代言。

中国旅游者可以通过特别打造的活动网站(www.visitbritain.com)以及微博等社交媒体

图 11-10 "英国等你来命名"活动海报

参与本活动,旅游者可以在活动网站上了解101个美景趣事的历史渊源和文化趣闻、听原名发音,并提交中文名、点"赞"和分享。获得"赞"最多的名字将赢得大奖。如果命名足够响亮,英国旅游局希望将其更新在电子地图、辞典、百科说明中,受合作伙伴及命名地的负责人官方认可和采用。这一创意还鼓励中国游客在活动期间直接动身前往英国,体验当地风景及文化,并在英国旅游局的中文社交媒体平台(微信和微博)上发布照片,在旅行中随手命名。

在了解和参与活动的过程中,中国旅游者可以认识到一个能满足多元化旅行梦想的全新英国。作为欧洲顶级时尚殿堂,英国聚集了伦敦 Savile Row、格拉斯哥 Style Mile 等不容错过的极致购物享受。如果希望远离都市繁忙喧嚣、融入乡野自然,不要错过苏塞克斯郡鬼斧神工的海滨悬崖 Beachy Head、威尔士最高的雪峰 Snowdonia 等壮丽惊险的奇观。

同时,一系列活动在线视频即将发布。这些视频以尝试为英国取名的普通中国消费者为主角。由英国旅游局与英国签证与移民局(UKVI)共同署名的"非凡英国"(GREAT)系列活动品牌海报和户外营销活动也将启动,向中国消费者介绍这些还没有响亮中文名的美景趣事,并鼓励和激发大家参与提交命名、投票互动。

英国旅游局战略传播总监 Patricia Yates 女士表示:"我们的目标是引发全中国对于英国的关注与讨论。这一活动不仅将增进中国消费者对英国旅行体验的认识,还有助于鼓励这些尊贵的客人前来探访我们国家不同的地区。"

图 11-11 英国命名景点

"在世界各国文化中,中国人最追求'名正言顺'。'名字'在中国文化中总能激发浓厚的想象与热情。同时,我们也注意到,许多英国的美景趣事都由于缺少一个响亮的中文名字而有些令人遗憾。所以我们就想:为什么不去邀请中国人来给它们取一个中文名字呢?"英国旅游局全球市场总监 Joss Croft 如此说道。"中国网友在为这些美景趣事想名字的同时,会将英国作为一个潜在旅行的目的地而有更深刻的理解,并对这些最受欢迎的风景名胜和鲜为人知的'宝藏'产生一种强烈的亲密感。这就是真正社交理念的力量所在。"他补充道。

这个活动引起了中国网友的高度关注和积极参与。截至 2015 年 2 月 11 日(命名结束日),活动网站收到近 13000 个中文名,命名总投票数超过 43 万。其中不乏"摘星塔""尼斯湖暗影"等让人浮想联翩的创意命名。此外,网友建议将伦敦西区著名的高端定制一条街萨维尔街(Savile Row)命名为"高富帅之路";将位于威尔士西北,安格尔西岛上,拥有欧洲最长地名的威尔士村子"Llanfairpwllgwyngyllgogerychwyrndrobwllllantysiliogogogoch"命名为"健肺村",因为单单说出这个村名就需要有强大的肺功能。一位披头士乐队的忠实粉丝甚至千里迢迢奔赴英国,就为了能成为第一个给披头士乐队相关景点命名的中国人。

中国现在是世界上最大的出境游市场,中国游客在英国每年花费 5 亿英镑(约合人民币 48.0 亿元)。英国旅游局行政长官 Sally Balcombe 认为,相比欧洲其他国家,中国游客在英国停留的时间最长。平均每 22 名中国游客便可以带来英国旅游业的一个工作机会。英国旅游局也在 2015 年 2 月份宣布,2014 年境外游客在英国花费达 217 亿英镑(约合人民币 2085.6 亿元),同比增长 3%,旅游人数也达到 3480 万人次,比 2013 年增加 200 万人次,创造了新纪录。

(资料来源:案例改编自 http://www.digitaling.com/projects/13379.html)

问题:

1. 英国旅游局在本次旅游促销活动中借用哪些媒体,开展了哪些促销活动?
2. 本次旅游促销活动主要运用了什么样的旅游促销手段?
3. 本次旅游促销活动对你有何启示?

第五篇

创新趋势篇

第十二章
旅游营销创新趋势

引导案例及开篇思考

2017 年 12 月底,同程网联合新华网发布了《2018 新消费时代的目的地营销趋势预测》的分析报告,报告指出中国已经进入"第四消费社会",我国建设现代化进入冲刺阶段,经济增长进入高质量发展阶段,国民消费从数量转向品质,从物质层面转向精神层面,互联网经济深入人们生活的各个领域。由消费升级导致的用户消费习惯的改变是不可逆转的趋势,迎合这一趋势进行内容、渠道和模式的创新是旅游营销转型升级的必由之路。随着"后 APP 时代"移动旅行预订的崛起,"互联网+"开始深入旅游生活的方方面面,社交媒体、直播、VR、AR 等新媒体和新技术将被广泛应用于旅游营销之中,一种新的主流营销体系即将被催生,虽然任何的预测都未必准确,但我们仍然能够把握一些中国旅游营销的新脉动。本章将引导你去发现旅游营销未来的新趋势和新走向,让你明白旅游营销"路在何方"。请看下面案例。

直播+旅游:张家界创新旅游营销新模式

2017 年 6 月 29 日上午,"绝版张家界·直播惊世界"第二届"中国湖南·张家界民俗文化活动月暨首届国际网红直播旅游节"开幕式"千人狂欢大摆手"活动在张家界市武陵源核心景区水绕四门广场正式拉开帷幕,同时也意味着张家界正式进入"全民直播"时代。张家界市委、市政府领导出席了开幕式。

开幕式现场,拥有众多粉丝的平台网红董然、腾讯直播生活类排名第一的王巧娟、参加多次活动开业直播的全国新丝路模特大赛冠军刘敏、张家界本土网红米米七月、在刚落幕的《中国新歌声》湖南赛区中获得冠军并在花椒平台拥有大量粉丝的王小小等众多大咖级网红,以及来自西班牙、法国、乌克兰、俄罗斯、菲律宾等国外 500 多名网红参与现场直播,向全球分享与传播张家界绝版的山水风光和浓郁的民俗风情。他们用他们独特的视角、不同的展示平台,对整个民俗文化月开幕式进行了现场直播,还与现场参与的游客进行了趣味互动。著名歌手阿朵精彩绝伦的歌舞表演,土家傩面舞等民俗风情舞蹈的亮相与一系列非遗文化表演,将整个开幕式活动一步一步推向高潮。此次活动,为国内首次采用网红直播和全民直播形式进行旅游推介宣传,将直播与旅游紧密结合,举办网红经济论坛,探索实践"直播+旅游"发展模式,并将直播从室内泛娱乐形式推向室外"直播+娱乐"模式,在全国具有开创性意义。同时,期望通过持续的努力,将"中国湖南·张家界民俗文化活动月"

打造成像"西班牙斗牛节""柏林文化节"一样蜚声中外的世界文化品牌,给游客带来美好的文化享受。

据了解,2017年6月29至8月28日(农历六月初六至七月初七)举办的第二届"中国湖南·张家界民俗文化活动月"活动是由张家界市人民政府主办的全年最大的旅游文化创意营销活动,活动时间长,活动内容丰富,活动亮点突出。全市各大景区,近百家企业参与活动,近千名艺人参加民俗文化展演,万名网红积极参与全球直播张家界活动。在文化活动月期间,"千人狂欢大摆手""绝版张家界,祈福天门山"、万福温泉泼水节、桑植民歌大体验、千人狂欢茅古斯、千人傩面祭先祖、"赶火追爱"摸米火塘会、百米长卷绘武陵等十大主题活动和土家摸米女儿会、狐仙寻亲、云顶赶歌会等十大日常活动轮番上演,集中展示了张家界的民俗文化,吸引国内外游客前来参与体验张家界不一样的民俗风情。

在本次民俗文化月期间,直播在线观看量突破5000万人次,整个活动网络点击量突破1亿人次。据初步统计,6月29日至8月27日,张家界国家森林公园、天门山、张家界大峡谷三大主要景区共接待游客319万人,同比增长15.29%。在直播结束后的第一个周末,万福温泉接待人次较同期增加80%,创造了夏季温泉接待的小高峰。

通过"直播+旅游",张家界实现了旅游营销全区域联动、全资源整合、全要素协作、全行业参与、全媒体覆盖,成功带动旅游市场纵深发展,成为该市旅游营销的又一次创新之举。

(资料来源:案例改编自 http://baijiahao.com/s? id=1577030280497293398 & wfr=spider & for=pc)

? 思考

1. 你认为张家界在本次民俗文化活动月中采用了哪些营销手段?
2. "直播+旅游"这种营销方式在运用中你觉得应该要注意哪些问题?

第一节　旅游网络营销

一、旅游网络营销的概念

随着互联网的迅速发展,旅游网络营销(tourism cyber marketing)也开始成为很多企业的热门选择。到底什么是旅游网络营销,各个不同学科背景的专家学者各抒己见,至今尚未有统一的表述。所谓旅游网络营销存在广义与狭义之分。广义的旅游网络营销是指各类与旅游业相关的组织、机构,利用计算机和网络开展的一系列与旅游业相关的活动;狭义的旅游网络营销是指旅游企业利用网络、电脑通信和数字交互式多媒体来开展以销售旅游产品为中心的营销活动,从而帮助旅游企业实现营销目标,其实质是以计算机互联网技术为基础,通过与潜在旅游者在网上直接接触的方式,向旅游者提供更好的旅游产品和服务的营销活动。

旅游网络营销是在传统营销基础上产生的新的营销方式,利用网络这种手段来实现营销。但它并非是"虚拟营销",而是传统营销的一种扩展,即传统营销向互联网的延伸,所有的网络营销活动都是实实在在的。

二、旅游网络营销的优势

旅游网络营销方式虽然出现的时间比传统的营销方式要晚得多,但是凭借着自身独特的优势,已经获得了多数旅游企业和旅游目的地的青睐,这种优势主要体现在以下方面。

(一)旅游网络营销可以超越时间和空间限制进行信息交换

凭借着旅游企业网站等网络空间载体,任何旅游企业都有可能全天候提供全球性的营销服务,无论旅游者身处何方都可以在任何时间顺利获取他们想要知道的各种旅游信息,真正打破了地域时空限制,为旅游企业和旅游地实现真正的 7 天×24 时不间断的信息传递提供了可能。

(二)旅游网络营销借助于多媒体技术可以实现立体化的信息传播效果

随着现代互联网技术的不断发展,网络传播已经演变成图、文、声等各种媒体传播方式并存的卓越传播形式,利用目前的 3D 技术,甚至能创造出虚拟旅游环境,为电脑前的广大旅游者提供如同身临其境般的视觉感受,这就大大突破了传统传播媒介的局限性,使得旅游营销信息以更加多样的方式呈现在广大旅游者面前。

(三)旅游网络营销可以在最大限度上实现企业与游客之间的交互沟通

互联网的存在拉近了旅游企业和旅游者之间的"距离",无论是旅游企业和团体,还是旅游者,都可以自由地发布和寻找信息,自由地在网上开展交互式的沟通。特别是随着移动互联网应用的普及,如微博、微信等,使每一个旅游者都可以成为信息的发布者和传播者,因此,旅游网络营销兼具直接营销、目标营销、双向互动营销、参与式营销的特点。

(四)旅游网络营销具有高度的整合性

借助于旅游网站开展网络营销,在一定程度上可以帮助我们"一揽子搞定"营销工作,这是因为一个优秀的旅游网站集成了许多功能,可以在线浏览旅游信息甚至直接预订产品线路,通过在线支付直接完成旅游交易,可以在线填写旅游反馈,乃至旅游投诉等。因此,搞定它可以将旅游产品生产、售价、渠道、促销、市场调研、咨询、交易、结算、投诉等所有旅游事务一网打尽。

(五)旅游网络营销具有无与伦比的高效率

借助网络开展旅游营销,几乎可以不用顾忌媒体的信息容量瓶颈问题,而且也无须顾忌信息发布后的更新和修改,它可以帮助旅游企业或旅游地以最快的传播速度、最大的信息容量和最精确的信息内容实现营销信息传递,显示出了传统媒体无法企及的高效率。

(六)旅游网络营销有助于减少渠道流通环节,降低营销费用

旅游网络营销几乎具有了传统分销渠道成员的所有功能,并且可以减少营销渠道的流通

环节,不仅可以节省给中间商的佣金,节省物流成本,从而降低流通成本,也使得旅游企业有可能以较低的价格向公众出售其旅游产品,还加强了旅游产品生产者对其产品的控制力。

三、中国旅游网络营销现存的主要问题

虽然旅游产品的无形性和旅游资源的不可移动性使得"旅游"和"电子商务"的结合是"天生一对",CNNIC 在 2017 年 1 月公布的第 39 次《中国互联网络发展状况统计调查报告》数据显示,2016 年中国在线旅游市场交易规模达到了 6026 亿元,有 2.99 亿网民通过移动互联网预定线上旅行产品,旅游的消费者正在快速地向移动端迁移(见图 12-1)。目前,广大网民正在快速转向移动端,但是旅游企业和旅游地的营销手段和营销方式依然在"原地踏步",难以适应旅游消费快速发展的需要,这些问题在一定程度上制约了旅游网络营销的发展。

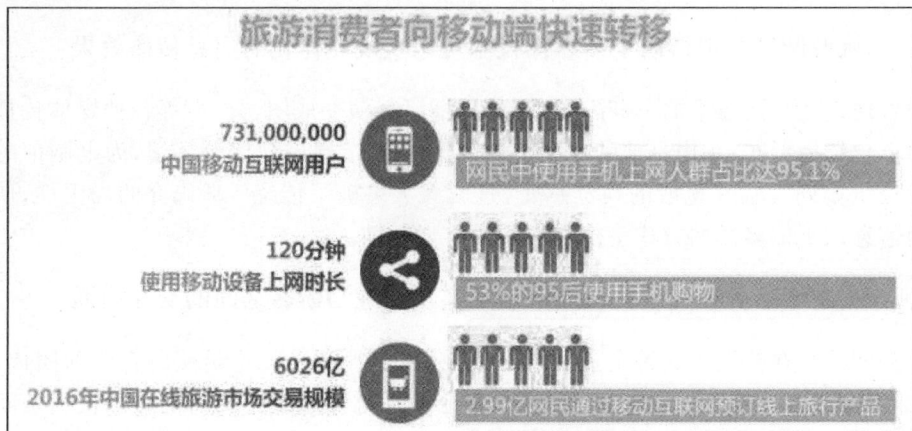

图 12-1　中国旅游者的网络消费变化

资料来源:CNNIC 第 39 次《中国互联网络发展状况统计调查报告》

(一) 企业开展旅游网络营销的方式不活,效果不佳

许多中小旅游企业对网络资源开发利用率非常低,网络营销也仅仅停留在旅游产品或旅游线路的网络广告、市场调研等环节,或者只是找人建个网站,然后将旅游企业名称、公司简介以及"上传"到网上,功能很不完善,甚至根本无法满足网络营销的基本需求。需要注意的是建设了一个旅游网站并不等于另一端坐在电脑前的旅游者一定能发现这个旅游网站并关注到企业想要表达的旅游营销信息,而网络营销的真谛也在于我们如何把营销信息推送到旅游者面前,甚至让旅游者自发地去寻找和关注相关的旅游信息。当网络营销都普及到 web2.0 的时候,依然有很多旅游企业做着"网络营销 Web 1.0"的事情,不会运用灵活的旅游网络营销方式,自然也不会取得良好的网络营销效果。

(二) 网络营销策略水平不高,专业化程度不强

我国绝大部分旅游企业对网络营销策略缺乏系统性研究,还没有形成一套自己适合国情和自身条件特点的网络营销策略,缺少专业化的网络营销队伍,不能充分发挥网络营销

的优势,难以产生高的网络营销收益。尤其是随着社交网络的普及,无论是旅游企业还是旅游地都需要借助社交媒介和旅游者进行"互动",许多旅游企业和旅游地虽然建立了公众微信号或官方微博,但是只停留在内容或者信息发布的初级阶段,缺乏和"粉丝"之间的互动性。此外,大多数微博在内容发布上缺乏专业性,许多旅游地官方微博内容杂乱,乏善可陈,没有亮点。其实只有注重保持内容质量,能够提供专业的服务信息的官方微博,才能保持一定的粉丝活跃度。以浙江省旅游局官方微博为例,该微博粉丝数为3009442位,其中有奖活动的微博得到粉丝较高的评论和转发,微博中的内容并非杂乱无章,而是根据话题进行分类,比如"出浙里"是浙江省外的旅游资源及景点介绍,"吃浙里"则是介绍浙江当地的特色美食,而"玩浙里"和"看浙里"则是简述浙江本地具有代表性的旅游资源与特色活动。

(三)旅游网络营销环境不完善,条件不健全

旅游网络营销必须依托于互联网来开展,旅游企业也面临着许多传统营销活动所没有的新问题,如旅游者隐私保护问题、信息安全问题以及网络交易支付问题。而且由于社会环境、政策环境、技术环境和法律环境的不完善和滞后性,旅游企业对许多问题都无法进行有效的控制。此外,旅游网络营销开展需要既熟悉电子商务,又精通旅游业务的复合型人才,对很多有志于开展旅游网络营销的企业来说,"一将难求"也是普遍存在的问题,这些环境因素和条件因素都制约了旅游网络营销效果的发挥。

四、旅游网络营销的常用方法

(一)规划建设专门网站,为网络营销打下基础

网站是一个开展网络营销的阵地,如果旅游景区、旅游企业还没有建立自己的专用网站,又如何能让游客通过网络来"拜访你"? 因此,建设网站是开展网络营销的第一步。当然在设计制作网站时切忌过多的华丽转场动画效果(对网络带宽的要求高,易引发等待焦急心理),要以实用为准绳,把旅游信息以"人性化"的方式亲切而简明地展示出来。新西兰旅游官方网站就是一个值得借鉴的绝佳范例。

(二)借助搜索引擎营销,实现 SEO 优化

搜索引擎营销(search engine marketing,SEM)是指一整套的技术和策略系统,一般用于引导更多的访问者从搜索引擎寻找商业网站。如何让旅游者在海量的旅游信息中发现相关内容,这就需要借助搜索引擎来实现旅游网络营销和推广。搜索引擎营销的主要方式有付费链接、内容定向广告、付费收录和自然排名搜索引擎优化等。其中 SEO(search engine optimization,搜索引擎优化)为近年来较为流行的网络营销方式,SEO 的主要工作是通过了解各类搜索引擎如何抓取互联网页面、如何进行索引以及如何确定其对某一特定关键词的搜索结果排名等技术,来对网页进行相关的优化,使其搜索引擎排名提高。这就需要设定精准的关键词,并定时根据搜索引擎的统计结果适当调整,做到有的放矢,而非主观臆断。

针对国内旅游市场,建议以优化中文搜索引擎"百度"为纲,针对国际市场则可以考虑优化 Google 和 Yahoo 等搜索引擎,以取得事半功倍的效果。此外还有一些专业的旅游搜索引擎(去哪儿、kayak)等行业网站(除了提供商业服务的行业网站如携程网、艺龙网),以及非营利性机构的网站(如世界湿地组织)等都可以进行针对性发布。

(三)电子邮件营销

电子邮件营销是在用户事先许可的前提下,通过电子邮件的方式向目标用户传递有价值信息的一种网络营销手段。这种营销方式具有传播范围广、操作简单效率高、成本低廉、应用范围广、针对性强且反馈率高等特点。任何一个旅游企业都应该收集大量目标客源最爱集中的相关论坛注册邮箱,以及旅行社、会议、婚庆、交友等渠道商和企事业单位的电子邮箱。通过发送精美的项目 PPT 和活动链接宣传信息,广泛撒网,重点培养,结合线下公关,让团队游客弥补非节假日的营业缺口。

(四)旅游微博营销

1. 微博营销概述

微博营销属于网络营销的一种,指通过微博更新话题、和受众交流,以实现信息的快速传播、分享、反馈、互动。最终为企业、个人创造价值而进行的一种营销行为。传统的网络营销建构在商业网站的基础上,强调提供详尽完整的信息,而微博营销建构在第三方平台上,它的信息传播是碎片化的。

旅游微博营销是旅游企业、政府机构或个人借助微博作为信息交流平台,以文字、图片或视频的形式,发布旅游产品信息、分享旅行心情,及时更新并和粉丝分享、互动,以展示旅游目的地形象,提高旅游目的地、游企业品牌的知名度,最终达到营销目的。

自新浪微博上市以来,微博活跃用户已经连续 12 个季度保持 30％的增长速度。2017年第二季度,月活跃用户顺利迈过 3 亿大关,达到 3.61 亿人,而日活用户也接近了 1.60 亿。微博已经成为中国最大的公开社交媒体平台,全球范围内仅次于 Facebook 和腾讯,成为全球用户量排名第三的独立社交媒体公司。

和传统营销渠道相比,旅游微博营销具有以下特点:信息量小、成本低、反馈快;实时通信,传播速度非常快,许多旅游中热点事件都是通过微博传播开来;抢鲜度高,互动性强,可以和粉丝以及旅游者开展点对点的互动;容易形成话题,实现群体集聚;旅游者既是信息的接受者也是信息的传播者,能满足用户情感需求。

2. 旅游微博营销需要注意的事项

旅游微博营销想要达到好的效果,需要注意以下要点。

(1)内容是关键,要有话题性

微博必须要根据目标游客的需求点设定话题,这是吸引游客和粉丝的核心内容,微博营销的最终目的其实是引导用户进行内容分享,从而形成扩散宣传效应,因此,对于旅游企业来说,做好微博营销的关键在于内容策略。

(2)活用标签

标签设定得好才能帮助旅游地和旅游企业找到目标游客和粉丝。当然不同的时间需要用不同的标签,让搜索结果一直能处在第一页,这样才有机会被你想要的用户关注。

（3）善用热搜和大众热门话题

每小时热门话题排行以及每日热门话题排行都是很有用的,因为这些话题适合微博的每个人,而且善加策划到营销内容中,可以增加被游客搜索到的概率。一般在热门关键词前后加双井号,如♯带着微博去旅行♯。微博中发布内容时,两个"♯"间的文字是话题的内容,我们可以在后面加入自己的见解。如果要把某个活跃用户引入,可以使用"@"符号,意思是"向某人说"。在微博菜单中点击"@我的",也能查看到提到自己的话题。

（4）把握节奏定期更新

旅游企业开设了微博,不能长期断更,因此必须要定期发布新内容,微博平台一般对发布信息频率不太做限制,但对于营销来说,微博的热度与关注度来自微博的可持续话题,企业要不断制造新的话题,发布与企业相关信息,才可以吸引目标客户的关注。刚发的信息可能很快被后面的信息覆盖,要想长期吸引客户注意,必定对微博定期更新,这样才能保证微博的可持续发展。当然,长期更新好、新颖的话题,还可能被网友转发或评论。从微博营销的角度来看,一天发布一则内容是基本要求,甚至一日多条,发布节奏需要结合营销内容和活动进行系统设计,并无统一定论。

（5）规划好发帖时间

虽然每个用户关注微博的时间并不一致,但是现有的统计数据表明,用户关注和转发的活跃期存在明显差异,其中20:00～22:00、13:00～14:00两个时段是微博关注度的高峰期,在这些时间段发帖,更能提高阅读率和转发率。

（6）经常性开展活动

举办活动能带来粉丝快速增长,并且能增加其忠诚度以及建立与竞争对手的区隔。许多景区微博会结合节假日以及线下旅游活动在微博上推出门票优惠活动和抽奖赠送活动,从而带旺微博人气,收效明显。当然,旅游企业开展优惠活动时,要即时兑现,并公开得奖情况,获得粉丝的信任。微博上发布的信息要与网站上一致,并且在微博上及时对活动进行跟踪报道。确保活动的持续开展,以吸引更多客户的加入。

（7）注重互动性

在传统的媒体中,比如报纸做营销是无法互动的,通过微博,如果有人对你的产品感兴趣,发送了评论,可以跟他互动,帮助他解决问题,一般帮助他解决了问题后,他也可能把这些转发出去,帮助有相同问题的朋友,互动建立跟粉丝关系,这是长期关系的一个重要的方面。

旅游微博营销参见启迪案例12-1。

启迪案例 12-1 🔍

新浪微博自驾游营销

亮点：自定义主题路线 多维度体验 名人效应 跨界融合

微话题：♯重新定义自驾♯、♯驾游徽州♯

阅读量：9277万

"重新定义自驾"是新浪从味道、印象、聆听、邂逅、触摸等多维度定义自驾的营销项目。

迄今"重新定义自驾"已走过两站——安徽徽州和福建霞浦,活动透过极致化线路内容带动关注,场景化体验关联口碑,通过@纪连海 @苏岑等名人影响力与多平台社交媒体互动。2015年6月,#重新定义自驾#第一站走进徽州,在活动期间,双话题自然运营阅读量4363.2万,荣登旅游类热门话题榜第1名。2015年11月,第二站来到了霞浦,活动通过线上线下的营销配合,移动端覆盖人次共计1.7亿,一度跃居微博热门话题榜第六名,整体覆盖2.4亿用户。

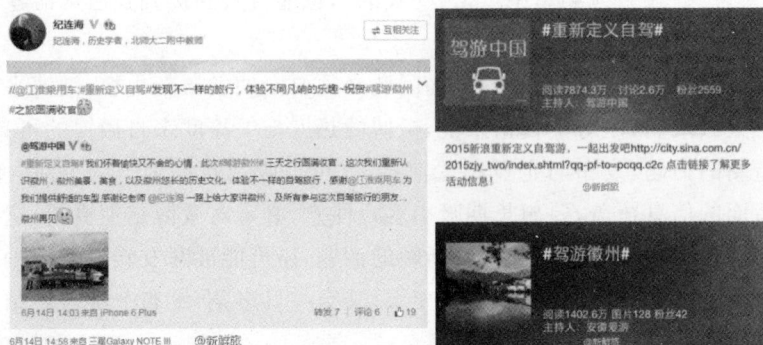

图 12-2　新浪微博自驾游营销界面

(资料来源:http://blog.sina.com.cn/s/blog_632851610102vzta.html)

(五) 旅游微信营销

1. 微信营销概述

智能手机的普及带动着移动互联网的快速发展,2011年一款名为"微信"的手机APP横空出世,2017年腾讯第二季度财报数据显示,微信的月活跃用户数已达9.63亿,庞大的用户基数意味着大量的可挖掘客户资源,许多旅游企业和旅游地都把将微信作为旅游营销推广平台进行了大力开发,从而形成了形形色色的旅游微信营销。

微信作为一种网络社交平台,既能为旅游者提供相关的信息服务,又能让游客及时分享旅游体验,从而增加了"用户黏性"。同时因为游客的移动性,可以使游客在不同时间不同地点不间断地分享旅游体验,从而实现了实时传播和实时互动。现在许多境内外的旅游管理机构和旅游企业都开始通过微信向广大游客发布景区图片、介绍旅游线路、提供出行攻略、推荐特色美食,形成了一种独具特色的网络营销新模式。因此,我们可以认为,旅游微信营销是指地方旅游政府部门及旅游企业以微信作为营销平台,通过注册微信账号,及时向公众传播各种旅游信息,以树立旅游形象,吸引游客来访为主目的一种营销方式。

2. 微信营销特点

和其他旅游营销方式相比,旅游微信营销具有以下特点。

(1) 精准营销

微信LBS(基于位置的服务)的应用给互联网营销带来了极大的变革,通过"附近的人"这一功能可以寻找新的用户,并且根据用户基本信息及签名档进行初步的筛选。公众号后台的"用户管理"模块可将自己的粉丝群细化分组,分人群来进行相关产品信息的推送,从而实现精准化营销。

（2）强关系链接

微信的本质是点对点的私密社交，是以手机通讯录和 QQ 好友为基础的强关系链接网络。这种基于强关系发展起来的特点，非好友无法查看他人评论等设置都保证了私密性。陌生人的言论人们可能不信，但朋友之间的信任使用信息传播更加可信，如果游客愿意为旅游企业或产品在其朋友圈宣传，其效果可想而知。

（3）低成本

传统媒体成本都非常的高，而微信推广的成本非常低，尤其是在用户关注公众号之后，每次群发推送图文内容，都是通过电脑来进行，用户需求的把握和公众号设计，可以根据用户反馈和后台数据及时调整，效果不好的设计和内容可以在第一时间进行修改，修改的成本几乎为零。

（4）营销到达率高

用户只要关注了某一个公众号，那么该公众号的信息，用户都会 100％收到。便捷微信的数据统计可以直观地看到用户数量变化趋势以及用户的性别、语言、地理分布及所占比例等特征；图文分析，可以直观看到用户接收、图文阅读、分享转发次数、原文阅读次数等信息。这些数据都可以为企业制订营销计划提供比较好的参考。

（5）互动性强

通过微信，旅游企业可以和用户建立好友关系，通过微信发送的营销信息，不仅能引起用户的关注，而且能让用户通过信息了解旅游企业或旅游地的近期现状，这无形中拉近了营销者和用户之间的关系，加强了用户和传播者的联系；同时，通过信息发布，还能让用户参与活动，提升用户对营销品牌的了解和信任。微信点对点产品营销模式，能够通过互动将用户之间的普通关系发展地更进一步，加强彼此之间的联系，进而产生更大的价值。

（6）形式多样

微信营销形式多样，既可以通过发红包的形式促进产品的销售，也可以通过点赞、集赞的形式参与产品优惠活动，还可以通过转发朋友圈取得折扣优惠，甚至还有旅行社这样的旅游企业把游客按照分析建立不同的游客微信群，开展有针对性的促销活动或旅游信息宣传推介。在形式上，还可以插入音频和视频，吸引用户关注，这样的形式比传统营销更能获得用户青睐。

3. 微信营销基本模式

旅游企业要如何利用好微信营销，必须要首先了解微信营销的基本模式，目前微信营销的基本模式有以下几种。

（1）模式一："查看附近的人"

这种推送 LBS 的营销方式是以地理位置为参考的，用户可以通过点击"附近的人"，搜索到附近所有的微信用户，因此用户可以借此条件来宣传自己的产品信息。而如果将附近微信的范围扩大，则推出地图显示、LBS 标记置顶功能等，然后再采用时段竞价排名模式，这种模式可谓 LBS 营销的典范。

（2）模式二：漂流瓶

以招商银行的"爱心漂流瓶"为例，微信用户可以通过"漂流瓶"或捡到招商银行漂流瓶来进行简单互动活动,招商银行利用这种模式来通过"小积分,微慈善"平台为自闭症儿童提供帮助。此举不仅培养大量潜在的客户群,还增加招行的知名度,可谓是一箭双雕。

（3）模式三：扫一扫

目前这是微信主打的招牌,同时也开启了"O2O"模式,按微信现在的流程,用户只需用手机扫描商家的二维码,就能获得一张存储于微信中的电子会员卡,即可享受商家提供的会员折扣和服务。可见,二维码是由线上转化为线下的关键。

（4）模式四：开放平台＋朋友圈

微信允许商家在开放平台上接入自己的应用并进行推广。朋友圈的分享功能从传播学的角度来讲是一种人际传播,给用户提供了分享自我情感的机会,其中更可以渗透商家的广告信息。

（5）模式五：微信公众平台

这一倍受媒体关注的微信产品,由于其具有较大的拓展空间,倍受到企业的关注。使用微信公众平台,平台方可以向用户推送包括新闻资讯、产品消息、最新活动等消息,除此之外还能够完成包括用户咨询、客服服务等功能,这相当于是企业的一个客户管理系统。

旅游微信营销参见启迪案例 12-2。

启迪案例 12-2 🔍

旅游景区的微信营销

移动互联网时代蓬勃发展的今天,旅游行业的营销宣传手段也因为微信平台发生了很大的转变。

1. 微信营销的受众

要利用微信营销需注意以下几方面。每个旅游景区的微信营销受众分为三类:第一类是即将来景区旅游的游客,第二类是正在景区旅游的游客,第三类是离开景区后的游客。

这三类游客对微信的需求各不相同。第一类游客需要一个景区的宣传展示平台:展示景区景点信息、门票信息、景区地图、景区住宿点分布等,让游客还未到达景区时就掌握需要的信息。第二类游客关注微信二维码的使用和景区互动活动的设计,比如景区可以通过开展"当日最美相片评比"等(任何可以想到的活动),吸引更多的游客通过景区内投放的二维码参与互动,当然,景区也应当给予参与的游客适当奖励。对于第三类游客应该关注游客点评,可以通过微信开展景区旅行点评服务,既可以促使景区提高的服务水平,也可以拥有一批具有较高品牌忠诚度的游客;除了点评还可以鼓励游客进行美景分享和游记推荐,旅行结束后游客所发的旅游照片或写的游记,都成了景区有价值的宣传资料和免费的宣传平台。

2. 微信营销的方法

然而现实中许多旅游景区由于缺乏对自媒体建设的重视,致使微信营销的水平较低。实际上,一个旅游景区的微信营销应该具备以下几个常见内容:首先是功能,主要应包含语音导游、地图导览、门票电商、酒店预订、微信在线订票、预约导游、在线咨询、实景漫游、在线咨询等。其次是营销活动,主要有秒杀、寻宝、游戏、投票、比赛等。再次是形象推广,主要是微官网、微海报、微动画、微电影、微杂志攻略等。最后是运营,主要是内容和问卷等。下面我们从大连圣亚海洋世界这家旅游景区的微信营销中一窥究竟。

被誉为中国最浪漫海洋主题乐园的大连圣亚海洋世界(以下简称"大连圣亚")位于星海广场西侧、星海公园内,面朝大海,与东北最大的游艇码头为邻,星海公园浴场及星海湾浴场信步可至,共有圣亚海洋世界、圣亚极地世界、圣亚深海传奇、圣亚珊瑚世界、圣亚恐龙传奇五大场馆,营业面积超过5万平方米,是集海洋极地环境模拟、海洋动物展示表演、购物、娱乐、休闲于一体的综合性旅游项目。

3.微信内容分析

(1)在线订票

从标题分析,用户体验是否良好的关键在于用户在体验景区产品时候是否能少思考,而大连圣亚把微信推广的文章分类为特惠篇、打车篇、飞机篇等,合理的避免了用户在选择上的困难。不同的内容专题适应不同用户需求(见图12-3a)。

图12-3 大连圣亚海洋世界微信推广界面

从文章头像分析,为每个专题制作相对应的头像,对于用户而言是培养使用习惯,让用户熟悉图形所带来的含义,减少用户思考;而对于运营人员而言是规范工作流程,避免运营人员因找不到合适头像的尺寸,而盲目地选择图片,造成用户体验下降。

为什么要开通在线订票?主要是为了打通线上线下的转换,这里需要关注一下在线订票里的"促销活动"功能。许多运营人员开通在线支付后就放置不理,天真地以为用户会自己送上门,这是非常错误的想法,要知道,你希望用户关注你的产品,哪怕是点击一个小按钮,这都是需要运营人员花心思去引导的。而大连圣亚在活动促销上根据当时主要消费人群(大学生)而制定的组合套票优惠活动,其目的是引导微信公众号里大学生用户点击在线预订,从而实现用户线下转化(见图12-3b)。

(2)海洋会

许多运营景区工作人员都认为要建立用户会员。这样能有效管理用户,以及后续的用户数据分析。但运营人员却很少思考用户为什么要成为你的会员。用户是否愿意成为会员的主要决定因素在于景区能给用户带来哪些特殊的权利。"海洋会"年卡权益的目的正是标榜会员用户与普通用户的不同。造成这等级差异的目的就是促进普通用户向会员用户的转化(见图12-3c)。

(3)微景区

由于运营人员需用引导用户在线订票与注册会员,便需要采取一定的措施,比如促销活动是为了引导用户点击在线购票,年卡权限是为了引导注册会员。这样做有一个缺点是导致功能排版比较混乱,让用户想起某功能时而不知道这功能在微信公众号哪个位置。而微官网正是解决排版混乱的缺陷,把所有的微信功能进行汇总,用户想使用产品功能都可以在这里轻易找到(见图 12-3d)。

大连圣亚海洋世界策划了为孤独自闭症孩子献爱心的活动,与大连出版社合力推出众筹活动,用户可通过圣亚官网购买图书《吹鲸哨的孩子》,即可获得一个金属定制爱心书签,售书所得款全部用于孤独自闭症爱心事业。

活动的形式与创意很大程度上是基于景区主要目标群体而定的。主题类景区一般主要构成人员是亲子,其次是情侣,再者是朋友。所以如何抓住亲子这一类群体是主题景区活动运营人员的重点。因此大连圣亚的活动微海报,以清新的色系和卡通造型为统一基调,契合孤独症爱心事业的公益性质,再配上动心煽情的文案,便可第一时间抓住用户眼球,吸引读者。

4. 微信活动的意义

大连圣亚为什么做本次活动?

第一,国内主题公园同质化已经较为严重了。而大连圣亚景区开展本次活动其实真正的目的并不是增加业务销售而是提升大连圣亚在本地亲子用户群体中的影响力。

第二,本次活动把买书获得善款全部捐给孤独自闭症康复机构的儿童,大连圣亚这一举动既可以促进亲子用户购买《吹鲸哨的孩子》的图书,同时对大连圣亚品牌也会产生良好品牌关注度。更为关键的是,由于此次活动是公益性质的,充满正能量,符合主流媒体的价值观,这样会吸引媒体报道,让活动最大程度曝光,从而提高培养本地亲子用户对大连圣亚品牌的认知度(见图 12-4)。

图 12-4 大连圣亚为孤独自闭症孩子献爱心微信活动界面

(资料来源:http://www.dotour.cn/article/22817.html)

第二节　旅游体验营销

1970 年，美国未来学家阿尔文·托夫勒在《未来的冲击》中预言，"服务经济的下一步是走向体验"，当前，体验经济已成为全球的一个时尚概念，涉及多种行业。旅游活动本身是体验性很强的活动，在旅游业中开展体验式营销具有很强的现实性和可行性。

一、旅游体验营销概念

到底什么是旅游体验营销，目前尚未有明确定论，但是从体验营销引申开来，我们可以这样来理解旅游体验营销，所谓的旅游体验营销是指旅游企业通过采用让目标顾客观摩、聆听、尝试、试用等方式来亲身体验旅游企业提供的产品或服务，充分刺激和调动消费者的感官、情感、思考、行动、关联等感性因素和理性因素，让顾客实际感知产品或服务的品质或性能，从而促使顾客认知、喜好并购买的一种营销方式。这种方式以满足旅游者的体验需求为目标，以服务产品为平台，以有形产品为载体，生产、经营高质量产品，拉近旅游企业和旅游者之间的距离。体验营销思想的出现突破了传统上"理性消费者"的假设，认为旅游者消费时兼具理性与感性。

在大众旅游阶段，旅游需求主要以"五官需求"为特征，即看、听、闻、尝、说。然而随着旅游的不断开发和旅游业的进一步发展，旅游者进入一个更高的需求阶段，即"参与体验满足我个性化需求的旅游经历"，使自己真正融入这一活动中并产生极度的愉悦感和兴奋感，从而获得旅游的"体验性"价值。因此，旅游体验营销可归结为"创造需求＋游客满意＋引导消费"，并强调旅游消费过程的体验。

二、旅游体验营销模式

（一）娱乐营销模式

娱乐营销以满足游客的娱乐体验作为营销的侧重点。其营销模式要求旅游企业巧妙地寓销售和经营于娱乐之中，通过创造娱乐体验来吸引游客，达到促使游客购买和消费的目的。它的最大特点是摒弃了传统营销中严肃、呆板、凝重的一面，使营销活动变得亲切、轻松和生动起来，而这一特点与旅游的本质特征是相契合的，因而在旅游产品的营销中大有创作的空间。如启迪案例 12－3 所述。

启迪案例 12－3 🔍 ···
VR＋旅游＋体验 体验式营销居然可以这样玩

2017 年 1 月 9 日至 16 日，由淮安市旅游局和同程旅游联合主办的，以"大圣带您游淮安"为主题的淮安特色风情周在同程旅游全国 100 家体验店同时启动。目前，由淮安市旅游局提供的百余台 VR 设备已经配备到同程旅游各地体验店，静待游客进店零距离体验淮安秀美风光。

"很早就听说VR技术可以'身临其境'地营造同现实一致的仿真体验,让人从听觉、视觉、触觉上感知到一个'仿佛真实'的场景,对VR技术和旅游的结合也充满憧憬。难以想象人在千里之外,戴上VR眼镜后,却仿佛身处淮安,身临其境的体验淮安美景。期待活动开始,一定会去体验店亲身体验一番。"一位对VR技术感兴趣的游客听完介绍后表示出强烈的体验意愿。

淮安是一座历史文化名城,亦是《西游记》作者吴承恩的故乡。吴承恩生于斯长于斯,自然深受故乡文化的影响。淮安数千年的历史文化积淀,产生了许多文物古迹和民间传说,为吴承恩写《西游记》提供了大量的文化背景资料,有的还被直接写到《西游记》中。

而作为《西游记》作者吴承恩的故乡,此次淮安风情体验周以"大圣带您游淮安"为主题,大圣也将空降各地门店,为进店游客提供淮安旅游咨询、VR设备试用、淮安特色美食品尝及互动小活动等贴心服务。

淮安风情周期间各地同程旅游体验店将充分展示淮安民俗风情表演、淮安特色美食、淮安旅游宣传视频等淮安旅游元素。游客到了当地同程体验店,除可以通过VR设备仿佛置身淮安,体验当地美景外,还可以品尝到淮安的地方美食,并可以穿着富有西游特色的大圣服饰拍照留念等。

据了解,线上的营销推广活动同样也会同步启动。同程旅游官网、手机客户端及线下门店已同步推出淮安旅游年货节主题线路和系列优惠活动,同程优选目的地微信公众号、官方微博也同步上线"大圣带您游淮安"相关有奖互动活动,与线下活动形成深度联动。

(资料来源:http://www.vrzy.com/vr/67396.html)

(二)审美营销模式

审美营销以满足人们的审美体验为重点,通过选择利用美的元素(如色彩、音乐、图案等)及美的风格(如时尚、典雅、华丽等),并配以美的主题来迎合旅游者的审美情趣,增加旅游产品的附加值,最终引发旅游者的购买兴趣。

(三)情感营销模式

情感营销是以旅游者内在的情感为诉求,致力于满足旅游者的情感需要。这就要求旅游企业结合旅游产品特征、探究旅游者的情感反应模式,创造出与目标顾客心理需求相一致的具有心理属性的旅游产品。如针对那些寻根觅源的旅游者就应牢牢抓住情感营销这种模式,又如在日本,人们甚至可以租一回"女儿""儿子""孙子""外孙",体验家庭的融融温馨和亲情。

(四)生活方式营销模式

生活方式营销就是以消费者所追求的生活方式为诉求,通过将公司的产品或品牌演化成某一生活方式的象征甚至是一种身份、地位识别的标志,而达到吸引消费者、建立起稳固的消费群体的目的。乡村旅游产品、度假旅游产品以及那些深度旅游产品可借助这种模式吸引旅游者,使他们在接受某一生活方式的同时购买旅游产品。运用名人效应来营销,不仅适合于普通产品,也适合于旅游产品。

(五)氛围营销模式

根据产品的风格定位,为旅游者营造适当的氛围,优化体验效果、创造不凡体验。如以顾客体验为价值诉求的美国"星巴克",虽然世界各地的星巴克咖啡馆陈设不见得一样,建筑形式也各不相同,但它们所传达的都是一种轻松、温馨的氛围,一种崇尚知识、尊重人性的文化,提供的是雅致的聚会场所、创新的咖啡饮用方式和过程,在这里,每一位顾客都是咖啡鉴赏家,细细品味着星巴克带给他们的非凡体验。

三、旅游体验营销策略

旅游企业出售的是一种"完整的经历",从旅游产品设计、组合(包装)、销售到售后服务,它所提供的是旅游者消费前、消费中和消费后的全面顾客体验。因此旅游企业应重视每一个消费环节,剔除那些多余的、不利于与旅游者交流沟通的流程,建立便于与旅游者直接面对面的平台,实现旅游消费流程的重组和优化。

(一)让旅游者成为产品的协同设计者

在体验化的旅游产品中,旅游者从结果消费转向过程消费,因此通过吸纳旅游者参与旅游产品的设计、生产,可以提高旅游者与旅游企业、旅游者与旅游者之间的互动程度,而旅游企业则可以增加生产能力、减少生产成本,在一定程度上抵消了体验产品个性化生产而导致的规模经济的损失。

旅游企业可通过观察学习法、产品制定法和在线反馈法让旅游者成为产品的协同设计者。这里重点推荐的是在线反馈法。现在已有少数旅游企业借助三维全景虚拟技术,把景区的真实场景数字化,全方位搬到网络上。观众只要轻松点击鼠标,可以上下左右、走近、退远地观看景区风光,再结合景区导航地图、导游解说,让观众实现边走边看的虚拟旅游。更重要的是,潜在旅游者通过与旅游产品的初步接触,可以发现旅游产品设计、开发方面的不足,也可以按自己的喜好给予改进的意见。

(二)运用体验模型剧场协调旅游产品和服务

美国服务营销专家格鲁夫和菲恩克认为:面对面服务体验经历同演戏相似,体验消费过程可看成一批演员在舞台上表演,都需要有演员和布景才能达到演出效果。在旅游企业的体验剧场模型中,演员就是一线服务人员,是旅游体验的主要生产者;布景就是旅游资源,是生产旅游体验不可或缺的工地。因此体验营销首先要从一线人员做起。企业应让员工充分认识到,每一次与旅游消费者的接触都是一个"关键时刻",它将直接影响到旅游者对旅游服务质量的评价。因此工作人员除了要有较高的业务水平,还应注重自身服饰、举止、风度等各个可能给旅游者留下美好印象的细节上。

(三)提供附加产品

附加产品不是核心产品,但它代表核心利益之外的附加利益,可起到支持核心产品的最大效用,且在一定程度上区别于竞争对手产品的作用。旅游者在旅游归来的一段时间内,将会受到旅游经历余波的影响,旅游企业则可组建旅游俱乐部或BBS(电子公告板),提供一个空间让他们分享体验,交流经验,鼓励消费者不断回忆这段体验的美好,并激发他们出游的新需求。这事实上也是为消费者提供另一种体验,一种知交满天下的体验。

综上所述,成功的旅游企业必须要为旅游者生产快乐的体验,从本质上说,旅游企业要努力搭建一个快乐剧场,在时间、空间上,在旅游产品的供应链的每一个环节都应该协调、统一,形成完善的旅游产品和良好的整体形象,使旅游者获得满意的体验,最终实现旅游体验和旅游期望差值为零,甚至是正数,达到企业和旅游者的双赢。如启迪案例12-4所示。

启迪案例 12-4

国内兴起"旅游+直播"热 体验式营销吸引年轻用户

2016年随着国内网络直播热潮的兴起,各大OTA纷纷试水"旅游+直播",越来越多的网红、旅游达人、甚至普通游客都乐于加入其中。旅游直播正逐渐成为当下一种新兴的旅游营销方式,吸引着越来越多的用户,尤其是"90后"年轻用户,其潜藏的流量变现也正被业界所探索。

游客购买旅游服务,追求的是一种体验,从而催生了体验式营销。旅游+直播,可以让游客更加清晰、真实、全方位地感受到旅游产品特点,这与以往传统的以风景图、旅游宣传片为主的营销方式相比,显然更受游客青睐。

据一份最新的视频直播行业的相关数据显示,22岁及以下的直播观众超过六成,男性用户占比高达77%,每日人均观看时长高达135分钟。这些用户大多是"90后"年轻用户,他们对于旅游的需求同样强烈。

途牛影视总经理耿西鹏曾对媒体表示,移动直播与其他媒介渠道最大的不同是,它能更好地让用户即时咨询和反馈出行前的问题;另一方面,移动直播的粉丝大多为"80后""90后",在线旅游企业可利用人气主播和网红的影响力,打造网红同款旅游线路。

热爱网络直播的"80后"游客王悦涵说:"看旅游直播,足不出户就能体验旅游线路是否值得出游,还能把握旅游时尚,一举两得。"

2016年,国内各大OTA先后与直播平台达成合作,推动了"旅游+直播"话题。直播平台拥有海量的年轻人群体,他们容易受热门主播影响,对旅游充满向往和好奇,把这些年轻群体带来的流量变现,成为各大OTA付出投资的动力。

2016年5月13日,去哪儿网联合斗鱼直播推出了"旅游直播"节目,十余位网红主播赶赴广州长隆、泰国普吉岛等八大热门目的地,以直播方式和网友一起感受景区魅力。

据去哪儿网公关负责人吴琼介绍,去哪儿网和斗鱼网站的这档"旅游直播"节目前后持续10天时间,直播16场,每场直播3小时以上,最高同时在线人数为81万,最少也有近10万。考虑到用户更替情况,估计全部直播影响人数接近1000万人次。系列直播活动极大提升了去哪儿网旅游品牌,也给去哪儿网5月促销活动带来了大量人气。

无独有偶,5月中旬,途牛影视携手花椒全程直播知名演员颜丹晨量子号邮轮行,在直播活动中,途牛通过口播方式发放旅游券,成交额破100万元。6月8日,途牛影视与花椒直播签署战略合作协议,对外宣布双方将从建立旅游直播频道、打造旅游直播节目、实现直播商业化等多方面展开合作。

对于新进入直播行业合作的旅行平台来说，旅行直播体验是最容易操作的，旅游直播蕴藏着大量的旅游商机。未来，各类旅游产品，包括酒店、旅游线路，甚至是导游，都有望通过直播模式售卖，最终实现流量变现。

（资料来源：http://tour.dzwww.com/shandong/mstc/201607/t20160718_14636249.htm）

中国旅游正在从传统的观光旅游、休闲旅游逐渐向体验经济和产业链经济时代转变，这个阶段的特点是注重景点的文化内涵和人文内涵的挖掘，进一步提升游客在精神层面的体验和感受，强调游客对历史、文化、生活的体验，强调融入性和参与性，其背后的经济意义更不可小视：不仅可以提高游客的忠诚度，而且将带动当地房地产、休闲、娱乐等一系列产业的发展。

第三节　旅游整合营销

工业革命时期，由于传统工业的大规模标准化生产模式的不成熟性和经济技术等的不发达造就了大批要求低且需求类似的不成熟的旅游者。这时的旅游市场需求体现为对内涵相似的标准化旅游产品的大规模无差异需求。这种需求基本上是大众化的、可以预测且缺乏弹性的，一定程度上可以由旅游产品生产者来创造和引导，因为不成熟的旅游者对于旅游产品并无严格标准和很高预期。

随着旅游业自身的不断成熟，旅游市场开始由于不同类型需求的出现而经历了不同程度的"非大规模化"，旅游者追求变化和差异的需要使旅游市场自然分割成多样化的微观市场，具有不同需求的群体在不同的分销渠道上追逐不同的旅游产品，尤其是进入 20 世纪 80 年代后期以来，以因特网为代表的信息技术的飞速发展和以其为凭借的旅游者消费意识的转化和成熟度的提高，更加剧了需求的个性化和多样化趋势。

旅游需求向微观个性化转变的总体趋势使其在对旅游产品种类、对旅游产品信息渠道和旅游产品交易渠道的需求上发生了变化。旅游者需要及时地获得大量的旅游信息，通过自己加工整理和与旅游生产者互动的方式，针对自己的个性化需求定制适合自己的旅游产品，并通过快速高效的交易渠道随时进行旅游交易。这种变化迫使旅游企业开始关注需求的差异性，从而在经历了提供多种产品来扩大旅游者基数的差异营销战略后转向目标市场营销战略的变革，即提供多样化旅游产品来针对性地满足日趋复杂多变的旅游需求。而在这种营销战略的变革的过程中却存在着一个问题，旅游企业为了将如此众多的旅游产品推销给旅游者，在媒体传播过程中往往选取了过多的诉求点，因而不能使旅游产品在旅游者心中留下深刻的印象，进而产生品牌效应，创造更多的附加值。从这个角度上说，如何将这些旅游产品有效地整合起来，通过一致的媒介诉求点使其形成广为人知的"品牌"形象，从而形成巨大的吸引招徕力量就成为首当其冲的问题。传统的 4Ps 营销理论过多地强调由内而外的营销模式，只是一味地寻找自己需要的旅游者，而不去了解旅游者到底需要什么，这显然是与信息社会中旅游者个性化的需求是相矛盾的,当然也不能解决旅游产品的"品牌形象"问题。IMC 的出现,正好为解决这个问题提供了很好的途径。

一、旅游整合营销的概念和内涵

整合营销传播(integrated marketing communication,IMC)的观点源于 20 世纪 80 年代中期以来许多学者提出的具有战略意义的"传播合作效应(communication synergy)"的概念,由舒尔兹(1993)提出,简称 IMC。简单地说,IMC 是指:在实现消费者的沟通中,以统一的传播目标来运用和协调各种不同的传播手段,使不同的传播工具在每个阶段发挥出最佳的、统一的、集中的运用。

将 IMC 理念应用到旅游业中,就产生了旅游整合营销。旅游整合营销是指:以旅游者为中心,重组目的地企业行为和市场行为,综合协调地使用各种形式的传播方式,以统一的目标和统一的传播形象,传递一致的旅游产品信息,实现与旅游者的双向沟通。

其核心思想是对旅游者的客户关系管理,强调以"旅游者想要什么"为中心,要求旅游目的地不同部门、不同人员从各自不同角度与顾客沟通时有统一口径、统一的品牌个性、统一的顾客利益点和统一的销售创意,形成集中的品牌冲击力,及时通过不同的渠道进行系统的旅游者信息反馈,进而动态性调整促销策略。简而言之,旅游整合营销就是"speak with one voice"(用一个声音说话),即营销传播的一元化策略。

二、旅游整合营销实施过程

由于旅游整合营销理念出现的时间并不是很长,其实现方式尚未完善,结合目前境内外一些旅游企业和旅游地运用旅游整合营销的实践,下面来简单谈谈旅游整合营销的实施操作过程。如启迪案例 12-5 所述。

启迪案例 12-5

济南旅游整合营销

泉城济南是中国知名旅游城市,为了进一步提升济南形象,济南市政府决定开展旅游整合营销,济南市按照以下步骤依次实施,取到了较好的效果。

第一步是系统整合济南市旅游形象和媒体资源。首先是整合旅游形象,旅游主管部门邀请专家对济南市已有的形象以及感知度进行分析,设计出济南市旅游形象"老济南·新泉城"。

根据这一形象定位,全面导入城市 CI(corporate identity,企业视觉识别)工程:规范旅游公共服务机构使用品的设计,如宣传纸张、文件夹、制服以及其他使用品的设计要采用 CI 系统中统一的图案、色彩和文字;改善济南的城市标识系统,如街道名称、交通干线的指示牌、景点的介绍牌以及车站、商业机构等公共服务设施的指示牌要采用或改用标准字体、特定色彩的中英文,公共活动场所如停车场、公厕、电话亭等,尽量推行国际通用的图像标识等。提高旅游服务者的整体素质,树立起他们为旅游者服务的意识,创造良好的旅游环境,使得旅游者拥有对"品牌"旅游地的良好体验,从而获得更多的"品牌"忠诚度。

其次是各种媒体信息的整合。包括旅游宣传册、电视广播、报纸杂志、户外广告、网络媒体等,使其统一传达"老济南,新泉城"这样一个形象主题。开展的节事活动、公共关系活动也应为突出这一形象主题服务。

第二步是建立济南旅游品牌资源数据库。所谓旅游品牌资源数据库,就是将历史上和现在济南曾经使用过或被大众所感知的旅游品牌形象收集起来,并对各品牌形象的形成方式以及传播路径进行管理,以达到强化正面传播,消除负面传播的目的。

第三步是在细分市场个性化促销。在统一传达"老济南,新泉城"这样一个形象主题的基础上,针对不同目标市场旅游者的消费特点,采取不同的媒体组合、不同的广告诉求点。特别要强调的是,"老济南,新泉城"是济南旅游的形象主题,在细分市场的基础上所选用的媒体诉求点虽然各不相同,但它们是与这个形象主题密不可分的,应为突出这个形象主题服务。

(资料来源:http://www.aatrip.com/anli.mudidi/1002.html)

从上述济南开展旅游整合营销的实践中我们可以看出,旅游整合营销实施过程可以分为三个步骤。

(一) 系统的整合

这里的"整合"主要包含了两方面的含义:第一方面是需要进行内容整合,主要包含了旅游营销传播涉及的价值观、理念,以及产品和服务信息,然后再根据旅游者的购买诱因来建立一个突出的、个性化的品牌形象,以便让目标市场上的旅游者能区分本品牌与竞争品牌之不同。案例中济南用"老"和"新"这样"对立"的字眼描述出了泉城的古今风采,给人留下了深刻印象。第二方面需要进行资源整合,主要包括营销对象、营销方式与手段等内容。有必要让不同部门、不同人员从各自不同角度与游客沟通时有统一口径、统一的品牌个性、统一的游客利益点和统一的销售创意;运用网络、电视、广播、报刊、海报、产品手册等不同媒体与游客沟通时能在游客心中创造出统一的品牌印象。

(二) 接触管理

D.E.舒尔兹把"接触"定义为:凡是能够将品牌、产品类别和任何与市场相关的信息等资讯,传输给消费者或潜在消费者的"过程与经验"。李奥·贝纳广告公司执行的一项专有研究表明,消费者拥有 102 种类似"广告"的不同媒体,从电视到购物袋再到组织发放的活动事件等。D.E.舒尔兹认为,每个接触都应是传播工具。接触管理就是要强化可控的正面传播,减缓不可控的或不利于产品或服务的负面传播,从而使接触信息有助于建立或强化对品牌的感觉、态度与行为。案例中济南建立了旅游品牌资源数据库,利用原先的成功的形象宣传来强化正面传播。

(三) 控制反馈

通过市场调查、利用各种媒体或渠道,如游客信息中心、旅游电子商务信息系统、旅游咨询热线等方式来建立目标市场游客关系数据库,进行分类分析,决定如何(how)及何时(when)与(潜在)旅游者接触,了解旅游市场未来的发展走势,从而决定与(潜在)旅游者沟通的诉求主题(what),达到与旅游者"一对一"反馈式的沟通。旅游企业就可以根据游客的反馈信息,调整下一次传播策略,如此反复,使整个传播活动无限良性循环下去。

需要注意的是,这种"一对一"反馈式的沟通是建立统一的整体形象基础之上的。在济南旅游中,"老济南,新泉城"可以称之为济南旅游品牌形象的核心,而由针对特定的目标市场所延伸出的诉求点则是品牌形象的外围系统,只是"老济南,新泉城"这个核心的品牌延伸。只有做到这一点,才达到了真正意义上的整合营销。

第四节　旅游目的地营销

如今,旅游业的竞争,就是旅游目的地之间的竞争。旅游目的地的整体形象在旅游者心中地位的高下,决定着该旅游地客源市场的形成与发展。

围绕旅游目的地的创新和升级,由旅游景区的单个营销转向旅游目的地整体营销和建设,以创造良好的旅游大环境为目标,不断聚合城市环境友好力和资源凝聚力,促进旅游产业素质与产业地位的全面提升,提高旅游产业集群的综合竞争力,全面构筑国际化一流旅游目的地城市。

一、旅游目的地营销的概念

旅游目的地营销定义为:以公私合作为基础,以旅游目的地为对象,以提高区域内"三大效益"为目标,对旅游区域进行规划与产品开发,将区域内的服务和产品信息、目的地形象等传递给目标市场受众,并通过各种营销手段刺激旅游消费的一种动态管理、控制过程。

一个成功的旅游目的地离不开成功的营销,而成功的营销必须要建立起符合科学的营销理念和营销手段。旅游目的地不是单一的旅游产品,而是一个由吃、住、行、游、购、娱等不同部分组成的复合产品。旅游目的地营销是一种在地区层次上进行的旅游营销方式,在这种方式下,地区将代表区域内所有的旅游企业,以一个旅游目的地的形象作为营销主体加入旅游市场的激烈竞争中。地区营销的参与者不是某个旅游企业,而是地区内所有的机构和人员;营销对象不是某个旅游产品,而是地区内所有的产品和服务;获益者也不是某个旅游企业,而是整个地区。因此,传统的营销理论不适合旅游目的地的实践。但是,至今为止,无论在理论界还是在实践中,对于这种营销理念的变革和策略的改变还不够,依然存在套用传统产品的营销理论来营销旅游目的地。所以,目前在我国旅游目的地发展中存在的问题使得许多旅游目的地重新思考它们的营销战略。

二、开展旅游目的地营销的必要性

(一)旅游目的地营销更有利于产生协同效益

一次完整的旅游过程中需要各个相关利益主体的相互配合。各旅游企业过于体现"自我意识"将使旅游过程中的各个环节脱节,层次不一。旅游目的地营销则可通过区域旅游集团的建立,区域整体目标的制定,增强各旅游企业的"集团意识",将各旅游企业糅合为一个整体来为旅游者服务,使旅游地的潜在优势得到完整的发挥,容易产生 $1+1>2$ 的合力效果。其次,我国许多旅游地普遍存在的矛盾是有限的资源不能满足整个旅游目的地旅游推广的需要。开展旅游目的地营销则可在形象塑造、品牌推广、产品促销上,将整个区域所拥有的信息、财力、物力、人力、科技等加以有效整合,进行准确的市场细分,快速的寻找到目标市场,从而形成一个强大的营销平台。

(二)旅游目的地营销更有利于发展地区的旅游可持续竞争力

在政府与企业共同主导的旅游目的地市场营销中,旅游营销主体不仅能"统筹兼顾",考虑到当前发展与长远发展的相互协调,还能在空间上充分考虑旅游目的地某一发展时期各方面之间的协调发展,促进资源的可持续利用与基础设施的保护与修缮。其次,在竞争力优势的可持续上,各个旅游企业"划地为城"的封闭行为,容易造成信息闭塞,将目光锁定在旅游资源的绝对价值上,在同一区域内设计规划许多同类产品。而由政府和企业共同主导的旅游目的地营销模式能从整体利益出发,整合利用区域内外资源,在不断关注旅游者需求的同时进行旅游产品或服务的总体规划与创新,在发挥区域内所有旅游资源的最大潜在价值的基础上,不仅对旅游目的地进行了成功的营销,而且还对旅游目的地的未来进行了更理想的营销和塑造。

(三)旅游目的地营销更有利于发挥市场经济机制

旅游目的地营销的模式是"旅游景区+交通部门+旅行社+酒店+政府管理部门+旅游社区"的联合。传统营销模式的联合只是操作层面的简单组合,往往会使各旅游企业为了小团体利益的最大化争夺区域内有限客源,大打"价格战",甚至在目标市场的受众面前相互拆台、相互揭短的内战局面,让竞争对手有可乘之机,从而失去更广阔的旅游市场。此外,同一目的地的旅游企业往往出现"相互隔离"现象,旅游目的地营销中的联合已经上升到了管理层面,政府部门以"将"的身份带领区域内所有"兵",集中全部力量向目标市场进攻的同时,一方面,充分应用手中掌握的公共权利,建立一套与本目的地有关的较为完善的旅游市场竞争制度体系,较好地解决涉及市场中不法、不当的竞争行为,并将权力下放落实到具体的市场管理组织,授予具体权责及义务,执行相应法规,监督各个旅游企业的行为,惩治违法、违规旅游企业;另一方面组建专业的信息管理中心,专门从事旅游信息的收集、处理等工作,以保证整个区域内信息的畅通与完整。因此,政府管理部门的加入将使旅游市场竞争正规、正当化,进而纠正"市场失灵",更好的发挥社会主义的市场经济体制,为旅游目的地营销营造一个良好的旅游市场环境。

三、正确实施旅游目的地营销的方法

(一)树立现代市场营销的观念

旅游目的地营销的核心和出发点是消费者,所以,旅游目的地组织的一切工作都要围绕着旅游者进行。组织者必须借助信息社会的一切手段知晓什么样的旅游者会到旅游目的地来、为什么来、有怎样的消费行为等,有必要建立完整的消费者资料数据库,通过对数据库的分析来获取和存储关于顾客、潜在顾客的各种购买决策信息、消费行为的预期与购买习性等重要的消费者行为信息,以便进行消费者分析,确定目标市场及进行营销治理等。同时,利用数据库可以把有关的传播资源整合在一起,如邮件、电话、直销、广告宣传、公关活动等,统一协调调度,选择更经济的方式,从顾客的角度来开展营销传播活动,比如利用电子邮件进行一对一的沟通,通过网上销售产品等使客户节约更多的信息收集及区分成本。最后利用数据库对最终传播效果进行科学评估,据此来改善下一次的传播活动,并把有限的资源分配到最有价值的顾客身上。最终建立和消费者之间的牢固关系,使目的地品牌忠诚成为可能。

(二) 营销战略目标的多元化

旅游目的地不仅是一个为游客提供游览、娱乐、住宿、购物、体验等多种旅游需求的综合体,同时它也包含了分别提供产品、服务、设施等不同内容的利益相关者,每个利益相关者有着各自不同的利益点,甚至是矛盾的,而他们的每个行为都会影响到游客对目的地形象的看法,甚至决定对目的地的选择。所以旅游目的地的营销目标就不光是对游客利益的考虑,而且还要考虑到各个利益相关者的利益,只有利益相关者之间的紧密协调和配合,才能形成一个整体的旅游目的地,并与目标市场旅游者保持长久的互动关系。

所以,旅游目的地通过整体的营销来协调和重建目的地的旅游发展战略和利益相关群体的关系,就解决了目的地旅游业的整体发展与目的地经济、社会、环境等保持一致,协调共同发展这个问题。也就是说,当旅游目的地系统中的旅游者、潜在旅游者、旅游供给商、旅游中间商、交通运输企业、宾馆、饭店、商店、当地政府部门、媒体、目的地居民等利益相关者的利益在整合营销传播战略中都可以得到满足,旅游目的地就可以实现旅游与当地经济、社会以及环境的协调可持续发展。

1. 塑造和传播旅游目的地鲜明的、一致性形象

旅游目的地营销组织必须结合目的地本身的旅游资源及产品的特征和客源地消费者的需求特点,提炼出一个统一的、有鲜明个性的旅游目的地形象,即形象定位。形象定位有三个原则:一是突显区域精华,既要符合自身的资源特色,又要体现鲜明、富有个性的旅游形象;二是要富含文化底蕴,充分挖掘旅游目的地的文化内涵,使目的地具有持续的吸引力;三是要突出市场原则,从旅游者角度透视和设计目的地整体形象。

目的地形象确定以后,就要将以前分散化的各种营销活动有机地、合理地进行整合和统一,达到由于整合而产生的最大的协同效应。传播目的地信息的手段有多种,如广告宣传、公关、销售促进、节事等传播活动,各有其特点,再加上消费者每个人对信息的理解不同,所以很容易造成对信息传播理解的多样化和复杂化。所以,所有的传播手段应该能够反映并围绕营销传播战略目标来开展,传递的是统一的目的地形象信息,产生传播的合力,最终形成对目的地品牌和形象一致性的诉求。

2. 产品的差异化

旅游目的地提供的产品和服务首先是建立在对不同类群顾客的深刻理解基础之上的意念升华,而不是传统的建立在策划人员对产品或服务功能和特点的理解基础上的创造力

的发挥。

策划人员首先要分析不同类型游客的消费需求和出游动机,然后考察旅游目的地的产品是否适合该类游客,并挖掘本地区旅游更深处的新奇性及存在于旅游吸引物中的惊异。同时,还要考察旅游者和潜在旅游者又是如何认知它们的,了解他们心目中的关于旅游目的地品牌和形象构成因素,进而明了本地区的竞争对手有哪些以及旅游者和潜在旅游者对它们的认知是怎样的。最后创造性地提出本地区旅游的消费者利益点和目的地品牌和形象个性。

此外,信息的传播和发送也要紧紧围绕着目标市场的旅游者和潜在旅游者来进行。了解旅游者和潜在旅游者所偏爱的品牌及形象接触途径,判定哪些是最能影响旅游者选择旅游目的地决策过程的关键点和最能说服潜在旅游者的品牌及形象信息传递的关键点,然后利用这些重要的接触点,运用旅游者"喜闻乐见"的形式以及恰当的时间来传递和沟通信息。

3. 规划和建立科学的评估反馈系统

对旅游目的地营销传播效果的测量,主要体现在对旅游者和潜在旅游者行为反应的测量,这可以通过以营销数据库为主的信息系统,建立对营销传播的评估和反馈系统。

通过了解顾客的预定记录、游客信息记录、顾客的满足度调查等,建立以顾客基本信息数据库信息;通过这些信息数据,旅游目的地营销的组织者可以确切知道它的目标客户群体和他们所具有的现在的消费水平与收入基数;接着旅游目的地通过整合的可利用的各种有限的营销资源进行营销传播活动,如广告、直接邮寄、电子邮件、电话营销等方式将公司品牌信息传递给消费者。所有这些信息(品牌信息和营销传播沟通信息)都会影响顾客后来的购买行为,通过顾客的购买数据又可以测量传播品牌的力度和有效程度,并指导下次的营销传播活动。

这样,就可以建立信息传播的回路系统:一方面,目的地可以测量游客的消费行为和收入的变化,并计算此次针对非特定顾客和潜在顾客的营销传播活动的投资回报率;另一方面,对于营销传播投资回报率的科学评价和目标客户的清楚定位及对其消费行为的熟悉,就为解决旅游目的地有限的资源配置问题提供了方法,从而提高传播效益。

四、新时期旅游目的地营销趋势

(一)塑造 IP,丰满形象

IP(intellectual property)代表了个性与稀缺,契合当下个性化消费特征。目前,旅游消费正在全面升级,旅游目的地要聚焦于打造具有鲜明个性的产品,重要方式之一便是结合地方文化和禀赋优势来规划设计综合性的 IP。

传统旅游营销的提口号、编故事、砸广告已不能满足需求,要对游客产生持续的吸引力和影响力,需要使目的地形象更丰满、产品更丰富、传播方式更多元。《人民的名义》《乡村爱情》等影视作品以及歌曲《成都》等流行音乐与目的地营销的良好联动都是艺术 IP"旅游化"的成功案例。这些文艺作品本身有着广泛的群众基础和多元的营销渠道,与目的地营销可以天然融合,互为借力。

日本的熊本熊就是旅游 IP 打造的成功范例。通过"吉祥物 IP+虚拟明星+旅游"的结合打造区域知名度,熊本县知名度迅速提升,成为著名的旅游目的地。这些事实揭示了新时期目的地营销的两个重要趋势,一是拟人化表述,令目的地形象更加鲜活和有"人情味",通过关系营销来打动受众;二是以地方文化为基础,以复合平台为渠道,创造丰满的产品体系来支撑 IP 内涵,以产生强大的旅游吸引力。

(二)建立认知,定位品牌

旅游目的地品牌营销是通过竞争创建一个战略定位,其作用在于和其他旅游地形成区别,形成一种独一无二的定位,从其他旅游地那儿"抢"来客户。去哈尔滨看冰雕、雪雕,去天津吃麻花听相声,去洛阳看牡丹……一旦品牌定位做出来了,所有的营销活动都有了主心骨。百事可乐就是典型的例子,其定位是"新一代的选择",所有产品都以这个为中心,比可口可乐甜 5%,包装更大,选用明星代言等,通过这些方式打入了饮料市场。

通常一个旅游地做品牌定位往往都是从自己的资源入手,然而实际上,我们应该先去看竞争情况,了解游客对旅游地的认知是什么。举个简单的例子,用最简单的办法,要知道游客眼中的品牌和自己认为的差别大不大,看品牌定位是否深入人心,可通过百度图片进行搜索,做得比较好的省份是好客山东、好玩四川等品牌,在山东,旅游企业、酒店大量使用好客山东的 logo 进行互动传播。

(三)以"民"为本,共创价值

在目的地营销中,一方面要认识到旅游者的重要性,认真研究他们的新特点、新需求;另一方面,要做到"一切为了游客、一切依靠游客",始终把游客管理放在营销决策的关键位置。具体而言,首先,要高度重视年轻旅游者群体的作用。这些旅游者成长于互联网时代,对于互联网黏性很高,乐于分享,善于创造。为更好地引导他们参与,切忌目的地形象的呆板与严肃,而要赋予其活力与亲和力。其次,要为潜在的旅游者提供和目的地互动交流的机会。

例如,在出游前,通过微信、微博、网站等媒介与游客互动。在出游过程中,从游客需求出发,将服务的细节做到极致,及时获取游客对于旅行体验的评价并积极反馈。在旅行结束后,做好顾客关系维护工作,鼓励和引导旅游者在其社交平台上分享他们的旅行经历。最后,目的地在营销的过程中要注重培育"生态优势"。

目的地要经营好自己的"生态圈资源"。在全域旅游发展的格局下,"单兵作战"获得成功的难度很大。要构建起一个互利共赢的目的地运营平台,让尽可能多的利益相关群体参与到目的地开发与营销中来。

本章小结

▶▶▶▶ 关键术语

网络营销　社交媒体　微博营销　微信营销　精准营销　旅游大数据　体验营销整合营销　目的地营销

内容提要

旅游营销在新世纪里呈现出众多的发展新趋势,其中最主要的有网络营销、体验营销和旅游目的地营销三个方面。

互联网以其独特的渠道优势使得旅游网络营销成为众多旅游企业开展营销的必然选择。但是可以发现众多旅游企业在开展旅游网络营销时还是存在着意识和手段两方面的问题。开展旅游网络营销的常用方法有旅游网站、搜索引擎优化,微博营销、微信营销、电子邮件营销等。

体验营销是让旅游者通过感知来促使其认知、喜好并购买旅游产品的一种营销方式。旅游体验营销模式主要有五种,分别是娱乐营销模式、审美营销模式、情感营销模式、生活方式营销模式和氛围营销模式,因此,旅游体验营销策略主要有三方面:让旅游者成为产品的协同设计者、运用体验模型剧场协调旅游产品和服务、提供附加产品。

旅游整合营销强调将市场营销所有相关的一切传播活动一元化,这是建立在以顾客为中心的4C理论基础上的营销新论点。旅游整合营销实施过程主要分成三个步骤:系统整合、接触管理和系统反馈。

目的地营销是世界旅游发展的重要潮流,开展目的地营销自有其必要性,但由于理论落后于实践,目前我国的旅游目的地营销存在着一些典型问题,要解决这些问题必须要从营销观念、目标设置、旅游形象塑造等角度入手。

课后练习

1. 查阅相关网站、数据,并总结出现在旅游营销中的最新实践,以及它们所体现出来的旅游营销的主要趋势。

2. 考察本市酒店的网络营销实践,总结其主要的形式、特点和创新之处。

案例讨论和延伸思考

苏州国际旅游精准营销

2015年9月21日,苏州旅游局在国外开展的Sweepstakes在线抽奖活动,报名参与人数超过7000人,网站独立访客超过2万人,组织18位国外游客形成旅游体验团,在1月来苏体验"苏式生活",获得国际媒体高度关注,引发网友热议,更多的苏州粉丝慕名而来,为的就是寻找自己心中的"东方威尼斯"。

近几年来,苏州越来越受到国外游客的欢迎。那么,苏州缘何有这样的魅力,能让国外游客不远万里来"体验生活"?

全球化、智慧旅游、互联网+等新趋势的出现,为旅游拓展了无限的想象空间。休闲和体验旅游、游客的个性化需求,对传统的品牌、营销、业态都形成了巨大的挑战和冲击。在谈到苏州旅游的融合创新时,苏州市旅游局表示:"旅游品质是苏州旅游业的核心,苏州旅游正在从传统观光时代向休闲度假时代转变,对苏州旅游而言,机遇与挑战并存。在此大背景下,苏州市旅游局以精准眼光,结合苏州特点与境外游客之间的需求,走出了一条国外新媒体宣传的新路子。"

1. 数据为先＋"精"准营销,迅速引爆国外社交媒体

2015 年,苏州市旅游局制定国际营销战略,全面开拓国际市场。以 Facebook、Twitter 为平台,面向全球游客,持续策划运营苏州旅游主题内容和特色活动,全力拓展苏州旅游品牌的国际知名度和全球影响力。

苏州市旅游局推行"数据带动内容"的营销理念,即通过"大数据"平台云计算,找出核心投放区用户对苏州感兴趣的关键词,结合本土文化,创作出能激发国外游客对苏州这个"东方威尼斯"的想象力的文章,为专页带来高互动率。

成功的宣传在于能否迅速抓住"引爆点",实现效果最大化。一系列"精准"动作之后,截至 2015 年 12 月 31 日,8 个月的时间,苏州官方 Facebook 主页粉丝已达 83675 人,专页曝光 10698110 次,覆盖国外用户 8875985 人,累计互动用户 579228 人。截至 2015 年 12 月 31 日,苏州官方 Twitter 主页粉丝已达 1.51 万人,专页曝光 8684704 次,独立访客 107792 人。苏州旅游 Facebook 和 Twitter 运营时间虽说还不到 1 年,粉丝量已分列中国城市第 3 位和第 1 位。

2. 线上引爆＋线下宣传,"双剑"合璧引发"苏式生活"热

以丰富的活动为载体,苏州旅游局一方面注重对产业链中上游的国外旅游商的引导和宣传,另一方面不断夯实产业链下游的大众游客的基础。基于国外社交媒体的推广宣传引爆线下活动,给苏州来带集中曝光率,将是苏州市旅游局国外推广未来主攻方向之一。

知名旅游达人为苏州视频代言。苏州旅游局先是邀请北美旅游达人到苏州旅游,亲自为苏州代言,此后连线北美知名旅游博主进行卫星访谈。在苏州拙政园对知名博主 Julia 进行采访,她对姑苏古典与现代相结合的城市风貌表现出极大的热情。旅行期间,拍摄多张与苏州建筑的风景照,并模拟苏州古典美女形态拍摄诸多照片,宛如中国古典江南美人,这些照片在 Facebook 引发北美网友热议。另外,此次主题访谈采访到 20 段以上的视频,这些视频在网上多次传播,激发了国外游客来苏州体验的热情。

纽约时尚达人亲身体验"苏式生活"。苏州是最典型的东方园林,苏式生活又是最舒适和惬意的,为了营造神秘梦幻般的感觉,引发境外游客好奇心,激发探索欲望,苏州旅游局还邀请在 facebook 有影响力的旅游达人到阿姆斯庭院和纽约大都会艺术博物馆复制的网师园,身临其境感受水上苏州、苏州评弹等传统苏州风景和文化,体验制作苏式点心、昆曲、字画、古琴、刺绣、插花、丝绸等苏式生活,给西方游客制造了一场奇幻的"东方威尼斯之旅梦",引发国外主流媒体关注,并引起西方旅游专业人士对苏式生活的热议和好奇。

独家内容传播让亿万网友为苏州宣传。与苏州旅游局合作的品牌国外推广公司——东方嘉禾,拥有一支苏州驻地团队,专门为苏州项目配备了中英文编辑及摄影师。团队成员之间紧密合作,保证内容原创,独家发稿供应。其中不乏创意及引爆话题的贴文。2015 年 10 月 28 日一则月下水乡苏州并配以李白的《静夜思》的贴文得到国外网友 6 万多次点赞,375 条评论,几千次转发分享,中国重阳节后第二日的时机＋中国江南水乡＋对故乡的思念＋古诗等中国元素,成功触发国外粉丝热议和转发。

不仅如此,苏州旅游局还着重于增加用户的黏性,每月还推出线上的活动。在 2015 年圣诞节及平安夜相继推出线上活动并发布到华人论坛及 Facebook 热门群组,活动不断升温,引发网友持续关注。活动次日,共获得8000多网友点赞。

通过独特视角创作的内容,大大触发了国外游客对苏州这个神秘而古老的东方水乡的无限遐想。一位 MARGARETBURGESS 的资深旅游达人,对苏州非常向往,多次留言表示明年一定要去探寻苏州——他的梦里水乡。另外有多位国外旅游达人通过 Facebook 留言预约参加下次苏州旅游局举办的线上活动。

3. 借力外脑＋创新营销,打造国外传播生态系统

共赢才有未来,苏州国外社交媒体营销的成功,也是苏州市旅游局与东方嘉禾、美国 PHG 这样的专业机构联合创新营销战略的成功。通过前期科学的市场调研,苏州旅游局在准确把握北美旅游市场脉络的基础上,联合北美前50名的旅游经销商,共同开发具有吸引力的苏州旅游产品。目前已有20家新的旅游经销商销售苏州旅游产品,有超过30条新的旅游线路供散客参考选择(包括苏州的旅游产品)。

通过利用广阔的新媒体渠道资源并致力于打造国外传播生态系统,苏州旅游在线上市场营销领域也取得了创造性的成绩和突破。在北美地区建立苏州旅游官方网站 TraveltoSuzhou.com,并积极借助当地传统媒体及网络新媒体的公关传播,苏州旅游局成功为北美旅游经营商提供了一条方便推介苏州特色旅游产品与促进跨境产业对接的绿色通道。

游客的真实点评是最好的广告。为全方位提升苏州在国外市场的知名度和影响力,苏州市旅游局在2015年携手全球知名旅游评论网站 TRIPADVISOR(猫途鹰),联合打造苏州"国际旅游目的地"品牌形象。通过开设苏州旅游专题页面,向欧美用户定向推送旅游景点和目的地信息。

(资料来源:http://www.sohu.com/a/57268138_162522)

问题:

1. 苏州在国际旅游营销方面运用了哪几种营销方法?
2. 请你对苏州国际旅游营销的手段进行评价。

参考文献

Christopher Lovelock. *Service Marketing：People，Technology，Strategy*（Fourth Edition）［M］.北京：清华大学出版社,2001.

艾·里斯,杰克·特劳特.定位：重译版［M］.北京：机械工业出版社,2017.

布雷斯.市场调查宝典：问卷设计——经典培训工具箱［M］.胡零,刘智勇,译.上海：上海交通大学出版社,2005.

陈晓磐,章海宏.社交媒体的旅游应用研究现状及评述［J］.旅游学刊,2015,30(8).

德尔·I.霍金斯.消费者行为学：第 12 版［M］.符国群,译.北京：机械工业出版社,2014.

菲利普·科特勒,约翰·T.鲍文,詹姆斯·C.麦肯斯.旅游市场营销：第 6 版［M］.谢彦君,李淼,郭英,等译.北京：清华大学出版社,2017.

冯郑凭.互联网对我国旅游分销渠道的影响研究——从旅游业者视野的角度分析［J］.北京第二外国语学院学报,2010(3).

郝康理.旅游新论——互联网时代旅游业创新与实践［M］.北京：科学出版社,2016.

赫尔曼·西蒙.定价制胜：大师的定价经验与实践之路［M］.北京：机械工业出版社,2017.

霍洛韦.旅游营销学：第 4 版［M］.修月祯,等译.北京：旅游教育出版社,2006.

贾衍菊.社交媒体时代旅游者行为研究进展——基于境外文献的梳理［J］.旅游学刊,2017,32(4).

蒋依依,中国入境旅游发展年度报告(2016)［M］.北京：旅游教育出版,2016.

凯勒.战略品牌管理：第 4 版［M］.吴水龙,等译.北京：中国人民大学出版社,2014.

李蜀鹏."旅游＋新媒体"助推旅游目的地形象打造［J］.旅游纵览(下半月),2017(11).

李晓.当代旅游市场营销方式的综合研究［M］.北京：水利水电出版社,2018.

理查德·J.塞米尼克.促销与整合营销传播［M］.徐惠忠,张洁,译.北京：电子工业出版社,2005.

林巧,戴维奇.红色旅游者动机实证研究——以井冈山景区为例［J］.北京第二外国语学院学报,2007(3).

林巧,戴维奇.旅游目的地网络口碑信任度影响因素研究［J］.北京第二外国语学院学报,2008(7).

林巧,王元浩.旅游市场营销原理与实践［M］.杭州：浙江大学出版社,2010.

琳达·哥乔斯,爱德华·马里恩,查克·韦斯特.渠道管理的第一本书［M］.徐礼德,侯金刚,译.北京：机械工业出版社［M］,2013.

刘云畅.新媒体营销：互联网时代的娱乐营销解密[M].北京：中国文史出版社,2015.

鲁峰.旅游市场营销：理论与案例[M].上海：上海财经大学出版社,2015.

吕兴洋,谭慧敏,李惠璠.非品牌酒店的机会？预订渠道转换下的消费者品牌敏感研究[J].旅游学刊,2017,32(6).

罗伯特·C.刘易斯,理查德·E.钱伯斯.饭店业营销领导：原理与实践[M].大连：东北财经大学出版社,2005.

迈尔斯.市场细分与定位——高效的战略营销决策方法[M].王玮,译.北京：水利电力出版社,2005.

迈克尔·波特.竞争战略[M].陈小悦,译.北京：华夏出版社,2005.

迈克尔·所罗门.消费者行为学：第10版[M].北京：中国人民大学出版社,2014.

迈克尔·J.西尔弗斯坦.感官营销：引爆品牌无限增长的8个关键点[M].北京：机械工业出版社,2017.

曲颖,吕兴洋.实现精准目标市场识别的美国入境游客细分[J].旅游学刊,2017,32(1).

小卡尔·迈克丹尼尔,罗杰·盖兹.当代市场调研[M].范秀成,等译.北京：机械工业出版社,2000.

亚伯拉罕·匹赞姆,优尔·曼斯菲尔德.旅游消费者行为研究[M].大连：东北财经大学出版社,2005.

于勇毅.大数据营销：如何利用数据精准定位客户及重构商业模式[M].北京：电子工业出版社,2017.

泽丝曼尔,比特纳,格兰姆勒.服务营销：第6版[M].张金成,等译.北京：机械工业出版社,2015.

张朝枝,游旺.互联网对旅游目的地分销渠道影响——黄山案例研究[J].旅游学刊,2012,27(3).

邹统钎.城市与区域旅游目的地营销经典案例[M].北京：经济管理出版社,2016.

邹统钎,陈芸.旅游目的地营销：第2版[M].北京：经济管理出版社,2017.